卓越法律人才培养
民商事法学系列教材

总主编 李少伟 张翔

中国司法制度

Judicial System of China

李 军 韩红俊 薛少峰 | 著

法律出版社
LAW PRESS · CHINA

总　　序

2011年12月23日，教育部和中央政法委员会发布《关于实施卓越法律人才教育培养计划的若干意见》（教高〔2011〕10号，以下简称《意见》）。《意见》针对我国法律人才培养中所存在的突出问题，决定实施卓越法律人才教育培养计划，并明确了卓越法律人才教育培养的指导思想、总体目标，主要任务、工作措施等，其中也提出了教材建设的任务。

西北政法大学承担着全部三个类型的卓越法律人才教育培养的重要任务，民商法学院则担负着全校卓越法律人才培养的民商事实体法学和程序法学的教学任务。五年来，围绕卓越法律人才的教育培养，我们开展了一系列教学改革研究和实践，其中也包括教材改革和建设。"卓越法律人才培养民商事法学系列教材"就是在法律出版社的大力支持下，推出的我院教材改革和建设的成果。

该套系列教材是在我们认真研究、深入领会《意见》精神，总结多年课程教学经验、吸收教学改革成果的基础上，组织学术水平较高、教学经验丰富的教师编写完成的。为了实现《意见》的总体目标和要求，我们试图通过此套系列教材达到两个基本目的：一是深化、扩展和丰富民商事实体法学和程序法学的教学内容；二是体现理论与实践的结合，培养学生的法律专业技能或实务操作能力。

我们计划编写和出版的教材有：侵权法实训教程、担保法实训教程、公司法实训教程、证券法实训教程、票据法实训教程、破产法实训教程、保险法实训教程、非诉讼纠纷解决机制（ADR）实训教程、律师公证实训教程、民事案例研习、商事案例研习、家事案例研习、民事诉讼案例研习、民事执行学、仲裁法学、中国司法制度、法律职业道德等。

这套系列教材的出版，既是我院围绕卓越法律人才培养所进行的教学改革的阶段性成果的体现，更是一种新的尝试，其中难免有欠妥适之处，诚望同仁和读者不吝指正。

编 者

2016 年 6 月

作 者 简 介

李　军　女，河北省昌黎人，教授，硕士研究生导师，西北政法大学教师发展中心主任。陕西省第十届人民代表大会代表、内务司法委员会委员、常务委员会委员，陕西省法学会理事。主要从事民事诉讼法学、中国司法制度、法律诊所等课程的教学研究工作。出版《中国当代司法制度》专著一部，主编、参编《中国司法制度》、《民事诉讼法学》、《农村法律诊所教学手册》等多部教材，撰写学术论文三十余篇。

薛少峰　男，陕西长安人，西北政法大学副教授，硕士研究生导师。主要从事民事诉讼法、中国司法制度、法律诊所等课程的教学研究工作。主编、参编《律师论辩学》、《律师非诉讼实务》、《仲裁法学》、《农村法律诊所教学手册》、《民事诉讼法》等多部教材，发表学术论文二十余篇。

韩红俊　女，山西人，西北政法大学教授，法学博士，中国民事诉讼法学会理事，陕西省民事诉讼法学会秘书长，西安市中级人民法院专家咨询员。从事民事诉讼法学、仲裁法学、中国司法制度等课程的教学研究工作。出版专著《释明义务研究》，主持多项社科项目，参编《民事诉讼法学》、《仲裁法学》、《证据法学》等多部教材，发表学术论文三十余篇。

编 者 说 明

我国社会主义人民司法制度是国家政治制度的一个重要组成部分,受国体和政体的制约。我国司法制度是学习法律科学知识的必要内容,属于法律学科的基础知识。本书系统介绍了我国现行司法制度,包括审判制度、检察制度、侦查制度、刑罚执行制度、律师制度、公证制度、仲裁制度、调解制度、法律援助制度、司法协助制度等内容,既从实质、特点、作用以及各种司法组织的性质、任务、职权范围、组织体系、活动原则等方面阐述,也对司法实践存在的问题和司法改革的热点、难点进行分析,构成了中国司法制度研究的主体部分,具有学习和研究的学术价值。

本书由西北政法大学民事诉讼法教研室三位教师共同撰写,由李军老师统稿。本书试图为本科教学、法学教育工作者、司法工作者学习法学理论知识带来新的收获,并汇集了与学习内容相关的历年司法考试题,将对学习者参加司法考试有所帮助,也希望它能够给热爱学习和研究法学的人进一步思考提供理路。

本书撰稿分工如下:

李　军　第一、九、十章;

韩红俊　第二、七、八、十一章;

薛少峰　第三、四、五、六章。

编　者

2017 年 4 月

前　言

——如何学习中国司法制度

中国特色的社会主义人民司法制度是在科学地总结司法工作历史经验的基础上,实事求是地进行探索、试验、改革而逐步发展成形的。学习中国司法制度建立的基本理论,掌握中国司法体制的基本结构,了解司法机关和司法组织的运行模式,是学习法学必不可少的内容。学习本课程,应当从以下几个方面着手:

首先,坚持正确的指导思想。研究中国司法制度,应当以马列主义毛泽东思想为指针,贯彻党的路线、方针和政策;坚持理论联系实际的学风,解决实践中存在的问题;坚持马克思主义的辩证唯物论和历史唯物论观点,从历史的、发展的观点出发,"古为今用";理性地借鉴外国司法制度的理论与实践,比较研究以"洋为中用"。

其次,认识学习本学科知识的重要意义。中国的司法制度是社会主义民主、法制的具体体现,不仅具有尊重人权、实现社会公平正义的价值基础,也是确保所有的社会成员拥有足够的资源来维护自己的权利和利益的精神基础。从中国特色的视角来看,研究当代中国司法制度,是推动人类司法文明发展建设所必需的。

再次,明确国家职能运行的协同性。司法制度直接关系到宪法、系列法律制度的实施,是国家政治制度的直接保障性制度。全国和地方各级人大及其常委会所制定、通过、颁布的各类效力不等的规范性法律文件,只有通过司法机关依法行使职权,并协同其他有关部门一起实施,才能保障宪法、基本法律和其他法律得以贯彻落实,才能保障人民的民主权利。学习中国司法制度,不仅要把握从宪法到基本法律和相关法律、法规在适用中的规律性,并且要掌握司法机关与司法组织运行的规律,才能理解我国司法制度在现实中的积极作用。

最后,探索中国司法制度的发展轨迹。中国司法制度的发展是一种制度创新实践,必须根据实践的要求进行不断的改革创新,只有这样,才能够保证社会主义司法制度始终体现时代性。党的十八届四中全会决定全面推进依法治国,建设中国特色社会主义法治体系,建设社会主义法治国家,这是中国司法制度改革的总目标。学习研究中国的司法制度,就要对具体制度的内容与精神实质进行剖析与理解,以发展的眼光看待中国的司法改革,以科学的态度探讨理论的指导意义,结合实践中的热点,学习、掌握相关知识。

李 军

2017 年 4 月

目　录

第一章　司法制度概述

内容提示

本章对司法这种历史现象进行分析，解释司法、司法权、司法制度等概念，确定司法机关的内涵，并对司法权、审判权、检察权加以区别；并介绍了当代司法考试制度的演进过程，对当代历次进行的司法改革历程和成效进行梳理，揭示了司法制度的基本性质与作用，是系统学习本书内容、加深对其他相关制度认知的基础。

第一节　司法概述

一、司法

当今社会，无论是在西方或是在中国，司法、司法权、司法机关、司法制度，已不再是人们陌生的语词。但是，由于中国与其他国家存在历史传统、政治制度上的差异，在对司法、司法权、司法机关以及司法制度等的理解上不尽相同。

司法这种历史现象，是随着生产力的发展和人们对自然及社会的认识而产生的，并且是在阶级社会发挥作用的。对司法一词的解释也可以看出历史对它的影响。仅对"司"字就有多种不同的解释：(1)主持，掌管。《广雅·释诂》："司，主也。"《诗·郑风·羔裘》："彼其之子，邦之司直。"注：司，主也。(2)官吏。《管子·小匡》："制五家有轨，轨有长；十轨为里，里有司"。(3)古代官署名。唐宋以后，尚书省各部所属有司。独立的官署也有些称有司。(4)同"辞"。诉讼。《管子·幼官》："和好不基，贵曲贱司，事变日至。"郭沫若等集校："司同辞。辞，谓狱讼也"。(5)监察；监视。《周礼·地官·媒氏》："司男女之无家者而会之。"郑玄注："司，

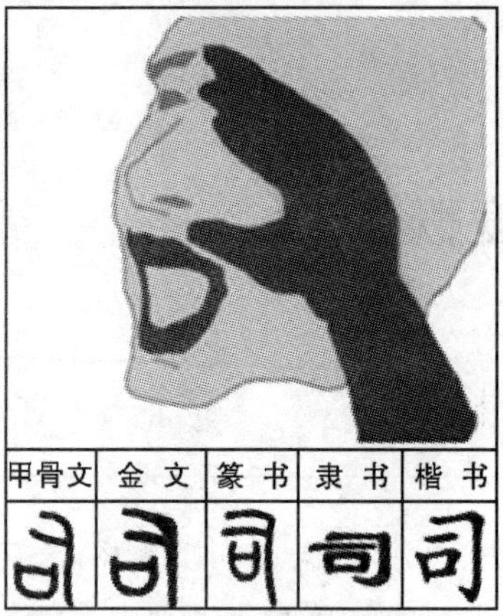

图1-1 甲骨文字形,表示一个人用口发布命令,有统治、掌管、主管之义。

犹察也。”《国语·楚语下》:“盗贼司目,民无所放。”(6)继承。后作“嗣”。《史记·殷本纪》作“王嗣敬民”,俞樾平议:“‘嗣’与‘司’通用”。[1]

我国有文献记载的“司法”一词,最早出现于隋朝。[2] 也有人认为是在唐朝,均指一个专门执掌地方上法律事务的官属职位,[3]并非现代意义上的司法官,正如早在中国奴隶社会便有“听讼断狱”的“司寇”官职,以及历朝历代中央设有廷尉、大理寺,地方设有法曹参军、司法佐、史等专掌审判的机关和人员,都仅仅是官职的称谓。因为在清朝之前的中国历史上,地方行政长官同时也兼管司法事务,司法职能只是行政职能的一部分,故而“司法”、“司寇”所从事的法律事务不能体现中国传统的司法内容,更与现代的司法功能无关。

直至清朝末年,受西方影响,西方“司法权”概念传入中国后,才出现了具有“宪法”意义和“诉讼”意义的现代“司法”一词。[4]

当代学者对“司法”一词进行了解释,如《法学辞源》解释:(1)旧制官名。两汉有决曹、贼曹掾、主刑法。唐宋皆设,至元废。《通典·职官总论》:“司法参军,两汉有决曹、贼曹掾,主刑法,历代皆有或谓之贼曹,或为法曹,隋以后于曹同,大唐掌律令,定罪盗贼、赃赎之事。”(2)现指检察机关或法院对民事、刑事案件进行立案侦查、审判活动。[5]

邹瑜、顾明主编的《法学大辞典》解释:享有司法权的国家机关,依照法定职权和程序把法律运用于对民事、刑事、行政案件的处理以及对这种处理过程进行法律监督的法律活动。特点是:(1)主体是国家的专门机关,在资本主义国家,司法的专门机关一般仅指法院。在中国司法机关主要包括人民法院、人民检察院;(2)司法

---

〔1〕 李伟民:《法学辞源》,黑龙江人民出版社2002年版,第937页。

〔2〕 李远明:《春秋时期司法研究 从纠纷解决的视角切入》,中国政法大学出版社2014年版,第109页。

〔3〕 周旺生、朱苏力:《北京大学法学百科全书法理学·立法学·法律社会学》,北京大学出版社2010年版,第884页。

〔4〕 杨小敏:《晚清司法权概念考——以宪法学为视角》,载《政法论坛》2014年第5期。

〔5〕 李伟民:《法学辞源》,黑龙江人民出版社2002年版,第939页。

活动必须由司法机关依照法定程序进行；（3）通常法律实现过程中遇到障碍或出现违法情况时才进行；（4）它的结果是借助国家的强制力强制违法者履行法定义务，或对违法者实行法律制裁。〔6〕

曾庆敏主编的《法学大辞典》解释：同狭义的“法律适用”，指拥有司法权的国家机关按照诉讼程序应用法律规范处理案件的活动。〔7〕

西方国家权威性的辞典对司法是这样解释的：Judicial（司法的），“关于法官的术语，在很多情况下区别于‘立法的’和‘行政的’，在另外一些情况下区别于‘司法之外的’，后者指不经法院的处理以及没有法官的干预的处理。”〔8〕因此，从一般意义上讲，司法即审判，也就是作为审判机关的法院的运作行为，是法官对刑事、民事、行政案件进行审理、裁判并解决纠纷的活动。目前在我国，司法一词的概念应与现代世界各国相同，是一种与立法、行政有区别、相对应的国家活动的统称。

近年来，西方一些法学家根据国家活动的社会化和具有综合职能的国家机关的产生，出现了一种“新司法”概念，认为司法是多样化的，司法权已经不完全由法院或法官所独享，不单是国家的职能，一些非法院的国家机关、社会团体和组织裁判、解决纠纷的活动，也具有一定司法性质和作用，在某种意义上分享着司法权。〔9〕

二、司法权

古希腊的亚里士多德（公元前384—前322年）在其《政治学》一书中即提出了“司法权”问题，后法国学者布丹（1530—1596年）、英国学者洛克（1632—1704年）等人提出分权主张，到18世纪，法国的资产阶级启蒙思想家孟德斯鸠（1689—1775年）集前人学说之大成，创立了比较完整的立法、司法、行政“三权分立”学说。该学说将国家政权分为三种：一是议事权，二是行政权，三是司法权。即国家权力一分为三，立法机关（议会）行使立法权，创制法律；司法机关（法院）行使司法权，适用法律；行政机关（政府）行使行政权，执行法律。

司法权是国家作用于社会的方式和途径之一，是国家的一种重要权力。在国

---

〔6〕　邹瑜、顾明：《法学大辞典》，中国政法大学出版社1991年版，第433页。

〔7〕　曾庆敏：《法学大辞典》，上海辞书出版社1998年版，第371页。

〔8〕　［英］戴维·M. 沃克：《牛津法律大辞典》，北京社会与科技发展研究所译，光明日报出版社1988年版，第484页。

〔9〕　左卫民：《中国司法制度》，中国政法大学出版社2002年版，第2页。

外的语境中,司法权就是指法院的司法审判权。一些国家的宪法中明确将司法权归属法院,司法权也即审判权或法院的职权。如《美国联邦宪法》第3条第1款规定:"合众国司法权,属于最高法院以及国会随时规定和设立的下级法院。"[10]《日本宪法》第76条规定:"一切司法权属于最高法院及由法律规定设置的下级法院。"[11]《德意志联邦共和国基本法》第92条规定:"司法权赋予法官,由联邦宪法法院、本基本法规定的联邦法院和各州法院行使。"[12]

在我国,由于司法机关较为广泛,对司法权的解释也不同。"司法权是国家司法机关行使的审判和监督的职权,是国家权力的重要组成部分。有广义、狭义之分,[13]狭义的司法权仅指司法审判和执法监督权。广义的司法权包括司法审判、行政制裁、官吏惩戒与司法行政等权。"[14]另有解释说,"司法权广义指审判权、检察权、司法行政权等。狭义仅指审判权。在我国,司法权主要由人民法院和人民检察院行使,公安机关、国家安全机关和司法行政机关也行使部分司法权。"[15]

我国司法权理论学说自20世纪90年代的"大司法权说"产生后,又先后演变出"三权说"、"多义说"、"两权说",它是随着我国司法体制不断改革的要求而产生的。多种学说的基础主要是从实用主义界定的,因为其他机关行使职权时与司法审判活动有特定关联,而表现出特有的司法属性,并将此视为司法权。[16]

在现阶段,"两权说"逐渐被人们接受。由此,狭义的司法权概念就是指人民法院享有的处理纠纷的判断权;广义的司法权概念不仅指法院的审判权,还包括人民检察院的检察权。由于检察院行使侦查权与公安机关行使侦查权属相同性质的权力,故而难以保持其独享性,因此,"两权说"也不是完美的。[17]

司法权是一种什么性质的权力,学者对此说法不一,主要有:(1)司法权是一种判断权。该说认为司法权是法律赋予法院和法官的,在处理各类纠纷时作出判

---

〔10〕 赵宝云:《西方五国宪法通论》,中国人民公安大学出版社1994年版,第402页。

〔11〕 姜士林、陈玮:《世界宪法全书》(上),中国广播电视出版社1989年版,第350页。

〔12〕 姜士林、陈玮:《世界宪法全书》(上),中国广播电视出版社1989年版,第716页。

〔13〕 也有学者认为司法权可分为狭义的、中义的、广义的三种。魏健馨:《和谐与宽容 宪法学视野下的公民精神》,法律出版社2006年版,第182页。

〔14〕 邹瑜、顾明:《法学大辞典》,中国政法大学出版社1991年版,第433页。

〔15〕 曾庆敏:《法学大辞典》,上海辞书出版社1998年版,第372~373页。

〔16〕 沈德咏、曹士兵、施新洲:《国家治理视野下的中国司法权构建》,载《中国社会科学》2015年第3期。

〔17〕 胡夏冰:《司法权:性质与构成的分析》,人民法院出版社2003年版,第180页。

断的终局性权力。[18] (2)司法权是一种裁判权。该说突出司法机关代表国家解决纠纷时,应当居中进行裁判,裁判对双方有拘束力。[19] (3)司法权是一种多元权力。它吸收了新司法的概念,认为司法权以法院审判权与当事人合意为基本权力,还包括与法院功能相同的仲裁、行政裁判、司法审查等纠纷解决机制在内的权力体系。[20] (4)司法权是一种受理案件权。该说认为司法权是法院受理刑事、民事行政案件的权力。[21]

上述学说从不同角度揭示了司法权某些特性,但是根据不同国家的历史和政治制度,司法权并非仅指审判权,法院享有的其他功能可将司法权的内涵扩大,即包括审判权、司法解释权、司法审查权。[22]

司法审查权在美国被认为是宪法制度不可或缺的内容,马歇尔"以一种限制司法行为的方式完成了司法职能的扩张"。[23] 我国法院并未享有该权力,但是随着中国加入 WTO、最高人民法院对齐玉苓案的批复、[24] 孙志刚案等事件的陆续发生,[25] 对我国是否建立司法审查制度,学界也从实践和理论两方面进行着探索性研究。

---

〔18〕 孙万胜:《司法权的法理之维》,法律出版社 2002 年版,第 4 页;孙笑侠:《司法权的性质是判断权》,载《法学》1998 年第 8 期。

〔19〕 王利明:《司法改革研究》,法律出版社 2000 年版,第 8 页。

〔20〕 陈业宏、唐鸣:《中外司法制度比较》,商务印书馆 2000 年版,第 5 页;郑成良:《现代法理学》,吉林大学出版社 1999 年版,第 314 页。

〔21〕 熊先觉:《中国司法制度新论》,中国法制出版社 1999 年版,第 2 页。

〔22〕 汪习根:《司法权论——当代中国司法权运行的目标模式、方法与技巧》,武汉大学出版社 2006 年版,第 96 页。

〔23〕 徐斌:《"马伯里诉麦迪逊案"的多重叙事与逻辑——基于知识社会学的考察》,载《华东政法大学学报》2015 年第 3 期。

〔24〕 《最高人民法院关于以侵犯姓名权的手段侵犯宪法保护的公民受教育的基本权利是否应承担民事责任的批复》法释〔2001〕25 号已于 2001 年 6 月 28 日由最高人民法院审判委员会第 1183 次会议通过,自 2001 年 8 月 13 日起施行。"山东省高级人民法院:你院(1999)鲁民终字第 258 号《关于齐玉苓与陈晓琪、陈克政、山东省济宁市商业学校、山东省滕州市第八中学、山东省滕州市教育委员会姓名权纠纷一案的请示》收悉。经研究,我们认为,根据本案事实,陈晓琪等以侵犯姓名权的手段,侵犯了齐玉苓依据宪法规定所享有的受教育的基本权利,并造成了具体的损害后果,应承担相应的民事责任。"本法规已被最高人民法院关于废止 2007 年年底以前发布的有关司法解释(第七批)的决定宣布失效。

〔25〕 2003 年 3 月,大学毕业生孙志刚因无暂住证被遣送到收容所,收容 3 日后于收容所死亡。1982 年出台的《城市流浪乞讨人员收容遣送方法》以及同年由民政部会同公安部发出的相关规定都把收容遣送行为规定为行政行为,可采取行政强制措施。唐伟:《从孙志刚事件看收容立法的紧迫性》,载《北京法制报》2003 年 5 月 19 日。

(一)司法权的性质

综观司法权与立法权、行政权区别,以及中国的特殊情况和司法权在当今社会职能部门运行中的变化,我国司法权性质的特性还应从以下几方面进行把握:

1. 司法权是独立性权力。人民法院与人民检察院独立行使审判权和检察权,是我国宪法的一大原则。独立性体现在人民法院独立行使审判权,人民检察院独立行使检察权,不受行政机关、政党、人大及其领导人的干涉。

党的十八届四中全会决定则明确提出"各级党政机关和领导干部要支持法院、检察院依法独立公正行使职权。建立领导干部干预司法活动、插手具体案件处理的记录、通报和责任追究制度";"任何党政机关和领导干部都不得让司法机关做违反法定职责、有碍司法公正的事情,任何司法机关都不得执行党政机关和领导干部违法干预司法活动的要求";"完善惩戒妨碍司法机关依法行使职权、拒不执行生效裁判和决定、藐视法庭权威等违法犯罪行为的法律规定"等。目前,中国的司法独立是法院审级独立和检察院系统独立。

2. 司法权是中央事权。[26] 即各级地方人民检察院、人民法院是设在地方代表国家行使职权的司法机关,并非"地方的"附属部门。司法权的地方化是造成司法不公的重要制度根源,将司法权定性为中央事权,是通过司法权的中央化来防范司法的地方化。但是,哪些事权属于中央,哪些事权属于地方,从世界各国宪法和法律来看,似乎并无统一规定。司法权属于中央事权是法治实践的要素,并非世界各国的通例,现代社会并没有绝对意义上的中央事权。[27]

3. 司法权是统一性权力。中国是成文法国家,无论人民法院行使审判权,还是检察院行使检察权,无论在哪个地区,每位检察官、法官都是国家的司法官员,行使的都是国家司法权力,承担着确保国家法律统一正确实施的职责,都必须依照现行统一的法律、法规及最高人民法院、最高人民检察院的司法解释审判和监督,以保障同样性质的案件适用法律的结果相同。

4. 司法权是程序性权力。司法程序(judicial process)的功能在于通过查清纠纷和案件的事实,真相公布,以使司法机关对于纠纷和案件进行法律处理。[28] 程序是使法律权利得以强制执行的步骤、方式,程序是司法的生命,没有程序便没有

---

〔26〕 蒋惠岭:《中央司法事权的八项"基本待遇"》,载《法制日报》2015 年 1 月 28 日。

〔27〕 姚国建:《中央与地方双重视角下的司法权属性》,载《法学评论》2016 年第 5 期。

〔28〕 [英]戴维·M. 沃克:《牛津法律大辞典》,北京社会与科技发展研究所译,光明日报出版社 1988 年版,第 486 页。

司法公正可言。

5. 司法权主体的专业性。我国《法官法》、《检察官法》对于法官、检察官的任职条件提出了具体且较高的标准,通过司法考试和任命是必经程序,将从事司法职业的人员限定在非常专业的领域之下。

在我国,检察权到底是一种行政权还是司法权?从检察制度产生时起,直至今日仍然是一个争论不休的问题。因为检察权既包含司法权独立的性质,又具有行政权的层级结构的运作方式,因而的确是一个复杂而又关键的问题。

一些学者认为,检察权是国家权力发展到一定历史阶段的产物,是司法权裂变的结果。[29] 对我国检察权性质的认识,不应当脱离我国人民代表大会制度的政制架构,更不能以三权分立的角度来看待我国检察权的性质,而应当在法律适用这个层次上来进行分析。[30] 陈卫东认为,以公诉权为基本内容的检察权当属于行政权。[31] 也有学者认为,检察权不仅具有行政性质,而且具有司法性质,二者有机结合形成了不完整意义上的司法权。[32] 由此来看,检察权自产生以来,一直游离在行政权和司法权之间,表现为或行政,或司法,或双重属性,是一种独特又独立的权力。[33] 鉴于检察权的行使与审判权发生着密切的关联度,表现出特有的司法属性,但仍不同于司法权或者行政权,可以被看作一种不同于立法权、行政权、司法权的一项专门检察权力。[34]

既然我国司法机关包括人民法院和人民检察院,从司法权归属于法院、检察院的角度理解,则应当分别考察审判权和检察权的特有性质。

(二)审判权的性质

1. 审判权具有裁判性。享有审判权的主体对相互对立的双方所提出的事实主张、证据主张必须进行辨别、选择、取舍,肯定一方、否定另一方,并在此基础上作出裁判,该裁判对双方有拘束力。

2. 审判权具有被动性。审判权只有在当事人的诉权发动后,才能启动,它不

---

〔29〕 关于检察权是否属于司法权及其属性的定位,学者并没有形成统一的意见。参见焦洪昌:《宪政背景下的中国检察权的属性定位》,载《宪法研究》(第一卷),法律出版社2002年版,第380页。

〔30〕 张志铭:《检察权的性质及其正当性基础》,载《法理思考的印迹》,中国政法大学出版社2003年版,第286~289页。

〔31〕 陈卫东:《我国检察权的反思与重构——以公诉权为核心的分析》,载《法学研究》2002年第2期。

〔32〕 张智辉:《检察权研究》,中国检察出版社2007年版,第20~21页。

〔33〕 王守安、田凯:《论我国检察权的属性》,载《国家检察官学院学报》2016年第5期。

〔34〕 孙谦、郑成良:《中国的检察院、法院改革》,法律出版社2004年版,第16~17页。

具有主动裁判、主动介入纠纷的功能。

3. 审判权具有中立性。法院在处理公与私、官与民、中央与地方乃至国家与国家之间纠纷时,都必须持中立立场,不能偏袒任何一方当事人。

4. 审判权具有终极性。审判权是最终的判断权,是最权威的判断权,其行使的效力应当确保社会公正最终实现。

(三)检察权的性质

1. 检察权是复合权。我国检察权的内容基本可分为两大类:一是基于保护国家与社会利益而产生的权力,即侦查权、公诉权;二是为维护法制统一,确保司法公正得以实现而产生的权力,即法律监督权。

2. 检察权具有制衡性。作为专门的法律监督机关,检察院独立行使法律监督权,并从外部制约行政权与审判权的行使,能够有效地监督法律实施,保障国家法制统一。

3. 检察权具有上下级的制约性。我国在检察机关内部确立了上级领导下级的体制,建立了请示、报告制度,指令纠正、备案制度和报批等制度,避免下级检察机关滥用权力,实现上级对下级之间的监督制约。

检察权与审判权是制约与被制约的关系,两者存在某种冲突是正常的现象。一方面,冲突必然会不断发生;另一方面,冲突又会不断达成一致走向统一。正是在这种冲突、统一,再冲突、再统一的交互变动中,法律才得以严格而有序的贯彻和执行。在这里,冲突是形式,统一是本质。因为审判权与监督权的根本目的是一致的,都是为了维护社会主义法制统一,实现司法公正。

三、司法机关

司法活动是由特定的国家机关行使司法权的运作活动。将司法权赋予某些国家机关行使,作为为公民提供有程序、秩序、制度、原则保障的化解矛盾、平息纠纷的公共服务机构,目的在于维护社会和国家的秩序。

司法机关是指依法行使司法权的特定的国家机关。它有自己特定的职能、管辖范围、工作形式和活动方式。

20 世纪初清政府进行立宪变法,提出将司法机关同行政机关相互分开,在中央将刑部改为法部负责司法行政;将大理寺改为大理院,专管审判。在地方设立高等法院、地方法院、初级法院等。自此中国始有独立的司法机关。[35]

依三权分立的理论设置国家机关的国家，司法机关专指法院，主要负责审理民、刑、行政和选举诉讼等各种诉讼案件，还承担处理一些非诉讼业务，如公证结婚、检验遗嘱、处理遗产等。有些国家的法院还有权接受行政机关的法律咨询、纠正违宪的法案。[36]

在我国，狭义的司法机关仅指法院或国家审判机关，对这一点，法学理论界已达成共识。而广义的司法机关究竟包括哪些，理论界有不同的认识，第一种观点认为，人民法院与人民检察院是司法机关，其依据是我国《宪法》第123条规定："中华人民共和国人民法院是国家的审判机关。"第129条规定："中华人民共和国人民检察院是国家的法律监督机关"。就我国司法现状而言，虽然检察院内部上下级之间为领导与被领导关系，体现出行政机关的管理特色，但从我国人民检察院公诉、法律监督、抗诉功能的性质看，其具有典型的司法职能，因此，我国的司法机关只包括审判机关和检察机关。第二种观点认为，司法机关包括行使国家审判权、检察权和管理司法行政工作的专门机关。[37] 第三种观点认为，在我国，司法机关包括行使审判权的人民法院、行使法律监督权的人民检察院，公安机关、国家安全机关在办理刑事案件方面，负责侦查、拘留、预审、执行逮捕，监狱部门负责刑罚执行和监狱内犯罪的侦查活动，具有司法功能，故也是司法机关。[38]

至于公安机关、国家安全机关和司法行政机关的执法活动是否属司法活动，其是否是司法机关，陈业宏认为，公安机关、国家安全机关和司法行政机关的执法活动虽与审判机关和检察机关适用法律的活动联系密切，但并不属于司法机关的司法范围。[39]

本书认为，依据我国社会的现实状况，司法机关应当仅指人民法院和人民检察院，至于公安机关、国家安全机关及行使监狱内犯罪侦查权的司法行政机关和行使军队内犯罪侦查权的军队保卫部门，侦查活动只是其众多工作职责中的一小部分，不因为其依法被授权行使侦查权，而改变其本身国家行政机关的性质。因此，对于公安机关、国家安全机关、监狱管理机关、军队保卫部门而言，它们仍然是

---

〔35〕 李伟民：《法学辞源》，黑龙江人民出版社2002年版，第943页。

〔36〕 曾庆敏：《法学大辞典》，上海辞书出版社1998年版，第372页。

〔37〕 《中国大百科全书·法学》，中国大百科全书出版社1984年版，第550页。

〔38〕 《刑法》第94条规定："本法所称司法工作人员，是指有侦查、检察、审判、监管职责的人员。"左卫民：《中国司法制度》，中国政法大学出版社2002年版，第4页；熊先觉：《中国司法制度新论》，中国法制出版社1999年版，第3页。曾庆敏：《法学大辞典》，上海辞书出版社1998年版，第372页。

〔39〕 陈业宏、唐鸣：《中外司法制度比较》（第2版），商务印书馆2015年版，第8页。

依法享有部分司法权的行政机关。

(一)司法机关在国家政体中的地位

按照我国《宪法》和法律的规定,作为司法机关的人民法院和人民检察院,由人民代表大会产生,人民法院院长由人民代表大会选举和罢免,副院长、审判委员会委员、庭长、副庭长和审判员由人民法院院长提请人民代表大会常务委员会任免。人民检察院检察长由人民代表大会选举和罢免,副检察长、检察委员会委员和检察员由检察长提请本级人民代表大会常务委员会任免。地方各级人民检察院检察长的任免,须报上一级人民检察院检察长提请该级人民代表大会常务委员会批准。

人民法院和人民检察院对同级人大负责,向其报告工作。各级司法机关包括最高人民法院和最高人民检察院均无宪法解释权,没有对全国人民代表大会通过的法案进行司法审查和违宪审查的权力。

全国人大及其常委会以及地方各级人大及其常委会对本级产生的"一府两院"实施监督是宪法赋予的职权,是法律监督、工作监督的具体化,是对司法人员进行监督的一个重要手段和有效监督形式,是法律赋予人大及其常委会的重要使命。"两院"独立行使审判权和检察权,只能独立于行政机关、社会团体和个人,而不能独立于人大及其常委会。人大作为国家权力机关对审判权、检察权进行监督表现为:一是通过对审判权、检察权的行使主体——法院院长、副院长、庭长、副庭长、审判委员会委员、审判员和检察长、副检察长、检察委员会委员、检察员的选任、罢免进行监督;二是对"两院"办理的案件和工作情况,通过听取和审议年度工作报告进行监督;三是通过执法检查和代表视察、工作评议和执法评议,对法院、检察院工作中重大违法案件实施监督;四是人大通过质询、特定问题调查等手段对法院、检察院进行具体监督。

(二)司法机关在诉讼中的地位

我国《宪法》第126条规定:"人民法院依照法律规定独立行使审判权,不受行政机关、社会团体和个人的干涉",是指人民法院审判案件只服从法律,任何行政机关、社会团体和个人不得干涉,人民法院组织法、诉讼法均明确规定了这一原则。在我国,审判权独立行使是指人民法院作为一个整体独立行使,而不是西方法治国家的法官个人独立。

《宪法》第131条和《人民检察院组织法》第9条规定:"人民检察院依照法律

规定独立行使检察权，不受行政机关、社会团体和个人的干涉。”我国《刑事诉讼法》也作了相应的规定，行政机关、社会团体和个人应当尊重和支持人民检察院独立行使检察权，绝不允许某些机关和个人以言代法、以权代法、以权压法，非法干预人民检察院独立行使检察权。人民检察院独立行使检察权，是指人民检察院作为一个组织整体，集体对检察权的行使负责。在我国，人民检察院独立行使检察权绝不是检察官个人的独立。

以列举的方式将不得干涉司法的主体仅仅局限为行政机关、社会团体和个人是不够的，这说明宪法存在明显的硬伤。因为，司法机关办案必须不偏不倚、以事实为根据并依法律规定裁决其所受理的案件，既不应有任何约束，也不应为任何直接间接不当影响、怂恿、压力、威胁或干涉所左右，无论其来自何方或出于何种理由。[40]

为了落实《中共中央关于全面推进依法治国若干重大问题的决定》，确保司法机关依法独立公正行使职权，2015 年 3 月，中共中央办公厅、国务院办公厅印发《领导干部干预司法活动、插手具体案件处理的记录、通报和责任追究规定》，对领导干部违法干预司法活动、妨碍司法公正的行为，依照《中国共产党纪律处分条例》、《行政机关公务员处分条例》、《检察人员纪律处分条例（试行）》、《人民法院工作人员处分条例》、《中国人民解放军纪律条令》等规定给予纪律处分；造成冤假错案或者其他严重后果，构成犯罪的，依法追究刑事责任。

只有调整好审判权与立法权、行政权、检察权的宪定关系，在人民代表大会制度的框架内为司法权的独立确立可行的制度支持，才能实现司法权的真正独立。

第二节　司法制度的概念、特征和任务

一、司法制度的概念

司法制度是国家的基本制度之一，它伴随着国家和社会的发展而发展，伴随其演进而演进，是不断发展变化的社会现象。

当今世界，国家司法制度多元化，主要有两大类型：一类是“三权分立”的司法制度，实行“分权制衡”原则，强调以权制权，即议会立法、政府行政、法院司法，三

---

〔40〕 联合国大会 1985 年通过的《关于司法机关独立的基本原则》。

足鼎立，相互制衡。它又分为以德国、法国、瑞士等为代表的大陆法系国家的司法制度与以美国、英国、澳大利亚等为代表的普通法系国家的司法制度两大模式。另一类是社会主义司法制度，它分为"议行分工"与"议行合一"两种司法制度模式。我国现行司法制度就是实行"议行分工"原则的社会主义司法制度，即在全国人民代表大会及其常务委员会的统一领导与监督下，政府、法院、检察等机关"分工制约"。

司法制度是指国家司法机关和法律授权的国家机关、社会组织的性质、地位、职权、任务、组织体系、人员及其活动原则和运行程序等各方面制度的总和。

司法制度是国家制度的重要组成部分，是一种具体的社会制度。不同社会、不同国家的司法制度，在性质、内容和形式等方面有差异。而相同社会和国家的司法制度，在不同时期也有着不同的时代烙印。作为一种上层建筑，司法制度建立在不同的经济基础之上，为不同的阶级建构，具有不同的性质。有什么样的经济基础，就有什么样的司法制度。按照司法制度赖以建立的经济基础性质和建构它的统治阶级的本质，历史上的奴隶社会、封建社会、资本主义社会和社会主义社会都有与其社会经济基础的性质和统治阶级本质相适应的司法制度，即奴隶制司法制度、封建制司法制度、资本主义的司法制度和社会主义的司法制度。前三种司法制度是建立在生产资料私有制基础上的，由剥削阶级建构，服务于生产资料私有制与剥削阶级。社会主义的司法制度建立在生产资料公有制为主的经济基础之上，体现工人阶级和广大劳动人民的意志和利益。虽然现实的社会主义司法制度还有许多不完善之处，但它仍然不失为各种司法制度中最为进步的历史类型。

司法制度为经济基础服务，当它适应经济基础时，会促进和加速经济发展，当它违背经济基础，会阻碍或破坏经济发展。

司法制度分为狭义、广义、最广义的司法制度三种。所谓狭义的司法制度是指传统司法制度，即司法制度仅指法院或法官的司法活动，即法院制度。广义的司法制度包括审判制度和检察制度。最广义的司法制度除法院和检察院外，还包括警察、司法行政等制度。这种狭义、广义和最广义的分类，只反映其广度，而未能反映其实质。随着社会的发展和市场经济的需要，律师、调解、仲裁、公证等活动，在解决纠纷、保障市场经济正常运作方面发挥着越来越大的作用，同时也意味着冲突解决方式的发展与进步。因此，司法制度就不仅指法院制度、检察制度、侦查制度，还包括律师制度、公证制度、仲裁制度、调解制度，即形成最广义的司法制度。

司法制度作为一种制度文明，它影响着人类对公正的追求，牵涉到国家解决社会冲突和矛盾的有效性，关系着社会和国家的稳定，因此，司法制度健全与否意义重大。司法制度是人类理性、经验与良知在制度层面上的一种体现。完善的司法制度会把社会关系调整得更加流畅、自然；反之，不完善的或“恶”的制度将导致社会的无序，会使公正与文明受到冲击甚至荡然无存。

二、司法制度的特征

为了规范和保障司法活动的顺利进行，司法制度必须遵循司法活动的特有规律。司法制度具有以下特征：

（一）主体的特定性

按照司法主体的性质，可分为享有司法权的机关和与司法活动密切相关的组织、机关。宪法赋予审判机关、检察机关、侦查机关司法权，其进行的职能活动就是司法活动。为保障司法机关的各项活动，正确地解决纠纷和冲突，国家又设立了一系列组织或机构，如律师、公证、仲裁机构、调解组织、司法鉴定机构、法律援助机构，它们不属于国家司法机关，但它们围绕着司法机关开展工作，是司法系统运转中必不可少的部分。因此，这些组织和机构的活动也是司法活动的组成部分。

在司法制度中，对于主体的要求是特定的，只有上述机构或组织开展的活动和工作属于司法制度规范和约束的范围。民间性质的社团和其他组织，如村民委员会、街道办事处、单位内部工会等，即便从事纠纷和冲突的解决，其活动也不能称为司法活动，也不是司法机关，司法制度不针对它们进行规范和调整。

（二）司法活动的独立性

司法活动主要是围绕着审判活动进行的，它要求审判机关具有独立性，不受外界的干扰和干涉，以保证审判机关作出不偏不倚的公正判决。为此，司法活动必须独立进行，不受其他机关、组织和个人的干涉；否则客观公正既无从谈起，也没有保障。换言之，司法的公正性要求决定了司法的独立性，司法的独立性保障司法的公正性。

对于参与司法活动的律师、公证、仲裁机构和组织也必须拥有独立的地位，能够按照自己对法律的理解自主地进行相应的司法活动，否则司法的公正性将无从保障。司法活动独立，一方面是为了防止权力的异化，成为压迫民众权利的工具；另一方面则是为了制约行政和立法权，避免绝对权力的绝对腐败。作为规范司法活动的司法制度,也应当以构建一个独立、不受干涉的司法组织体系为方向。

(三)司法活动的消极性

司法权是被动行使的,当事人是启动司法权的唯一动力。“提前介入”、“上门揽案”等现象是不应有的,因为法院和法官过于积极会使涉案的当事人对其公正的立场产生质疑。“司法的特殊位置并不意味着它在社会及政治体系中享有至高无上的地位,也不意味着法律万能。相反,通过诉讼审判活动而发挥的上述特殊作用以及人们对裁判所产生的信任,在很大程度上正是以司法的消极性和自我抑制为前提的。”〔41〕

与司法活动的消极性具有针对性的讨论是关于司法的能动性。中国的司法实践部门对“司法能动”的认识与价值解读,主要从两个方面展开,即从理性层面讲,将法院的司法活动融入国家政治经济生活,使司法权具有活力和张力,避免成为单纯的法律工具;从实务层面上讲,法院包括全体法官应当正视来自社会个体的、群体的不同层面对司法的诉求,裁判时应当综合考虑社会经济、道德伦理、政治文化、民族传统等多重价值、规则以平衡利益冲突。〔42〕

这与以司法审查为主要特征的西方乃至香港地区的“司法能动主义”截然不同。

由此,我国司法实务界和学界认为,司法的消极性只是以司法程序设计的相对消极面目示人,并不因此否定司法机关在处理法律纠纷中采取积极作为的态势,比如用参与“大调解”的方式来回应社会对司法的需求。〔43〕

(四)裁判的中立性

法院和法官在审判中恪守中立原则。司法权就像一个等腰三角形的顶角,它与作为底角的两方当事人即原被告双方保持相等的距离。它给予诉讼双方的机会与关注应当是平等的。法院、法官的中立性是为了保证审判和诉讼的顺利进行,可以提高人们对裁判结果的认同和信服力,是司法得以发挥作用并促进其权威性和信任度,避免司法游离于民众之外的基本要求。

---

〔41〕 王亚新:《民事诉讼中的依法审判原则和程序保障》,载梁治平主编:《法律解释问题》,法律出版社1998年版,第150页。

〔42〕 陈丽玲:《正名“能动司法”——兼谈“能动检察”之本体价值》,载《广西师范大学学报》(哲学社会科学版)2016年第2期。

〔43〕 苏力:《关于能动司法与大调解》,载《中国法学》2010年第1期。

(五)司法程序的缜密性

程序是司法的生命。司法权是最严格的程序性权力,它的每一步行使,都应当由程序法严格控制。国家为司法活动设定了科学、严谨、细致的程序,从而有效地防止司法机关的武断专横,保护参与司法活动的公民、法人或其他组织的合法权益,保障人权。当然,这也是司法机关有效、准确地查明事实和适用法律,作出公正裁判的必然要求。当前程序公正的理念得到了更为普遍的认同,人们更加重视司法程序的制定和落实。

司法程序的严密性一方面是指《法院组织法》、《检察院组织法》规定的关于司法组织设置的严密性;另一方面指诉讼法规定的对司法程序的严密性,如审判中的回避程序、庭审规则、辩论程序、证据规则、执行程序等。

(六)司法结果具有判断性

比较而言,决定性权力归立法,处理性权力归行政,判断是司法的本质特征。审判权行使的结果是对产生冲突的各种法律关系,最终作出判断,以确立新的法律关系。而行使侦查权、检察权的侦查机关和检察机关,在刑事诉讼活动中,对犯罪嫌疑人是否触犯刑法必须运用合法的手段,通过相应的工作程序后得出肯定性结论,虽然审判机关的审理结果为最终结果,但是起诉的意见必须是唯一的、肯定的,不能似罪非罪,模棱两可。同样,对于律师、公证、调解制度,也必须对相应法律事务或纠纷作出判断。

三、司法制度的任务

(一)解决纠纷

司法机关以解决纠纷为中心工作。它存在和发展的作用与意义也在于解决人类社会产生的各种类型的纠纷。而衡量这些机关工作好坏的标准也在于其对纠纷是否有效、快捷和切实地解决。检察机关、律师组织、公证组织、司法鉴定组织、调解组织和仲裁组织等共同组成了这个社会中解决纠纷的机制体系,以它们各自具有的独特方式、程序进行解决纠纷的活动,也为通过司法活动解决纠纷做辅助性工作。

(二)保障权利

司法权是公民的权利,民主政体中的国家权力因人的自主和发展而有存在的必要,司法权更是肩负着直接呵护公民和制约立法机关和行政权以保障公民权利的任务。如司法审查制度就是为防止国家权力的专断和无限延伸,各项诉讼权利都是为最终保障民众的权利而搭建的。

以美国和德国为代表的英美法系和大陆法系国家均有宪法诉讼和司法审查的制度规定和相应的法院设置,而这一设计的目的也无非是通过司法保障民众的权利不受任何干扰。因此,司法权独立、有效地行使职权,并进行司法审查的目的不仅在于保障权力的分立,更在于保障公民的权利。与之相适应,司法权与司法制度只有全面发挥对公民权利和自由保障的功能,才符合司法权设立的初衷和目的。

司法制度保障公民、法人等合法权益,是通过司法机关和司法组织的一系列司法活动体现的。在现代刑事司法程序中,通过侦查机关、检察院、法院以及律师组织进行的侦查、起诉、审判和辩护、代理活动,不仅要保障被害人的权利,保障无罪的人不受刑事追究,更要保障犯罪嫌疑人、被告人的人权不受侵犯。在法院进行的民事、行政审判活动中,以及仲裁、公证和调解活动中,法院及司法组织都以保护当事人合法权益为目的。

(三)惩罚犯罪、纠正违法行为

司法机关按照刑事诉讼程序,承担着对犯罪行为的侦查、起诉、审判的任务,依据法律对各种刑事犯罪分子予以有效的惩罚,以维护社会秩序、保护普通公民的生命财产安全。纠正违法行为也是现代司法的重要任务,对于违反诚信、破坏正常生产、生活、交易秩序的行为,司法制度予以纠正并对此行为进行惩罚,以维护社会各项活动正常有序地运转。

(四)教育公民遵守法律

《人民法院组织法》第 3 条第 2 款规定:“人民法院用它的全部活动教育公民忠于社会主义祖国,自觉地遵守宪法和法律。”《人民检察院组织法》第 4 条第 2 款规定:“人民检察院通过检察活动,教育公民忠于社会主义祖国,自觉地遵守宪法和法律,积极同违法行为作斗争。”司法机关和司法组织在侦查、起诉、审判、辩护、辩论、公证、调解、执行等各项动态的诉讼活动、非诉讼活动中,向公民宣传法律、解释法律,直接或间接地起到了教育公民自觉地遵守法律的作用,它是司法制度所具有的不可忽略的显著功能。

2003 年最高人民法院提出新世纪工作宗旨,要求各级人民法院为“第一要务”服务，落实“司法为民”23条具体措施，[44] 2013年最高人民法院发布《关于切实践行司法为民、大力加强公正司法、不断提高司法公信力的若干意见》，进一步强调司法职能服务大局，注重司法审判工作与社会生活的融合，善于总结和运用人民群众公认的常识与经验，努力使司法过程和处理结果在法律规定的范围内贴近人民群众的公平正义观念。

“司法为民”就是为人民服务、为社会主义经济建设服务，表现为司法机关特有的服务功能。[45]

第三节　中国司法制度的演变

一、原始社会的司法制度

在原始社会，氏族习惯是调整人们在生产和生活中相互关系的行为规则，“私力救济”或“自力救济”是这一人类社会的原始司法形态。

马克思主义认为，原始社会“没有大兵、宪兵和警察，没有贵族、国王、总督、地方官和法官，没有监狱，没有诉讼，而一切都是有条有理的。一切争端和纠纷，都由当事人的全体即氏族或部落来解决，或者由各个氏族相互解决；血族复仇仅仅当作一种极端的、很少应用的威胁手段……一切问题，都由当事人自己解决，在大多数情况下，历来的习俗就把一切调整好了”。[46] 因而在原始社会不存在国家、法律和司法制度。

第一次社会大分工，出现了私有制和阶级，社会分裂为主人和奴隶、剥削者和被剥削者。第二次社会大分工，社会上出现了富人和穷人的差别，社会分裂为对抗性的阶级，奴隶主为了镇压奴隶们的反抗，维护自己的经济利益和政治统治，产生了奴隶制国家，并把有利于自己利益的习惯转化为奴隶制的国家法律，用国家强制力保证执行。于是，奴隶制国家的司法制度便随着国家的产生而产生。

---

〔44〕 肖扬：《司法为民不是简单口号》，载 http://www.chinanews.com.cn/n/2003-09-20/26/348871.html。

〔45〕 谭世贵：《中国司法制度》，法律出版社2005年版，第15页。

〔46〕 [德]马克思、恩格斯，中共中央马克思恩格斯列宁斯大林著作编译局编译：《马克思恩格斯选集》（第4卷），人民出版社1995年版，第95页。

图1－2　将法律条文铸于鼎上，防止司法官吏对司法权力的独断。

二、奴隶社会的司法制度

司法制度伴随着奴隶制国家的产生而产生，并伴随着经济基础的发展而发展。这一时期，同态复仇、私人救济为国法所不容，逐渐被禁止，审判加强了国家权力，同犯罪行为作斗争成为国家的主要职能之一。

自公元前21世纪夏禹建立奴隶制王朝以后，中国的奴隶社会经过了夏、商、周三代，国家机器及司法制度逐步完备，监狱设置、审判程序、审判方式、职官设置等都有明显进步。其主要特点为：

1. 奴隶制法庭只保护奴隶主和自由平民（平民）的利益，对广大奴隶可不必经过司法程序而任意处置。

2. 国王是最高司法裁判者，操纵最高审判权，政权与神权、族权相结合。

3. 刑罚残酷，有“墨、劓、剕、宫、大辟”五刑，还有剖腹、活埋等肉刑。

4. 奴隶社会中期以后已有司法审级、诉讼程序、证据、定罪量刑、比附和刑讯等制度，以及“五听”等审讯方法，疑罪从轻减免等政策，这也为封建社会所承袭和发展。

三、封建社会的司法制度

从公元前221年秦始皇统一中国到1840年鸦片战争，是中国历史上的封建社会，期间各代封建王朝相继接替，在中央集权的国家统治下，创造了具有特色的“中华法系”。其主要特点有：

1. 司法从属于行政，基层司法与行政合体。皇帝拥有最高的国家权力，是最高的司法长官，最具权威性。中央设专门的司法机关，但要绝对服从皇帝的命令，地方司法权历代都由地方行政长官兼理，并集侦查、公诉、审判、鉴定等职责于一身。

2. 强化御史制度，注重司法钳制。秦朝首创御史制度，兼有监察、检察和审判等多种职能，这是中国封建司法制度的显著特色之一。

3. 诸法合体，民刑不分，重刑轻民。刑事案件须严格按照程序由地方官审理后逐级上报，直至中央。国家对犯罪主动追究，刑讯逼供的拷问制度合法化。处理户婚田土之类的民事纠纷时,也经常采用刑讯逼供的手段加以处置。

4. 没有形成法律职业集团。司法官多为科举出身的文官,不谙法律,需要幕僚加以辅助,但幕僚不属于国家正式官吏。历代封建统治者重视选拔司法官吏,都规定了严明的司法官责任。自秦律起便有治狱不直之罪,官吏办案,如出入人罪须承担责任,惩戒方式包括免职或治罪。

5. 恩威并用,宽猛相济。历代封建王朝从巩固本朝的统治需要出发,不仅重视立法,也重视法律的实施。在漫长的封建社会中,积累了丰富的司法实践经验。对狱讼牵涉生杀予夺之权,都主张慎施刑罚,并建立了一系列制度,体现了恩威并用、宽猛相济的原则。

图1-3　在犯人脸上刺字并涂墨之刑

四、中国近代司法制度

自1840年鸦片战争以后,中国封建社会逐步解体,沦为半封建半殖民地社会。清末引进西方资本主义的司法原则和制度,进行"变法修律",司法制度进行了系列改革,仿效资本主义国家建立"三权分立"体制,对封建司法制度进行根本改革。自辛亥革命始,先后经历了南京临时政府、北洋军阀政府和南京国民政府等不同阶段。各阶段的司法制度均有不同程度的变化。这一时期司法制度的特点是:

1. 初步引入了西方现代司法原则和制度,中国传统司法制度解体,近现代意义上的审判、检察、律师、诉讼等司法制度基本建立。

2. 由于战争和社会动乱,基层社会的变革基本没有完成,司法制度与民众的社会生活存在巨大距离,仍然停留在形式上,仅在中心城市发挥作用。司法的统一远未实现。

3. 存在破坏国家主权的领事裁判权,国家司法管辖权不能进入外国租界内。

4. 司法服务于政治,成为镇压敌对势力的工具,司法腐败盛行,司法公正受到质疑。

五、人民司法制度

从第二次国内革命时期开始，在中国共产党领导的革命根据地都建立了司法机关，开展司法活动。由于战争时期的条件限制和农村的实际情况，根据地时期的政权建设具有军事化特点，并服从于政治斗争的需要，司法机关及司法活动不够正规和规范。在制度上和法律规范上都没有形成正规的体系。但根据地的审判活动也形成了一些特有的司法传统，形成了以“马锡五审判方式”为代表的诉讼模式。

1949年中华人民共和国成立初期，我国司法机关纳入政府系统，成为政府的组成部分，各级法院和检察署受同级人民政府领导。当时司法制度的设置是为了保障国家政权稳定和经济建设，加之司法实践经验缺乏，存在各地司法机构建立不平衡等问题，但是这样设置是符合国情需要的。

“五四宪法”确立了从属于人民代表大会的“一府两院”的政治制度架构，进而开始了司法与行政分立的转变过程。人民法院是专门的审判机关，检察机关成为专门的独立的国家法律监督机关，对同级人民代表大会负责并报告工作。国家司法机关形成了审判、检察、侦查、司法行政四机关，此外还有监狱、律师、调解、仲裁、公证等机构，逐渐建立了新中国的司法制度。

我国是以人民代表大会为中心构建国家制度的，我国的司法制度是社会主义司法制度，随着社会发展的需要，司法制度也不断地积极适应转型与改革，并根据经济社会发展的需要及时做出回应。人民司法制度具有以下显著特点：

1. 我国司法制度具有人民性。早在1950年召开的第一届全国司法会议上，董必武明确提出了“人民司法”的概念。他认为，人民司法与旧司法的一个重要区别，在于人民司法注重方便人民群众诉讼，而旧司法则繁文缛节，手续复杂，不利于人民群众的诉讼。董必武主张从便利于人民着想，简化审判手续，建立便于人民的审判制度。[47]

我国司法制度的人民性从国家司法机关的命名上看，如“人民法院”、“人民检察院”，具有醒目的外在特征表现。在我国政治系统中，人民法院由最高权力机关产生并向其负责，是“人民主权性”的体现，社会主义司法权源于人民、属于人民、服务人民、受人民监督。

近年来，人民陪审制度、人民监督员制度的改革以及一系列加强司法公开的

---

〔47〕 李林、冀祥德：《依法治国与深化司法体制改革》，方志出版社2013年版，第393页。

具体举措正是旨在满足人民群众参与司法、监督司法的要求，是社会主义司法制度"人民性"的具体体现。

2. 我国的司法制度是在社会主义法治理念指导下的司法制度。社会主义制度的确立，是人类文明发展的巨大进步。社会主义法治理念是社会主义制度下的法治理念，它有别于资本主义国家的"三权分立"体制下的法治理念。我国法治理念的树立与"中国特色社会主义"是紧密联系的，具体内容为依法治国、执法为民、公平正义、服务大局、党的领导五个方面，其中依法治国是社会主义法治的核心内容，执法为民是本质要求，公平正义是价值追求，服务大局是重要使命，党的领导是根本保证。这一理念是建立在马克思主义理论基础上的、反映和指导中国特色社会主义法治实践的现代法治理念，是在社会主义初级阶段提出来的重要命题。

3. 人民法院、人民检察院、公安和司法行政机关的设置基本上与政权建制相适应。我国的行政管理体制一般分为五级：乡（镇）、区（县）、市、省（自治区、直辖市）、国家，同级都有党、政、人大、政协等几套领导班子。人民法院、人民检察院、公安和司法行政机关的设置基本上按照上述行政管理体制来设置，对于乡（镇），人民法院可以设立派出法庭，公安可以设立派出所，司法行政机关可设立司法所。

4. 公安、检察、法院三机关分工协作，互相制约。《宪法》第135条规定："人民法院、人民检察院和公安机关办理刑事案件，应当分工负责、互相配合、互相制约，以保证准确有效地执行法律。"公、检、法三机关的权力来源于国家权力的统一分配，而非相互间的彼此分工，其行使的权力来源于国家最高权力机关的授权，由人民代表大会产生，是国家最高权力——人民主权的统一分配。

5. 司法机关集体独立。在我国，宪法、人民法院组织法、人民检察院组织法和诉讼法规定了人民法院、人民检察院依法独立行使职权，这种独立性，从严格意义上说是一种集体独立，也就是外部独立，而非个人独立即法官独立、检察官独立，是在人民代表大会的框架内司法相对"行政机关、社会团体和个人"的独立，也就是对当事人的独立。

第四节　司法考试制度

司法考试制度是国家关于司法考试的内容、性质、原则、组织机构、报考条件、职业种类、资格授予、方式等系列法律规范的总和。2001年司法部、最高人民法院、最高人民检察院共同颁布了《国家司法考试实施办法(试行)》,规定初任法官、初任检察官和取得律师资格必须通过国家司法考试。国家司法考试由国家司法部组织,在全国范围内对从事特定法律职业者进行统一资格考试。

世界众多国家都采取考试制度为国家选拔高层次的法律职业人才,它是现代法治国家的通行做法。美国、英国等国的法官、检察官主要从律师中选拔产生,因而律师资格考试实为司法考试。日本、德国等国也实行统一的国家司法考试制度,作为选拔法官、检察官和律师的条件。

我国的司法考试是在"司法部律师资格考试"、"人民法院初任法官资格考试"和"人民检察院初任检察官资格考试"实行多年后,于2002年正式建立并实施的国家司法考试制度。截至2016年,已组织15次司法考试,累计报名人数约554万人次,逾80万人通过考试取得法律职业资格,其中近一半人员从事法官、检察官、律师和公证员等法律职业。

国家统一司法考试制度是依法治国,建设社会主义法治国家基本方略的必然要求,对我国社会主义法治建设起到了重要推动作用,有利于提高司法队伍专业素质,有利于法律职业共同体的建立,对我国的法律教育事业也带来了考验,因此,国家统一司法考试在中国司法制度改革史上具有里程碑意义。

一、中国古代的官制选拔考试

图1-4 古代科举考试院

在中国古代历史上,由于司法与行政不分,主要以选官制度的科举考试作为正途,故对于行政官员的选拔即是对审判官的选拔,选拔官吏的标准注重道德高尚又要知刑懂法,对通过科举考试的人授予从九品上、下阶的官职。

宋朝选用司法官员时,把法律考试作为重要内容,选用各道司寇参军,"皆以律书试判"。选拔刑部的详复官和三法司的法直官时,要试以断案题。[48]

〔48〕 张晋藩:《中国法律史》,法律出版社1995年版,第315页。

二、清末的司法官考试制度

清末司法改革两个极为重要的直接目标在于实现司法独立和专业化。清政府通过对日本的考察决定对官制予以改革，培养新式司法人才。1910 年 2 月颁布了《法官考试任用暂行章程》，强调法律专业知识与法官职业间的紧密关系，规定法官由“专官”充任，司法官需经两次考试，合格者方能任用。凡法科大学、法政法律学堂教习人员和毕业生均可参加考试，从学堂毕业的学生中选法官成为制度化、常态化与规范化，由此确立了近代司法官考试制度的基本模式，[49] 在中国的司法史上，这无疑是一次具有开创性的制度建设。

按照《法官考试任用暂行章程》的规定，所有法官第一次考试应于 1910 年八月（农历）初旬举行。法部在《法官考试任用暂行章程施行细则》中规定，除四川、广西、云南、贵州、甘肃、新疆六省派员前往甘肃会考外，其余各省一律赴京应试。[50] 此次司法官考试，录取法官五百余人。对于法官的任用，由法部的非规范的随机选拔逐渐过渡到以考试为主导的法官任用制度。

清政府于 1911 年灭亡，原定于 1912 年的第二次法官考试未成行。

三、民国时期的司法官考试制度

随着中国法律近代化的发展，对法律专业化和司法职业化提出了更高要求，法律职业群体建设需要通过考试选拔司法专业人员。

孙中山就任临时大总统后，先后制定了《法官考试委员官职令》和《法官考试令》草案，明确指出所有司法人员必须经过法官考试合格后方能任用。1911 年 12 月，时任司法部长张知本组织了中华民国第一次司法官考试，录取了十八人。[51] 1912 年 3 月，孙中山在《孙大总统咨请参议院审议法制局拟定法官考试委员官职令及法官考试令草案等文》中，强调“所有司法人员，必须应司法官考试，合格人员方能任用”。[52]

北洋政府时期，其司法部先后颁布《司法官考试令》和《司法官考试令实施细则》，确定考试科目为宪法、民法、商法、刑法、民事刑事诉讼法、监狱学六科，考试

---

〔49〕 李启成：《晚清各级审判厅研究》，北京大学出版社 2004 年版，第 118 页。

〔50〕 林文勋：《连贯与中国现代社会研究》（下），人民出版社 2013 年版，第 225 页。

〔51〕 展恒举：《中国近代法制史》，台湾商务印书馆 1973 年版，第 114 页。

〔52〕 桂万先：《北洋政府时期审判制度研究》，中国政法大学出版社 2010 年版，第 143 页。

及格者入选司法部或“为将来改良法院之储备”。[53]

南京政府时期继续完善法官遴选制度，为确保法官素质，颁行《法官初试暂行条例》、《高等考试司法官考试条例》、《高等考试司法官考试规则》、《考试法》等一系列考试制度。一些地方还组织了本地区选拔司法人才的考试，如浙江、湖南、湖北、山西、云南等省份都曾举行过地方司法官考试。[54]

四、新中国的律师资格考试及司法统一考试

在新中国成立之初，各级法院的院长、副院长由同级人民政府委员会任免，其余审判员都是由各级政府人事部门任免。1954 年 9 月出台的《人民法院组织法》和《人民检察院组织法》都规定了法院和检察院组成人员的任免制度，但是宪法和法律对法官、检察官的选拔并未作出明确的具体的规定。

我国的统一司法考试是在律师资格考试的基础之上形成的。1986 年 10 月司法部主持第一次全国律师资格考试，至 2000 年共进行 12 次全国统考，有 150 万余人次参加了考试。在此期间，最高人民法院与最高人民检察院也于 1995 年、1997 年、1998 年、1999 年举行了四次初任法官和助理审判员、初任检察官和助理检察员的考试。

2001 年九届全国人大常委会审议通过了关于修改《法官法》和《检察官法》的决定，确立了我国的统一司法考试制度，明确规定了国家对初任法官、检察官和取得律师资格实行统一的司法考试制度。2001 年 10 月 31 日，最高人民法院、最高人民检察院和司法部联合制定公布了《国家司法考试实施办法（试行）》。2002 年，我国进行了第一次统一司法考试，开启了中华人民共和国常规化的法律职业考试制度。

五、统一司法考试的功能

确立司法考试制度的目的，在于扩大选拔优秀法律人才的范围，实现法律职业者选拔的精英化和统一化。统一命题、统一考试、统一录取标准进而形成统一的法律职业共同体，有利于法律职业者形成统一的法律职业语言，形成统一的司法伦理体系，使律师、法官、检察官在同一业务层面上展开工作，并实现法律职业之间的合理流动。

---

〔53〕 秦昊扬：《民国文官考试制度研究 1912—1949》，国家行政学院出版社 2009 年版，第 100 页。

〔54〕 胡震：《民国前期（1912～1936）司法官考试的模型设计》，载《法学》2005 年第 12 期。

司法考试内容参照教育部法学专业 14 门主干课程的标准和要求，在一定程度上引导法学教育向职业教育发展的方向，成为法学教育水平的判断坐标，因此，对中国的法学教育产生深刻的影响，不断促进法学教育的改革和发展。

国家司法考试在全国引起了广泛的关注，报考者十分踊跃。2002 年首次统一司法考试，全国共有 36 万余人报名，有 31 万余人实际参加了考试。

自 2002 年起，司法部先后下发多个《国家司法考试放宽报名学历条件地方》通知，对中西部地区和少数民族地区采取倾斜政策，以缓解部分地区人员不足的问题。同时采取法律职业资格证书管理，即根据当年报名条件、合格分数线及适用范围不同分 A、B、C 类，具体是，A 类报名学历为大学本科，考试总成绩 360 分以上，适用于全国范围内法官、检察官、律师和公证员的职业选择。B 类和 C 类证书适用于放宽地区报考条件的人员。[55]

司法考试引发了社会上学习法律知识和法律理论的热潮。2016 年报名人数达到 58.8 万余人，较 2015 年增幅为 20%，是自 2002 年首次国家司法考试以来，内地报考人数最高的一年。实际参考人数为 43.8 万余人，参考率 74.6%。香港、澳门和台湾地区居民报考的有 1045 人，申请使用民族语言文字试卷报考的有 1.2 万余人，占报考人数的 2.1%。全国 31 个省（区、市）及香港特别行政区、澳门特别行政区共设置 249 个考区，501 个考点，1.9 万余个考场。[56]

统一司法考试制度在实施中仍存在许多亟待解决的问题，诸如考试的性质、考试的模式、法律职业资格与准入的关系、发达地区法律人才的短缺、与法学教育使命的冲突等，都需要进一步研究和改革，以提高司法考试制度的科学性、合理性。

---

〔55〕 2016 年全国合格分数线为 360 分。放宽报名学历条件地方合格分数线分为四档，其中，西藏自治区合格分数线为 280 分；内蒙古、广西、宁夏、新疆 4 个自治区，四川、贵州、云南、甘肃、青海 5 个省的自治州、自治县合格分数线为 305 分；四川、贵州、云南、甘肃、青海 5 个省所辖县（市、区）合格分数线为 310 分；除上述 10 省（区）外，全国放宽报名学历条件地方合格分数线为 315 分。使用少数民族语言文字试卷参加考试的，单独确定合格分数标准。参见司法部官网，http://www.moj.gov.cn/index/content/2016－11/20/content_6883427.htm? node＝7346。

〔56〕 参见司法部官网，http://www.moj.gov.cn/sfkss/content/2016－09/24/content_6815353.htm? node＝299。

第五节 中国当代司法制度改革

在当代,司法改革是个世界性的主题,无论发达国家或发展中国家都进行着不同类型的"司法改革"。当代中国司法制度改革肇始于20世纪80年代进行的全面改革开放,在"解放思想"的观念下引领司法领域开始了若干阶段和不同侧重的系列改革,也是社会分工的专业化要求所导致的结果,是适应我国建立社会主义市场经济体制和社会治理方式改变的必然需要的。[57] 司法改革既包括司法观念的更新,也包括与司法相关的人、物、规范、制度所采取的措施变革。在改革的力度上既有设立"监察委员会"对现行司法制度进行的体制性改革,也有加强"人民陪审员"制度的局部性改革。

一、法院制度改革

司法作为国家职能而存在,司法权的配置和司法制度的设计必然与国家的政治、经济、社会等制度相关联。为革除司法地方化、部门化的积弊,最高人民法院对职权管辖、人事管理、审判制度等进行了全面的改革。

(一)管理制度改革

1. 铁路司法纳入国家司法管理体系。2004年,中央司法体制改革领导小组发布《关于铁路公检法管理体制改革和核定政法机关编制的通知》,提出将铁路司法纳入国家司法管理体系,此次铁路司法管理体制改革的重大推进是中国司法制度发展的一个亮点,涉及17个铁路运输检察分院和17个铁路运输中级法院,59个铁路运输基层检察院和59个铁路运输基层法院,遍布全国25个省、自治区,4个直辖市。2012年1月12日,山西省政府、省检察院和太原铁路局签订太原铁路检察机关移交协议,拉开了铁路司法移交地方的序幕。

改革后的铁路法院、检察院实行由检察分院、中级人民法院所在地省级人民检察院、高级人民法院分级直管模式,其经费支出由地方各省级财政部门保障。

2. 设立最高人民法院巡回法庭和跨行政区划人民法院、人民检察院。2014年

---

〔57〕 张卫平:《司法改革:分析与展开》,法律出版社2003年版,第1~5页。

12 月，中央全面深化改革领导小组提出优化司法职权配置，推动实行审判权和执行权相分离的体制改革试点，发布《最高人民法院设立巡回法庭试点方案》和《设立跨行政区划人民法院、人民检察院试点方案》。提出最高人民法院设立巡回法庭，审理跨行政区域的重大行政和民商事案件；设立跨行政区划的人民法院和人民检察院，办理跨地市一级的重大案件，以排除地方对司法的干扰。

最高人民法院第一巡回法庭位于广东省深圳市，管辖广东、广西、海南、湖南四省区；第二巡回法庭位于辽宁省沈阳市，管辖辽宁、吉林、黑龙江三省；第三巡回法庭位于江苏省南京市，管辖江苏、上海、浙江、福建、江西五省市；第四巡回法庭位于河南省郑州市，管辖河南、山西、湖北、安徽四省；第五巡回法庭位于重庆市，管辖重庆、四川、贵州、云南、西藏五省区市；第六巡回法庭位于陕西省西安市，管辖陕西、甘肃、青海、宁夏、新疆五省区。

设立北京市第四中级人民法院、上海市第三中级人民法院两个跨行政区划法院，审理重大刑事、民事、行政案件。2015 年北京市第四中级人民法院、上海市第三中级人民法院共审结案件 2961 件。[58]

3. 设立知识产权法院。2013 年 11 月《中共中央关于全面深化改革若干重大问题的决定》明确提出了加强知识产权运用和保护，健全技术创新激励机制，探索建立知识产权法院。2014 年 8 月 31 日，第十二届全国人民代表大会常务委员会第十次会议通过了《全国人大常委会关于在北京、上海、广州设立知识产权法院的决定》。知识产权法院可跨区域管辖，受理第一审专利民事案件和行政案件。

4. 省以下地方法院、检察院人财物统一管理。既然司法权是中央事权，其人财物理应由中央统一管理。本着循序渐进的原则，逐步改革司法管理体制，先将省以下地方人民法院、人民检察院人财物由省一级统一管理。地方各级人民法院、人民检察院和专门人民法院、人民检察院的经费由省级财政统筹，中央财政保障部分经费。

这一改革旨在克服地方主义对司法的干扰，但是其设想也可能与现行《宪法》和相关法律精神与规定不相符合，存在法律障碍。[59]

（二）人事制度改革

改革之前，法官按照公务员管理，导致法官入职门槛较低、行政化加剧、人员

---

〔58〕 参见中国人大网，http://www.npc.gov.cn/npc/dbdhhy/12_4/2016-03/21/content_1985710.htm。

〔59〕 高其才：《省以下地方法院、检察院人财物统一管理改革的法律障碍》，载刘作翔主编：《法治与改革》，方志出版社 2014 年版，第 445 页。

结构失衡。最高人民法院于2014年7月9日公布《人民法院第四个五年改革纲要(2014—2018)》,提出法院人员分类管理改革,即法院人员分为法官、审判辅助人员和司法行政人员。司法人员分类管理制度是针对司法权行政化弊病而出台的一项重要措施,对我国法官队伍走向职业化和精英化,提升法官社会地位,落实法官办案责任制都会产生积极的影响。

对法官实行统一的员额管理的目的在于,提高法官入职门槛,延长法官任职年限,确保法官主要集中在审判一线,使法官回归独立裁判者的角色。

法官员额制改革首先在东、中、西部选择上海、广东、吉林、湖北、海南、青海六个省市先行试点,为全面推进司法改革积累经验。截至2017年1月底,全国27个省区市法院均已完成员额法官选任工作,约占全国法院总数的86.7%,共产生入额法官105433名,法官员额制改革试点工作基本完成。[60]

法官员额制改革全面推开后,全国约有6.7万法官不能入额,[61]未入额法官的自身利益、全国各地方是否适用统一员额比例、助理审判员的存废等问题也将随之出现,需要进一步研究。

(三)审判制度改革

我国囿于传统观念,对于司法公正的理解更多的是强调实体的公正性,程序的公正性则相对忽略。此次司法改革中已充分认识到这一点,提出的一些改革措施对重塑程序公正和程序的民主性起到积极作用。

1. 立案登记制

党的十八届四中全会通过的《中共中央关于全面推进依法治国若干重大问题的决定》提出:"改革法院案件受理制度,变立案审查制为立案登记制,对人民法院依法应该受理的案件,做到有案必立、有诉必理,保障当事人诉权。"2015年4月1日,中央全面深化改革领导小组第十一次会议通过了《关于人民法院推行立案登记制改革的意见》,对人民法院立案登记制度改革作出全面部署。2015年4月15日,最高人民法院《关于人民法院登记立案若干问题的规定》公布施行。在过去的立案审查制模式下,有的法院以内部指导意见的形式列举了诸多不予立案的情形,甚至将案件进得来能否出得去也作为审查起诉的条件,导致大量纠纷被人为地、不正常地挡在诉讼"门外"。实行立案登记制,在立案环节只审查起诉要件,不

[60] 徐隽:《全国法院法官员额制改革试点基本完成》,载《人民日报》2017年2月14日。
[61] 李少平:《当前深化司法体制改革的形势、任务及重点》,载《法律适用》2016年第8期。

审查诉讼要件和判决要件,对符合法律规定的起诉、自诉,人民法院应当当场予以登记立案,对不符合法律规定的起诉、自诉,人民法院应当予以释明,并不意味着"有案必立"。

2. 人民陪审员制度

人民陪审员制度是人民群众当家作主、依法参与国家事务管理的最重要、最直接的形式。但是在实践中也出现了由于对法律规定不了解,陪审员不会、不敢、不愿发表意见,因此,"陪而不审"、"审而不议"的现象比较突出。

党的十八届三中、四中全会提出了关于完善人民陪审员制度的改革部署,为贯彻落实党中央的要求,2015 年 4 月,最高人民法院、司法部制定了《人民陪审员制度改革试点方案》。十二届全国人大常委会第十四次会议作出《关于授权在部分地区开展人民陪审员制度改革试点工作的决定》,自 2015 年 5 月在全国十省市开展人民陪审员制度改革试点工作,试点期限原则上两年,最低不少于一年。这次人民陪审员制度改革的最大亮点,就是实行人民陪审员只参与审理事实认定问题,不参与适用法律问题,真正实现了扬长避短,抓住了陪审制度的主要矛盾。增加人民陪审员名额,完善随机抽选方式等措施,拓宽了人民群众有序参加司法活动的渠道。

二、检察制度改革

建设社会主义法治国家,必须高度重视检察机关在整个法律运行体系中的独特作用,提高其法律监督能力。检察制度与法院制度共同进行了关于铁路司法和员额制的改革,在检察机构改革、检察队伍建设、工作机制革新等方面得到进一步增强和完善,取得了一系列有较为明显成效的改革成果。

(一)提起公益诉讼

2012 年修订的《民事诉讼法》规定,对污染环境、侵害众多消费者合法权益等损害社会公共利益的行为,"法律规定的机关和有关组织"可以向法院提出诉讼,但原告的具体范围较为模糊。党的十八大四中全会关于《中共中央关于全面推进依法治国若干重大问题的决定决定》中提出探索建立检察机关提起公益诉讼制度,明确了检察院提起公益诉讼的主体地位。

2015 年 7 月 1 日,第十二届全国人大常委会第十五次会议通过了《关于授权最高人民检察院在部分地区开展公益诉讼试点工作的决定》,授权最高人民检察院在北京、内蒙古等十三个省、自治区、直辖市,针对生态环境和资源保护、国有资产保护、国有土地使用权出让、食品药品安全等领域开展提起公益诉讼试点,为期二年。2015 年 7 月 2 日最高人民检察院颁布《检察机关提起公益诉讼改革试点方案》,将检察院提起公益诉讼的案件性质确定为民事与行政两大类;设计了案件范围、诉讼参加人、诉前程序、提起诉讼、诉讼请求等方案。

2015 年 12 月,最高人民检察院又颁发了《人民检察院提起公益诉讼试点工作实施办法》,细化了立案、管辖、证据、强制措施、集体讨论、办理期限等内容,确定了检察机关的诉讼地位和诉讼权利。

很显然,我国检察机关提起公益诉讼的案件范围是非常有限的,这与开公益诉讼鼻祖的法国检察机关参与案件的范围相比,是极小的。[62] 公益诉讼在我国起步较晚,但是寄于民众的期望却很大。尤其是检察机关作为部分民事、行政公益诉讼起诉人,维护公共利益起到的社会效果对司法实践和依法行政都起到积极的促进作用。但是,同时也还存在诉权、和解、管辖问题,[63] 因此,该制度仍然需要不断进行探索完善。

(二)人民监督员制度

人民监督员制度是 2003 年由最高人民检察院报请中央批准并报告全国人大常委会后实施的,是近年来我国检察机关构建的一项重要的外部制约机制,是公众监督司法、参与司法的重要形式。这项制度的主要功能是加强公民对检察机关查办职务犯罪工作的监督。党的十八大四中全会关于《中共中央关于全面推进依法治国若干重大问题的决定决定》提出完善人民监督员制度,将监督的重点放在监督检察机关查办职务犯罪的立案、羁押、扣押冻结财物、起诉等环节的执法活动上。

2015 年 3 月,最高人民检察院、司法部关于印发《深化人民监督员制度改革方案》的通知,2015 年 12 月,最高人民检察院发布《人民监督员监督工作的规定》,对人民监督员的监督范围、选任和管理等进行了改革。

三、刑罚执行制度改革

社区矫正是融监督管理、教育矫正与社会适应性帮扶为一体的非监禁刑罚执行制度,与监禁刑罚一起构成了以自由刑为核心的现代刑罚执行体系。

2003 年最高人民法院、最高人民检察院、公安部、司法部联合下发《关于开展

---

[62] [法]让 · 文森、塞尔日 · 金沙尔:《法国民事诉讼法要义》(上),罗结珍译,中国法制出版社 2001 年版,第 186 ~ 188 页。

[63] 李军:《试点中的检察机关与民事公益诉讼研究》,载《法制与社会》2016 年第 31 期。

社区矫正试点工作的通知》，将管制、缓刑、假释、暂予监外执行的罪犯置于社区内，通过落实监督、教育和帮扶措施，矫正其犯罪心理和行为，促进其回归社会、成为守法公民。

社区矫正于2003年开始在北京、山东等六省（市）试点，2009年在全国全面试行，全国60%多的县（市、区）建立了社区矫正中心。2012年修改的《刑事诉讼法》第104条规定："对被判处管制、宣告缓刑、假释或者暂予监外执行的罪犯，依法实行社区矫正，由社区矫正机构负责执行"，在《刑事诉讼法》上正式确立了社区矫正制度。2012年最高人民法院、最高人民检察院、公安部、司法部联合制定了《社区矫正实施办法》，使社区矫正工作更加具有可操作性。

截至2016年年底，司法行政机关累计接收社区服刑人员189.6万人，累计解除174.5万人，社区服刑人员矫正期间重新犯罪率一直处于0.2%左右的较低水平。[64]

目前社区矫正制度还存在立法的缺失、社会力量参与不足、矫正措施层次较低以及专业人员不足的问题。[65] 国务院法制办公室于2016年12月向全向社会通知，对《社区矫正法（征求意见稿）》公开征求意见。社区矫正是一项综合性很强的工作，需要有关部门依法履行各自的职责，相互配合、相互支持，才能保证该项工作的顺利开展。

案 例

1990年滕州八中学生齐玉玲参加中考，被山东济宁商业学校录取。其入学通知书被陈晓琪家长冒名领取，经其所在村党支部书记陈克政与其家长策划，陈晓琪冒名"齐玉玲"入山东济宁商业学校学习。毕业后分到中行山东滕州支行工作。

1999年1月29日，齐玉玲得知真相后，以侵害其姓名权和受教育权为由，将陈晓琪、陈克政、济宁商业学校、滕州八中和滕州市教委诉于枣庄市中级人民法院。枣庄市中级人民法院审理后判决：被告陈晓琪停止对原告姓名权的侵害，赔礼道歉并赔偿损失。原告齐玉玲不服判决上诉于山东省高级人民法院。

山东省高级人民法院向最高人民法院提出请示，最高人民法院于2001年8月13日向山东省高级人民法院批复，即《关于以侵犯姓名权的手段侵犯宪法保护

---

〔64〕 李豪：《全国累计接收社区服刑人员189.6万人》，载《法制日报》2017年1月16日。

〔65〕 张凯：《检视与推进：我国社区矫正制度深化路径之探讨》，载《河北法学》2017年第2期。

的公民受教育的基本权利是否应承担民事责任的批复》:

最高人民法院《关于以侵犯姓名权的手段侵犯宪法保护的公民受教育的基本权利是否应承担民事责任的批复》已于2001年6月28日由最高人民法院审判委员会第1183次会议通过。现予公布,自2001年8月13日起施行。法释〔2001〕25号

山东省高级人民法院:

你院(1999)鲁民终字第258号《关于齐玉苓与陈晓琪、陈克政、山东省济宁市商业学校、山东省滕州市第八中学、山东省滕州市教育委员会姓名权纠纷一案的请示》收悉。经研究,我们认为,根据本案事实,陈晓琪等以侵犯姓名权的手段,侵犯了齐玉苓依据宪法规定所享有的受教育的基本权利,并造成了具体的损害后果,应承担相应的民事责任。

该批复已于2008年12月24日,被最高人民法院《关于废止2007年底以前发布的有关司法解释(第七批)的决定》宣布失效。

请评述该批复存在的问题。

复习题

一、概念

司法　司法权　司法机关　司法制度　司法考试

二、思考

1. 司法权的性质。
2. 司法制度的特征。
3. 司法制度的任务。
4. 简述中国司法制度的历史沿革过程。
5. 中国当代司法制度改革的意义。

司法考试试题

一、单项选择题

1. 关于司法和司法制度,下列哪一选项是正确的?(2008年)

A. 效率是司法的内在要求和本质反映，是法治的灵魂和核心，强调的是尽可能地快速解决纠纷、多解决纠纷，尽可能地节省和充分利用各种司法资源

B. 从总体上看，司法具有解决纠纷的直接功能和调整社会关系、解释和补充法律、形成公共政策、秩序维持、文化支持等间接功能

C. 根据现代司法的独立性特点，一切案件或纠纷，一旦进入司法程序，由司法机关依法作出生效的判决、裁定或决定，任何机关和个人都不应再作处理

D. 德国和法国虽然政治制度相同，但德国建立了联邦和州两套法院机构，法国则建立了全国统一的法院机构

【答案】 B

【考点】 司法制度基本特征。

2. 关于司法和司法制度，下列哪一选项是错误的？（2009 年）

A. 现代社会，司法构成社会纠纷解决体系中最具普适性的方式，法院已成为最主要的纠纷解决主体

B. 法官自由裁量应力求达到合法与合理高度统一，尽可能地减少法律适用过程中的不确定性，防止司法擅断与专横

C. 通过对不同的案件采用不同的诉讼费用分担机制，能够影响诉讼各方的行为方式，实现诉讼费用的“配置效率”

D. 司法机关特别是最高法院参与公共政策的制定，表现出司法权在国家权力配置与运作中的越位

【答案】 D

【考点】 司法制度基本特征。

3. 效率与公正都是理想型司法追求的目标，同时也是理想型司法应具备的两个基本要素。关于两者的关系，下列哪一说法是错误的？（2009 年）

A. 司法效率和司法公正是相辅相成的

B. 根据我国司法现状应当作出“公正优先、兼顾效率”的价值选择

C. 细化诉讼程序通常导致效率低下，效率和公正难以兼得

D. 司法工作人员提高业务水平，勤勉敬业，有利于促进司法公正和效率

【答案】 C

【考点】 司法制度基本特征。

4. 关于司法功能的表述，下列哪一选项是错误的？（2010 年）

A. 司法具有解决纠纷、调整社会关系的直接功能和解释、补充法律及形成公共政策、秩序维持、文化支持等间接功能

B. 司法要求司法活动的公开性、裁判人员的中立性、当事人地位的平等性、司法过程的参

与性、司法活动的合法性、案件处理的正确性

C. 我国晋代刘颂认为应该严格区分君臣在实现司法公正方面的职责

D. 英国哲学家培根强调司法公正的重要性:“一次不公的判断比多次不平的举动为祸尤烈。因为这些不平的举动不过弄脏了水流,而不公的判断则把水源败坏了”

【答案】 A

【考点】 司法的功能。

5. 关于司法制度与法律职业的表述,下列哪一选项不能成立?(2010 年)

A. 为了客观、中立、公正地进行事实判断、解决纷争,在组织技术上,司法机关只服从法律,不受上级机关、行政机关的干涉

B. 根据检察权统一行使原则,我国各级检察机关构成不可分割的统一整体,其特点是在行使职权、执行职务时实行“上命下从”;每个检察机关和检察官的活动是检察机关全部活动的有机组成部分,均需依照法律赋予的权力进行

C. 法律职业以法官、检察官、律师为代表,法律职业之间具备同质性而无行业属性,因此多数国家规定担任法官、检察官、律师须通过专门培养和训练

D. 法律职业道德的基本原则是指法律职业道德的基本尺度、基本纲领和基本要求。法律职业道德的基本原则主要包括忠实执行宪法和法律、互相尊重互相配合、清正廉洁遵纪守法等方面

【答案】 C

【考点】 司法制度基本特征和法律职业道德。

6. 关于司法和司法制度,下列哪一表述不成立?(2011 年)

A. 司法历来以解决社会冲突为己任,与社会冲突相伴相随。从古至今,司法一直为一种独立的解纷形态和制度

B. 司法和司法权曾是反对专制、对抗王权的一道屏障,负责监督政府、保护人民,同时也能有效地保护法官

C. 晋刘颂上疏惠帝,论及司法制度时说:“君臣之分,各有所司。法欲人奉,故令主者守之;理有穷,故使大臣释滞;事有时立,故人主权断”

D. 美国法学家亨利·米斯认为,“在法官做出判断的瞬间被别的观点或者被任何形式的外部权势或压力所控制和影响,法官就不复存在……法官必须摆脱不受任何的控制和影响,否则便不再是法官了”

【答案】 A

【考点】 司法和司法制度的作用。

7. 关于我国司法制度,下列哪一选项是错误的?(2011 年)

A. 我国实行两审终审、人民陪审员、审判公开等审判制度,促进实现审判活动科学化、规

范化

B. 基层法院除审判案件外，还处理不需要开庭审判的民事纠纷和轻微的刑事案件，但不能指导人民调解委员会的工作

C. 我国实行立案监督、侦查监督、审判监督等检察制度，实现对诉讼活动的法律监督

D. 检察官独立不同于“除了法律没有上司”的法官独立，要受到“检察一体化”的限制

【答案】 B

【考点】 司法制度基本内容。

8. 关于司法、司法制度的特征和内容，下列哪一表述不能成立？（2012 年）

A. 中国特色社会主义司法制度包括司法规范体系、司法组织体系、司法制度体系、司法人员管理体系

B. 法院已成为现代社会最主要的纠纷解决主体，表明司法的被动性特点已逐渐被普遍性特点所替代

C. 解决纠纷是司法的主要功能，它构成司法制度产生的基础、决定运作的主要内容和直接任务，也是其他功能发挥的先决条件

D. “分权学说”作为西方国家一项宪法原则，进入实践层面后，司法的概念逐步呈现技术性、程序性特征

【答案】 B

【考点】 司法制度基本特征。

9. 司法公正体现在司法活动各个方面和对司法人员的要求上。下列哪一做法体现的不是司法公正的内涵？（2014 年）

A. 甲法院对社会关注的重大案件通过微博直播庭审过程

B. 乙法院将本院公开审理后作出的判决书在网上公布

C. 丙检察院为辩护人查阅、摘抄、复制案卷材料提供便利

D. 丁检察院为暴力犯罪的被害人提供医疗和物质救助

【答案】 D

【考点】 司法公正的内涵。

10. 保证公正司法，提高司法公信力，一个重要的方面是加强对司法活动的监督。下列哪一做法属于司法机关内部监督？（2015 年）

A. 建立生效法律文书统一上网和公开查询制度

B. 逐步实行人民陪审员只参与审理事实认定、不再审理法律适用问题

C. 检察院办案中主动听取并重视律师意见

D. 完善法官、检察官办案责任制，落实谁办案谁负责

【答案】 D

【考点】 对司法活动的监督。

11. 司法活动的公开性是体现司法公正的重要方面，要求司法程序的每一阶段和步骤都应以当事人和社会公众看得见的方式进行。据此，按照有关文件和规定精神，下列哪一说法是正确的？(2016 年)

A. 除依法不在互联网公布的裁判文书外，法院的生效裁判文书均应在互联网公布

B. 检察院应通过互联网、电话、邮件、检察窗口等方式向社会提供案件程序性信息查询服务

C. 监狱狱务因特殊需要不属于司法公开的范围

D. 律师作为诉讼活动的重要参与者，其制作的代理词、辩护词等法律文书应向社会公开

【答案】 A

【考点】 司法公正的形式。

二、多项选择题

1. 司法制度是一国法律制度的重要组成部分。下列有关各国司法制度的表述哪些是正确的？(2005 年)

A. 19 世纪后期司法改革后，英国取消了普通法和衡平法两大法院系统的区别，统一了法院组织体系

B. “马布里诉麦迪逊”案对美国违宪审查制度的确立具有重要意义

C. 日本明治宪法颁行后，按法国和德国的模式建立了普通法院和行政法院系统

D. 中国清末的司法制度改革与废除领事裁判权有直接关系

【答案】 ABCD

【考点】 司法制度的内容。

2. 下列关于司法制度和司法权的哪些表述是正确的？(2006 年)

A. 在中国古代，没有司法的概念，也没有司法的活动

B. 我国清朝末年引进西方的司法制度，将行使检察权的机关附设在大理院或同级审判厅

C. 新中国的司法制度是独立创建的，没有受到其他国家的影响

D. 按照对司法特性的理解，我国检察院作出的决定有时也具有终局性

【答案】 BD

【考点】 司法制度的内容。

3. 关于司法制度与法律职业的表述，下列哪些选项是正确的？(2009 年)

A. 关于从事法律职业的条件：①曾因犯罪受过刑事处罚者不能担任公证员；②年龄二十三周岁者可以担任检察官。①正确、②不正确

B. 关于律师承办业务：①律师承办业务，应告知委托人可能出现的法律风险；②律师承办业务，可根据情况决定是否向委托人通报委托事项办理进展情况。①正确、②不正确

C. 关于检察制度的发展和特征:①资本主义国家的检察机关多隶属于行政机关的司法行政部门;②我国实行的是检察长负责和检察委员会集体领导相结合的检察院负责制。①正确、②不正确

D. 关于我国的法官制度:①法官之间有夫妻关系、直系血亲关系、三代以内旁系血亲以及近姻亲关系的,不得同时担任同一法院的院长、副院长和审判员、助理审判员;②法官的考核内容包括审判工作实绩、思想品德、审判业务和法学理论水平、工作态度和审判作风,重点考核工作态度和审判作风。①正确、②不正确

【答案】 BD

【考点】 司法职业人员的管理。

4. 根据司法制度的有关规定,下列哪些选项是正确的?(2010 年)

A. 沈律师从 2003 年至今专职从事律师业务,未受过停止执业处罚,可成为律师事务所的设立人

B. 孙检察官工作勤奋,业务水平高,是检察院公认的业务骨干,虽然曾经为办案而违反有关警车、警械、警具管理规定,年终考核仍可得到优秀的考核结果

C. 郭法官认真总结审判经验,成果突出,对审判工作有指导作用,根据《法官法》的规定他应受到奖励

D. 曾某为刑事被告人,四十六岁且有身孕,因经济困难未聘请辩护律师,可通过申请获得法律援助

【答案】 ACD

【考点】 司法职业人员的管理。

5. 关于司法公正及实体公正、程序公正问题的理解,下列哪些表述是正确的?(2011 年)

A. 司法公正是法治的组成部分和基本内容,是民众对法制的必然要求,司法公正包括实体公正和程序公正两个方面

B. 追求实体公正,是我国司法制度和法律职业道德的基本准则,主要指努力发现案件事实真相和正确适用实体法律

C. 程序公正包括当事人平等地参与、严格遵循法定程序及法官的居中裁判等,保证当事人受到公平对待

D. 根据形势及效率需要,可在有关司法过程中将"类推"和"自由心证"作为司法公正的补充手段

【答案】 ABC

【考点】 司法公正的内涵。

6. 我国司法承担着实现公平正义的使命,据此,下列哪些说法能够成立?(2013 年)

A. 中国特色社会主义司法制度是我国实现公平正义的重要保障

B. 司法通过解决纠纷这一主要功能，维持社会秩序和正义

C. 没有司法效率，谈不上司法公正，公平正义也将难以实现，因此应当选择"公正优先，兼顾效率"的价值目标

D. 在符合法律基本原则的前提下，司法兼顾法理和情理更利于公平正义的实现

【答案】 ABCD

【考点】 司法和司法制度的功能。

7. 司法与行政都是国家权力的表现形式，但司法具有一系列区别于行政的特点。下列哪些选项体现了司法区别于行政的特点？（2014 年）

A. 甲法院审理一起民事案件，未按照上级法院的指示作出裁判

B. 乙法院审理一起刑事案件，发现被告人另有罪行并建议检察院补充起诉，在检察院补充起诉后对所有罪行一并作出判决

C. 丙法院邀请人大代表对其审判活动进行监督

D. 丁法院审理一起行政案件，经过多次开庭审理，在原告、被告及其他利害关系人充分举证、质证、辩论的基础上作出判决

【答案】 ABD

【考点】 司法和司法制度基本特征。

—— 阅读文献 ——

1. 胡建淼：《公权力研究　立法权·行政权·司法权》，浙江大学出版社 2005 年版。

2. [瑞士]弗雷纳原著，[瑞士]白尔恩编校：《司法机关的独立性》，高中译，中国方正出版社 2009 年版。

3. 程竹汝：《司法改革与政治发展　当代中国司法结构及其社会政治功能研究》，中国社会科学出版社 2001 年版。

4. 沈德咏、曹士兵、施新州：《国家治理视野下的中国司法权构建》，载《中国社会科学》2015 年第 3 期。

5. 刘作翔：《中国司法地方保护主义之批判——兼论"司法权国家化"的司法改革思路》，载《法学研究》2003 年第 1 期。

第二章 审判制度

内容提示

通过本章学习，了解审判制度的概念、发展状况，重点掌握审判制度的特征；掌握我国法院的组织体系、职权以及审判的组织形式，了解法院的管理改革与创新；掌握法官制度中的法官资格、法官的权利和义务、考核、任免、等级；掌握我国审判制度的基本原则；了解我国审判活动的主要制度及审判制度的改革。

第一节 审判制度概述

一、审判制度的概念

审判制度，即法院制度，是指国家确立的有关人民法院组织与活动的法律制度，具体包括法院的性质、任务、法院的设置、法官制度及其基本运作机制等方面的法律制度。它由宪法、法院组织法、法官法和诉讼法等法律加以规范，是一国法律制度整体的重要构成要素，是司法制度的核心组成部分，其他司法制度都和法院制度密切相关。刑事案件的侦查、起诉活动都是为法院的审判活动做准备的；仲裁制度的顺利运行需要法院的支持和监督。

法院是依照法律规定设置的代表人民行使审判权的国家机关，是国家机器的重要组成部分。法院是随着国家的产生而产生，并随着社会的发展和国家机器的强化而逐步专业化的趋势确立的。法院制度是在法院产生和发展的过程中形成的一项独立的法律制度。不同的国家，由于政治制度的区别、经济发展水平的不同和文化传承性的差异，其法院制度也会呈现出不同的特点。如资本主义国家实行三权分立的政治制度，因而法院与政府、议会互不隶属但又互相牵制；我国实行的是政府、法院都由全国人民代表大会产生,向它负责,受它监督的制度。

二、我国审判制度的沿革

从原始社会向奴隶社会转变的时期,国家开始形成,并开始出现审理案件的司法官吏。中国古代的法官,虞为士、夏为大理、周为司寇。进入封建社会后,法官的称谓和法院的设置不断变动。直至清末变法,我国古代审判制度具有以下相同的特点:

1. 审判受礼教的约束。和西方受宗教约束不同的是,中国古代的审判主要受礼教的约束。汉朝确定儒家思想为正统思想后,春秋决狱一直非常盛行,司法官的权力很大。到了隋唐时期,春秋决狱基本消失,但根据封建的礼教来进行审判也非常普遍。本来到隋唐时,律典都已经儒家化,所以礼教和法律是相通的,礼教作为指导审判的重要原则也就很自然了。

2. 官员贵族享受司法特权。他们的特权很多,包括议、请、减、赎、当五种,对一般人的合法刑讯不适用于他们。而且他们可以不亲自出庭应诉,由仆人或者子孙代替。

3. 司法隶属于行政。封建时代的皇帝掌握了最高审判权,他有权审判任何人,有时还亲自审判重大案件。对于死刑案件还要执行"三复奏"、"五复奏"制度,表面是为了对死刑的重视,实际也包含了维护其最高权力的意图。中央司法机关没有独立,也是皇帝的一种办事机构,行政官员参与审判是很常见的事。地方的官员就是司法官,司法、行政都在他的管辖权之内。

4. 普遍的刑讯。刑讯制度在古代是合法的,虽然也有很多限制规定,如刑讯时要两人以上会同审理,但为腐败的滋生提供了可能。以刑讯逼供来取证定罪,这是中国古代社会产生冤假错案的主要原因。[1]

中国法院制度的现代化始于清朝末期的修律运动。但随后中国沦为半殖民地半封建社会,此时的审判制度呈现出殖民地性质。帝国主义国家通过多个不平等条约在我国攫取了领事裁判权。[2] 外国在华享有域外的管辖权,每个领事辖区设一省级法庭,由主管领事担任首席法官。为实现"观审"和"会审",建立了会审公廨制度。外国领事还篡夺了租界内纯属中国人之间的诉讼案件的司法管辖

---

〔1〕 参见中国文化网,http://www.chinaculture.org。

〔2〕 对于领事裁判权,从辩证的角度来看,使我们见识到了被告有律师辩护、在庭上有座席、禁止刑讯、设旁听席等的审判方式,客观上将西方先进的法律制度和法制理念带进了中国,冲击了封建专制法律体系,促成了司法近代化改革。

权。领事裁判权自1843年确立之后，经历了满清王朝末期、北洋政府和国民党政府时期，直到1943年才在形式上宣布彻底废除，存在百年之久，是对我国主权的严重侵犯。南京临时政府设中央审判所，北洋军阀政府改设大理院，在地方设审判厅。武汉国民政府废止审判厅，一律改称法院。南京国民政府设三级法院，并设有特别刑事法庭、军法处等专门法院，此外还实行法官依法独立审判、公开审判、辩护、回避等审判原则和制度，此外还对法官的考核、奖惩、晋升等也规定了一套制度。

图2-1　会审公廨

新中国的审判制度发端于根据地时期的审判制度。新民主主义革命时期，由于历史条件的限制，解放区主权建立了体现人民利益与要求的司法机关，确立了简化诉讼程序，实行就地审判和巡回审判制度、普遍开展调解工作，实行公开审判，注重证据，严禁刑讯逼供，确立了司法人员的选任标准等一系列司法制度，积累了丰富的经验。1949年新中国成立后，几经曲折，相继颁布了一系列法律，确立了具有现代特色的审判原则和程序，逐步建立了具有中国特色的审判制度。

三、我国审判制度的特征

我国的审判制度是社会主义政治制度的重要组成部分，是国家法律制度的核心之一，具有以下主要特征：

1. 人民法院由国家权力机关产生并受它监督。我国《宪法》明确规定，国家行政机关、审判机关、检察机关都由人民代表大会产生，对它负责，受它监督；国家行政权、审判权、检察权分别由人民政府、人民法院和人民检察院行驶。行政机关、审判机关和检察机关要在国家权力机关的统一监督下进行相应的职能活动。就人事上而言，各级人民代表大会有选举、任免同级人民法院院长、副院长、庭长、副庭长、审判员的权力。

就审判活动上而言，人民法院的审判活动受权力机关的监督。国家权力机关对审判机关的工作拥有监督权，有权审议审判机关的工作报告，有权检查它的工作，有权向它提出质询。

为了更好地接受人民代表大会及其常务委员会的监督，1998 年最高人民法院出台了《关于人民法院接受人民代表大会及其常务委员会监督的若干意见》，共规定了 13 条措施。

我国的这种审判体制，既体现了国家权力的统一，又保证了人民法院独立行使审判权，使审判工作能够有序、高效地进行，充分体现了我国审判制度的人民性特征。

2. 人民法院统一设立，并独立行使审判权。我国在全国范围内统一设立人民法院，即我国只有一套法院系统。在普通法院之外，设立了军事法院、海事法院、铁路运输法院等专门人民法院，但不是独立设置的法院系统，其终审法院均为最高人民法院。

我国《宪法》、《人民法院法》以及三大诉讼法均明确规定，人民法院依照法律规定独立行使审判权，不受行政机关、社会团体和个人的干涉。人民法院独立行使审判权，是指人民法院作为一个整体行使审判权，并不是合议庭独立审判，也不是审判员独立审判。人民法院独立审判，必须依照法律规定，不能独立于法律之外，自由裁决。审判组织在审理案件时，必须贯彻民主集中制原则，由审判人员制作裁判文书，经院长或庭长审核签发后，以人民法院的名义发出。其中，重大、疑难的案件还必须提交审判委员会讨论决定。[3] 这就保证了人民法院能够在独立的基础上公正地作出裁判。

3. 审判活动实行某些特有的原则和制度。在长期的司法实践中，我国逐步确立了一些具有中国特色的审判原则和制度，如死刑复核制度、人民陪审制度、法院调解制度、审判监督制度等，保证了我国审判工作的顺利进行。

---

〔3〕 栾俪云：《60 年改变中国的法治进程》，社会科学文献出版社 2015 年版，第 451 页。

第二节　法　　院

一、中国法院的组织体系

中国的审判机关是人民法院。《宪法》第 123 条规定:“中华人民共和国人民法院是国家的审判机关。”

法院的组织体系,是指法院机构的设置,具体包括各类法院机构的横向组织机构和纵向组织机构的设置以及法院内部机构的设立。

图 2－2　人民法院标志

我国法院的组织体系属于单轨制一元化法院体系,即地方各级人民法院和各专门人民法院统属最高人民法院领导,构成完整的单一体系。根据《人民法院组织法》第 2 条的规定,人民法院由地方各级人民法院、专门人民法院和最高人民法院组成。其中,地方各级人民法院分为基层人民法院、中级人民法院和高级人民法院;专门人民法院包括军事法院、海事法院和铁路运输法院。地方各级人民法院根据行政区划设置,专门法院根据需要设置。目前,我国有最高人民法院 1 个,地方各级人民法院 3377 个,专门法院 107 个,合计 3548 个。人民法庭 10345 个。

(一)地方各级人民法院的设置及其职责

1. 基层人民法院

根据《人民法院组织法》规定,基层人民法院包括县、自治县人民法院、不设区的市、市辖区人民法院,其职权主要有:

(1)审判刑事、民事和行政案件的第一审案件,但是法律另有规定的除外。对于所受理的案件,认为案情重大应当由上级人民法院审判的时候,可以请求移送上级人民法院审判。

(2)处理不需要开庭审判的民事纠纷和轻微的刑事案件。

(3)指导人民调解委员会的工作。

基层人民法院由院长 1 人、副院长和审判员若干人组成,设刑事审判庭、民事审判庭和行政审判庭。庭设庭长、副庭长。人民法院组织法规定：为便利人民诉讼，基层人民法院根据地区、人口和案件的情况设若干基层人民法院派出法庭作为派出机构，但人民法庭不是一个审级。其职权是审理一般民事和轻微刑事案件，指导人民调解委员会的工作，进行法制宣传，处理人民来信，接待人民来访。它的判决和裁定就是基层人民法院的判决和裁定。

2. 中级人民法院

中级人民法院包括在省、自治区内按地区设立的中级人民法院，在中央直辖市的中级人民法院、省、自治区辖市和自治州中级人民法院，其职责主要有：

(1)审判案件。具体包括：

第一，法律规定由它管辖的第一审案件。按照《刑事诉讼法》的规定，中级人民法院管辖的第一审刑事案件是危害国家安全案件，可能判处无期徒刑、死刑的普通刑事案件，外国人犯罪或者我国公民侵犯外国人合法权益的刑事案件。

按照《民事诉讼法》的规定，中级人民法院管辖的民事案件是重大的涉外案件，在本辖区内有重大影响的案件，最高人民法院指令中级人民法院管辖的案件。

按照《行政诉讼法》的规定，中级人民法院管辖的第一审行政案件是确认发明专利权案件，海关处理案件，对国务院各部门或者省、自治区、直辖市人民政府所作的具体行政行为提起诉讼的案件，本辖区内重大、复杂的案件。

第二，基层人民法院移送的第一审案件。

第三，对基层人民法院判决和裁定的上诉案件和抗诉案件。

第四，人民检察院按照审判监督程序提出的抗诉案件。

中级人民法院对它所受理的刑事、民事和行政案件，认为案情重大应当由上级人民法院审判的，可以请求移送上级人民法院审判。

(2)监督辖区内基层人民法院的审判工作。对基层人民法院已经发生法律效力的判决和裁定，如果发现确有错误，有权提审或者指令基层人民法院再审。

中级人民法院由院长1人，副院长、庭长、副庭长和审判员若干人组成。设立刑事审判庭、民事审判庭、行政审判庭，根据需要可以设立其他审判庭。

3. 高级人民法院

高级人民法院设于省、自治区、直辖市，高级人民法院由院长1人、副院长、庭长、副庭长和审判员若干人组成。设立刑事审判庭、民事审判庭、行政审判庭、经济审判庭，根据需要可以设其他审判庭。其职责主要有：

(1)审判案件。具体包括：

第一，法律规定由它管辖的第一审重大或复杂的刑事案件、民事案件和行政案件。按照《刑事诉讼法》的规定,高级人民法院管辖全省(自治区、直辖市)性的第一审重大刑事案件。按照《民事诉讼法》的规定,高级人民法院管辖在本辖区内有重大影响的第一审民事和经济纠纷案件。按照《行政诉讼法》的规定,高级人民法院管辖本辖区内重大、复杂的第一审行政案件。

第二,下级人民法院移送审判的第一审案件。

第三,对下级人民法院判决和裁定的上诉案件和抗诉案件。海事法院所在地的高级人民法院有权审判对海事法院的判决和裁定上诉的案件。

第四,人民检察院按照审判监督程序提出的抗诉案件。

(2)复核中级人民法院判处死刑的、被告人不上诉的第一审刑事案件,其中同意判处死刑的,报请最高人民法院核准,不同意判处死刑的,可以提审或者发回重审。

(3)复核中级人民法院判处死刑缓期二年执行的案件。

(4)监督辖区内下级人民法院的审判工作。对下级人民法院已经发生法律效力的判决和裁定,如果发现确有错误,有权提审或者指令下级人民法院再审。

(二)专门人民法院的设置及其职责

专门人民法院是人民法院组织体系中比较特殊的组成部分,是专门性质的审判机关。它是按照特定部门或者特定案件而设立的,管辖与该部门有关的案件或特定案件。专门人民法院是指根据实际需要在特定部门设立的审理特定案件的法院,目前在我国设军事、海事、知识产权法院等专门法院。

1. 军事法院

军事法院设三级:基层军事法院(76个),大军区、军兵种军事法院(11个),中国人民解放军军事法院。

中国人民解放军军事法院是军内的最高审级,其职权是:(1)审判正师职以上人员犯罪的第一审案件;(2)审判涉外刑事案件;(3)最高人民法院授权或指定审判的案件以及它认为应当由自己审判的其他第一审刑事案件;(4)负责上诉、抗诉和再审案件的审判任务。

大军区、军兵种军事法院包括各大军区军事法院,海军、空军军事法院,二炮部队军事法院,解放军总直属队军事法院等。这是中级层次的军事法院,其职权是:(1)审判副师职和团职人员犯罪的第一审案件;(2)审判可能判处死刑的案件以及上级军事法院授权或指定审判的案件;(3)负责上诉、抗诉案件的审判。

基层军事法院包括陆军军级单位军事法院、各省军区军事法院、海军舰队军事法院、大军区空军军事法院、在京直属部队军事法院等，其职权是:(1)审判正营职以下人员犯罪，可能判处无期徒刑以下刑罚的第一审案件;(2)上级军事法院授权或指定审判的第一审案件。

军事法院主要审判军人违反职责的犯罪案件。此外，还审理涉及军人的普通刑事案件以及军内经济纠纷案件。

由军事法院管辖的民事案件包括:(1)双方当事人均为军人或者军队单位的案件，但法律另有规定的除外;(2)涉及机密级以上军事秘密的案件;(3)军队设立选举委员会的选民资格案件;(4)认定营区内无主财产的案件。

地方当事人向军事法院提起诉讼或者提出申请的，军事法院应当受理的民事案件包括:(1)军人或者军队单位执行职务过程中造成他人损害的侵权责任纠纷案件;(2)当事人一方为军人或者军队单位，侵权行为发生在营区内的侵权责任纠纷案件;(3)当事人一方为军人的婚姻家庭纠纷案件;(4)《民事诉讼法》第 33 条规定的不动产所在地、港口所在地、被继承人死亡时住所地或者主要遗产所在地在营区内，且当事人一方为军人或者军队单位的案件;(5)申请宣告军人失踪或者死亡的案件;(6)申请认定军人为无民事行为能力人或者限制民事行为能力人的案件。

当事人一方是军人或者军队单位，且合同履行地或者标的物所在地在营区内的合同纠纷，当事人书面约定由军事法院管辖，不违反法律关于级别管辖、专属管辖和专门管辖规定的，可以由军事法院管辖。

2. 海事法院

海事法院是为行使海事司法管辖权而设立的专门审判一审海事、海商案件的专门人民法院。目前，我国共有 10 个海事法院，其级别等同于中级人民法院。1989 年 5 月最高人民法院作出《关于海事法院收案范围的规定》，规定海事法院受理中国法人、公民之间，中国法人、公民同外国或地区法人、公民之间，外国或地区法人，公民之间的海事商事案件，包括 5 大类 42 种:

(1)海事侵权纠纷案件 10 种。主要有船舶碰撞损害赔偿案件，船舶触碰海上、通海水域、港口的建筑物和设施的损害赔偿案件，船舶排放、泄漏有害物质或污水造成水域污染或他船及货物损害的赔偿案件，海上运输或海上、通海水域、港口作业过程中的人身伤亡事故引起的损害赔偿案件。

(2)海商合同纠纷案件 14 种。主要有水上运输合同纠纷案件，水上旅客和行李运输合同纠纷案件，海员劳务合同纠纷案件，海上救助、打捞合同纠纷案件，海上保险合同纠纷案件等。

(3)其他海事海商案件11种。主要有海运、海上作业中重大责任事故案件,港口作业纠纷案件,共同海损纠纷案件,海洋开发利用纠纷案件,船舶所有权、占有权、抵押权,或者海事优先请求权纠纷案件,涉及海洋、内河主管机关的行政案件,海运欺诈案件等。

(4)海事执行案件5种。主要有海洋、内河主管机关依法申请强制执行的案件,当事人申请执行仲裁裁决的案件,依据《承认及执行外国仲裁公约》的规定当事人申请中国海事法院承认、执行外国或者地区的仲裁机构仲裁裁决的案件,依照中国与外国签定的司法协助协定或者按照互惠原则协助执行外国法院裁决的案件等。

(5)海事请求保全案件2种。即诉前申请扣押船舶的案件和诉前申请扣押船载货物或者船用燃油的案件。

对不服海事法院判决、裁定的上诉案件,由各海事法院所在地的高级人民法院负责审理。

3. 知识产权法院

2014年8月31日,十二届全国人大常委会通过了《关于在北京、上海、广州设立知识产权法院的决定》。10月27日,最高人民法院公布《关于北京、上海、广州知识产权法院案件管辖的规定》,对知识产权法院的案件管辖及审级关系,包括一审管辖、跨区域管辖、专属管辖、二审管辖、上诉管辖及未结案件处理等实际问题作出了明确规定。北京知识产权法院目前审理北京地区的知识产权案件,北京地区以外的案件还是由地方法院负责管辖,知识产权授权确权类行政案件全国范围内由北京审理;广州知识产权法院则可跨区域管辖,对广东省内的部分案件享有一审管辖权,对广东省内基层法院的部分上诉案件,享有二审管辖权;上海知识产权法院与上海三中院等合署办公。

知识产权法院管辖所在市辖区内的下列第一审案件:(1)专利、植物新品种、集成电路布图设计、技术秘密、计算机软件民事和行政案件;(2)对国务院部门或者县级以上地方人民政府所作的涉及著作权、商标、不正当竞争等行政行为提起诉讼的行政案件;(3)涉及驰名商标认定的民事案件。

知识产权法院管辖专利、植物新品种、集成电路布图设计、技术秘密和计算机软件等技术类知识产权的第一审民事案件和行政案件。集中管辖技术类知识产权案件,有利于统一审判尺度,进而鼓励技术创新,实施创新驱动发展的战略。

（三）最高人民法院

最高人民法院设于首都北京。它是国家的最高审判机关，依法行使国家最高审判权，同时监督地方各级人民法院和专门人民法院的工作。最高人民法院由院长1人，副院长、庭长、副庭长和审判员若干人组成，设刑事审判庭、民事审判庭、行政审判庭、审判监督庭、执行局等。同时，还设置了政治部办公厅、研究室、监察室、外事局、司法行政装备管理局等部门。根据人民法院组织法和有关法律的规定，最高人民法院主要行使下列职责：

1. 监督地方各级人民法院和专门人民法院的工作。对地方各级人民法院和专门人民法院已经发生法律效力的判决和裁定，如果发现确有错误，有权提审或者指令下级人民法院再审。

2. 审判案件。具体包括：

（1）法律规定由它管辖的和它认为应当由自己审判的第一审案件。《刑事诉讼法》规定，它管辖的第一审刑事案件是全国性的重大刑事案件。《民事诉讼法》规定，它管辖的第一审民事案件和经济纠纷案件是全国范围内有重大影响的案件。《行政诉讼法》规定，它管辖的第一审行政案件是全国范围内重大、复杂的案件。

（2）对高级人民法院、专门人民法院判决和裁定的上诉案件和抗诉案件以及最高人民检察院按照审判监督程序提出的抗诉案件。

（3）核准判处死刑的案件。

3. 进行司法解释。即对于人民法院在审判过程中如何具体应用法律、法令的问题进行解释。

4. 领导和管理全国各级人民法院的司法行政工作事宜。

最高人民法院设立巡回法庭，是最高人民法院下属机构，主要审理跨行政区域重大行政和民商事案件。巡回法庭的人、财、物仍将由最高人民法院统一管理，即从最高人民法院选派到地方巡回法庭的人员，依旧保留最高人民法院的编制、工资计算方式等。在审级上，最高人民法院设立的巡回法庭，相当于最高人民法院的派出机构，在审级上等同于最高人民法院。巡回法庭的判决效力等同于最高人民法院的判决，均为终审判决。最高人民法院设立了深圳、沈阳、重庆、西安、南京、郑州六个巡回法庭。

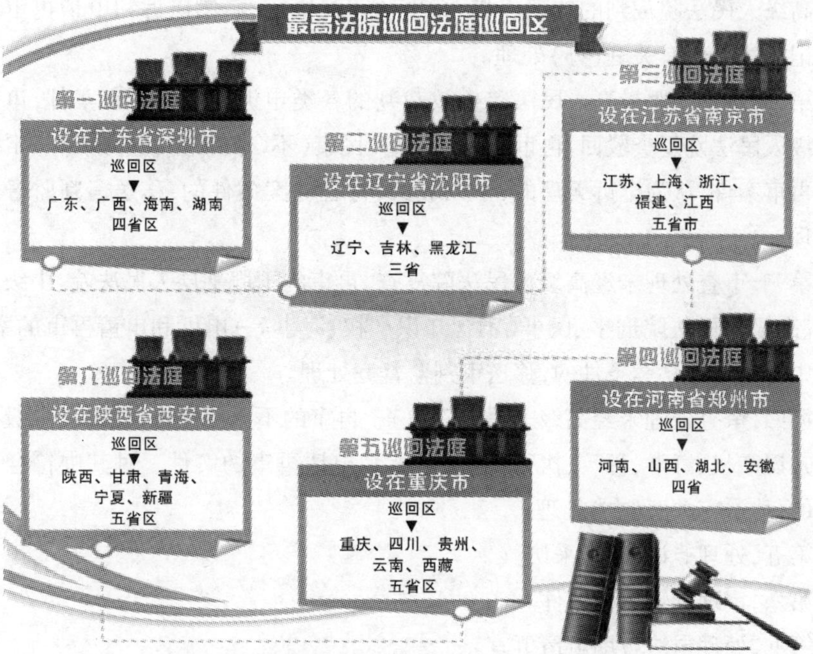

图2-3　最高人民法院巡回法庭巡回区分布图

二、人民法院的内部机构设置

我国法院内部机构是根据法院审判工作的任务设置的。总体来说，这些机构包括三种类型：一是进行审判工作的机构，主要包括各种审判庭；二是负责司法行政事务的机构；三是负责执行的机构。

（一）审判业务机构

人民法院根据案件性质或不同诉讼程序的需要，普遍设置了刑事案件审判庭、民事案件审判庭、行政案件审判庭等并呈现出以下几个特点：

1. 立审分立，设立专门的立案庭。立审分立，就是立案和审判分开，防止审判人员先入为主的偏见影响案件裁判。为了切实保护公民、法人和其他组织的诉讼权利，加强法院队伍廉政建设，进一步发展和完善我国的审判制度，最高人民法院在全国推行立审分立。最高人民法院立案庭的职责是：

第一，对最高人民法院办理的各类案件进行立案。其中，对最高人民法院受理的各类第一、二审案件，死刑复核案件以及请示案件，最高人民检察院按照审判监督程序提出的抗诉案件，领导和领导机关批办转办的各类申诉、申请再审案件，不服高级人民法院裁判的知识产权、海事、行政、执行、赔偿申诉和申请再审的案件登记立案后转有关庭(办)处理。

第二,审查不服最高人民法院生效裁判的各类申诉和申请再审案件,审查不服高级人民法院复查驳回、再审改判的刑事、民事(不含知识产权、海事等)申诉和申请再审案件,认为申诉无理的,予以驳回;符合立案条件的,移送审判监督庭审查处理。

第三,审查处理未经高级人民法院复查、再审的不服基层人民法院、中级人民法院、高级人民法院刑事、民事(不含知识产权、海事等)申诉和申请再审的案件。对其中少数符合立案条件的,移送审判监督庭处理。

第四,审查处理未经高级人民法院复查、再审的不服基层人民法院、中级人民法院知识产权、海事、行政、执行、赔偿申诉和申请再审的案件。对其中符合立案条件的,移送有关庭(办)处理。

第五,处理非诉来信、采访。

第六,审理管辖争议案件。

第七,处理司法救助申请事宜。

第八,对最高人民法院审理的各类案件进行审限流程管理。

2. 审监分立,设立审判监督庭。审监分立,是指设立专门的审判监督庭负责再审案件的审理,使一审、二审程序和再审程序分离,其目的是解决原审判庭有关人员先入为主和主观上有错故意不纠的问题,切实保护当事人的合法权益。最高人民法院审判监督庭的职责主要是:

第一,审判最高人民检察院按照审判监督程序对下级人民法院作出的刑事、民事(不含知识产权、海事等)生效裁判提出抗诉的案件;审判最高人民检察院按照审判监督程序对本院各类生效裁判提出抗诉的案件;审判高级人民法院按照审判监督程序改判死刑,报请本院核准的刑事案件;依法核准因被告人在死缓考验期内故意犯罪,应当执行死刑的案件。

第二,审查处理本院已经发生法律效力、经立案庭审查认为符合立案条件的各类案件;审查处理经高级人民法院复查驳回或者再审改判,仍继续向本院申诉、申请再审,经立案庭审查认为符合立案条件的刑事、民事(不含知识产权、海事等)案件;审查处理虽未经高级人民法院复查、但立案庭认为原审裁判符合立案条件的少数刑事、民事(不含知识产权、海事等)案件。

第三,审查处理院领导、领导机关交办的,不服本院生效裁判的各类案件,以及下级人民法院生效裁判的刑事、民事(不含知识产权、海事等)案件。

第四,审批高级人民法院民事再审案件延长审限的申请。

3.审执分立,设立执行机构。审执分立,是指在法院内部单独设立执行机构,由该机构负责案件的执行工作。由于审理和执行是两种权力或者活动,审判具有更多的司法裁断性质,执行带有更多行政权力色彩,实行审执分立,有利于实现法院资源的整合和优化组合,提高工作效率。最高人民法院执行办公室的职责是:

第一,执行最高人民法院一审生效法律文书及法律规定应当由最高人民法院执行的其他生效法律文书,必要时组织或参加下级法院重大疑难案件的执行工作。

第二,办理当事人对高级人民法院在执行过程中作出的拘留、罚款决定不服,按照民事诉讼法的规定向本院申请复议的案件。

第三,审查、监督立案庭移送的当事人或案外人提出的各级人民法院执行案件过程中存在违法执行或消极执行问题的执行案件。

第四,协调处理法院间在跨省(自治区、直辖市)执行过程中发生的争议案件;协调处理执行过程中突发的暴力抗法事件;协调处理高级人民法院报送的执行法院与公安、检察、工商、银行、税务、海关、部队等有关部门或其他执法机关在执行过程中发生冲突的案件。

第五,组织全国法院统一的执行行动。

4.设立专业化审判法庭。根据各种案件的不同特点,设立了专业化法庭,主要有针对知识产权诉讼具有较强的专业性、技术性,且涉外案件较多的特点,各地先后成立了知识产权审判庭;针对劳动争议案件的特殊性成立了劳动审判庭;针对青少年犯罪的增多、青少年自身生理和心理的特点,成立了少年法庭,将惩罚犯罪和预防犯罪、矫治犯罪结合起来,贯彻教育、感化和挽救的方针。

(二)审判委员会

审判委员会是人民法院内部设立的对审判工作实行集体领导的组织。根据《人民法院组织法》的规定,各级人民法院均设立审判委员会。审判委员会由院长、庭长和资深审判员组成,参加审判委员会的成员称审判委员会委员。各级人民法院的审判委员会委员,由院长提请本级人民代表大会常务委员会任免。

审判委员会的任务是总结审判经验,讨论重大、复杂或者疑难的案件,讨论其他有关审判工作的问题。审判委员会会议由院长主持。在审判实践中,院长不能主持时可以委托副院长主持。审判委员会讨论案件和其他问题,实行民主集中制,各委员权利平等。审判委员会表决案件,应当在合议庭审理的基础之上进行,并应充分听取合议庭成员关于审理和评议情况的说明,慎重地考虑合议庭的评议结论。

审判委员会作出的决议,须经审判委员会全体过半数以上通过;审判委员会记录应由参加会议的委员签名。审判委员会对案件的决定,合议庭应当执行。如果有不同意见,可以建议院长提交审判委员会复议。复议后作出的决定,合议庭必须执行。但在裁决书上仍由合议庭成员署名。

(三)司法行政机构

根据人民法院司法行政工作的需要,司法行政机构也在不断增设,主要包括政治处、办公室、研究室、机关后勤服务中心、司法警察总队等。各地法院一般结合本法院的具体工作要求来定。

三、法院的职权

(一)法院职权概述

法院职权,是指法律所规定的法院在其职责范围内所享有的权力。主要分为两类:一类是专有职权,即审判权。这是任何一个国家的法院作为国家的审判机关所享有的排他性权力。法院是民事纠纷的裁判者,裁判权是其最基本的职权。另一类是特殊职权,如法律解释权、司法审查权、程序规则制定权、程序规则制定权等。这类职权不具有排他性,某些机关也可以依据法律的授权而享有。而且,这类职权因各国的具体国情不同也存在较大差异。

(二)国外法院的几种基本职权

从整体上考察,现代法治国家普遍赋予法院以下几种基本职权:

1. 审判权

审判权是审理权和裁决权的合称,它是法院所专有的一种排他性的基本权力,除法院之外其他机关不享有这种权力。对此,各国皆以立法的形式明确加以规定。如《美国宪法》第3条规定:“合众国的司法权,属于最高法完及国会随时规定和设立的下级法院。”《德国基本法》第92条规定:“司法权委托给审判官;此项权力由联邦法院和本基本法所规定的各联邦法院和州法院行使。”《日本国宪法》第26条规定:“一切司法权属于最高法院及由法律设置的下级法院。”同时应明确的是,法院的职权应当是一种职责和权力的统一。作为职权,其性质不同于单纯的权力，法院在诉讼中根据法律行使权力时，同时也是一种职责。在符合法律规定的情形下，法院往往必须行使权力，而且要求必须正当地行使权力。不得滥用权力是法院或法官的义务。

2. 司法解释权

司法解释权是指法院享有的解释立法机关制定的法律的权力。司法解释依法律授权而取得法律地位，具有合宪性、严肃性、权威性和法律效力，在特定的适用范围内、与制定法无冲突的情况下，其效力不亚于制定法。在大陆法系国家，由于遵循三段论式的法律推演方法以及推崇立法至上，早期理论否认法院享有司法解释权，认为这意味着“法官立法”，必然侵蚀立法权。但人们逐渐意识到，不可能制定出包罗万象的法律，而且法律的稳定性伴随的是法律的滞后性，自动售货机式的法官是不可能存在的。因此，立法逐步在一定程度上肯定了法院司法解释的作用。在普通法系国家，由于判例法传统以及归纳式法律推演方法的盛行，法官拥有广泛的法律解释权，不仅表现在可以适用的法律或行政法规尚具法律效力时，法官可以对它作出解释，而且美国的联邦最高法院还拥有对宪法的解释权。

3. 违宪审查权

就是对违反宪法的法律、法令和各种法规，法院有否认或者撤销的权力。违宪审查权也叫司法审查权。违宪审查制度作为宪法保障机制发端于美国，是通过美国联邦最高法院在 1803 年审理的“马伯里诉麦迪逊”一案以判例形式确立的。此后，各级法院都有权援例审查政府法律和政令是否违宪，凡被法院认定违宪的法律将宣布无效。但各级法院在行使违宪审查时要遵循三项原则：

第一，不告不理。联邦最高法院无权主动审查某项法律和法令，只能就宪法权利受侵犯的案件所涉及的法律附带地行使违宪审查权，此种方式又被称为具体性审查或附带性审查。

第二，法院经审查只能作出合宪或违宪判决，而无权撤销该项法律。如果该法律有多项条文，也只是判定其中某项条文或有关部分无效，并非判定该项法律全部无效，合宪部分依然继续实施。

第三，不审查政治、行政问题。为了保持其中立地位，法院不介入政治问题。法院也不干预行政问题，法院虽然可宣布某法律违宪，但无权禁止总统实施此法律。即使行政或立法部门咨询，法院也尽量不发表意见。这两项原则有利于使法院处于一种超然崇高的中立地位，使司法的权威更加稳固。

违宪审查权产生和存在的政治基础是三权分立理论。[4] 美国是典型的三权分立国家,宪法将立法、行政和司法分别赋予国会、总统和法院,使三权相互制衡,防止权力滥用,保障公民权利。但是分权制衡格局中,司法机关既无军权、又无财权,是最弱的一个部门,最容易受其他两方面的侵犯。因此,为了与强大的立法权、行政权抗衡,保持三权之均衡,司法部门必须有自己的特有的武器来抗衡其他两个部门,而违宪审查权正是最重要的武器。大陆法系国家也建立了各自的违宪审查制度,但没有将违宪审查权赋予普通法院行使。德国、意大利建立了独立于普通法院的宪法法院,由宪法法院来行使违宪审查权,而法国则采取了宪法委员会的形式。

4. 程序规则的制定权

在一些国家,最高法院除行使上述权力外,还享有程序规则制定权,如美国国会授权最高法院制定联邦系统法院的民、刑事案件和上诉案件程序规则,并有权修改这些规则。国会之所以将制定民事诉讼规则等的权力授予联邦最高法院行使,主要的考虑是这些规则具有高度的技术性和专业性,由最高法院在总结联邦各级法院经验的基础上制定这些规则,最为有利。于是,程序规则的制定权便归属最高法院。《日本宪法》第 77 条第 1 款确立了最高法院就诉讼程序、律师、法院内部规章以及司法事务处理等事项的规则制定权。确立最高法院规则制定权的根据一般认为是为了强化司法权独立的保障,也因为由了解诉讼实际情况的法院来随机应变地就诉讼程序等事项的规则进行立改废是合目的的。同时,最高法院可以将有关下级法院规则的制定权委托给下级法院。但大多数国家制定程序规则的权力仍然由立法机关行使。

5. 司法行政事务权

对于法院系统内部的司法行政事务,多数国家的司法行政事务由政府的司法部主管。但自第二次世界大战以来,将司法行政事务权与普通行政权相区别,而列入司法权之内,统一由司法机关行使,已成为现代司法权发展的一大趋势。如日本立法明确规定,最高法院具有司法行政管理权。美国的司法行政历史上因传统关系,属于普通行政的范围。后来,国会通过立法,在最高法院设联邦法院行政处,处长由最高法院院长任命,掌握联邦上诉法院以下各级法院司法行政事务,以维护司法权的独立。

---

〔4〕 佟德志:《司法权力的民主性悖论——美国违宪审查的民主性之争及其启示》,载《政治学研究》2015 年第 3 期。

6. 非司法职权

除上述职权外，许多国家的法院还处理一些非诉讼事务，如财产登记、检验遗嘱、处理死亡者遗产等。法院在这方面享有的职权称作非司法职权。[5]

（三）我国人民法院的职权

根据有关法律规定，我国法院享有以下几种职权：

1. 审判权

我国《宪法》第123条明确规定："中华人民共和国人民法院是国家的审判机关。"这表明人民法院是代表国家行使审判权的唯一机关，审判职权是人民法院的专有职权。诉讼是解决社会纠纷的具有国家强制力保障的最终途径，法院的审判权成为解决纠纷的最终手段。

2. 司法解释权

在我国，凡属于法院审判工作中具体应用法律、法令的问题，由最高人民法院进行解释。最高人民法院的司法解释是有权解释，属法律渊源之一，对下级法院具有约束力。司法解释有两种表现形式：一是最高法院就审判实践中所遇到的法律适用问题所作的指示性解释，这种解释通常表现为对基层法院或中级法院、高级法院的个别请示的批复；二是最高法院针对某一部法律的具体适用而作的集中解释。

最高人民法院的司法解释在我国法律渊源中占有十分重要的地位。我国一些法律过于简单和原则，加重了司法解释的负担。但是许多主要的司法解释，从规则的内容、形式都具有明显二次立法倾向，最高人民法院实际承担了全国人大及其常委会的职能。这种做法的主要问题是民主程序不够，民意含量差；以司法解释的形式立法，不利提高立法质量；有些司法解释具有明显的政治倾向，普遍适用程度差；最高人民法院忙于制作司法解释，常常无暇顾及审理和核准的重大案件，造成积案，司法资源浪费较大；特别是刑法，许多国家在宪法中就规定慎用解释，因为在法律以外创立适用规范，实际上包含了相当多的"类推"因素，这种解释被看作创制法律，不利于在制定法内最大限度的保护人权。

3. 指导权

基层人民法院除行使审判职权外，还享有指导人民调解委员会工作的权力。人民法院对人民调解委员会主要是进行业务上的指导，以保证调解的合法性。

---

〔5〕 左卫民：《中国司法制度》（第3版），中国政法大学出版社2012年版，第31页。

4. 司法行政权

广义的法院司法行政事务主要有：一是与案件审判直接相关的司法行政工作，包括立案登记、诉讼费用、生效判决的执行等。二是对人的管理，如法官人选的考察、推荐以及现任法官的派遣、考评、晋升、福利、保护；司法考试与法官培训、法官惩戒；法院其他人员包括行政人员、辅助人员的编制、工作分配、考评等。三是对财、物的管理及后勤保障。如法院经费预算与执行、法庭建设设计、自动化办公、工作场所维护、安全保卫、案卷管理、图书资料、课题研究、刊物编辑与发行等。四是外部事务协调，包括司法机关与议会、政府之间的关系协调，上下级法院之间的事务协调，州法院与联邦法院之间的事务协调，法院与社区之间的事务协调等。

各级人民法院内部机构中都设有人事、政工、纪检、监察、事务、培训、技术、装备、法警，行使有关行政方面的职权。

5. 有限的司法审查权

有限司法审查权是指我国人民代表大会制度下人民法院应当享有的对行政法规和地方法规的合法性进行审查的权力。由于合宪性审查权在我国法律中明确赋予给了全国人民代表大会及其常务委员会，因而，各级人民法院没有合宪性审查权，只有合法性审查权，即对行政法规和地方法规是否符合法律的审查权力。〔6〕与完整的司法审查权相比，有限司法审查权有以下特点：(1)没有合宪性审查权，只有合法性审查权；(2)限于对行政法规和地方法规以及各种规章的合法性进行审查，没有对法律和宪法进行评判的权力；(3)对行政法规和地方法规以及各种规章的合法性所作的审查和评判，效力只限于具体个案，对其他法院和案件没有必然的效力；(4)限于对与法律相抵触条款的效力作出评判，对整部行政法规、地方法规或规章的效力不做评判；(5)所作评判不是最终的，当事人和制定机关有异议，可以向全国人民代表大会常务委员会申请对争议中的法律条款作出最终裁决。

6. 司法建议权

人民法院在审理案件时，发现不属人民法院主管的不法行为，有权向相应的机关提出司法建议，要求其予以处理。

四、法院的任务

法院的任务是由国家的职能决定的。人民法院的任务是审判各种诉讼案件，

---

〔6〕 余军、张文：《行政规范性文件司法审查权的实效性考察》，载《法学研究》2016年第2期。

惩治罪犯,保障人权,解决纠纷,维护社会秩序,并通过审判活动教育公民自觉遵守法律。具体来说,人民法院的任务有以下五项:[7]

1. 通过审理刑事案件,惩办一切犯罪分子,维护国家的安全和社会稳定,发挥法院的保护功能。审判刑事案件是人民法院长期的重要任务。人民法院审判刑事案件必须依照刑事诉讼法的规定,准确地查明犯罪事实,正确地定罪量刑,做到事实清楚,证据确凿,定性准确,量刑适当,程序合法,对有罪的人判处应有的刑罚,保障无罪的人不受追究,从而保护国家和集体利益,维护社会制度,促进社会的安定团结。此外,人民法院还要通过刑事审判活动,特别是通过减刑、假释以及对青少年犯罪案件的审理,并结合审判实践做好司法建议工作,堵塞漏洞,消除隐患,预防和减少犯罪的发生。

2. 通过审理民事案件,解决纠纷,调整社会关系,发挥法院的调整功能和服务功能。民事案件在人民法院受理的案件中所占的比例较高,稳定在80%左右。而且民事纠纷与人们的生产经营、日常生活密切相关,因而人民法院正确、及时地调处各类民事纠纷,可以防止因矛盾激化而演变为刑事案件。在经济案件中,确认当事人之间的权利义务关系,制裁违法行为,使处于纠纷状态的财物及时进入生产流通状态,发挥最大社会效益;在民事案件中,及时化解纠纷,恢复正常生产或生活,维护社会稳定;在婚姻家庭案件中,充分发挥调解的作用,维护家庭和睦。

3. 通过审理行政案件,保护公民、法人和其他组织的合法权益,维护和监督行政机关依法行政,发挥法院的权力制约功能。人民法院从1983年起依照法律规定开始受理行政案件,从1987年开始,行政案件所占的比例逐年上升。但在全国当年受理的案件中占的比例最小,从未超过2%。人民法院审判行政案件,是依法对行政机关的具体行政行为行使司法审查权,这是加强依法治国的一个重要标志。人民法院通过司法审查,对行政行为合法性的确认,可以维护行政行为的权威性;对于违法或显失公正的行政行为可判决撤销、变更或重新作出具体行政行为,是为了防止权力滥用,促进依法行政,发挥法院的权力制约功能。

4. 通过民事、行政裁判的强制执行,实现各类法律文书确定的内容,维护法院权威。人民法院审执分立,由执行庭执行生效的民事判决、裁定,包括上述一般民事的、经济的、行政的以及刑事案件的财产部分的执行;同时,根据当事人的申请执行仲裁裁决和公证组织依法赋予强制执行的债权文书,这也是人民法院的又一重要任务。但目前,"执行难"的问题成为法院的一大顽疾,严重损害了法院的权

---

〔7〕 熊先觉、刘运宏:《中国司法制度学》,法律出版社2007年版,第50~52页。

威性和司法的公信力。如何有效化解执行难,使各类生效法律文书的内容能得到有效实现,是法院要解决的主要问题。

5. 通过审判活动和其他相关活动,促使公民自觉遵守法律,发挥法院的教育功能。人民法院是国家审判机关而非教育机关,但通过审判活动,利害关系人将直接承担法律后果,加深对法律的理解和遵守;通过公开审判,允许公民旁听,新闻记者采访报道,有助于扩大法院审判活动的社会影响,教育公民遵守法律,增强人民群众的法治观念,鼓励公民同一切违法犯罪活动作斗争,发挥法院的教育功能。

第三节　法 官 制 度

法官制度是审判制度的重要组成部分,是指关于法官的选任资格、选任方式、任职期限、奖励惩处、物质待遇等方面规章制度的总称。我国于1995年2月28日颁布《中华人民共和国法官法》(以下简称《法官法》),2001年6月30日中华人民共和国第九届全国人民代表大会常务委员会第二十二次会议通过了《修改〈中华人民共和国法官法〉的决定》,自2002年1月1日起施行,该法共17章53条,对法官制度作了较全面的规定。

一、法官的资格要求和任免

(一)法官的资格要求

法官,是指依法行使国家审判权的审判人员,包括最高人民法院、地方各级人民法院和军事法院等专门人民法院的院长、副院长、审判委员会委员、庭长、副庭长、审判员和助理审判员。担任法官必须具备的条件是:(1)具有中华人民共和国国籍。(2)年满23周岁。(3)拥护中华人民共和国宪法。(4)有良好的政治、业务素质和良好的品行。(5)身体健康。(6)高等院校法律专业本科毕业或者高等院校非法律专业本科毕业具有法律专业知识,从事法律工作满二年,其中担任高级人民法院、最高人民法院法官,应当从事法律工作满三年;获得法律专业硕士学位、博士学位或者非法律专业硕士学位、博士学位具有法律专业知识,从事法律工作满一年,其中担任高级人民法院、最高人民法院法官,应当从事法律工作满二年。(7)通过国家统一司法资格考试。

针对我国的实际情况,规定了一定的变通措施。《法官法》施行前的审判人员不具备上述第6项规定的条件的,应当接受培训,具体办法由最高人民法院制定。对于适用第6项规定的学历条件确有困难的地方,经最高人民法院审核确定,在一定期限内,可以将担任法官的学历条件放宽为高等院校法律专业专科毕业。

但是以下两种人员不得担任法官:一是曾因犯罪受过刑事处罚;二是曾被开除公职的。

(二)法官职务的任免

法官职务的任免,依照《宪法》和法律规定的任免权限和程序办理:最高人民法院院长由全国人民代表大会选举,副院长、庭长、副庭长、审判员由全国人民代表大会常务委员会任免。

地方各级人民法院院长由地方各级人民代表大会选举,副院长、庭长、副庭长和审判员由地方各级人民代表大会常务委员会任免。

在省、自治区内按地区设立的和在直辖市内设立的中级人民法院院长、副院长、庭长、副庭长和审判员,由省、自治区、直辖市的人民代表大会常务委员会任免。

在民族自治地方设立的地方各级人民法院的院长,由民族自治地方各级人民代表大会选举,副院长、庭长、副庭长和审判员由民族自治地方各级人民代表大会常务委员会任免。

人民法院的助理审判员由本院院长任免。

军事法院等专门人民法院院长、副院长、审判委员会委员、庭长、副庭长和审判员的任免办法,由全国人民代表大会常务委员会另行规定。

初任法官采用严格考核的办法,按照德才兼备的标准,从通过国家统一司法考试取得资格,并且具备法官条件的人员中择优提出人选。人民法院的院长、副院长应当从法官或者其他具备法官条件的人员中择优提出人选。

法官有下列情形之一的,应当依法提请免除其职务:(1)丧失中华人民共和国国籍的;(2)调出本法院的;(3)职务变动不需要保留原职务的;(4)经考核确定为不称职的;(5)因健康原因长期不能履行职务的;(6)退休的;(7)辞职或者被辞退的;(8)因违纪、违法犯罪不能继续任职的。

对于违反法官法规定的条件任命法官的,一经发现,做出该项任命的机关应当撤销该项任命;上级人民法院发现下级人民法院法官的任命有违反本法规定的条件的,应当建议下级人民法院依法撤销该项任命,或者建议下级人民法院依法提请同级人民代表大会常务委员会撤销该项任命。

（三）法官的任职回避

如果法官与审判的案件有这样或那样的关系，或者有特殊的身份，其裁判的正当性必然受到质疑。[8] 为了保证司法的独立和公正，法官不得兼任人民代表大会常务委员会的组成人员，不得兼任行政机关、检察机关以及企业、事业单位的职务，不得兼任律师。

对于法官之间有夫妻关系、直系血亲关系、三代以内旁系血亲以及近姻亲关系的，不得同时担任下列职务：同一人民法院的院长、副院长、审判委员会委员、庭长、副庭长；同一人民法院的院长、副院长和审判员、助理审判员；同一审判庭的庭长、副庭长、审判员、助理审判员；上下相邻两级人民法院的院长、副院长。

法官从人民法院离任后两年内不得以律师身份担任诉讼代理人或者辩护人。法官从人民法院离任后，不得担任原任职法院办理案件的诉讼代理人或者辩护人。法官的配偶、子女不得担任法官所任职法院办理案件的诉讼代理人或者辩护人。

二、法官的权利和义务

（一）法官的权利

根据《法官法》第8条的规定，法官享有下列权利：履行法官职责应当具有的职权和工作条件；依法审判案件不受行政机关、社会团体和个人的干涉；非因法定事由、非经法定程序，不被免职、降职、辞退或者处分；获得劳动报酬，享受保险、福利待遇；人身、财产和住所安全受法律保护；参加培训；提出申诉或者控告；辞职。

为确保法官权利的实现，《法官法》还确立了相应的保障机制：(1)申诉。法官对人民法院关于本人的处分、处理不服的，自收到处分、处理决定之日起30日内可以向原处分、处理机关申请复议，并有权向原处分、处理机关的上级机关申诉。受理申诉的机关必须按照规定作出处理。复议和申诉期间，不停止对法官处分、处理决定的执行。(2)控告。对于国家机关及其工作人员侵犯法官权利的行为，法官有权提出控告。行政机关、社会团体或者个人干涉法官依法审判案件的，应当依法追究其责任。(3)对法官处分或者处理错误的，应当及时予以纠正；造成名誉损害的，应当恢复名誉、消除影响、赔礼道歉；造成经济损失的，应当赔偿。对

---

[8] 陈瑞华：《刑事诉讼中的问题与主义》，中国人民大学出版社2013年版，第134页。

打击报复的直接责任人员，应当依法追究其责任。

(二)法官的义务

为了保证法官正确履行职责，客观公正地审判案件，法官应当履行下列义务：严格遵守宪法和法律；审判案件必须以事实为根据，以法律为准绳，秉公办案，不得徇私枉法；依法保障诉讼参与人的诉讼权利；维护国家利益、公共利益，维护自然人、法人和其他组织的合法权益；清正廉明，忠于职守，遵守纪律，恪守职业道德；保守国家秘密和审判工作秘密；接受法律监督和人民群众监督。法官履行这些义务，不限于其进行审判工作期间，法官在工作之外的业余时间也不应违反这些义务。

三、法官的考核和培训

对法官进行考核和培训是保障和提高法官素质的重要措施，同时也是法官制度的重要内容。为加强对法官的考核和培训，人民法院设法官考评委员会，由 5 人至 9 人组成，主任由本院院长担任。法官考评委员会的职责是指导对法官的培训、考核、评议工作。对法官的考核，由所在人民法院组织实施。对法官的考核，应当坚持客观公正，实行领导和群众相结合，平时考核和年度考核相结合的原则。

考核的内容包括审判工作实绩、思想品德、审判业务和法学理论水平、工作态度和审判作风。重点考核审判工作实绩。法官的年度考核结果分为优秀、称职、不称职三个等次。考核结果以书面形式通知本人。本人对考核结果如有异议，可以申请复议。考核结果作为对法官奖惩、培训、免职、辞退以及调整等级和工资的依据。

对法官的培训是提高法官素质的重要途径，主要包括理论培训和业务培训两个方面。法官在培训期间的学习成绩和鉴定，作为其任职、晋升的依据之一。

四、法官的等级及其升降

(一)法官的等级

法官的等级是表明法官级别、身份的称号，是国家对法官专业水平的确认。法官的等级与法官的职务不同：法官的职务是法官等级设置的基础，法官等级与法官职务有一定的对应关系。根据《法官法》第 18 条和《中华人民共和国法官等级暂行规定》第 5 条的规定，法官的等级共分 12 级：(1)首席大法官；(2)大法官：一级、二级；(3)高级法官：一级、二级、三级、四级；(4)法官：一级、二级、三级、四级、五级。

法官的等级的确定,以法官所任职务、德才表现、业务水平、审判工作实绩和工作年限为依据。我国法官等级的评定工作于 1998 年开始,1999 年首次评定了法官等级。

(二)法官等级的晋升

法官等级的晋升按下列原则进行:

1. 二级法官以下等级的法官晋级在职务编制等级的幅度内,按下列规定逐级晋升:五级法官至三级法官,每晋升一级为三年;三级法官至一级法官,每晋升一级为四年。晋升期限届满,经考核合格,方可晋升;不合格的应当延期晋升;德才表现、业务水平、审判工作实绩特别突出的,可以提前晋升。晋升考核以年度考核结果为主要依据。

2. 一级法官以上等级的法官晋级实行选升。

3. 晋升高级法官,须经专门培训合格,方可晋升。

4. 法官等级提前晋升的由最高人民法院院长批准。

(三)法官等级的降低和取消

降低或取消法官等级,按照以下规则进行:

1. 法官被调任下级职务后,其等级高于新任职务编制等级的最高等级的,应当降低至新任职务编制等级的最高等级。

2. 法官有违法乱纪行为的,可以按照规定降低其法官等级。

3. 法官等级的降低,一般每次只降一级。

4. 法官等级降低不适用于五级法官。

5. 法官被降低等级后,其法官等级晋升期限按照降低后的等级重新计算。

6. 法官被免除法官职务后,其法官等级应当取消。

五、法官的奖励和惩戒

(一)法官的奖励

为了鼓励法官尽忠职守,努力工作,对于法官在审判工作中有显著成绩和贡献的,或者有其他突出事迹的,应当给予奖励。《法官法》规定,法官有下列情形之一的,应当给予奖励:(1)在审理案件中秉公执法,成绩显著的;(2)总结审判实践经验成果突出,对审判工作有指导作用的;(3)对审判工作提出改革建议被采纳,效果显著的;(4)保护国家、集体和人民利益,使其免受重大损失,事迹突出的;(5)勇于同违法犯罪行为作斗争,事迹突出的;(6)提出司法建议被采纳或者开展法制宣传、指导人民调解委员会工作,效果显著的;(7)保护国家秘密和审判工作秘密,有显著成绩的;(8)有其他功绩的。

对法官的奖励,实行精神鼓励和物质鼓励相结合的原则。具体奖励分为:嘉奖,记三等功、二等功、一等功,授予荣誉称号。

(二)法官的惩戒

法官有违法失职行为时,应当予以惩戒,构成犯罪的应当追究其刑事责任。[9] 《法官法》第32条的规定,法官有下列行为之一的,应当给予处分;构成犯罪的,依法追究刑事责任:(1)散布有损国家声誉的言论,参加非法组织,参加旨在反对国家的集会、游行、示威等活动,参加罢工;(2)贪污受贿;(3)营私枉法;(4)刑讯逼供;(5)隐瞒证据或者伪造证据;(6)泄露国家秘密或者审判工作秘密;(7)滥用职权,侵犯自然人、法人或者其他组织的合法权益;(8)玩忽职守,造成错案或者给当事人造成严重损失;(9)拖延办案,贻误工作;(10)利用职权为自己或者他人谋取私利;(11)从事营利性的经营活动;(12)私自会见当事人及其代理人,接受当人及其代理人的请客送礼;(13)其他违法乱纪的行为。

处分种类分为:警告、记过、记大过、降级、撤职、开除。受撤职处分的,同时降低工资和等级。

六、法官的辞职和辞退

辞职与辞退不同,辞职是一种权利,《法官法》规定法官有辞职的权利。辞退是指法官的行为不符合法官法的要求而被人民法院以法定程序免除职务。

法官要求辞职的,应当由本人提出书面申请,依照法定程序免除其职务。

法官有下列情形之一的,予以辞退:(1)在年度考核中,连续两年确定为不称职的;(2)不胜任现职工作,又不接受另行安排的;(3)因审判机构调整或者缩减编制员额需要调整工作,本人拒绝合理安排的;(4)旷工或者无正当理由逾假不归连续超过十五天,或者一年内累计超过三十天的;(5)不履行法官义务,经教育仍不改正的。

辞退法官应当依照法律规定的程序免除其职务。

---

[9] 毕连芳:《中国近代法官制度研究》,中国政法大学出版社2016年版,第146页。

七、法官的保障和退休

《法官法》的有关规定,对法官的保障主要有:

1. 职业保障。法官的职业保障直接表现在法官享有的权利之中,如履行法官职责应当具有的职权和条件;法官依法审判不受行政机关、社会团体和个人的干涉;非因法定程序、法定事由,不被免职、降职、辞退或者处分等。

2. 工资保险福利保障。法官按规定获得劳动报酬,并实行定期增资制度。经考核确定为优秀、称职的,可以按规定晋升工资;有特殊贡献的,可以按照规定提前晋升工资。此外,法官还享受国家规定的审判津贴、地区津贴、其他津贴以及保险和福利待遇。法官退休后享受国家规定的养老保险金和其他待遇。

3. 人身和财产保障。法官依法履行职责,法官的人身、财产和住所安全受法律保护。

第四节 审判制度的基本原则

审判制度的基本原则是指人民法院在审判活动中必须遵循的基本行为准则,对审判活动具有重要的指导意义,贯穿于审判活动的全过程。它是对审判活动的主要问题和主要程序所作的原则性规定,集中体现了我国审判制度的本质特征和精神实质,为审判制度的建构和进行审判活动指明了方向。

一、不告不理原则

不告不理,是指没有原告的起诉,法院就不能进行审判。具体包括两层含义:第一,没有原告的起诉,法院不得启动审判程序。即刑事诉讼必须有公诉人或自诉人起诉,民事诉讼必须有原告人提出诉讼请求,法院才得受理。第二,人民法院审判的范围应与原告起诉的范围相一致,法院不得对原告未提出诉讼请求的事项进行审判。表现为法院审理案件的范围由当事人确定,法院无权变更、撤销当事人的诉讼请求。案件在审理中,法院只能按照当事人提出的诉讼事实和主张进行审理,对超过当事人诉讼主张的部分不得主动审理。

不告不理早在奴隶制罗马诉讼中就已出现,当时在刑事案件中采取控告式诉讼形式,每个公民在得到最高裁判官的许可后,即可作为告诉人提起控诉,法院则根据其控诉在指定的日期进行审理，如果告诉人不到，则撤销控诉。现在已经成为各国所普遍确立的一项重要原则。[10]

中国从清朝末年到中华民国时期的诉讼立法中，也都采用了不告不理原则。清朝 1907 年制定的《各级审判厅试办章程》第 103 条规定：“刑事其未经起诉者，审判厅概不受理。”第 57 条规定，民事案件“准原告呈请注销诉状”。国民党政府的《刑事诉讼法》第 245 条规定：“起诉之效力不及于检察官所指被告以外之人。”第 247 条还规定：“法院不得就未经起诉之犯罪审判。”其《民事诉讼法》第 262 条第 1 款、第 263 条的规定也包含有不告不理的内容。

图 2－4 国民党政府《刑事诉讼法》

我国现行三大诉讼法中虽然没有明确规定不告不理原则。但从相关法律和司法解释中可以看出，如果没有人民检察院提起的公诉和自诉人提起的自诉，人民法院不得主动启动审判程序；对于公诉和自诉没有指控的罪行和人员，人民法院也不得进行审判。在民事诉讼和行政诉讼中，没有原告的起诉，人民法院便不能立案受理，更不能进行审判；对不属于原告诉讼请求的事项，人民法院也不得进行审理和判决。实行不告不理原则，是审判中立的根本要求，对于维护司法公正具有十分重要的意义。

二、审判权独立行使原则

审判独立，是指对案件进行审判的司法机关和人员在审理和制作司法裁判时

---

〔10〕 张子培：《论不告不理原则》，载《法学评论》1991 年第 2 期。

具有完全的自主性，只服从法律，不受外界任何组织和个人的干预。我国宪法、人民法院组织法和三大诉讼法均规定，人民法院依照法律规定独立行使审判权，不受行政机关、社会团体和个人的干涉。

司法独立原则现已被各国法律所确认，并逐步成为国际公认的最基本的司法原则之一。如1948年联合国《世界人权宣言》第10条规定，人人完全平等地有权由一个独立而无偏袒的法庭进行公正和公开的审讯，以确定他的权利和义务并判定对他提出的任何刑事指控。我国政府已于1998年10月签署了联合国《公民权利和政治权利国际公约》，其第14条规定，在判定对任何人提出的任何刑事指控或确定他在一件诉讼案件中的权利和义务时，人人有资格由一个依法设立的合格的、独立的和无偏倚的法庭进行公正的和公开的审讯。

长期以来，一般认为我国的审判独立是指法院独立审判，而不包括法官独立审判。但实际上有关法官独立审判的规定，最早体现在《法官法》第8条，法官享有依法审判案件不受行政机关、社会团体和个人的干涉的权利。人民法院在审判活动中都要注意处理好以下几方面的关系：

第一，人民法院独立审判与党的领导的关系。中国共产党是我国宪法确认的执政党，我国是共产党领导下的社会主义国家，国家的各个机关和部门在发挥职能作用时，都要严格贯彻执行党的路线方针和政策，人民法院也不例外，不能以"审判独立"为名排斥党在政治思想上的领导。在任何时候，人民法院都必须坚持党的领导，服从党的领导。

第二，人民法院依法独立审判与国家权力机关监督的关系。《宪法》第3条第3款规定："国家行政机关、审判机关、检察机关都由人民代表大会产生，对它负责、受它监督。"《人民法院组织法》第16条第1款规定："最高人民法院对全国人民代表大会和全国人民代表大会常务委员会负责并报告工作。地方各级人民法院对本级人民代表大会及其常务委员会负责并报告工作。"各级人民代表大会及其常委会对人民法院的工作进行监督是其法定权力；各级人民法院应当主动向人大及其常委会报告工作，认真听取人大代表及其常委会对法院工作的意见和建议，接受人大代表对法院工作的质询和评议。

第三，人民法院依法独立审判与上级人民法院对其审判工作的监督的关系。《宪法》第127条和《人民法院组织法》第16条规定，上级人民法院监督下级人民法院的工作。这一规定，明确了上下级法院之间是监督和被监督的关系。上级人民法院对下级人民法院审判工作的监督，主要是通过二审程序和审监督程序进行。但对于下级人民法院正在审理的案件，上级人民法院不应以监督为名进行干预；下级人民法院也不得以审判独立为由对抗上级人民法院的监督。

三、直接言词原则

直接言词原则，是指法官必须在法庭上亲自听取当事人、证人及其他诉讼参与人的口头陈述，案件事实和证据必须由控辩双方当庭口头提出并以口头辩论和质证的方式进行调查。直接言词原则包括直接原则和言词原则两项原则，因二者均以有关诉讼主体出席法庭为先决条件，紧密联系，理论上合称为直接言词原则。

所谓直接原则，是指法官必须与诉讼当事人和诉讼参与人直接接触，直接审查案件事实材料和证据。直接原则又可分为直接审理原则和直接采证原则。前者的含义是，法官审理案件时，公诉人、当事人及其他诉讼参与人应当在场，除法律另有特别规定外，如果上述人员不在场，不得进行法庭审理。否则，审判活动无效。在这一意义上，直接审理原则也称为在场原则。直接采证原则是指，法官对证据的调查必须亲自进行，不能由他人代为实施，而且必须当庭直接听证和直接查证，不得将未经当庭亲自听证和查证的证据加以采纳，不得以书面审查方式采信证据。

所谓言词原则，是指法庭审理须以口头陈述的方式进行，包括控辩双方要以口头进行陈述、举证和辩论，证人、鉴定人要口头作证或陈述，法官要以口头的形式进行询问调查。除非法律有特别规定，凡是未经口头调查之证据，不得作为定案的依据采纳。

直接言词原则是审判制度中的一项基本原则，[11]它不但体现了司法的亲历性要求，而且具有保障控辩双方诉讼地位平等，确保审判的程序公正，进而实现实体公正，保护案件当事人，特别是在刑事诉讼中处于天然弱势地位的被告人的合法权利。该原则有其存在的必要性：

首先，直接言词原则实践了司法的亲历性。我国古代“以五声听狱讼”，其实也反映了司法的亲历性。我们多有这样的日常经验和体会，不同的人对于同样事实的陈述往往让人心理上感知各自陈述的真实性或可信度高低有别。造成这种感知或心证差异的原因是多种的，其中陈述者的相貌、陈述时的态度和情状往往对听者产生不同的影响，这种影响是客观存在的并且往往能够反映出真情。法官在诉讼中同样能够产生和具有这样的经验和体会，从而实际影响着法官“心证”的形成。法官在与当事人和证人“面对面”的活动中，通过当事人和证人的相貌、诉

---

〔11〕　占善刚、刘显鹏：《证据法论》，武汉大学出版社2015年版，第257页。

讼时的态度和情状能够获悉语言所无法传递的案情信息,有意无意中影响着法官的"心证",事实上法官在审判中也会有意无意地运用这样的"无言之知"和其长期审判实践所形成的"个人技艺"。这也就是采纳"直接言词"原则和强调司法亲历性的经验和心理上的根据。

其次,直接言词原则有助于发现真相和提高效率。该原则要求法官、当事人和证人等在法庭上直接接触,法官亲自聆听当事人陈述辩论和证人言词作证,从而可以直接观察当事人和证人等的表情态度,直接察看证据实际状况,易于准确掌握案件事实。同时,法官、当事人和证人等直接见面,加之言词方式具有传达简便快捷的优点,有助于法官和当事人尽快发现争议和及时解决问题,从而推动诉讼迅速进行。

直接言词原则体现了诉讼或司法的过程与结果非截然两分,即案件最终的判决往往是法官在听审过程中客观因素和主观因素累积的结果。该特性与发现案件真实和提高诉讼效率是相辅相成的。直接言词原则所体现的精神或价值是现代诉讼基本原理的重要组成部分。

四、审判及时原则

审判及时,是指人民法院审判案件应在法律规定的期限内进行,而且应尽量做到快速结案。审判公正是审判的首要价值,但是公正的实现必须是迅速、及时的。迟来公正对当事人来说就是一定程度的不公正。因此,审判公正即意味着审判应快速进行,在审限内及时结案。

在诉讼案件剧增而司法资源相对有限的情况下,为了达到司法公正和司法效率的价值目标,各国都采取了建立简易程序、小额法庭、加强和完善诉讼外纠纷解决机制的诸多措施。为做到审判及时,我国法院在机构设置上尽量符合经济效益原则,并推行巡回审判、就地审判制度;[12] 以案件发生地作为确定管辖法院的因素之一,便于当事人诉讼,便于尽快查明案件事实真相;我国的民事诉讼法和刑事诉讼法都建立了简易程序,实行繁简分流,对于解决积案、促进法院及时审判也起到了重要的作用。

为了保证人民法院及时审结案件,防止久拖不决的现象发生,我国的三大诉讼法均对人民法院审判案件的期限作出了具体而明确的规定。且2000年9月最

〔12〕 潘小军:《我国巡回审判制度的发展及其完善》,载刘宪权:《华政法律评论》(第6卷),上海人民出版社2013年版,第208页。

高人民法院又发布了《关于严格执行案件审理期限制度的若干规定》，该规定对各类案件的审理、执行期限，立案、结案时间以及审理期限的计算，案件延长审理期限的报批，上诉、抗诉二审案件的移送期限，以及对案件审理期限的监督、检查等作了更加具体的规定，确保案件在审限内及时审结。

第五节 审判制度

审判制度是指人民法院在进行审判活动时在某些重要的阶段必须遵循的基本规则。审判制度的主要作用在于规范人民法院的审判活动，以保证审判公正，提高审判效率。

一、公开审判制度

公开审判制度，是指人民法院的审判活动向社会公开的制度，具体是指人民法院对案件的审理和判决，除法律有特别规定的以外，都应当在法庭上公开进行；对依法不公开审理的案件也要一律公开宣判。“公开”的对象和范围包括向当事人和其他诉讼参与人公开；向社会公开，向社会公开的方式是，人民法院开庭审判的全过程，除合议庭评议外，允许公民旁听，允许新闻记者采访和报道；裁判理由公开，裁判书说明裁判理由使裁判书更具说服力。对依法应予公开审理的案件，法院在开庭前要在法院大门外的布告牌上公布案由、当事人的姓名、开庭时间和地点。

公开审判是提高审判公信力的必然要求，也是程序公正的重要标志。实行审判公开，可以将人民法院的审判活动置于当事人和社会公众的监督之下，增强司法活动的透明度，预防司法腐败的发生；防止法院先入为主，有效保障当事人的程序主体权，促进司法公正的实现。

公开审判是审判活动的一项基本制度，但在少数情况下，出于保护特定社会利益，法律规定了审判公开的例外。具体而言，法律规定不公开审理的案件包括以下几类：(1)涉及国家机密的案件。(2)涉及个人隐私的案件。(3)未成人犯罪的案件。我国刑事诉讼法规定，14 岁以上不满 16 岁未成年人犯罪的案件，一律不公开审理；16 岁以上不满 18 岁未成年人犯罪的案件，一般也不公开审理。(4)经当事人依法申请，人民法院决定不公开审理的案件。根据我国诉讼法的有关规定，离婚案件当事人和涉及商业秘密案件的当事人申请不公开审理的，可以不公开审理。

对于不公开审理的案件，法庭应当庭宣布不公开审理的理由，而且与案件审判无关的法院工作人员不能旁听。

二、两审终审制度

两审终审制度，是指一个案件经过两级法院审判后即告终结，裁判书发生终局效力的制度。《人民法院组织法》第 11 条第 1 款规定，人民法院审判案件，实行两审终审制。如果当事人对第一审案件的判决或裁定不服，可以在法定期限内向上一级人民法院提出上诉；如果人民检察院认为一审判决或裁定确有错误，可以在法定期限内向上一级人民法院提出抗诉。如果在上诉期限内，当事人不上诉，人民检察院不抗诉，这个一审判决或裁定就是发生法律效力的判决和裁定。上级人民法院对上诉、抗诉案件，按照第二审程序进行审理后所作的判决或裁定就是终审的判决和裁定，除判处死刑的案件需要依法进行复核外，其他的就立即发生法律效力。

两审终审是我国审级制度的一般原则，但根据我国法院组织体系和诉讼法的有关规定，下列两类案件实行一审终审：(1)最高人民法院审理的第一审案件。因为最高人民法院是国家最高审判机关，不存在对它的判决和裁定提出上诉和抗诉而引起二审程序的问题。(2)基层人民法院按照民事诉讼法规定的特别程序审理的选民资格案件、宣告失踪案件、宣告死亡案件、认定公民无民事行为能力或限制民事行为能力案件和认定财产无主案件。这些案件一般无双方当事人发生争执，只需对事实作出认定，而且有的时间性较强，需及时作出裁决，故而实行一审终审。

三、人民陪审制度

人民陪审制度是指我国法律规定的由审判员和人民陪审员组成合议庭对案件共同进行审判的一项制度。在人民法院的审判活动中，由人民陪审员代表人民参与案件的审理，是司法民主的重要表现形式。根据人民法院组织法和三大诉讼法的规定，人民陪审制度是各级人民法院审理第一审刑事、民事、行政案件普遍适用的一项司法制度。

(一)人民陪审员的条件

《全国人民代表大会常务委员会关于完善人民陪审员制度的决定》规定公民

担任人民陪审员应当具备以下条件:拥护中华人民共和国宪法;年满二十三周岁;品行良好、公道正派;身体健康;一般应当具有大学专科以上文化程度。

十二届全国人大常委会第十四次会议提出《关于授权在部分地区开展人民陪审员制度改革试点工作的决定》,2015年5月20日最高人民法院和司法部联合印发了《人民陪审员制度改革试点方案》和《人民陪审员制度改革试点工作实施办法》,实施办法就人民陪审员的选任条件作出了新规定。即担任人民陪审员的基本条件为:(1)拥护中华人民共和国宪法;(2)年满28周岁;(3)品行良好,公道正派;(4)身体健康。农村地区和贫困偏远地区公道正派、德高望重者不受此限。担任人民陪审员的一般应当具有高中以上文化程度。

人民代表大会常务委员会的组成人员,人民法院、人民检察院、公安机关、国家安全机关、司法行政机关的工作人员和执业律师等人员,不得担任人民陪审员;因犯罪受到刑事处罚的或被开除公职的人员,不得担任人民陪审员。

(二)人民陪审员的产生和任期

人民陪审员的名额,由基层人民法院根据审判案件的需要,提请同级人民代表大会常务委员会确定。符合担任人民陪审员条件的公民,可以由其所在单位或者户籍所在地的基层组织向基层人民法院推荐,或者本人提出申请,由基层人民法院会同同级人民政府司法行政机关进行审查,并由基层人民法院院长提出人民陪审员人选,提请同级人民代表大会常务委员会任命。人民陪审员的任期为五年。

(三)人民陪审员参加审判案件的范围

人民法院审判下列第一审案件,由人民陪审员和法官组成合议庭进行,适用简易程序审理的案件和法律另有规定的案件除外:社会影响较大的刑事、民事、行政案件;刑事案件被告人、民事案件原告或者被告、行政案件原告申请由人民陪审员参加合议庭审判的案件。

(四)人民陪审员的权利和义务

根据法律的有关规定,人民陪审员享有以下权利:(1)在履行陪审职务期间,陪审员作为合议庭的组成人员,与审判员享有同等的权利,但人民陪审员不得担任审判长;(2)依法参加审判活动,受法律保护;(3)有权参加培训,提高自己的素质;(4)有权获得补助。在履行陪审职务期间,享受原工作单位照付的工资,没有工资收入的，由人民法院给予适当补助；在履行陪审职务期间，由人民法院给予适当的交通等补助。同时，人民陪审员参加审判活动，应当遵守法官履行职责的规定，保守审判秘密、注重司法礼仪、维护司法形象。

四、审判监督制度

审判监督制度，又称再审制度，是指人民法院对于已经发生法律效力的判决和裁定依法重新审判的一种特殊审判制度。审判监督程序是一种事后救济程序，是对两审终审制的补充。

根据人民法院组织法和民事、刑事、行政三个诉讼法的规定，审判监督制度包括以下几个要点：

1. 提起审判监督程序的前提，是发现已经发生法律效力的判决和裁定，在认定事实或适用法律上确有错误。

2. 有权提起审判监督程序的是生效裁判确定的当事人、各级人民法院院长和审判委员会、上级人民法院、上级人民检察院、最高人民法院和最高人民检察院。

3. 提起审判监督的方式是各级人民法院院长提请审判委员会处理；最高人民法院提审或指定下级人民法院再审；最高人民检察院、上级人民检察院按照审判监督程序提出抗诉。

4. 人民法院按照审判监督程序重新审判，应当另行组成合议庭，如果原来是第一审案件，应当依照第一审程序进行审判，所作的判决裁定，可以上诉、抗诉；如果原来是第二审案件，或者是上级人民法院提审的案件，应当依照第二审程序进行审判，所作的判决、裁定是终审的判决、裁定。

对于具备何种情形可以启动再审程序，我国三大诉讼法对各自领域的审判监督制度作出了许多具体的规定。

五、审判委员会制度

审判委员会是人民法院内部对审判工作实行集体领导的组织形式。各级人民法院设立审判委员会，实行民主集中制。主要任务是总结审判经验，讨论重大的或者疑难的案件和其他有关审判工作的问题。

地方各级人民法院审判委员会的职责：讨论疑难、复杂、重大案件；结合本地区和本院实际，总结审判工作经验；听取审判业务部门的工作汇报；讨论决定对本院或者本辖区的审判工作具有参考意义的案例；讨论其他有关审判工作的重大问题。

最高人民法院审判委员会的职责：讨论疑难、复杂、重大案件，总结审判工作经验，制定司法解释和规范性文件，听取审判业务部门的工作汇报，讨论决定对审判工作具有指导性意义的典型案例，讨论其他有关审判工作的重大问题。

合议庭可以提请院长决定提交审判委员会讨论的范围：合议庭意见有重大分歧、难以作出决定的案件；法律规定不明确，存在法律适用疑难问题的案件；案件处理结果可能会产生重大社会影响的案件；对审判工作具有指导意义的新类型案件；其他需要提交审判委员会讨论的疑难、复杂、重大案件。另外，对于合议庭没有建议提请审判委员会讨论的案件，院长、主管副院长或者庭长认为有必要的，可提请审判委员会讨论。

六、案件请示制度

案件请示，是指下级人民法院在案件的审理过程中，对法律、政策、司法解释等问题理解不准或者意见不一致，可以向上级人民法院进行案件请示，上级人民法院作出“批复”的过程，“批复”具有法律效力。

根据最高人民法院关于案件请示的规定，结合司法实践，案件请示制度的主要包括以下内容：

1. 案件范围。报送请示的案件，一般是少数重大疑难、涉及政策、法律不清及适用法律不易把握的案件，就具体法律适用问题进行请示。

2. 事实要求。报送请示的案件应当已经达到事实清楚、证据确凿，并由请示的法院负责。凡属案件事实不清、证据不扎实以及对事实、证据的认定有不同意见，应自行查清或进一步鉴定，不得上报请示。

3. 请示程序。除法律规定可以不开庭审理外，必须经过开庭审理、合议庭评议及审判委员会讨论形成倾向性意见后，以书面形式向上级法院请示。需要请示最高人民法院的，应当层报高级人民法院，高级人民法院审判委员会形成最终意见；如果审判委员会有几种不同意见，也应形成倾向性意见，再由高级人民法院审查决定是否向最高人民法院提出请示。

4. 批复。最高人民法院各审判业务部门拟对高级人民法院、解放军军事法院的请示制定批复的，应当及时提出立项建议，送研究室审查立项，经分管院领导审批后提交审判委员会讨论决定，以书面形式批复。而上下级法院之间的请示和答复则多采用口头方式。

七、司法建议制度

司法建议，是指人民法院在审判活动中，针对有关单位在机制、制度、管理等方面存在的问题,以人民法院的名义提出堵塞漏洞,消除隐患,改进管理或追究有关当事人的党纪、政纪责任的建议或意见。实践证明,司法建议在预防纠纷和犯罪,发展社会主义市场经济,促进社会稳定等方面发挥了积极的作用。

在审判工作中,审判人员认为需要向某个单位提出司法建议的,应当按照格式要求制作《司法建议书》,由所在庭的庭长、副庭长审核后,报分管副院长或院长审批签发。司法建议书除送达被建议单位外,必要时还可以报送被建议单位的上级主管部门。

由于建议的性质决定了司法建议不具有法律约束力,审判人员发出司法建议后,审判人员还应及时了解被建议单位的整改情况。

第六节 中国审判制度的改革与创新

审判制度是司法制度的中心环节。我国的审判制度在打击犯罪、维护社会稳定、维护合法权益、保障人权方面发挥了积极的作用,但仍存在一些问题,审判制度的改革仍在进行中。

一、法官员额制

法官员额制是指法院从事审判工作的法官按照案件数量、人口密度、法院设置等因素来固定法官人数,集中行使国家审判权。2001 年全国人大常委会在修订《法官法》时首提法官员额制。

《法官法》第 50 条规定:"最高人民法院根据审判工作需要,会同有关部门制定各级人民法院的法官在人员编制内员额比例的办法。"2014 年中共中央全面深化改革领导小组出台《关于司法体制改革试点若干问题的框架意见》和《上海市司法体制改革试点工作方案》,法官员额制改革正式拉开了序幕。截至 2017 年 2 月,除了辽宁、江西、河南、西藏这四个省区外,28 个高院(含兵团法院),363 个中级法院,2644 个基层法院均完成了员额法官的选任工作,占全国法院总数的 86.7%,产生的入额法官是 105433 名。

为了更好发挥员额法官的作用,一方面员额法官相适应的工资配套改革以及法官等级的套改也正在深入推进,工资配套改革已经完成了 1/3,到 2017 年要全部兑现;另一方面要建立法官权益保障委员会。2017 年 2 月,最高人民法院印发的《人民法院落实〈保护司法人员依法履行法定职责规定〉的实施办法》规定，各级人民法院应当设立法官权益保障委员会。2017 年 2 月，辽宁皇姑区法院依法开出了第一张法官保护令。法院还将与公安机关协调，通过出台相应的规章制度，进一步发挥司法警察的作用，更好地保护法官和其他审判辅助人员人身权益及其家属安全。

但是在推进法官员额制的过程中，在司法责任制、审判团队建设、法官配套待遇以及未入额法官的出路等方面还存在一些现实问题和困难。

二、人民陪审制度

2014 年 10 月，四中全会《决定》提出，逐步实行人民陪审员不审理法律适用问题，只参与事实认定。2015 年 4 月 24 日，第十二届全国人大常委会第十四次会议授权最高人民法院在北京、河北、黑龙江、江苏、福建、山东、河南、广西、重庆、陕西十个省（区、市），各选五个法院开展为期两年的人民陪审员制度改革试点工作，主要包括改革人民陪审员选任条件、完善人民陪审员选任程序、扩大人民陪审员参审范围、完善人民陪审员参审案件机制、探索人民陪审员参审案件职权改革、完善人民陪审员的退出和惩戒机制、完善人民陪审员履职保障制度七个方面。

1. 人民陪审员选任条件。人民陪审员的年龄从 23 周岁提高到 28 周岁，学历条件将从一般为大专以上文化学历，改为一般应当具有高中以上文化学历，但是农村地区和贫困偏远地区公道正派、德高望重者不受此限。

2. 人民陪审员选任程序。建立和完善人民陪审员随机抽选机制，将陪审员由个人申请和组织推荐，改为基层和中级人民法院每五年从符合条件的当地选民或者当地常住居民名单中随机抽选当地法院法官员额数 5 倍以上的人员作为人民陪审员候选人，制作人民陪审员候选人名册，建立人民陪审员候选人信息库。基层和中级人民法院会同同级司法行政机关对人民陪审员候选人进行资格审查，征求候选人意见，从审核过的名单中随机抽选不低于当地法院法官员额数 3 倍至 5 倍的人员作为人民陪审员，建立人民陪审员名册，提请同级人大常委会任命。

3. 人民陪审员参审范围。涉及群体利益、社会公共利益的，人民群众广泛关注或者其他社会影响较大的第一审刑事、民事、行政案件，以及可能判处十年以上有期徒刑、无期徒刑的第一审刑事案件，原则上实现人民陪审制审理。第一审刑事案件被告人、民事案件当事人、行政案件原告申请由人民陪审员参加合议庭审判的，可以实行人民陪审制审理。

4. 人民陪审员参审案件机制。合理确定每个人民陪审员每年参与审理案件的数量比例,探索重大案件由3名以上人民陪审员参加合议庭机制,并健全人民陪审员提前阅卷机制。

5.人民陪审员参审案件职责。逐步探索实行人民陪审员不再审理法律适用问题,只参与审理事实认定问题,充分发挥人民陪审员富有社会阅历、了解社情民意的优势,提高人民法院裁判的社会认可度。人民陪审员在案件评议过程中,独立就案件事实认定问题发表意见,不再对法律适用问题发表意见。

6.人民陪审员的退出和惩戒机制。坚持权利义务相统一原则,保障公民陪审权利,明确公民陪审义务。建立人民陪审员职责豁免机制。建立对人民陪审员无正当理由拒绝履行陪审职责、有损陪审公信或司法公正等行为的惩戒机制。明确人民陪审员退出情形,完善人民陪审员退出机制。

7.人民陪审员履职保障制度。加强对人民陪审员个人信息和人身安全的法律保护,对危害人民陪审员制度的行为建立相应的处罚规则,维护人民陪审制度权威性。人民陪审员所在单位不得因人民陪审员履行陪审职责而对其实施解雇以及减少工作或薪酬待遇等不利措施。人民陪审员制度实施所需经费,列入人民法院业务费预算予以保障。

案例

张某因为通行问题与邻居闹矛盾诉至法院,由王法官承办该案。王法官对案情做基本了解后认为双方当事人是亲戚又相邻多年,本着社会稳定与家庭和谐的宗旨,提出调解本案,并根据张某当时的情况免去其向法庭提交案件的部分证据。

一天,张某到法院去,正碰上王法官开庭审理另一起案件。他看到王法官在庭审中接听电话时间长5分钟,于是他向院长投诉王法官的不尽职行为。院长对王法官提出严厉批评。

王法官得知是张某所为后,向张某提出自己不能继续审理他的案件,希望张某向法院提出更换主审法官的要求。可是张某坚决不同意更换法官,坚持让王法官主审其案件。王法官无奈,继续审理该案,但是,他提出张某必须在指定期间内向法院提交相关(曾经被免去提交)的证据。

根据本案分析存在的问题。

复习题

一、概念

审判制度　公开审理　开庭审理　回避制度　人民陪审员　人民陪审制度

司法建议　审判监督　直接言词原则　审判委员会　两审终审制度　专门人民法院

二、思考

1. 法院组织体系的构成?

2. 如何理解审判委员会的性质?审判委员会和司法公正之间具有何种关系?

3. 谈谈对中国审判制度改革状况的理解?

司法考试试题

一、单项选择题

1. 关于合议庭评议案件,下列哪一表述是正确的?(2010 年)

A. 审判长意见与多数意见不同的,以其意见为准判决

B. 陪审员意见得到支持、形成多数的,可按该意见判决

C. 合议庭意见存在分歧的,也可提交院长审查决定

D. 审判人员的不同意见均须写入笔录

【答案】 D

【考点】 合议庭评议案件规则。

2. 唐某作为技术人员参与了甲公司一项新产品研发,并与该公司签订了为期 2 年的服务与保密合同。合同履行 1 年后,唐某被甲公司的竞争对手乙公司高薪挖走,负责开发类似的产品。甲公司起诉至法院,要求唐某承担违约责任并保守其原知晓的产品。关于该案的审判,下列哪一说法是正确的?(2012 年)

A. 只有在唐某与甲公司共同提出申请不公开审理此案的情况下,法院才可以不公开审理

B. 根据法律的规定,该案不应当公开审理,但应当公开宣判

C. 法院可以根据当事人的申请不公开审理此案,但应当公开宣判

D. 法院应当公开审理此案并公开宣判

【答案】 C

【考点】 公开审判的规定。

3. 某区法院审理原告许某与被告某饭店食物中毒纠纷一案。审前，法院书面告知许某合议庭由审判员甲、乙和人民陪审员丙组成时，许某未提出回避申请。开庭后，许某始知人民陪审员丙与被告法定代表人是亲兄弟，遂提出回避申请。关于本案的回避，下列哪一说法是正确的？（2015 年）

A. 许某可在知道丙与被告法定代表人是亲兄弟时提出回避申请

B. 法院对回避申请作出决定前，丙不停止参与本案审理

C. 应由审判长决定丙是否应回避

D. 法院作出回避决定后，许某可对此提出上诉

【答案】 A

【考点】 回避的规定。

4. 甲、乙、丙诉丁遗产继承纠纷一案，甲不服法院作出的一审判决，认为分配给丙和丁的遗产份额过多，提起上诉。关于本案二审当事人诉讼地位的确定，下列哪一选项是正确的？（2016 年）

A. 甲是上诉人，乙、丙、丁是被上诉人

B. 甲、乙是上诉人，丙、丁是被上诉人

C. 甲、乙、丙是上诉人，丁为被上诉人

D. 甲是上诉人，乙为原审原告，丙、丁为被上诉人

【答案】 D

【考点】 上诉当事人诉讼地位的确定。

二、多项选择题

李某诉谭某返还借款一案，M 市 N 区法院按照小额诉讼案件进行审理，判决谭某返还借款。判决生效后，谭某认为借款数额远高于法律规定的小额案件的数额，不应按小额案件审理，遂向法院申请再审。法院经审查，裁定予以再审。关于该案再审程序适用，下列哪些选项是正确的？（2016 年）

A. 谭某应当向 M 市中级法院申请再审

B. 法院应当组成合议庭审理

C. 对作出的再审判决当事人可以上诉

D. 作出的再审判决仍实行一审终审

【答案】 BC

【考点】 再审程序规定。

阅读文献

1. 杨知文:《中国审判制度的内部组织构造》,法律出版社 2014 年版。
2. 李玉华、张思尧、杨亮:《中国特色陪审制度的新发展》,中国政法大学出版社 2014 年版。
3. 顾培东:《人民法院内部审判运行机制的构建》,载《法学研究》2011 年第 4 期。
4. 贾宇:《陕甘宁边区巡回法庭制度的运行及其启示》,载《法商研究》2015 年第 6 期。
5. 龙宗智:《"以审判为中心"的改革及其限度》,载《中外法学》2015 年第 4 期。

第三章 检察制度

内容提示

检察制度是国家制度的重要组成部分。检察机关是我国的法律监督机关,对法律的执行和遵守情况实行监督,对违反法律的行为予以纠正。检察机关还具有公诉、部分刑事案件的侦查等职能。本章讲述的检察机关的组织体系、工作原则、运作机制以及检察官制度等构成我国检察制度的基本内容。

第一节 人民检察院的性质和任务

一、检察制度的起源及发展

(一)检察制度的概念

检察制度是指国家检察机关的性质、任务、组织体系、组织和活动原则以及工作制度的总称。检察制度是国家制度的重要组成部分。

检察权分离自审判权,是对刑事案件进行弹劾式审判的产物。历史上,对犯罪的起诉曾有过三种形式:一是私人起诉,由受害人或其亲属起诉;二是公共起诉,人人都可起诉;[1]三是国家起诉,国家设立专门机关起诉。国家起诉即公诉。这种国家起诉制度就是现代检察制度的雏形,欧洲中世纪的法国是现代检察制度的发源地。

(二)国外检察制度的起源及发展

西方国家的检察制度起源于中世纪的法国。在中世纪初期,法国采取不告不

---

〔1〕 张兆松:《中国检察权监督制约机制研究》,清华大学出版社2014年版,第25页。

理的私诉形式。12 世纪时,王室领地不断扩大,王权逐渐得到加强,领主的司法权被削弱。国王为了有效维护其统治,便设置王室代理人,由王室代理人出席国王法院审判庭,代表国王提起租税等内容的诉讼,其职能类似于以后的检察官。菲利普四世(1285—1314 年)时,王室代理人成为专职的国家官员。17 世纪国王路易十四时代,将王室代理人定名为总检察官,下设各级检察官于各级法院,从此形成现代意义上的检察制度。1808 年的《法国刑事诉讼法典》全面规定了检察官在刑事诉讼中的地位和职权。法国检察系统,总体上隶属于政府的司法部,分级附设于相对应的各级法院。检察官对诉讼活动具有广泛的权力。后,比利时、德国、意大利、日本等国都沿袭了法国式的检察制度。

法国检察体制最大的特点是审检合署。检察院是由"站着的法官"[法语中检察院(parquet)与地板是同一个词]组成,这是与法院中坐着的法官相对而言。法国检察组织附设于各级法院内。

英国检察制度的历史也是比较悠久的。英国的检察制度从国王的法律代理人演化而来。13 世纪时,英国国王开始派律师代替国王起诉。1461 年,国王律师更名为总检察长,同时设置"国王的辩护人"。1515 年,国王辩护人定名为副总检察长。至此,英国的检察制度正式诞生。但是这时的总检察长和副总检察长仍然只负责处理涉及王室利益的案件。1879 年,英国设置处理破坏王室利益之外案件的检察机构——公诉处。尽管在诉讼实践中,公诉处检察官的业务活动受总检察官的指导,但是公诉处却不隶属于两位总检察长,而是归属于内阁大臣领导。这样,英国的检察系统就形成了两个系统:在中央是总检察长和副总检察长领导中央检察机构;在地方是受内阁大臣领导的公诉处检察官。

美国独立伊始,仿效英国建立了检察制度。[2] 1870 年美国成立司法部,正式形成今日美国的检察制度格局。美国的检察机构也分为隶属于联邦司法部的联邦检察机关和隶属于各州的地方检察机关。美国检察机关的主要职责是追诉犯罪。

二、我国人民检察院的性质

(一)人民检察制度的创设

我国的人民检察制度是从革命根据地时期的检察制度逐步发展而来的。土

---

〔2〕 [美]伯纳德·施瓦茨:《民主的进程　影响美国法律的十宗最》,周杰译,中国法制出版社 2015 年版,第 374 页。

地革命时期，中央革命根据地建立审检合署制度，在中央执行委员会下设最高法院。最高法院设检察长人、副检察长人、检察员若干人，检察长、副检察长由中央执行委员会主席团委任。在省、县裁判部设检察员若干人。检察员对任何犯罪行为均有检察之权。抗日战争时期，抗日民主根据地也设立了审检合署的检察制度。解放战争时期，审检开始分离。如陕甘宁边区设立独立的高等检察处，隶属边区政府领导，独立行使检察权。新民主主义时期的检察制度成为建国后人民检察制度的萌芽。

1949 年 10 月 22 日，最高人民检察署罗荣桓检察长宣布最高人民检察署成立，标志着新中国人民检察制度正式创设。

（二）人民检察院的性质

我国《宪法》和《人民检察院组织法》均规定：“中华人民共和国人民检察院是国家的法律监督机关。”据此，我国人民检察院是法律监督机关。

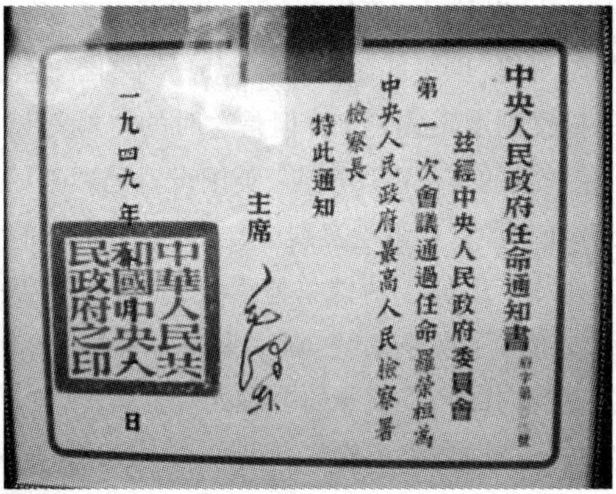

图 3－1　中央人民政府任命书

检察机关的性质是由国体和政体以及国家机构的分工所决定的。具有不同的阶级本质和政权组织形式的国家，其检察机关的性质也就有所不同。在资本主义国家，一般实行立法、行政、司法三权分立的政权体制，检察机关不是一种具有与上述三机关平等地位的独立的国家机关，而是附属于行政系统。检察机关是司法行政机关，属于政府的一个专门机构，其职权主要是行使侦查、起诉、出席法庭支持公诉等公诉职权。

社会主义国家检察机关的性质是按照列宁关于法律监督的学说确立的。列宁在《论“双重”领导和法制》一文中指出：“检察机关和任何行政机关不同，它丝毫没有行政权,对任何行政问题都没有表决权。检察长的唯一职权和必须做的事情只是一件:监视整个共和国对法制有真正一致的了解,不管任何地方的差别,不受任何地方的影响。”我国检察机关的性质正是按照列宁的法律监督理论,并结合我国的国体和政体被确定为国家的法律监督机关。

法律监督有广义和狭义之分。所谓广义的法律监督,是指国家与社会对法律的执行和遵守情况所进行的多方面的监督。例如,国家权力机关、检察机关、行政机关、党政团体和人民群众都有权实施或者参与法律监督。这种对法律多方面、多渠道的监督,就是广义的法律监督。

所谓狭义的法律监督,是指国家专门机关即检察机关对法律的执行和遵守情况所进行的专门监督,简称检察监督。我国人民检察院作为国家的法律监督机关所进行的法律监督,显然是指狭义的法律监督。检察机关行使法律监督权的范围,大体上分为三大系统:一是刑事法律检察监督;二是民事法律检察监督;三是行政法律检察监督。这三大系统互相联系,又互相区别,共处于法律监督系统的统一体中,构成我国检察机关三方面监督的立体模式。

检察机关的法律监督与最高国家权力机关的法律监督既有联系又有区别。我国国家权力机关的监督包括两个方面的内容:立法监督和对宪法和法律实施的监督,如我国《宪法》规定,全国人民代表大会和它的常务委员会有权监督《宪法》的实施,全国人民代表大会常务委员会有权撤销国务院制定的同《宪法》、法律相抵触的行政法规、决定和命令,有权撤销省、自治区、直辖市国家权力机关制定的同《宪法》、法律和行政法规相抵触的地方性法规和决议。国家为了更好地维护《宪法》和法律的正确统一实施,除了由国家权力机关直接进行监督外,又设立了人民检察院作为国家专门的法律监督机关,行使国家的检察权,以维护法律的正确实施。因此,检察机关是由国家权力机关产生并赋予它行使检察权的专门的法律监督机关。

检察机关的法律监督与行政机关的行政监督也有区别。工商、税务、劳动、审计、检察、公安等行政机关也分别行使着对某一方面的法规、条例等的实施的监督职权,如工商行政管理机关行使对工商管理法规实施的监督,税务机关行使对税法实施的监督等,但是,这些监督只是行政机关行使行政权的一种表现,这种监督的性质是一种行政监督权。检察机关的法律监督是由宪法和法律明确规定赋予检察机关特有的一项宪法权力,它有其法定的监督范围,是一种专门的法律监督,并由国家强制力来保证实施。

检察机关的法律监督权与公诉权既有联系又有区别。法律监督就是对法律的执行和遵守情况实行监督,对违反法律的行为予以纠正。公诉则是指专门机关代表国家对犯罪予以追诉。显然,法律监督的概念包含公诉的概念,即公诉权可以作为追究犯罪行为、保障法律实施的一种强制性的法律监督手段。但公诉权则不能包括或者等同于法律监督权。因为法律监督权中除了公诉权的内容外,还有侦查监督权、审判监督权、执行监督权等。从监督的范围来看,公诉权只是对实施刑事法律的监督,而法律监督权中则除此之外还包括对实施民事、行政等法律的监督。由此可见,不能将法律监督权与公诉权、法律监督机关与公诉机关相混同。

三、人民检察院的任务

根据《人民检察院组织法》的规定,我国检察机关的任务包括以下几类:

1. 检察机关通过行使检察权,依法惩治一切叛国的、分裂国家的和其他危害国家安全的违法犯罪活动,维护社会主义法制,维护国家的统一,维护人民民主专政制度。国家的统一、人民民主专政制度的巩固、社会主义的法律制度的执行是建设社会主义事业的基本保证。

2. 检察机关通过行使检察权,保护国有的财产、劳动群众集体所有的财产和公民私人所有的合法财产,积极同破坏社会主义经济秩序、侵犯财产、贪污贿赂等犯罪行为作斗争,维护社会主义市场经济秩序,保护社会主义物质基础,保障社会主义现代化建设顺利进行。

3. 检察机关通过行使检察权,保护公民的人身权利、民主权利和其他合法权益。公民的人身权利和民主权利是公民的基本权利,公民权利的正确行使,体现了公民在国家政治、经济、社会生活中的地位和作用。人民检察院通过行使检察权,监督国家法律严格执行,依法惩治侵犯公民人身权利、民主权利的犯罪,以充分尊重公民的人身权利和保障公民的合法权益。

4. 检察机关通过行使检察权,维护社会秩序,为建设和谐稳定社会提供良好的社会保障。社会主义社会秩序,包括生产秩序、工作秩序、教学科研秩序和人民群众生活秩序等,是建设社会主义事业的基本保障。检察机关通过对严重扰乱社会秩序的犯罪分子提起公诉,要求人民法院对其追究刑事责任,保持良好的有条不紊的社会秩序,使人民群众安居乐业,使社会主义建设事业顺利进行。

5. 检察机关通过行使检察权,教育公民忠于社会主义祖国,自觉地遵守宪法和法律,积极同违法犯罪行为作斗争。一方面,检察机关通过办案结合实际案例进行法制宣传,使广大人民群众和国家工作人员知法懂法,明确什么行为是合法的,什么行为是违法的,严格依法办事。另一方面,检察机关通过揭露犯罪和惩罚犯罪,教育群众认清违法犯罪的社会危害性,积极同犯罪行为作斗争,达到减少犯罪和预防犯罪的目的。

第二节 检察工作的基本原则

检察工作的基本原则,是指检察机关在行使法定职权的活动中必须遵循的准则。根据《宪法》和《人民检察院组织法》的规定,人民检察院的工作原则主要包括以下几个:

一、人民检察院独立行使检察权原则

《宪法》、《人民检察院组织法》均规定:"人民检察院依照法律规定独立行使检察权,不受行政机关、社会团体和个人的干涉。"人民检察院独立行使检察权原则的内容是:第一,人民检察院在法律规定的范围内独立行使检察权,不受行政机关、社会团体和个人的干涉。第二,人民检察院独立行使检察权不同于资本主义制度的司法独立,不是检察官独立。我国的人民检察院作为一个组织整体,集体对检察权的行使负责。检察机关内部,以检察长、检察委员会为领导的组织形式实现检察权;下级检察机关必须服从上级检察机关的领导,地方各级检察机关必须服从最高人民检察院的领导。第三,人民检察院独立行使检察权必须严格遵守宪法和法律的各项规定,行使职权所作的各项决定必须符合法律规定的要求。

二、平等适用法律原则

《人民检察院组织法》第 8 条规定:"各级人民检察院行使检察权,对于任何公民,在适用法律上一律平等,不允许有任何特权。"平等适用法律原则的基本内容是:第一,对于任何公民,凡是法律赋予的各项权利,国家都同样地予以保护,如果受到不法侵害,国家就要使用必要的手段加以干预。第二,对于任何公民,凡是法律规定的各项义务,国家都同样地要求遵守和履行,对于不履行法律义务的人,国家都要采取必要的措施加以追究。第三,国家坚持公民权利与义务的统一,不允许任何人只享受权利,不尽义务;也不让任何人只尽义务,不享受权利。第四,对于被控告违法犯罪的人,不论其社会地位、家庭出身、政治历史、经济状况、文化程度、职业、性别、民族、信仰和其他方面的差别如何,都必须依法追究,在确定法律责任上严格依法

办事，一律平等，不允许有任何例外。特别是检察机关在办理贪污贿赂犯罪和法纪犯罪案件中，检察人员应当秉公执法，不畏权贵，将案件查办到底，而不为当事人的职位、身份的不同所左右，对任何公民在适用法律上一律平等。[3] 在适用法律上一律平等原则，是检察机关的一项十分重要的原则。坚持这项原则，对于维护法制的尊严和统一，抵制和肃清特权思想，防止任何人谋求凌驾于法律之上的特权，保护公民的合法权益有着重要的意义。

三、以事实为根据、以法律为准绳原则

《人民检察院组织法》第7条规定："人民检察院在工作中必须坚持实事求是……重证据不轻信口供……各级人民检察院的工作人员，必须忠于事实真相，忠实于法律……"以事实为依据，要求检察机关在行使职权活动中，必须以客观存在的案件事实作为处理问题的根本依据，要尊重客观事实，坚持"重证据，重调查研究，不轻信口供"的证据原则。

以法律为准绳，要求检察机关在行使法律监督职责时，应以法律作为衡量是否已经查明案件事实和情节的尺度，以法律的规定作为判断罪与非罪的标准。

以事实为依据、以法律为准绳的原则，是一个不可分割的完整统一体。查清案件事实是正确适用法律的前提，坚持依法办案又必须以查清的事实为依据，并能有利于正确、及时、合法地查明案情，两者的结合才能有效地保证案件的正确处理。同时要求检察机关在行使法律监督职责时严格遵守法律规定的程序，加强程序法意识。

四、专门机关与群众路线相结合原则

《人民检察院组织法》第7条规定："人民检察院在工作中必须坚持实事求是，贯彻执行群众路线，倾听群众意见，接受群众监督。"专门机关与群众路线相结合原则包括以下几方面内容：第一，依靠群众检举揭露犯罪。检察机关应注意群众的控告、举报、揭发，及时捕捉发案信息，保证及时依法立案，使检察机关的举报和立案工作建立在广泛的群众基础上。第二，依靠群众调查案情、收集证据。在检察工作中，相信群众，依靠群众，听取群众的意见，可以及时、准确地收集到违法犯罪的证据，查明违法犯罪事实。第三，依靠群众，预防和减少犯罪。检察机关通过检察活动，依靠群众宣传法制，提高公民的守法观念，预防和减少犯罪，依靠群众

---

[3] 温辉：《法律适用不平等及其解决之道》，载《西南政法大学学报》2010年第1期。

开展社会治安综合治理工作。第四,认真听取群众意见,接受群众监督,不断改进检察工作。

五、司法机关分工配合制约原则

《宪法》和《刑事诉讼法》规定,人民法院、人民检察院和公安机关进行刑事诉讼,应当分工负责,互相配合,互相制约,以保证准确有效地执行法律。这就是司法机关分工制约原则。根据该原则,公安机关、人民检察院、人民法院依据法律分别行使侦查权、检察权和审判权,各尽其职;公安机关、人民检察院、人民法院在分工负责的基础上,协调一致,共同使案件得到正确、及时处理;同时公安机关、人民检察院、人民法院彼此制约,防止错误并依法及时纠正错误。

分工负责、互相配合、互相制约,密切联系不可分割。分工负责是基础,互相配合、互相制约是保证。如果没有分工,就谈不到配合,更谈不上制约;只强调配合而不分工,则必然分工不明,造成混乱;只强调配合而忽视制约,就会照顾关系,放弃原则,其结果或者放纵犯罪,或者伤害无辜;只强调制约而忽视配合,就容易使三机关对立起来,互相抵销力量,妨碍诉讼的正常进行。[4] 可见,在刑事诉讼中,只有坚持三机关分工负责,互相配合,互相制约的原则,才能保证正确适用法律,顺利完成《刑事诉讼法》规定的打击犯罪的任务。

第三节 检察机关的组织与职权

一、我国检察机关的组织体系

我国检察机关的组织体系的设置实行与国家的行政区划、审判机关体系以及检察工作的需要相一致的原则。根据这一原则设置的各级各类检察机关分别为最高人民检察院、地方各级人民检察院和专门人民检察院。其中最高人民检察院和地方各级人民检察院的设置与国家的行政区划和审判机关的体系相对应;专门人民检察院和派出机构则是根据检察工作的需要而设置的,能够适合各区域、部门、单位的特殊性。

---

〔4〕 顾永忠:《“以审判为中心”是对“分工负责,互相配合,互相制约”的重大创新和发展》,载《人民法院报》2015年9月2日。

根据《宪法》和《人民检察院组织法》的规定，目前检察机关的组织体系为：最高人民检察院、地方各级人民检察院和专门人民检察院。地方各级人民检察院分为：省、自治区、直辖市人民检察院；省、自治区、直辖市人民检察院分院，自治州和省辖市人民检察院；县、市、自治县和市辖区人民检察院。省级人民检察院和县级人民检察院，根据工作需要，提请本级人民代表大会常务委员会批准，可以在工矿区、农垦区、林区等区域设置人民检察院，作为派出机构。专门人民检察院设军事检察院和铁路运输检察院。

最高人民检察院对全国人民代表大会及其常务委员会负责并报告工作。地方各级人民检察院对本级人民代表大会及其常务委员会负责并报告工作。

最高人民检察院领导地方各级人民检察院和专门人民检察院的工作，上级人民检察院领导下级人民检察院的工作。

（一）最高人民检察院

最高人民检察院是中华人民共和国最高检察机关，依法履行法律监督职能。最高人民检察院的主要职权是：领导地方各级人民检察院和专门人民检察院的工作；对全国性的重大刑事案件行使检察权；对各级人民法院已经发生法律效力的判决和裁定，如发现错误，有权按审判监督程序提起抗诉；依法对侦查机关的立案、侦查活动、法院的审判活动以及判决、裁定的执行活动实行监督；依法对民事诉讼、行政诉讼实行监督；有权对检察工作中具体应用法律的问题作出司法解释；制定检察工作条例、细则和规定；管理和规定各级人民检察院的人员编制。

最高人民检察院由检察长1人、副检察长和检察员等若干人组成，设立检察院委员会、若干检察厅和其他业务机构。最高人民检察院检察长由全国人民代表大会选举和罢免。副检察长、检察委员会委员和检察院由最高人民检察院检察长提请全国人民代表大会常务委员会任免。

（二）地方各级人民检察院

地方各级人民检察院的主要职权是：侦查直接受理的刑事案件；对侦查机关的侦查活动是否合法实行监督；对受理的刑事案件向同级人民法院提起公诉，并支持公诉；对人民法院的审判活动是否合法实行监督；对同级人民法院第一审案件的判决、裁定认为有错误时，按照上诉程序提起抗诉；上级人民检察院对下级人民法院已经发生法律效力的判决、裁定，如发现错误，有权按审判监督程序提起抗诉;对监狱、看守所和劳动教养机关的活动是否合法实行监督。

地方各级人民检察院均设检察长1人,副检察长、检察员等若干人,设立检察委员会,并设若干检察业务机构。省级人民检察院检察长和人民检察院分院检察长由省级人民代表大会选举和罢免。副检察长、检察委员会委员和检察员由检察长提请同级人民代表大会常务委员会任免。省级人民检察院检察长的任免,须报最高人民检察院检察长提请全国人民代表大会常务委员会批准。其他地方各级人民检察院检察长由本级人民代表大会选举和罢免,副检察长、检察委员会委员和检察员由检察长提请本级人民代表大会常务委员会任免。省级以下各级人民检察院检察长的任免,须报上一级人民检察院检察长提请该级人民代表大会常务委员会批准。

(三)派出机构

派出机构的设置,须由有关的省或县级人民检察院提请本级人民代表大会常务委员会批准。人民检察院对其派出机构实行领导,并按法定程序任免检察人员。派出机构的职权是对特殊区域或场所的犯罪案件行使检察权。

(四)专门人民检察院

1. 铁路运输检察院

铁路运输检察院是国家设置在铁路运输系统的法律监督机关,是我国检察机关的组成部分。铁路运输检察院由铁路运输检察分院、基层铁路运输检察院组成。其基本任务是按照法律规定行使检察权,打击和防范在铁路运输系统所辖区域中(包括铁路沿线、列车、车站、铁路企业事业单位等)发生的各种违法犯罪活动和铁路工作人员危害交通运输的违法犯罪活动,维护国家的法律、法令在铁路运输系统统一实施,维护铁路运输秩序、生产秩序和工作秩序,保护铁路财产和铁路运输物资不受非法侵害,保护旅客和铁路职工的人身权利、民主权利和其他权益不受侵害。铁路运输检察院检察业务工作由其所在的省、自治区、直辖市人民检察院领导,人财物管理仍在铁路部门企业,管理体制上与司法属性不相适应、与法制建设不相协调的弊端逐步凸显。2004年,中央有关文件明确,要改革有关部门、企业管理公检法的体制,将铁路公检法纳入国家司法管理体制。2012年6月底,全国17个铁路运输检察分院、59个基层铁路运输检察院已经全部分别移交给所在省、自治区、直辖市人民检察院。

2. 军事检察院

军事检察院是国家设置在人民解放军系统的法律监督机构，属于军队编制，是我国检察机关的组成部分，在最高人民检察院和解放军总政治部领导下工作。按照地区设置和系统设置相结合的原则，军事检察院设置分为三级，即中国人民解放军军事检察院，大军区、空军、海军军事检察院，地区军事检察院、空军军一级军事检察院和海军舰队军事检察院。

军事检察院的职权是对军职人员的犯罪案件行使检察权，按照专属管辖的原则，受理现役军人犯罪案件，军队的文职人员的犯罪案件，军内在编职工的犯罪案件，非军人构成军人违反职责罪共同犯罪案件。

2015 年 11 月，中央军委改革会议决定“调整军事司法体制，按区域设置军事法院、军事检察院”。按区域设置，实行垂直管理，可以保证两院不受外界的干扰，独立、透明、公正地行使职权。最高人民法院于 6 月 29 日发布了《关于重新编制发布军事法院代字的通知》，明确了军事检察院由过去按照军兵种和武警系统设置调整为区域化设置，军事司法体制改革已取得实质性进展。[5]

二、我国检察机关的职权

根据《人民检察院组织法》和相关法律的规定，我国检察机关的职权包括以下几个方面：

1. 对于叛国案、分裂祖国案以及严重破坏国家的政策、法律、法令、政令统一实施的重大犯罪案件，行使检察权。

2. 对于直接受理的刑事案件，进行侦查。

3. 对于公安机关侦查的案件进行审查，决定是否逮捕、起诉或者不予起诉；对于公安机关的侦查活动是否合法进行监督。

4. 对于刑事案件提起公诉，支持公诉；对人民法院的审判活动是否合法实行监督。

5. 对于刑事案件的判决、裁定的执行以及监狱、看守所和劳动教养机关的活动是否合法实行监督。

6. 对于人民法院的民事审判活动实行监督。

7. 对于人民法院的行政审判活动实行监督。

8. 为促进法律正确实施、促进社会和谐稳定，在履行法律监督职能过程中，结

---

〔5〕《军事法院检察院已调整组建运行　打破隶属着眼惩腐》，载《河北法制报》2016 年 7 月 13 日。

合执法办案,向涉案单位、有关主管机关或者其他有关单位提出检察建议,建议有关单位完善制度,加强内部制约、监督,正确实施法律法规,完善社会管理、服务,预防和减少违法犯罪。

9. 检察机关在履行职责中发现污染环境、食品药品安全领域侵害众多消费者合法权益等损害社会公共利益的行为,在没有适格主体或者适格主体不提起诉讼的情况下,可以以公益诉讼人身份向人民法院提起民事公益诉讼。

10. 最高人民检察院有权就人民检察院在检察工作中具体应用法律问题作出司法解释。

第四节 检察官制度

根据我国《检察官法》的规定,检察官制度的内容包括检察官的职责、义务权利、检察官的条件、任免、等级、检察官的考核、培训以及检察官的保障等。

一、检察官的概念及范围

根据《检察官法》第 2 条的规定,检察官是依法行使国家检察权的检察人员,包括最高人民检察院、地方各级人民检察院和军事检察院等专门检察院的检察长、副检察长、检察委员会委员、检察员和助理检察员。由此可见,我国与奉行"三权分立"的西方国家把检察权归属于行政权,把检察官划归国家公务员之间具有本质的区别,我国的检察官属于司法官。

检察官制度包括检察官的职责义务和权利、检察官的条件任免和任职回避、检察官的等级、检察官的考核和培训、检察官保障等内容。

二、检察官的职责义务和权利、职业道德

(一)检察官的职责、义务

我国检察官的职责为:依法进行法律监督工作,代表国家进行公诉,对法律规定由人民检察院直接受理的犯罪案件进行侦查,法律规定的其他职责。检察长、副检察长、检察委员会委员除履行检察职责外,还应当履行与其职务相适应的职责。

我国检察官的义务为:(1)严格遵守宪法和法律;(2)履行职责必须以事实为

根据,以法律为准绳,秉公执法,不得徇私枉法;(3)维护国家利益、公共利益,维护自然人、法人和其他组织的合法权益;(4)清正廉明,忠于职守,遵守纪律,恪守职业道德;(5)保守国家秘密和检察工作秘密;(6)接受法律监督和人民群众监督。

(二)检察官的权利

我国检察官的依法享有以下权利:(1)履行检察官职责应当具有的职权和工作条件;(2)依法履行检察职责不受行政机关、社会团体和个人的干涉;(3)非因法定事由、非经法定程序,不被免职、降职、辞退或者处分;(4)获得劳动报酬,享受保险、福利待遇;(5)人身、财产和住所安全受法律保护;(6)参加培训;(7)提出申诉或者控告;(8)辞职。

(三)检察官的职业道德

根据最高人民检察院《检察官职业道德规范》,我国检察官职业道德的内容为:

1. 忠诚。忠于党、忠于国家、忠于人民,忠于事实和法律,忠于人民检察事业,恪尽职守,乐于奉献。具体要求为:(1)忠于党、忠于国家、忠于人民、忠于宪法和法律,牢固树立依法治国、执法为民、公平正义、服务大局、党的领导的社会主义法治理念,做中国特色社会主义事业的建设者、捍卫者和社会公平正义的守护者。(2)尊崇宪法和法律,严格执行宪法和法律的规定,自觉维护宪法和法律的统一、尊严和权威。(3)坚持立检为公、执法为民的宗旨,维护最广大人民的根本利益,保障民生,服务群众,亲民、为民、利民、便民。(4)热爱人民检察事业,珍惜检察官荣誉,忠实履行法律监督职责,自觉接受监督制约,维护检察机关的形象和检察权的公信力。(5)坚持“强化法律监督,维护公平正义”的检察工作主题,坚持检察工作政治性、人民性、法律性的统一,努力实现执法办案法律效果、社会效果和政治效果的有机统一。(6)维护国家安全、荣誉和利益,维护国家统一和民族团结,严守国家秘密和检察工作秘密。(7)保持高度的政治警觉,严守政治纪律,不参加危害国家安全、带有封建迷信、邪教性质等非法组织及其活动。(8)初任检察官、检察官晋升,应当进行宣誓,牢记誓词,弘扬职业精神,践行从业誓言。(9)勤勉敬业,尽心竭力,不因个人事务及其他非公事由而影响职责的正常履行。

2. 公正。崇尚法治,客观求实,依法独立行使检察权,坚持法律面前人人平等,自觉维护程序公正和实体公正。具体要求为:(1)树立忠于职守、秉公办案的观念,坚守惩恶扬善、伸张正义的良知,保持客观公正、维护人权的立场,养成正直善良、谦抑平和的品格，培育刚正不阿、严谨细致的作风。(2)依法履行检察职责，不受行政机关、社会团体和个人的干涉，敢于监督，善于监督，不为金钱所诱惑，不为人情所动摇，不为权势所屈服。(3)自觉遵守法定回避制度，对法定回避事由以外可能引起公众对办案公正产生合理怀疑的，应当主动请求回避。(4)以事实为根据，以法律为准绳，不偏不倚，不滥用职权和漠视法律，正确行使检察裁量权。(5)树立证据意识，依法客观全面地收集、审查证据，不伪造、隐瞒、毁损证据，不先入为主、主观臆断，严格把好事实关、证据关。(6)树立程序意识，坚持程序公正与实体公正并重，严格遵循法定程序，维护程序正义。(7)树立人权保护意识，尊重诉讼当事人、参与人及其他有关人员的人格，保障和维护其合法权益。(8)尊重律师的职业尊严，支持律师履行法定职责，依法保障和维护律师参与诉讼活动的权利。(9)出席法庭审理活动，应当尊重庭审法官，遵守法庭规则，维护法庭审判的严肃性和权威性。(10)严格遵守检察纪律，不违反规定过问、干预其他检察官、其他人民检察院或者其他司法机关正在办理的案件，不私自探询其他检察官、其他人民检察院或者其他司法机关正在办理的案件情况和有关信息，不泄露案件的办理情况及案件承办人的有关信息，不违反规定会见案件当事人、诉讼代理人、辩护人及其他与案件有利害关系的人员。(11)努力提高案件质量和办案水平，严守法定办案时限，提高办案效率，节约司法资源。(12)严格执行检察人员执法过错责任追究制度，对于执法过错行为，要实事求是，敢于及时纠正，勇于承担责任。

3. 清廉。模范遵守法纪，保持清正廉洁，淡泊名利，不徇私情，自尊自重，接受监督。具体要求为：(1)以社会主义核心价值观为根本的职业价值取向，遵纪守法，严格自律，并教育近亲属或者其他关系密切的人员模范执行有关廉政规定，秉持清正廉洁的情操。(2)不以权谋私，以案谋利，借办案插手经济纠纷。(3)不利用职务便利或者检察官的身份、声誉及影响，为自己、家人或者他人谋取不正当利益；不从事、参与经商办企业、违法违规营利活动，以及其他可能有损检察官廉洁形象的商业、经营活动；不参加营利性或者可能借检察官影响力营利的社团组织。(4)不收受案件当事人及其亲友、案件利害关系人或者单位及其所委托的人以任何名义馈赠的礼品礼金、有价证券、购物凭证以及干股等；不参加其安排的宴请、娱乐休闲、旅游度假等可能影响公正办案的活动；不接受其提供的各种费用报销，出借的钱款、交通通讯工具、贵重物品及其他利益。(5)不兼任律师、法律顾问等职务，不私下为所办案件的当事人介绍辩护人或者诉讼代理人。(6)在职务外活动中，不披露或者使用未公开的检察工作信息，以及在履职过程中获得的商业秘密、个人隐私等非公开的信息。(7)妥善处理个人事务，按照有关规定报告个人有关事项，如实申报收入；保持与合法收入、财产相当的生活水平和健康的生活情趣。(8)退休检察官应当继续保持良好操守，不再延用原检察官身份、职务，不利用原地位、身份形成的影响和便利条件，过问、干预执法办案活动，为承揽律师业务或者其他请托事宜打招呼、行便利，避免因不当言行给检察机关带来不良影响。

4. 严明。严格执法，文明办案，刚正不阿，敢于监督，勇于纠错，捍卫宪法和法律尊严。具体要求为：(1)注重学习，精研法律，精通检察业务，培养良好的政治素质、业务素质和文化素养，增强法律监督能力和做群众工作的本领。(2)坚持打击与保护并重、惩罚与教育并重、惩治与预防并重，宽严相济，以人为本。(3)弘扬人文精神，体现人文关怀。做到执法理念文明，执法行为文明，执法作风文明，执法语言文明。(4)遵守各项检察礼仪规范，注重职业礼仪约束，仪表庄重、举止大方、态度公允、用语文明，保持良好的职业操守和风范，维护检察官的良好形象。(5)执行公务、参加政务活动时，按照检察人员着装规定穿着检察制服，佩戴检察标识徽章，严格守时，遵守活动纪律。(6)在公共场合及新闻媒体上，不发表有损法律严肃性、权威性，有损检察机关形象的言论。未经批准，不对正在办理的案件发表个人意见或者进行评论。(7)热爱集体，团结协作，相互支持、相互配合、相互监督，力戒独断专行，共同营造健康、有序、和谐的工作环境。(8)明礼诚信，在社会交往中尊重、理解、关心他人，讲诚实、守信用、践承诺，树立良好社会形象。(9)牢固树立社会主义荣辱观，恪守社会公德、家庭美德，慎独慎微，行为检点，培养高尚的道德操守。(10)不穿着检察正装、佩戴检察标识到营业性娱乐场所进行娱乐、休闲活动或者在公共场所饮酒，不参与赌博、色情、封建迷信活动。(11)不耍特权、逞威风、蛮横无理。本人或者亲属与他人发生矛盾、冲突，应当通过正当合法的途径解决，不应以检察官身份寻求特殊照顾，不要恶化事态酿成事端。(12)在职务外活动中应当约束言行，避免公众对检察官公正执法和清正廉洁产生合理怀疑，避免对履行职责产生负面作用，避免对检察机关的公信力产生不良影响。

三、检察官的条件、任免和任职回避

(一)检察官的条件

担任检察官必须具备下列条件：具有中华人民共和国国籍；年满 23 岁；拥护中华人民共和国宪法；有良好的政治、业务素质和良好的品行；身体健康；高等院校法律专业本科毕业或者高等院校非法律专业本科毕业具有法律专业知识，从事法律工作满 2 年，其中担任省、自治区、直辖市人民检察院、最高人民检察院检察官，应当从事法律工作满 3 年；获得法律专业硕士学位、博士学位或者非法律专业硕士学位、博士学位具有法律专业知识,从事法律工作满1年,其中担任省、自治区、直辖市人民检察院、最高人民检察院检察官,应当从事法律工作满2年。

在《检察官法》施行以前的检察人员不具备上述第六个条件的,应当接受培训,具体办法由最高人民检察院制定。适用上述第六个条件规定的学历条件确有困难的地方,经最高人民检察院审核确定,在一定期限内,可以将担任检察官的学历条件放宽为高等院校法律专业专科毕业。

下列人员不得担任检察官:曾因犯罪受过刑事处罚的,曾被开除公职的。

(二)检察官的任免

1. 检察官的任免权限和程序

检察官职务的任免,依照宪法和法律规定的任免权限和程序办理。其中,最高人民检察院检察长由全国人民代表大会选举和罢免,副检察长、检察委员会委员和检察员由最高人民检察院检察长提请全国人民代表大会常务委员会任免。

地方各级人民检察院检察长由地方各级人民代表大会选举和罢免,副检察长、检察委员会委员和检察员由本院检察长提请本级人民代表大会常务委员会任免。地方各级人民检察院检察长的任免,须报上一级人民检察院检察长提请该级人民代表大会常务委员会批准。

在省、自治区内按地区设立的和在直辖市内设立的人民检察院分院检察长、副检察长、检察委员会委员和检察员由省、自治区、直辖市人民检察院检察长提请本级人民代表大会常务委员会任免。

人民检察院的助理检察员由本院检察长任免。

军事检察院等专门人民检察院检察长、副检察长、检察委员会委员和检察员的任免办法,由全国人民代表大会常务委员会另行规定。

对于不具备《检察官法》规定条件或者违反法定程序被选举为人民检察院检察长的,上一级人民检察院检察长有权提请该级人民代表大会常务委员会不批准。

最高人民检察院和省、自治区、直辖市人民检察院检察长可以建议本级人民代表大会常务委员会撤换下级人民检察院检察长、副检察长和检察委员会委员。

2. 检察官的任命

初任检察官采用严格考核的办法,按照德才兼备的标准,从通过国家统一司法考试取得资格,并且具备检察官条件的人员中择优提出人选。

人民检察院的检察长、副检察长应当从检察官或者其他具备检察官条件的人员中择优提出人选。

对于违反《检察官法》规定的条件任命检察官的，一经发现，做出该项任命的机关应当撤销该项任命；上级人民检察院发现下级人民检察院检察官的任命有违反本法规定的条件的，应当责令下级人民检察院依法撤销该项任命，或者要求下级人民检察院依法提请同级人民代表大会常务委员会撤销该项任命。

检察官不得兼任人民代表大会常务委员会的组成人员，不得兼任行政机关、审判机关以及企业、事业单位的职务，不得兼任律师。

3. 检察官职务的免除

检察官有下列情形之一的，应当依法提请免除其职务：(1)丧失中华人民共和国国籍的；(2)调出本检察院的；(3)职务变动不需要保留原职务的；(4)经考核确定为不称职的；(5)因健康原因长期不能履行职务的；(6)退休的；(7)辞职或者被辞退的；(8)因违纪、违法犯罪不能继续任职的。

4. 检察官任职回避

检察官之间有夫妻关系、直系血亲关系、三代以内旁系血亲以及近姻亲关系的，不得同时担任下列职务：(1)同一人民检察院的检察长、副检察长、检察委员会委员；(2)同一人民检察院的检察长、副检察长和检察员、助理检察员；(3)同一业务部门的检察员、助理检察员；(4)上下相邻两级人民检察院的检察长、副检察长。

检察官从人民检察院离任后两年内，不得以律师身份担任诉讼代理人或者辩护人。

检察官从人民检察院离任后，不得担任原任职检察院办理案件的诉讼代理人或者辩护人。

检察官的配偶、子女不得担任该检察官所任职检察院办理案件的诉讼代理人或者辩护人。

四、检察官的等级

我国检察官职务名称为检察长、副检察长、检察委员会委员、检察员、助理检察员。检察官的职务等级为十二级，由高到低依次为：首席大检察官、一级大检察官、二级大检察官、一级高级检察官、二级高级检察官、三级高级检察官、四级高级检察官、一级检察官、二级检察官、三级检察官、四级检察官、五级检察官。

各级人民检察院检察官等级设置为：

最高人民检察院设首席大检察官到一级检察官。其中检察长为首席大检察官，副检察长设一级大检察官、二级大检察官，检察委员会委员设二级大检察官、一级高级检察官，检察员设一级高级检察官、二级高级检察官、三级高级检察官，助理检察员设三级高级检察官、四级高级检察官、一级检察官。

省、自治区、直辖市人民检察院设二级大检察官到三级检察官。其中检察长为二级大检察官，副检察长设一级高级检察官、二级高级检察官，检察委员会委员设二级高级检察官、三级高级检察官，检察员设二级高级检察官、三级高级检察官、四级高级检察官，助理检察员设一级检察官、二级检察官、三级检察官。

省、自治区人民检察院分院，自治州、直辖市人民检察院，直辖市所属区人民检察院设二级高级检察官至四级检察官，其中检察长为二级高级检察官，副检察长设三级高级检察官、四级高级检察官，检察委员会委员设四级高级检察官、一级检察官，检察员设四级高级检察官、一级检察官、二级检察官、三级检察官，助理检察员二级检察官、三级检察官、四级检察官。

县、市、自治县、市辖区人民检察院设四级高级检察官至五级检察官。其中检察长为四级高级检察官，副检察长设一级检察官、二级检察官，检察委员会委员设一级检察官、二级检察官、三级检察官，检察员设一级检察官、二级检察官、三级检察官，助理检察员设四级检察官、五级检察官。

直辖市人民检察院分院设一级高级检察官至三级检察官，其中检察长为一级高级检察官，副检察长为二级高级检察官，检察委员会委员设二级高级检察官、三级高级检察官，检察员设二级高级检察官、三级高级检察官、四级高级检察官，助理检察员设一级检察官、二级检察官、三级检察官。

副省级市人民检察院设一级高级检察官至四级检察官，其中检察长为一级高级检察官，副检察长设二级高级检察官、三级高级检察官，检察委员会委员为三级高级检察官，检察员设三级高级检察官、四级高级检察官、一级检察官，助理检察员设二级检察官、三级检察官、四级检察官。

直辖市所属县人民检察院、副省级市所属区人民检察院检察官职务设置，根据检察官职务配备规格，按照上述设置确定。军事检察院检察官职务序列按军队有关规定执行。

检察官等级按照任职资格条件、程序确定。担任领导职务的检察官按所任职务等确定，不担任领导职务的检察官按（行政）级别和任职时间确定。

五、检察官的考核和培训

（一）检察官的考核

1. 考核的原则和方法

对检察官的考核，应当坚持客观公正，实行领导和群众相结合，平时考核和年度考核相结合。

2. 考核的内容

对检察官的考核内容包括检察工作实绩、思想品德、检察业务和法学理论水平、工作态度和工作作风。重点考核检察工作实绩。

3. 考核的组织实施、结果及其作用

检察官的考核,由所在单位人民检察院组织实施。考核具体实施工作可由本院的政工部门负责。年度考核结果分为优秀、称职、不称职三个等级。考核结果作为对检察官奖惩、培训、免职、辞退以及调整等级和工资的依据。

(二)检察官的培训

根据《检察官法》和最高人民检察院《检察官培训条例》的规定,检察官培训制度的内容有:

1. 检察官培训的原则

检察官培训应当遵循有计划地进行理论培训和业务培训原则、理论联系实际原则、按需施教原则和讲求实效原则。

2. 培训的种类、内容与形式

检察官培训分为任职资格培训、领导素能培训、专项业务培训和岗位技能培训。其中,任职资格培训包括初任检察官培训、晋升高级检察官培训。

初任检察官培训的对象为已通过国家司法考试拟任检察官的人员,内容包括检察官职业道德和职业规范、检察制度、检察实务和办案技能等。重点是使其具备检察官基本履职能力。培训时间不少于 90 天。

晋升高级检察官培训的对象为拟晋升高级检察官的人员,内容包括法学前沿理论、检察管理、司法改革理论与实践、高级检察官实务和重大疑难案件分析处理技能等。重点是使其具备高级检察官履职能力。培训时间不少于 30 天。

领导素能培训的对象为地方各级人民检察院正副检察长及其他领导班子成员、检察委员会专职委员和业务部门负责人,内容包括政治理论与形势任务、法学前沿理论、检察改革理论与实践、检察领导与检察管理等。重点是提高组织领导和决策指挥能力。培训时间不少于 15 天。

专项业务培训的对象为检察业务部门的检察官,内容包括最新法律和政策、检察业务专题与实务技能等。重点是提高检察官履行本职工作的能力和水平。培训时间可根据实际需要合理安排。

岗位技能培训的对象为检察业务部门的检察官,内容包括计算机应用技术、电子检务、工作方法与技巧、公文写作与文书处理、外语等。重点是增强检察官岗位通用技能和岗位专门技能。培训时间可根据实际需要合理安排。

担任高级检察官以上职务的人员每5年参加脱产培训的时间累计不少于3个月,其他检察官每年参加各种培训的时间累计不少于12天。

此外,《检察官培训条例》还就检察官培训的组织管理、基础建设和保障、考核评估与责任等作出规定。

六、检察官的奖励和惩戒

(一)检察官的奖励

建立检察官奖励制度,对于调动检察官的工作积极性具有重要意义。

1.检察官奖励的原则

检察官在检察工作中有显著成绩和贡献的,或者有其他突出事迹的,应当予以奖励。对检察官的奖励,实行精神奖励和物质奖励相结合的原则。

2.检察官奖励的条件和种类

《检察官法》对检察官的奖励条件作了具体规定:在检察工作中秉公执法,成绩显著的;保护国家、集体和人民群众利益,使其免受重大损失,事迹突出的;提出检察建议或者对检察工作提出改革建议被采纳,效果显著的;勇于同违法犯罪行为作斗争,事迹突出的;保护国家秘密和检察工作秘密,有显著成绩的;有其他功绩的。

奖励分为:嘉奖,记三等功、二等功、一等功,授予荣誉称号。

(二)检察官的惩戒

1.检察官惩戒的原则

惩戒的目的在于教育和挽救。必须坚持以教育为主,处分为辅的原则,坚持“惩前毖后,治病救人”的方针。

2.检察官惩戒的条件和种类

检察官有下列行为之一的,应当给予处分;构成犯罪的,依法追究刑事责任。

处分分为:警告、记过、记大过、降级、撤职、开除。受撤职处分的,同时降低工资和等级。(1)散布有损国家声誉的言论,参加非法组织,参加旨在反对国家的集会、游行、示威等活动,参加罢工;(2)贪污受贿;(3)徇私枉法;(4)刑讯逼供;(5)隐瞒证据或者伪造证据;(6)泄露国家秘密或者检察工作秘密;(7)滥用职权,侵犯自然人、法人或者其他组织的合法权益;(8)玩忽职守,造成错案或者给当事人造成严重损失;(9)拖延办案,贻误工作;(10)利用职权为自己或者他人谋取私利;(11)从事营利性的经营活动;(12)私自会见当事人及其代理人,接受当事人及其代理人的请客送礼;(13)其他违法乱纪的行为。

七、检察官保障制度

建立检察官保障制度,对于稳定检察官队伍,调动检察官依法履行职责的积极性,依法行使职权具有重要作用。检察官享有的保障权利主要有:

身份保障:检察官非因法定事由、非因法定程序,不被免职、降职、辞退或者处分。

人身保障:检察官的人身、财产和住所安全受法律保护。

工资保障:检察官实行定期增资制度。经考核确定为优秀、称职的,可以按照规定晋升工资;有特殊贡献的,可以按照规定提前晋升工资。检察官享受国家规定的检察津贴、地区津贴、其他津贴以及保险和福利待遇。

其他保障:履行检察官职责应当具有的职权和工作条件,检察官有辞职、申诉、控告等权利。

八、检察官辞职辞退

检察官要求辞职的,应当由本人提出书面申请,依照法律规定的程序免除其职务。

检察官有下列情形之一的,予以辞退,依照法律规定的程序免除其职务:(1)在年度考核中,连续两年确定为不称职的;(2)不胜任现职工作,又不接受另行安排的;(3)因检察机构调整或者缩减编制员额需要调整工作,本人拒绝合理安排的;(4)旷工或者无正当理由逾假不归连续超过十五天,或者一年内累计超过三十天的;(5)不履行检察官义务,经教育仍不改正的。

第五节 检察工作的基本运作机制

一、直接受理的刑事案件的侦查

《刑事诉讼法》第18条规定,贪污贿赂犯罪,国家机关工作人员的渎职犯罪,国家机关工作人员利用职权实施的非法拘禁、刑讯逼供、报复陷害、非法搜查等侵犯公民人身权利的犯罪以及侵犯公民民主权利的犯罪,由人民检察院立案侦查。对于国家机关工作人员利用职权实施的其他重大的犯罪案件,需要由人民检察院直接受理的时候,经省级以上人民检察院决定,可以由人民检察院立案侦查。根据最高人民检察院《关于人民检察院直接受理立案侦查案件范围的规定》,直接由人民检察院立案侦查的案件包括以下案件:《刑法》分则第八章规定的贪污贿赂犯罪及其他章中明确规定依照第八章相关条文定罪处罚的犯罪案件;《刑法》分则第九章规定的渎职犯罪案件;国家机关工作人员利用职权实施的侵犯公民人身权利、民主权利犯罪案件(具体包括国家机关工作人员利用职权实施的非法拘禁案等七种案件)。对于国家机关工作人员利用职权实施的其他重大的犯罪案件,需要由人民检察院直接受理的时候,经省级以上人民检察院决定,可以由人民检察院立案侦查。基层人民检察院或者分、州、市人民检察院需要直接立案侦查的,应当层报省级人民检察院决定。分、州、市人民检察院对于基层人民检察院层报省级人民检察院的案件,应当进行审查,提出是否需要立案侦查的意见,报请省级人民检察院决定。省级人民检察院应当在收到提请批准直接受理书后的十日内作出是否立案侦查的决定。省级人民检察院可以决定由下级人民检察院直接立案侦查,也可以决定直接立案侦查。

对于上述自侦案件,人民检察院按照以下程序和运行机制办理:

(一)管辖

1. 级别管辖

人民检察院对直接受理的案件实行分级立案侦查的制度。最高人民检察院立案侦查全国性的重大刑事案件;省级人民检察院立案侦查全省(自治区、直辖市)性的重大刑事案件;分、州、市人民检察院立案侦查本辖区的重大犯罪案件;基层人民检察院立案侦查本辖区的犯罪案件。

上级人民检察院在必要的时候,可以直接侦查或者组织、指挥、参与侦查下级人民检察院管辖的案件,也可以将本院管辖的案件交由下级人民检察院侦查;下级人民检察院认为案情重大、复杂,需要由上级人民检察院侦查的案件,可以请求上级人民检察院侦查。

2. 地域管辖

国家工作人员职务犯罪案件,由犯罪嫌疑人工作单位所在地的人民检察院管辖;如果由其他人民检察院管辖更为适宜的,可以由其他人民检察院管辖。

3. 指定管辖

对管辖不明确的案件,可以由有关人民检察院协商确定管辖。对管辖权有争议的或者情况特殊的案件,由共同的上级人民检察院指定管辖。上级人民检察院可以指定下级人民检察院立案侦查管辖不明或者需要改变管辖的案件。

人民检察院在立案侦查中指定异地管辖,需要在异地起诉、审判的,应当在移送审查起诉前与人民法院协商指定管辖的相关事宜。

分、州、市人民检察院办理直接立案侦查的案件,需要将属于本院管辖的案件指定下级人民检察院管辖的,应当报请上一级人民检察院批准。

4. 共同管辖

几个人民检察院都有权管辖的案件,由最初受理的人民检察院管辖。必要时,可以由主要犯罪地的人民检察院管辖。

(二) 立案

1. 受案

人民检察院直接受理由检察院直接立案侦查的案件的报案、控告、举报和犯罪嫌疑人的自首。人民检察院具体负责受理案件的机关是人民检察院举报中心。人民检察院举报中心统一受理、管理举报线索。本院检察长和其他部门或者人员所接受的犯罪线索,应当及时批交或者移送举报中心。有关机关或者部门移送人民检察院审查是否立案的案件线索和人民检察院侦查部门查办案件发现的案件线索,由侦查部门自行审查。

举报中心对于所接受的举报线索,应当逐件登记举报人和被举报人的基本情况、举报的主要内容和办理情况。

举报中心对于不愿意公开姓名和举报行为的举报人,应当为其保密。严禁将举报材料转给被举报单位和被举报人。

举报中心对于举报材料要及时审查,并根据举报材料的不同情况和管辖规定,在7日内作出处理决定。对于不属于人民检察院管辖的案件移送有关主管部门处理;属于人民检察院管辖的案件,应当按照最高人民检察院《关于完善人民检察院侦查工作内部制约机制的若干规定》的规定,集体研究举报线索的分流。

人民检察院对于直接受理的要案线索(依法由人民检察院直接立案侦查的县处级以上干部犯罪的案件线索)实行分级备案的管理制度。县、处级干部的要案线索一律报省级人民检察院备案,其中涉嫌犯罪数额特别巨大或者犯罪后果特别严重的,层报最高人民检察院备案;厅、局级以上干部的要案线索一律报最高人民检察院备案。

2. 初查

侦查部门对举报中心移交的举报线索进行审查后,认为需要初查的,应当报检察长或者检察委员会决定。举报线索的初查由侦查部门进行,但是性质不明、难以归口处理的案件线索可以由举报中心进行初查。在举报线索的初查过程中,可以进行询问、查询、勘验、鉴定、调取证据材料等不限制被查对象人身、财产权利的措施。不得对被查对象采取强制措施,不得查封、扣押、冻结被查对象的财产,不得采取技术侦查措施。侦查部门对举报线索初查后,应当制作审查结论报告,并提出提请立案侦查或提请不予立案侦查的意见,报检察长决定。

3. 立案

人民检察院对于经过初查认为应当立案侦查的,应当制作立案决定书。人民检察院决定不予立案侦查的,如果是被害人控告的,应当制作不予立案通知书,写明案由和案件来源、决定不立案的原因和法律依据,由侦查部门在 15 日内送达控告人,同时通知本院控告申诉部门。控告人如果不服,可以在收到不立案通知书后 10 日内申请复议。

(三)侦查

立案后,案件进入侦查阶段,即进入《刑事诉讼法》规定的侦查程序阶段。侦查部门在履行侦查职能过程中,可以采取讯问犯罪嫌疑人,询问证人、被害人,针对有关场所、物品、人身、尸体进行勘验和检查,进行搜查,调取和扣押物证、书证、视听资料,查询、冻结存款、汇款,鉴定,辨认,通缉,侦查实验等侦查手段,从而获得证据,查清案件事实。在侦查过程中可以对犯罪嫌疑人采取拘传、取保候审、监视居住、拘留、逮捕等强制措施。省级以下人民检察院立案侦查的案件需要对犯罪嫌疑人实施逮捕的,由上一级人民检察院审查决定。人民检察院在立案后,对于涉案数额在十万元以上、采取其他方法难以收集证据的重大贪污、贿赂犯罪案件以及利用职权实施的严重侵犯公民人身权利的重大犯罪案件,经过严格的批准手续,可以采取技术侦查措施,交有关机关执行。人民检察院办理直接受理立案侦查的案件,需要追捕被通缉或者批准、决定逮捕的在逃的犯罪嫌疑人、被告人的,经过批准,可以采取追捕所必需的技术侦查措施,不受上述案件范围的限制。

经过侦查,认为犯罪事实清楚,证据确实、充分,依法应当追究刑事责任的案件,侦查人员应当写出侦查终结报告,并且制作起诉意见书。对于犯罪情节轻微,依照刑法规定不需要判处刑罚或者免除刑罚的案件,侦查人员应当写出侦查终结报告,并且制作不起诉意见书。侦查终结报告和起诉意见书或者不起诉意见书由侦查部门负责人审核,检察长批准。提出起诉意见或者不起诉意见的,侦查部门应当将起诉意见书或者不起诉意见书以及其他案卷材料,一并移交本院的审查起诉部门审查。国家或集体财产遭受损失的,在提出公诉意见的同时,可以提出提起附带民事诉讼的意见。

二、公诉

(一)审查起诉

审查起诉,是指人民检察院对公安机关侦查终结移送起诉的案件和自行侦查的案件进行全面的审查,依法决定是否对犯罪嫌疑人提起公诉的诉讼活动。人民检察院在审查起诉过程中必须查明:犯罪事实、情节是否清楚,证据是否确实、充分;犯罪性质和罪名的认定是否正确;有无遗漏罪行和其他应当追究刑事责任的人;是否属于不应追究刑事责任的情形;有无附带民事诉讼;侦查活动是否合法。

人民检察院经过审查后,应当作出提起公诉或不起诉的决定。提起公诉,是指人民检察院对公安机关移送起诉以及自行侦查终结移送起诉的案件,经审查认为犯罪嫌疑人符合法定的起诉条件而代表国家将其提交人民法院审判的一种诉讼活动。根据《刑事诉讼法》的规定,人民检察院认为犯罪嫌疑人的犯罪事实已经查清,证据确实、充分,依法应当追究刑事责任的,应当作出起诉决定,按照审判管辖的规定,向人民法院提起公诉。

不起诉,是指人民检察院在审查起诉后作出不将案件移送人民法院审判而终止诉讼的决定。根据《刑事诉讼法》的规定,人民检察院认为犯罪嫌疑人依法不应追究刑事责任的,应当作出不起诉的决定。对于犯罪情节轻微,依照刑法规定不需要判处刑罚或者免除刑罚的,人民检察院可以作出不起诉的决定。对于补充侦查的案件,人民检察院仍然认为证据不足,不符合起诉条件的,可以作出不起诉的决定。

人民检察院经审查认为犯罪事实不清、证据不足或者遗漏罪行、遗漏同案犯罪嫌疑人等情形需要补充侦查的,应当提出具体的书面意见,连同案卷材料一并退回公安机关补充侦查;人民检察院也可以自行侦查,必要时可以要求公安机关提供协助。对本院侦查部门移送审查起诉的案件审查后,认为犯罪事实不清、证据不足或者遗漏罪行、遗漏同案犯罪嫌疑人等情形需要补充侦查的,应当向侦查部门提出补充侦查的书面意见,连同案卷材料一并退回侦查部门补充侦查;必要时也可以自行侦查,可以要求侦查部门予以协助。

对于退回公安机关补充侦查的案件,应当在一个月以内补充侦查完毕。补充侦查以二次为限。补充侦查完毕移送审查起诉后,人民检察院重新计算审查起诉期限。人民检察院公诉部门退回本院侦查部门补充侦查的期限、次数与退回公安机关补充侦查相同。

1. 受理

人民检察院对于公安机关移送审查起诉的案件应当在 7 日内进行审查。审查的主要内容包括:(1)依据移送的法律文书载明的内容确定案件是否属于本院管辖;(2)案卷材料是否齐备、规范,符合有关规定的要求;(3)移送的款项或者物品与移送清单是否相符;(4)犯罪嫌疑人是否在案以及采取强制措施的情况。经审查,对具备受理条件的,填写受理审查起诉登记表。经审查,认为案卷材料不齐备的,应当及时要求移送案件的单位补送相关材料。对于案卷装订不符合要求的,应当要求移送案件的单位重新装订后移送。对于移送审查起诉的案件,如果犯罪嫌疑人在逃的,应当要求公安机关采取措施保证犯罪嫌疑人到案后再移送审查起诉。共同犯罪案件中部分犯罪嫌疑人在逃的,对在案的犯罪嫌疑人的审查起诉应当依法进行。

2. 审查

人民检察院受理移送审查起诉案件,应当指定检察员或者检察长批准代行检察员职务的助理检察员办理,也可以由检察长办理。

人民检察院审查移送起诉的案件,必须查明:(1)犯罪嫌疑人身份状况是否清楚,包括姓名、性别、国籍、出生年月日、职业和单位等;单位犯罪的,单位的相关情况是否清楚。(2)犯罪事实、情节是否清楚;实施犯罪的时间、地点、手段、犯罪事实、危害后果是否明确。(3)认定犯罪性质和罪名的意见是否正确;有无法定的从重、从轻、减轻或者免除处罚的情节及酌定从重、从轻情节;共同犯罪案件的犯罪嫌疑人在犯罪活动中的责任的认定是否恰当。(4)证明犯罪事实的证据材料包括采取技术侦查措施的决定书及证据材料是否随案移送;证明相关财产系违法所得的证据材料是否随案移送;不宜移送的证据的清单、复制件、照片或者其他证明文件是否随案移送。(5)证据是否确实、充分,是否依法收集,有无应当排除非法证据的情形。(6)侦查的各种法律手续和诉讼文书是否完备。(7)有无遗漏罪行和其他应当追究刑事责任的人。(8)是否属于不应当追究刑事责任的。(9)有无附带民事诉讼;对于国家财产、集体财产遭受损失的,是否需要由人民检察院提起附带民事诉讼。(10)采取的强制措施是否适当,对于已经逮捕的犯罪嫌疑人,有无继续羁押的必要。(11)侦查活动是否合法。(12)涉案款物是否查封、扣押、冻结并妥善保管,清单是否齐备;对被害人合法财产的返还和对违禁品或者不宜长期保存的物品的处理是否妥当,移送的证明文件是否完备。

人民检察院对于移送审查起诉的案件应当在一个月内作出决定;重大、复杂的案件,一个月内不能作出决定的,审查起诉部门报经检察长批准可以延长十五日。

(二)起诉和出庭支持公诉

人民检察院对案件进行审查后,认为犯罪嫌疑人的犯罪事实已经查清,证据确实、充分,应当依法追究刑事责任的,应当作出起诉决定。在审查案件事实的基础上,公诉人员要严格审查起诉的法律依据和案件定性是否准确。在确定案件事实的基础上,要严格按照法律准绳来衡量案件事实,准确认定案件事实的性质,依照法律确定罪与非罪、此罪与彼罪之间界限,从而对案件事实定性作出准确的判断。

人民检察院作出起诉决定后,应当制作起诉书。起诉书是人民检察院代表国家指控犯罪的最基本的法律文书,是人民法院受理和审理刑事案件的依据。因此,公诉人出庭公诉能否成功首先要看起诉书指控的犯罪事实是否清楚,证据是否确凿,定性是否准确。起诉书的基本内容包括犯罪嫌疑人的基本情况、犯罪事实、起诉的根据和理由。

人民检察院提起公诉的案件,应当向人民法院移送起诉书、证据目录、证人名单和主要证据复印件或者照片。

提起公诉的案件,除适用简易程序决定不派员出庭的以外,人民检察院应当派员以国家公诉人的身份出席法庭,支持公诉。公诉人由检察长、检察员或者经检察长批准代行检察员职务的助理检察员一人或数人担任。

在出庭支持公诉的过程中,公诉人要兼任两种身份:一种身份是国家公诉人,代表国家出庭支持公诉,指控犯罪;另一种身份是庭审监督者的身份,即代表国家法律监督机关监督庭审过程是否合法。公诉人在法庭上的主要职责和任务是代表国家指控犯罪,要求人民法院对被告人依法审判;讯问被告人,揭露犯罪事实以及出示证据并对证据发表意见,证实犯罪;通过法庭辩论全面阐述诉讼主张,要求法庭同意人民检察院对被告人的指控,依法作出被告人有罪和处以恰当刑罚的判决,并可以就被告人应当判处的刑罚向人民法院提出量刑建议;维护诉讼参与人的合法权益。

三、侦查监督

(一)审查批准逮捕

审查批准逮捕,是指人民检察院对于公安机关、国家安全机关、军队保卫部门和监狱提请批准逮捕的案件进行审查后,作出是否逮捕犯罪嫌疑人的决定的一种诉讼活动。人民检察院根据审查情况,严格按照法定的批准逮捕和不批准逮捕的条件,对案件可作出批准逮捕、不批准逮捕或者作出不批准逮捕决定的同时,作出补充侦查的决定。人民检察院对有证据证明有犯罪事实,可能判处有期徒刑以上刑罚的犯罪嫌疑人,采取取保候审、监视居住等方法,尚不足以防止发生社会危害性,而有逮捕必要的,应当批准或决定逮捕。不符合批准逮捕条件的,应当作出不批准逮捕的决定。

对公安机关要求复议的不批准逮捕的案件,人民检察院应当另行指派审查逮捕部门办案人员复议,并在收到提请复议书和案卷材料后 7 日内作出是否变更的决定,并通知公安机关。对于公安机关提请上一级人民检察院复核的不批准逮捕的案件,上一级人民检察院应当在收到提请复核意见书和案卷材料后 15 日内由检察长或检察委员会作出是否变更的决定,并通知下级人民检察院和公安机关执行。如果需要改变决定,应当通知作出不批准逮捕决定的检察机关撤销原决定,另行制作批准逮捕决定书。必要时,上级人民检察院也可以直接制作批准逮捕决定书,通知下级人民检察院送达公安机关执行。

(二)刑事立案监督

刑事立案监督的内容主要是针对公安机关应当立案而不立案的行为,也包括不应立案而立案的行为,如违法动用刑事手段插手民事、经济纠纷,或者利用立案实施报复陷害、敲诈勒索以及谋取其他非法利益等违法立案情形。人民检察院认为公安机关对应当立案侦查的案件而不立案侦查的,或者被害人认为公安机关对应当立案侦查的案件而不立案侦查,向人民检察院提出的,人民检察院应当要求公安机关说明不立案的理由。人民检察院认为公安机关不立案的理由不能成立的,应当通知公安机关立案,公安机关接到通知后应当立案。刑事立案监督的方法主要有:

1. 通知公安机关立案或者撤销案件。通知公安机关立案是人民检察院实施刑事立案监督首先应采用的法定方法。人民检察院通知公安机关立案应采取书面形式,制作通知立案书或者撤销立案书,送达公安机关。

2. 由上一级人民检察院协商同级公安机关处理。公安机关在收到通知立案书或者通知撤销案件书后超过十五日不予立案或者既不提出复议、复核也不撤销案件的，人民检察院应当发出纠正违法通知书予以纠正。公安机关仍不纠正的，报上一级人民检察院协商同级公安机关处理。

3. 直接立案侦查。公安机关接到人民检察院立案通知后仍不立案的案件属于国家机关工作人员利用职权实施的重大犯罪案件，经省级以上人民检察院决定，人民检察院可以直接立案侦查。

（三）侦查活动监督

侦查活动监督，是指人民检察院对公安机关的侦查活动是否合法所实行的专门法律监督。侦查活动监督的重点是发现和纠正以下违法行为：对犯罪嫌疑人刑讯逼供、诱供的；对被害人、证人以体罚、威胁、诱供等非法手段收集证据的；伪造、隐匿、销毁、调换或者私自涂改证据的；徇私舞弊、放纵、包庇犯罪分子的；有意制造冤、假、错案的；在侦查活动中利用职务之便谋取非法利益的；在侦查过程中不应当撤销案件而撤销案件的；贪污、挪用、调换所扣押、冻结的款物及其孳息的；违反《刑事诉讼法》关于决定、执行、变更、撤销强制措施规定的；违反羁押和办案期限规定的；有其他违反《刑事诉讼法》有关规定的行为。

人民检察院发现公安机关侦查活动中的违法行为，对于情节较轻的，可以由检察人员以口头方式向侦查人员或者公安机关负责人提出纠正意见，并及时向本部门负责人汇报；必要的时候，由部门负责人提出。对于情节较重的违法情形，应当报请检察长批准后，向公安机关发出纠正违法通知书。构成犯罪的，移送有关部门依法追究刑事责任。

监所检察部门发现侦查中违反法律规定的羁押和办案期限规定的，应当依法提出纠正违法意见，并通报侦查监督部门。

人民检察院根据需要可以派员参加公安机关对于重大案件的讨论和其他侦查活动，发现违法行为，情节较轻的可以口头纠正，情节较重的应当报请检察长批准后，向公安机关发出纠正违法通知书。

四、审判监督

人民检察院对人民法院审判活动的监督，分为刑事审判监督、民事审判监督、行政审判监督三种。

(一)刑事审判监督

人民检察院对刑事审判的监督分为程序性监督和实体性监督。程序性监督是指检察官一方面以国家公诉人的身份,出庭支持公诉;另一方面以国家法律监督者的身份,出庭监督法庭的审判活动。监督内容包括法庭审理案件是否遵守法定审理时限和送达特种文书的期限;法庭组成人员是否合法;审理案件是否依照法定程序进行;被告人和其他诉讼参与人的诉讼权利是否依法得到保障;审理过程中就程序问题所作的决定是否合法等。如果发现法庭的审判活动有违法行为,检察官有权向法庭提出纠正意见。

在实体上的监督,是指对错误的刑事判决和裁定提出抗诉。具体包括两种抗诉:一是二审程序的抗诉。地方各级人民检察院认为本级人民法院的第一审刑事判决和裁定确有错误,应当在法定期限内向上一级人民法院提出抗诉。二是审判监督程序的抗诉。最高人民检察院对于各级人民法院已经发生法律效力的刑事判决和裁定,上级人民检察院对于下级人民法院已经发生法律效力的刑事判决和裁定,如果发现确有错误,有权按照审判监督程序向同级人民法院提出抗诉。

(二)民事诉讼和诉讼监督

人民检察院有权对民事诉讼、行政诉讼进行法律监督。在人民法院作出的裁判文书、调解书发生法律效力后,符合法定条件时,人民检察院有权提出抗诉或者抗诉检察建议。各级人民检察院对审判监督程序以外的其他审判程序中审判人员的违法行为,有权向同级人民法院提出检察建议。

人民检察院对同级或者下级人民法院的特定违法民事执行活动,通过提出书面检察建议的方式实施法律监督。

五、刑罚执行监督

刑罚执行监督,是指人民检察院对刑罚执行机关执行人民法院已经发生法律效力的刑事判决、裁定的活动是否合法实行的法律监督。主要包括以下几种:

1. 对执行死刑判决的监督

执行死刑时,人民检察院应派员临场监督,验明正身,防止错杀。

2. 对监狱执行刑罚的监督

人民检察院监狱检察是为了保证国家法律法规在刑罚执行活动中的正确实施,

维护罪犯合法权益,维护监狱监管秩序稳定,保障惩罚与改造罪犯工作的顺利进行。其主要职责为:(1)对监狱执行刑罚活动是否合法实行监督;(2)对人民法院裁定减刑、假释活动是否合法实行监督;(3)对监狱管理机关批准暂予监外执行活动是否合法实行监督;(4)对刑罚执行和监管活动中发生的职务犯罪案件进行侦查,开展职务犯罪预防工作;(5)对监狱侦查的罪犯又犯罪案件审查逮捕、审查起诉和出庭支持公诉,对监狱的立案、侦查活动和人民法院的审判活动是否合法实行监督;(6)受理罪犯及其法定代理人、近亲属的控告、举报和申诉;(7)其他依法应当行使的监督职责。监狱检察的内容包括收监、出监检察,刑罚变更执行检察,监管活动检察,办理罪犯又犯罪案件,纠正违法和检察建议。

3. 看守所监督

为保证国家法律法规在刑罚执行和监管活动中的正确实施,维护在押人员合法权益,维护看守所监管秩序稳定,保障刑事诉讼活动顺利进行,人民检察院有权对看守所进行法律监督。其主要职责为:(1)对看守所的监管活动是否合法实行监督;(2)对在押犯罪嫌疑人、被告人羁押期限是否合法实行监督;(3)对看守所代为执行刑罚的活动是否合法实行监督;(4)对刑罚执行和监管活动中发生的职务犯罪案件进行侦查,开展职务犯罪预防工作;(5)对公安机关侦查的留所服刑罪犯又犯罪案件,审查逮捕、审查起诉和出庭支持公诉,对公安机关的立案、侦查活动和人民法院的审判活动是否合法实行监督;(6)受理在押人员及其法定代理人、近亲属的控告、举报和申诉;(7)其他依法应当行使的监督职责。看守所检察的内容包括收押、出所检察,羁押期限检察,监管活动检察,执行刑罚活动检察,办理罪犯又犯罪案件,受理控告、举报和申诉,纠正违法和检察建议。

六、案件请示

案件请示是指下级人民检察院在办理具体案件时,对涉及法律适用、办案程序、司法政策等方面确属重大疑难复杂的问题,经本级人民检察院研究难以决定时,向上级人民检察院请示的办案指导决策机制。下级人民检察院向上级人民检察院请示的,应当经本院检察委员会审议决定。上级人民检察院办理请示的案件,应当严格依据法律、司法解释和检察工作规定,对请示问题提出明确的答复意见,并阐明答复依据和理由。上级人民检察院对案件请示应当及时办理并答复下级人民检察院。对在诉讼程序内案件的请示,应当在办案期限届满之前答复下级人民检察院。对不在诉讼程序内案件的请示,应当在一个月以内答复下级人民检察院;特别重大复杂案件,经分管副检察长批准,可以延长一个月。

第六节　我国检察制度的改革

我国的检察制度是随着中国社会主义制度的发展逐步完善的。随着我国社会改革开放的不断扩展和深入,司法环境发生深刻的变化,许多新情况、新问题出现,原有司法体制和工作机制存在的不完善、不适应日益凸显。为保障人民法院、人民检察院依法独立公正地行使审判权和检察权,建设公正高效权威的社会主义司法制度,为维护人民群众合法权益、维护社会公平正义、维护国家长治久安提供坚强可靠的司法保障,对司法体制和工作机制必须进行改革。

早在20世纪80年代,中国就开始了以强化庭审功能、扩大审判公开、加强律师辩护、建设职业化法官和检察官队伍等为重点内容的审判方式改革和司法职业化改革。

2004年开始,中国启动了统一规划部署和组织实施的大规模司法改革,从民众反映强烈的突出问题和影响司法公正的关键环节入手,按照公正司法和严格执法的要求,从司法规律和特点出发,完善司法机关的机构设置、职权划分和管理制度,健全权责明确、相互配合、相互制约、高效运行的司法体制。中国司法改革走向整体统筹、有序推进的阶段。

从2008年开始,中国启动了新一轮司法改革,司法改革进入重点深化、系统推进的新阶段。最高人民检察院制定了《2009—2012检察改革规划》(以下简称《改革规划》)。《改革规划》提出,深化检察改革的总体目标是:落实中央关于深化司法体制和工作机制改革的部署,优化检察职权配置,完善法律监督的范围、程序和措施,健全对检察权行使的监督制约,加强检察队伍建设,规范检察执法行为,提高检务保障水平,增强依法独立公正行使检察权的能力,建设公正高效权威的社会主义司法制度。该时期深化检察改革的重点是,强化人民检察院的法律监督职能和加强对人民检察院自身执法活动的监督制约。《改革规划》提出了五个方面深化检察改革的任务:一是优化检察职权配置,改革和完善法律监督的范围、程序和措施,加强对诉讼活动的法律监督,切实维护司法公正;二是改革和完善人民检察院接受监督制约制度,规范执法行为,保障检察权依法、公正行使;三是完善检察工作中贯彻落实宽严相济刑事政策的制度和措施,创新检察工作机制,增强惩治犯罪、保障人权、维护社会和谐稳定的能力;四是改革和完善人民检察院组织体系和检察干部管理制度,进一步提高工作效能,加强检察队伍建设;五是认真落实中央关于改革和完善政法经费保障体制的总体部署,为检察事业发展提供更加坚实有力的经费和物质保障。

2012年11月中共十八大召开,十八大报告提出"进一步深化司法体制改革,坚持和完善中国特色社会主义司法制度,确保审判机关、检察机关依法独立公正行使审判权、检察权。"

2013年11月,十八届三中全会通过《中共中央关于全面深化改革若干重大问题的决定》,提出"深化司法体制改革,加快建设公正高效权威的社会主义司法制度,维护人民权益,让人民群众在每一个司法案件中都感受到公平正义。"我国包括检察制度在内的司法体制、司法工作机制改革进入一个新的历史阶段。

近年来,我国检察制度改革主要围绕检察体制和检察工作机制两个方面展开。其主要内容有:

一、检察体制改革

(一)去地方化

设立跨行政区划的人民检察院,省以下地方检察机关人财物统一管理。为保证检察机关独立公正行使检察权,有效消除地方保护和干扰,保证国家法律正确统一实施,促进司法公正、提高司法公信力,设立跨行政区划人民检察院,重点办理跨地区的行政诉讼监督案件、重大民商事监督案件、重大职务犯罪案件、重大环境资源保护和重大食品药品安全刑事案件。目前跨行政区划人民检察院依托铁路运输检察院设立。

司法权是中央事权,地方人民检察院是国家设立在地方的司法机关,而不是地方党委、政府的附属部门,所以对省以下地方人民检察院人财物由省级人民检察院实行统一管理,是解决司法地方保护、地方干预的积极举措。

(二)检察机关内设机构改革

针对检察机关职能行政化、碎片化的问题,检察机关内设机构改革的基本思路为:横向大部制,以检察业务为中心整合检察机关内设机构;纵向扁平化,减少中间层级,促进检力向执法办案一线倾斜;突出检察官主体地位,逐步建立以检察官为主体的运行管理模式,充分发挥检察官的主观能动性;体现诉讼职能与诉讼监督职能适当分离,案件办理职能与案件管理职能适当分离,突出强化执法办案、诉讼监督、执法管理等职能。

检察机关内设机构改革的主要做法是:撤销原有内设机构,整合为5—7个部,由副检察长兼任各部负责人,建立以主任(办)检察官为主体的执法办案模式。主任(办)检察官直接对本部负责人负责,压缩管理层级;按照"两个适当分离"的原则,在组织机构上,除批捕公诉部、职务犯罪侦查部、综合管理部外,设置诉讼监督部专司诉讼监督,设置案件管理部专司案件管理。

(三)人民监督员制度

人民监督员制度是为确保检察机关依法独立公正行使检察权,由司法行政机关和同级人民检察院选任的公民对检察机关办理直接受理立案侦查案件进行监督的外部监督制约机制。该制度最初从2003年开始试点,2010年全面推行,2015年2月27日中央全面深化改革领导小组第十次会议审议通过最高人民检察院、司法部提交的《深化人民监督员制度改革方案》(以下简称《方案》)。根据《方案》,人民监督员制度的主要内容为:

1. 人民监督员的设置

省级人民检察院和设区的市级人民检察院设置人民监督员。省级人民检察院人民监督员监督省级人民检察院办理的案件。设区的市级人民检察院人民监督员监督设区的市级人民检察院和县级人民检察院办理的案件。直辖市人民检察院人民监督员监督直辖市各级人民检察院办理的案件。

2. 人民监督员的选任

人民监督员由司法行政机关负责选任,省级和设区的市级司法行政机关分别选任同级人民检察院人民监督员。

人民监督员应当是年满二十三周岁,拥护中华人民共和国宪法,遵守法律,品行良好,身体健康,具有高中以上文化程度的中国公民,具备较高的政治素质、广泛的代表性和扎实的群众基础。人民监督员每届任期五年,连续任职不得超过两届。省级人民检察院人民监督员和设区的市级人民检察院人民监督员不得互相兼任。

省级和设区的市级司法行政机关与同级人民检察院协商,根据本辖区案件数量、人口、地域、民族等因素合理确定人民监督员的名额及分布。省级和设区的市级司法行政机关协调有关机关、团体、企事业单位和基层组织推荐人民监督员人选,并接受公民自荐报名,对推荐和自荐人选进行审查,提出拟任人民监督员人选并向社会公示。拟任人选中,机关、团体、事业单位工作人员一般不超过选任总数的50%。对拟任人选经公示无异议或者经审查异议不成立的,作出选任决定、颁发证书并向社会公布。

3. 人民监督员的管理

司法行政机关负责对人民监督员进行初任培训,同级人民检察院予以协助。司法行政机关可以会同同级人民检察院对人民监督员进行专项业务培训。司法行政机关建立人民监督员信息,并与人民检察院信息共享。司法行政机关建立人民监督员考核制度,及时掌握人民监督员的履职情况。人民检察院应向同级司法行政机关通报人民监督员履职情况。对不认真履职的人民监督员,司法行政机关应当进行劝诫。[6]

4. 人民监督员监督的范围和程序

人民监督员对人民检察院办理直接受理立案侦查案件的下列情形实施监督:(1)应当立案而不立案或者不应当立案而立案的;(2)超期羁押或者检察机关延长羁押期限决定不正确的;(3)违法搜查、扣押、冻结或者违法处理扣押、冻结款物的;(4)拟撤销案件的;(5)拟不起诉的;(6)应当给予刑事赔偿而不依法予以赔偿的;(7)检察人员在办案中有徇私舞弊、贪赃枉法、刑讯逼供、暴力取证等违法违纪情况的;(8)犯罪嫌疑人不服逮捕决定的;(9)采取指定居所监视居住强制措施违法的;(10)阻碍律师或其他诉讼参与人依法行使诉讼权利的;(11)应当退还取保候审保证金而不退还的。

人民监督员监督案件由人民检察院组织,人民监督员对所监督案件独立进行评议和表决。承办案件的人民检察院应当对人民监督员的表决意见进行审查。检察长不同意人民监督员表决意见的,应当提交检察委员会讨论决定。检察委员会应当根据案件事实和法律规定,全面审查、认真研究人民监督员的评议和表决意见,依法作出决定。检察长或者检察委员会的处理决定应及时告知参加监督的人民监督员。检察委员会的最终处理决定与人民监督员表决意见不一致的,应当向参加监督的人民监督员作出必要的说明。人民检察院处理决定未采纳多数人民监督员评议表决意见,经反馈说明后,多数人民监督员仍有异议的,可以提请人民检察院复议一次。

(四)涉及检察机关反贪等职能的国家监察体制改革

2016年11月7日,中央办公厅印发《关于在北京市、山西省、浙江省开展国家监察体制改革试点方案》,12月25日十二届全国人大常委会第二十五次会议表决

[6] 马文:《人民监督员制度检视与未来构建》,载《理论导刊》2016年第1期。

通过《全国人民代表大会常务委员会关于在北京市、山西省、浙江省开展国家监察体制改革试点工作的决定》。该决定自2016年12月26日起施行。根据上述文件,国家监察体制改革试点的主要内容有:

1. 监察委员会的性质

监察委员会是在党统一领导下的国家反腐败工作机构,监察委员会由省(市)人民代表大会产生,作为行使国家监察职能的专责机关。党的纪律检查委员会、监察委员会合署办公。

2. 监察委员会的职权

将试点地区人民政府的监察厅(局)、预防腐败局及人民检察院查处贪污贿赂、失职渎职以及预防职务犯罪等部门的相关职能整合至监察委员会。监察委员会按照管理权限,对本地区所有行使公权力的公职人员依法实施监察;履行监督、调查、处置职责,监督检查公职人员依法履职、秉公用权、廉洁从政以及道德操守情况,调查涉嫌贪污贿赂、滥用职权、玩忽职守、权力寻租、利益输送、徇私舞弊以及浪费国家资财等职务违法和职务犯罪行为并作出处置决定,对涉嫌职务犯罪的,移送检察机关依法提起公诉。为履行上述职权,监察委员会可以采取谈话、讯问、询问、查询、冻结、调取、查封、扣押、搜查、勘验检查、鉴定、留置等措施。

3. 监察委员会的产生和人员组成

监察委员会由本级人民代表大会产生。监察委员会主任由本级人民代表大会选举产生;监察委员会副主任、委员,由监察委员会主任提请本级人民代表大会常务委员会任免。监察委员会对本级人民代表大会及其常务委员会和上一级监察委员会负责,并接受监督。

二、检察官制度改革

(一)检察官分类管理、员额制与检察官遴选

我国长期实行的检察官制度并没有考虑到司法官的职业特点,从而将司法官与行政人员未做区分,检察官身份与行政级别挂钩。这个做法造成检察官队伍高度行政化,产生了一系列不良后果,如专业化程度低、队伍庞大而工作效率低下、检察官独立性低等。

根据2014年6月中央通过的《关于司法体制改革试点若干问题的框架意见》和此后试点地区的工作方案及实践,检察官分类管理、员额制、检察官遴选的主要内容为:

人民检察院工作人员分为检察官、检察辅助人员、行政人员三类并核定员额,

如上海市核定的三类人员的比例分别为检察官33%、检察辅助人员52%、行政人员15%。检察官由省级设立的、社会各界人士组成的检察官遴选委员会遴选,形成进入员额的检察官建议名单,按组织程序、法律程序予以任命。以后,检察官主要从检察官助理中择优选任,上级检察机关的检察官主要从下级检察机关的检察官中择优选任。检察官也可以从优秀律师、法律学者等专业人才中选任。

(二)检察人员司法责任制

在《检察官法》、《检察人员纪律处分条例(试行)》、《检察人员执法过错责任追究条例》等有关规范文件的基础上,2015年9月最高人民检察院印发《关于完善人民检察院司法责任制的若干意见》。至此,我国检察官司法责任制更为全面、系统。

检察人员司法责任制是指,检察人员对其履行检察职责的行为,在职责范围内,对办案质量终身负责并承担责任。司法责任包括故意违反法律法规责任、重大过失责任和监督管理责任,不包括检察人员与司法办案活动无关的其他违纪违法行为责任。建立健全检察人员司法责任制是构建公正高效的检察权运行机制的需要,是贯彻职责统一原则的必然。

1. 责任主体

我国人民检察院履行检察职责的主体包括检察官、参与司法办案的检察辅助人员、检察长、副检察长、检察委员会,所以,这些主体均可能在各自职责范围内承担相应司法责任。

2. 责任情形

(1)故意违反法律法规责任情形。检察人员在司法办案工作中,故意实施下列行为之一的,应当承担司法责任:包庇、放纵被举报人、犯罪嫌疑人、被告人,或使无罪的人受到刑事追究的;毁灭、伪造、变造或隐匿证据的;刑讯逼供、暴力取证或以其他非法方法获取证据的;违反规定剥夺、限制当事人、证人人身自由的;违反规定限制诉讼参与人行使诉讼权利,造成严重后果或恶劣影响的;超越刑事案件管辖范围初查、立案的;非法搜查或损毁当事人财物的;违法违规查封、扣押、冻结、保管、处理涉案财物的;对已经决定给予刑事赔偿的案件拒不赔偿或拖延赔偿的;违法违规使用武器、警械的;其他违反诉讼程序或司法办案规定,造成严重后果或恶劣影响的。

(2)重大过失责任情形。检察人员在司法办案工作中有重大过失,怠于履行或不正确履行职责,造成下列后果之一的,应当承担司法责任:认定事实、适用法律出现重大错误,或案件被错误处理的;遗漏重要犯罪嫌疑人或重大罪行的;错误羁押或超期羁押犯罪嫌疑人、被告人的;涉案人员自杀、自伤、行凶的;犯罪嫌疑人、被告人串供、毁证、逃跑的;举报控告材料或其他案件材料、扣押财物遗失、严重损毁的;举报控告材料内容或其他案件秘密泄露的;其他严重后果或恶劣影响的。

(3)监督管理责任情形。负有监督管理职责的检察人员因故意或重大过失怠于行使或不当行使监督管理权,导致司法办案工作出现严重错误的,应当承担相应的司法责任。

3. 不承担司法责任的情形

司法办案工作中虽有错案发生,但检察人员在履行职责中尽到必要注意义务,没有故意或重大过失的,不承担司法责任。

检察人员在事实认定、证据采信、法律适用、办案程序、文书制作以及司法作风等方面不符合法律和有关规定,但不影响案件结论的正确性和效力的,属司法瑕疵,依照相关纪律规定处理。

4. 追责程序

人民检察院纪检监察机构受理对检察人员在司法办案工作中违纪违法行为和司法过错行为的检举控告,并进行调查核实。

人民检察院纪检监察机构经调查后认为应当追究检察官故意违反法律法规责任或重大过失责任的,应当报请检察长决定后,移送省、自治区、直辖市检察官惩戒委员会审议。

人民检察院纪检监察机构应当及时向检察官惩戒委员会通报当事检察官故意违反法律法规或重大过失的事实及拟处理建议、依据,并就其故意违反法律法规或重大过失承担举证责任。当事检察官有权进行陈述、辩解、申请复议。

检察官惩戒委员会根据查明的事实和法律规定作出无责、免责或给予惩戒处分的建议。

5. 责任形式

对经调查属实应当承担司法责任的人员,根据《检察官法》、《检察人员纪律处分条例(试行)》、《检察人员执法过错责任追究条例》等有关规定,分别按照下列程序作出相应处理:(1)应当给予停职、延期晋升、调离司法办案工作岗位以及免职、责令辞职、辞退等处理的,由组织人事部门按照干部管理权限和程序办理;(2)应当给予纪律处分的,由人民检察院纪检监察机构依照有关规定和程序办理;(3)涉嫌犯罪的,由人民检察院纪检监察机构将犯罪线索移送司法机关处理;(4)检察人员不服处理决定的,有权依照《人民检察院监察工作条例》等有关规定提出申诉。

案 例

2002 年 5 月，某县人民检察院在侦查该县土特产公司经理张某受贿一案中发现，2001 年 10 月，张某曾以 10 万元的价格，将公司国有资产性质的 150 平方米房屋出售给本县城关镇居民李某，并收受李某 1 万元的好处费。在张某被人民法院判处后，县人民检察院以土特产公司和李某为被告，向县人民法院提起民事诉讼，请求确认两被告之间的房屋买卖合同无效。

请评析县人民检察院提起的民事诉讼。

复习题

一、概念

检察制度　检察官　公诉　监所检察　审判监督

二、思考

1. 我国检察机关的性质和任务。

2. 我国检察机关的法律监督职能。

司法考试试题

一、单项选择题

1. 根据中央司法体制改革要求及有关检察制度规定，人民监督员制度得到进一步完善和加强。关于深化人民监督员制度，下列哪一表述是错误的？(2015 年)

A. 是为确保职务犯罪侦查、起诉权的正确行使，根据有关法律结合实际确定的一种社会民主监督制度

B. 重点监督检察机关查办职务犯罪的立案、羁押、扣押冻结财物、起诉等环节的执法活动

C. 人民监督员由司法行政机关负责选任管理

D. 参与具体案件监督的人民监督员，由选任机关从已建立的人民监督员信息库中随机挑选

【答案】 D

【考点】 人民监督员制度的性质、职能和人民监督员的产生。

2. 检察一体原则是指各级检察机关、检察官依法构成统一的整体，下级检察机关、下级检察官应当根据上级检察机关、上级检察官的批示和命令开展工作。据此，下列哪一表述是正确的？（2016 年）

A. 各级检察院实行检察委员会领导下的检察长负责制

B. 上级检察院可建议而不可直接变更、撤销下级检察院的决定

C. 在执行检察职能时，相关检察院有协助办案检察院的义务

D. 检察官之间在职务关系上可相互承继而不可相互移转和代理

【答案】 C

【考点】 检察一体原则的内容。

二、多项选择题

《中共中央关于全面深化改革若干重大问题的决定》提出，应当改革司法管理体制，推动省以下地方检察院人财物统一管理，探索建立与行政区划适当分离的司法管辖制度。关于上述改革措施，下列哪些理解是正确的？（2014 年）

A. 有助于检察权独立行使

B. 有助于检察权统一行使

C. 有助于检务公开

D. 有助于强化检察机关的法律监督作用

【答案】 ABD

【考点】 检察体制改革的目标。

三、不定项选择题

1. 依照我国检察官法的规定，应当依法提请免除检察官职务的情形有：（2007 年）

A. 到年龄退休

B. 经考核确定为不称职

C. 长期患病不能上班

D. 调至法院任院长

【答案】 ABCD

【考点】 检察官的任免。

2. 为促进规范司法，维护司法公正，最高检察院要求各级检察院在诉讼活动中切实保障律师依法行使执业权利。据此，下列选项正确的是：（2015 年）

A. 检察院在律师会见犯罪嫌疑人时，不得派员在场

B. 检察院在案件移送审查起诉后律师阅卷时，不得派员在场

C. 律师收集到犯罪嫌疑人不在犯罪现场的证据，告知检察院的，其相关办案部门应及时

审查

D. 法律未作规定的事项，律师要求听取意见的，检察院可以安排听取

【答案】 AC

【考点】 检察机关对律师执业权利的保障。

—— 阅读文献 ——

1. 甄贞：《检察制度比较研究》，法律出版社 2010 年版。

2. 王俊、曾哲：《中国检察权论略》，中国检察出版社 2012 年版。

3. 林贻影：《中国检察制度的发展、变迁及挑战——以检察权为视角》，中国检察制度出版社 2012 年版。

4. 龙宗智：《中国特色的检察制度建设应遵循司法规律》，载《人民检察》2016 年第 2 期。

5. 韩大元：《坚持检察制度的宪法基础》，载《人民检察》2016 年第 16 期。

第四章 侦查制度

内容提示

侦查制度是关于侦查机关的性质、任务、组织体系以及侦查工作的原则与运行机制的总称。各国由于历史文化、法律传统等国情的不同,在侦查制度的设计上有所差异。侦查机关和侦查人员是我国侦查权的享有者和行使主体,他们按照法律规定的原则和运行机制行使侦查权,实现侦查的任务和目的。

第一节 侦查制度概述

一、侦查制度的概念

侦查是指在侦查机关为查明案情、收集证据材料和查获犯罪嫌疑人,而依法进行的专门调查工作和采取的强制性措施。侦查是刑事诉讼活动的起点,是起诉、审判等刑事诉讼过程的基础。

侦查制度是有关侦查机关的性质、任务、组织体系以及侦查工作的原则与运行机制的总称。

世界各国由于历史、文化传统不同,对侦查的性质、地位认识上的差异,侦查制度的设计也呈现出不同的模式。侦查制度的核心问题主要包括侦查权的分配、运行和制约以及有关的人权保障措施等。一般而言,大陆法系国家的侦查被称为"审问式"侦查。[1] 其主要特点是侦查权由国家侦查机关独占,侦查是国家追诉机关的单方行为。具体表现为侦查机关享有独立的调查和收集证据的权力,拥有

〔1〕 何家弘:《刑事司法大趋势 以欧盟刑事司法一体化为视角》,中国检察出版社 2005 年版,第 239 页。

独立的请求法院实施强制处分的权力。侦查机关一般既有权采取各种任意侦查手段调查犯罪事实,如讯问犯罪嫌疑人、询问证人、勘验、检查、鉴定、侦查实验、对质和辨认等;又可以实施一系列强制侦查措施,如拘留、逮捕、搜查、扣押、查封等;还能使用一些秘密侦查手段,如秘密搜查、电子监控、邮检等。侦查权行使的自由度较大,较少受到来自侦查机关以外的第三方如法院的制约。法律对各种侦查措施的实施规定的条件普通不高。

在审问式侦查中,诉讼活动的主体只有侦查方和被告方,不存在一个中立的第三方(法院)居中裁断。虽然法国有预审法官介入侦查的规定,但法律规定预审法官行使的主要是侦查职权。

在审问式侦查中,犯罪嫌疑人的权利保障比较弱化。犯罪嫌疑人不享有沉默权,而负有如实供述的义务。侦查期间羁押犯罪嫌疑人为常态,保释则为例外。犯罪嫌疑人在侦查阶段一般不享有辩护权。

英美法系国家一般采取弹劾式侦查。〔2〕在这种模式下,侦查机关、犯罪嫌疑人都是侦查主体。理论上二者的诉讼地位平等,有平等的诉讼权利。侦查机关与犯罪嫌疑人一方都有权各自独立收集证据,实行所谓的“双轨式侦查”。〔3〕对犯罪嫌疑人的权利保障比较强,如赋予犯罪嫌疑人沉默权。〔4〕

由于犯罪嫌疑人是侦查的主体,而不是侦查的对象,因此不负有接受侦查人员讯问的义务。犯罪嫌疑人拥有为充分有效地对抗追诉方所需的权利,包括在侦查阶段获得律师帮助的权利。

在弹劾式侦查中,由中立的法官来监控侦查人员的侦查行为,监督的方式即实行所谓的令状制度。对于几乎所有的强制侦查和秘密侦查措施,除紧急情况下可以由侦查人员少量无证实施以外,原则上都要事先向法官、治安法官申请,并经其以司法令状批准后方可进行。同时,法律对于重大的侦查措施规定了较为严格

---

〔2〕 陈业宏、唐鸣:《中外司法制度比较》(上)(第2版),商务印书馆2015年版,第86页。

〔3〕 樊崇义:《刑事诉讼法实施问题与对策研究》,中国人民公安大学出版社2001年版,第355页。

〔4〕 1963年3月3日,美国亚利桑那州菲尼克斯市18岁的女孩芭芭拉,在下晚班回家的路上遭一名男子绑架、强奸。10天后,警方逮捕23岁无业青年恩纳斯托·米兰达,芭芭拉在警局里指认出米兰达就是那名侵害自己的歹徒。警方立即展开审讯,两小时后米兰达承认罪行并在供词上签字。地方法院依据这份供词判处米兰达有期徒刑20年。米兰达和律师不服判决,最终将案件上诉到联邦最高法院。1966年,最高法院以五票对四票裁决此前对米兰达的审判无效。随后,首席大法官沃伦亲自撰写法院判决书,向全美警务和执法官员详细规定审讯犯罪嫌犯时所必须遵守的程序和规则。沃伦提出:实施逮捕和审讯嫌犯时,警方应及时宣读下列提醒和告诫事项:告诉嫌犯,有权保持沉默;告诉嫌犯,他们的供词将会用来起诉和审判他们;告诉嫌犯,受审时有请律师在场的权利;告诉嫌犯,如果雇不起律师,法庭将免费为其指派一名律师。这些被统称为“米兰达告诫”。

的使用条件。

由以上可见,审问式侦查强化查机关权力,弱化犯罪嫌疑人的防御能力,更有利于案件真相的发现,因而更有利于追究和惩罚犯罪。而弹劾式侦查中,由于犯罪嫌疑人拥有诉讼权以及保释权等对抗侦查的防御手段,侦查人员面临着重重限制和障碍,自然影响其查明犯罪真相的能力,进而也影响其追究和惩罚犯罪的能力。基于此,近年来两种侦查制度开始相互借鉴,相互融合。如美国开始对沉默权进行限制,大陆法系开始加强对侦查权的司法控制、监督等。[5]

我国以刑事诉讼法律、法规和司法解释的方式对刑事侦查作了全面、系统的规定。侦查模式中较多地体现了审问式的内容,同时也部分借鉴了弹劾式的特点。

二、侦查的特征

1. 侦查是刑事诉讼活动的重要阶段。虽然各国对侦查能否成为刑事诉讼的一个基本、独立的诉讼阶段存在不同的认识,但侦查作为刑事诉讼活动中的一种诉讼行为,已得到各国刑事诉讼法或司法判例的普遍认可。侦查是刑事诉讼活动的一道工序,而且是第一道工序。在许多国家中,侦查标志着刑事诉讼活动的启动,侦查机关有权决定侦查活动的开始、运行和终止。在我国,侦查不仅是刑事诉讼活动的组成部分,而且是刑事诉讼的一个独立阶段,立案是侦查活动开始的标志。

2. 侦查权只能由法定的侦查机关和部门行使。大陆法系国家强调侦查的专门性,法律规定侦查权只能由特定的国家机关和人员行使。根据我国法律的规定,有权进行侦查的机关和部门包括公安机关、海关缉私局、国家安全机关、人民检察院、军队保卫部门和监狱。

3. 侦查活动具有法定的内容和方式。侦查活动的内容和方式,根据法律规定,是指专门的调查工作和有关的强制性措施。专门调查工作包括讯问犯罪嫌疑人,询问证人、被害人,勘验,检查、搜查,扣押物证、书证,鉴定和通缉。有关的强制性措施指侦查机关为保障专门工作的顺利进行、排除各种障碍而进行的法定强制措施和有关的强制手段、方法,包括精神强制、人身强制和对行为的拘束。如对犯罪嫌疑人采取的拘传、取保候审、监视居住、拘留、逮捕,以及讯问,对人身和场所的搜查,对物证、书证的扣押等。

4. 侦查活动必须按照法律规定进行。侦查活动只能由法定机关和人员按照

---

〔5〕 何家弘:《中国式沉默权制度之我见——以"美国式"为参照》,载《政法论坛》2013年第1期。

法定程序和方式进行。由于专门调查工作和有关的强制性措施具有严格的法律规范性和强制性,关系到公民的合法权利,所以,侦查的对象只能是应当被追究刑事责任的犯罪嫌疑人,并由侦查人员严格按照法定程序进行。只有这样,才能既打击犯罪,维护社会治安,又切实保护公民的合法权益不受侵犯。

三、侦查的任务

1. 收集证据,查明案件事实,查获犯罪嫌疑人。收集证据,查明案件事实,抓获犯罪嫌疑人是侦查的主要内容,也是侦查的基本任务。在侦查阶段,侦查机关要收集能够证明犯罪嫌疑人有罪与无罪、罪轻与罪重的各种证据。对属于犯罪的案件,要查明犯罪的性质,犯罪的目的、手段、危害后果等基本案情,依法采取适当措施使犯罪嫌疑人归案。

2. 制止和预防犯罪。侦查中,对于现行犯或者重大嫌疑分子可以依法采取限制或剥夺人身自由的强制性措施,以防止其继续实施犯罪。同时,对侦查中发现的某些防范漏洞及时堵塞,加强法制教育,以减少和预防犯罪。

3. 保护国家、集体和个人的合法权益不受侵犯,保障社会主义建设事业的顺利进行。侦查作为刑事诉讼的一个重要阶段,通过调查取证、查明案情为追究犯罪分子的刑事责任奠定基础,以达到保护国家、集体、个人的合法权益,同时保障无罪的人不受刑事追究的目的,最终保障社会主义建设事业的顺利进行。

第二节　侦查机关与侦查人员

一、侦查机关

(一)侦查机关的概念和特征

侦查机关是指在刑事活动诉讼中,享有国家赋予的侦查权,并对刑事案件依法进行侦查的专门机关。我国的侦查机关主要是指公安机关、国家安全机关、人民检察院、军队保卫部门和监狱以及走私犯罪侦查机关等。

侦查机关作为侦查活动的主体,在打击犯罪活动中发挥至关重要的作用。国家设立侦查机关并通过其活动可以及时预防、制止、揭露、证实犯罪,维护国家、集体利益和公民的合法权益,维护国家的稳定、社会的安定和经济的发展。

图 4－1 公安部刑侦局标志

侦查机关具有以下特征：

1. 侦查机关是国家机关的组成部分。侦查机关是国家机器的重要组成部分，是统治阶级实施专政的重要工具。它由国家依法设置，作为国家机关的组成部分，代表国家进行侦查活动。虽然从形式上看，侦查机关是以自己的名义为侦查行为，侦查人员以侦查机关的名义进行活动，但实质上，他们都是依据国家赋予的权力从事侦查活动，代表国家履行司法职能。

2. 侦查机关依法行使侦查权。侦查权是国家权力的重要组成部分，是国家权力的具体表现形式，是由法律确定并授予侦查机关进行侦查活动的资格和权能。依据这一权力，侦查机关在刑事诉讼中可以讯问犯罪嫌疑人，询问证人、被害人，进行勘验、检查，搜查，扣押书证物证，实施鉴定、侦查实验，发布通缉令等。对需要采取强制措施的，侦查机关可以采取拘传、取保候审、监视居住、拘留和逮捕等强制措施。这些侦查措施和方法许多都为侦查机关所独有，与其他国家机关的职权内容存在很大不同，具有主动性、强制性，并只有侦查机关才有权行使。虽然在审判和起诉阶段其中的许多调查方式和强制措施也可以采用，但由于性质上的差别，则不属于侦查的范围。由于侦查机关具有独立的诉讼主体资格，享有诉讼权利，承担诉讼义务，为独立的法律责任主体，因此，对其依法行使侦查权而产生的后果承担法律责任。

3. 侦查机关是享有侦查权的专门机关。在我国，公安机关、国家安全机关、人民检察院、军队保卫部门、监狱以及走私犯罪侦查机关等有权对刑事案件进行侦查，除此以外，其他任何机关、团体和个人都不享有这一权力，不得行使侦查权。人民法院是国家的审判机关，它在审理案件过程中可以进行勘验、检查、搜查、扣押和鉴定等活动。由于我国实行控审分离制，人民法院不享有侦查权，这些活动是基于审判权而进行的调查活动，不属于侦查行为，因此，人民法院不属于侦查机关。有关机关、团体、单位的保卫部门可以根据刑事诉讼法的有关规定协助公安机关、国家安全机关、人民检察院对发生在本单位内部的刑事案件进行现场勘查、调查取证，法律承认其效力。由于该行为只是配合、协助侦查机关行使侦查权，不能据此认为上述保卫部门也享有侦查权、是侦查机关。个人不得介入国家的侦查、审判活动，我国不赋予个人或民间机构侦查权，不承认私人侦探、私人鉴定机关的侦查主体资格。[6]

4. 侦查机关依照法律规定进行侦查活动。侦查活动必须由法定机关的法定人员，即侦查机关的侦查人员，依照法律规定的程序和形式进行。刑事诉讼法及相关法律、法规对侦查的原则、条件、方式、方法、程序等都作了严格规定，意在避免因未正确执行法律而放纵犯罪、伤及无辜，损害国家利益和公民的合法权益。因此，侦查活动只有严格依照法律规定有序地进行，才能保证更好地完成诉讼任务。

（二）侦查机关的地位

侦查机关运用国家法律赋予的侦查权，实行强有力的人民民主专政，发挥着揭露、证实、打击犯罪，保护国家、人民利益不受侵犯和维护社会主义法制的统一和尊严，以及服务于社会主义市场经济建设的作用。正确确立侦查机关的地位，可以明确侦查机关在国家机关中的重要性，保证侦查机关充分、独立地行使侦查权，不受其他机关的不当干涉，为实现这一作用提供基础和保障。

在我国，侦查机关主要是指公安机关和检察机关。侦查机关的地位在它们身上能够得到较为充分的体现。公安机关是国家的治安保卫机关，检察机关是国家的法律监督机关，同时，它们又都是刑事诉讼中的侦查机关，在国家机构中占有重要地位。公安机关是国家行政机构的重要组成部分，它由同级人民政府产生，受同级人民政府领导，在执行国家法律的同时，还执行各级人民政府发布的命令或决定。其上下级关系是领导与被领导关系，上级机关可以直接指挥和参与下级机关的立案、侦查等工作。因此，各级公安机关对同级人民政府和上级公安机关负责，同时，还通过同级人民政府对同级国家权力机关负责。

检察机关由国家权力机关产生，对国家权力机关负责，并接受其监督。上级检察机关领导下级检察机关的工作，因此，各级人民检察院对产生它的权力机构和上级人民检察院负责。

在刑事诉讼中，作为侦查机关的公安机关、人民检察院与审判机关处于平等地位，都是国家的司法机关，是刑事诉讼活动的主体，分别在诉讼的不同阶段行使不同的诉讼职能，互相配合，互相制约。侦查权的行使，决定了公安机关、检察机关在刑事诉讼中处于重要的地位，发挥着不可替代的作用。侦查是起诉的必要准备，是审判的重要保证，只有实现了侦查机关的侦查职能，才能保证检察机关的控诉职能和审判机关的审判职能的实现。

---

〔6〕 张泽涛：《私人侦探在刑事诉讼中的运用及其规范》，载《法学家》2007 年第 6 期。

(三)侦查机关的种类

侦查机关具有国家属性,由分别具有不同性质的国家机关组成。根据行政隶属、性质的不同,我国的侦查机关包括公安机关、国家安全机关、人民检察院、军队保卫部门和监狱。

1. 公安机关

公安机关是刑事诉讼中最主要的侦查机关,担负着绝大多数刑事案件的侦查工作。公安机关依照职能管辖范围,对刑事案件进行立案侦查。《刑事诉讼法》第18条第1款规定:“刑事案件的侦查由公安机关进行,法律另有规定的除外。”根据这一规定,除法律另行规定的应当由人民检察院、国家安全机关和军队保卫部门、监狱等管辖的刑事案件以及人民法院直接受理的自诉案件外,其他所有刑事案件都应当由公安机关立案侦查。

公安机关根据其行业隶属关系,分为普通公安机关和专业公安机关。普通公安机关是指地方各级公安机关。地方公安机关具体行使侦查权的是其内部设立的侦查职能部门。

专业公安机关是指铁路、交通、民航、林业、海关等公安机关,它们分别对特定的案件行使侦查权。其中,铁路、交通、民航系统的机关、厂、段、院、校、所、队、工区等单位发生的刑事案件,车站、港口、码头、机场工作区域内和列车、轮船、民航飞机内发生的刑事案件,铁路建设施工工地发生的刑事案件,铁路沿线、水运航线发生的盗窃或者破坏铁路、水运、通讯、电力线路和其他重要设施的刑事案件,以及内部职工在铁路、交通线上执行任务中发生的案件,分别由发案地的铁路、交通、民航公安机关立案侦查。林业公安机关负责其辖区内的盗伐、滥伐林木、危害野生动物和珍稀植物等刑事案件的侦查,大面积林区的林业公安机关还负责辖区内其他刑事案件的侦查。海关设立的各级走私犯罪侦查机关负责其所在海关业务管辖区内的走私犯罪案件的侦查工作。

2. 国家安全机关

根据《刑事诉讼法》的有关规定,国家安全机关负责侦查危害国家安全的刑事案件。危害国家安全的刑事案件是指涉嫌《刑法》分则第一章规定的危害国家安全罪的案件。危害国家安全的行为具体表现为背叛国家,分裂国家,煽动分裂国家,武装叛乱、暴乱,颠覆或者煽动颠覆国家政权,资助危害国家安全的犯罪活动,投敌叛变,叛逃、充当间谍,为境外窃取、刺探、收买、非法提供国家秘密、情报,战时资敌等行为。

3. 人民检察院

人民检察院是国家的法律监督机关，依法行使检察权。为履行法律监督职责，检察机关参与刑事诉讼立案、侦查、起诉、审判直至判决执行的全过程。其中，对直接受理的刑事案件进行侦查，是其享有的一项重要职权。根据《刑事诉讼法》的规定，人民检察院对贪污贿赂犯罪、国家机关工作人员的渎职犯罪、国家机关工作人员利用职权实施的非法拘禁、刑讯逼供、报复陷害、非法搜查的侵犯公民人身权利的犯罪以及侵犯公民民主权利的犯罪立案侦查。对于国家机关工作人员利用职权实施的其他重大的犯罪案件，需要由人民检察院直接受理的，经省级以上人民检察院决定，可以由人民检察院立案侦查。检察机关的侦查权由其内部设立的侦查部门行使。

4. 军队保卫部门

军队保卫部门对军队内部发生的刑事案件行使侦查权。军队保卫部门负责侦查的主要是指军人违反职责和触犯刑法的犯罪案件，以及军队和地方互涉的犯罪案件。

5. 监狱

《监狱法》第60条规定："对罪犯在监狱内犯罪的案件，由监狱进行侦查。"可见，监狱也是我国的侦查机关，监狱的侦查权由监狱的狱内侦查部门行使。

6. 海关缉私局

1999年1月5日，海关总署走私犯罪侦查局在北京成立，由海关总署和公安部双重领导，以海关领导为主。走私犯罪侦查局依法查缉走私犯罪案件，对走私犯罪案件和走私犯罪嫌疑人依法进行侦查、拘留、逮捕和预审工作。

2003年1月1日，全国各海关走私犯罪侦查机构全部更名为"缉私"机构。海关总署走私犯罪侦查局更名为海关总署缉私局；各直属海关走私犯罪侦查(分)局更名为各直属海关缉私局；各隶属海关走私犯罪侦查支局更名为各隶属海关缉私分局。更名后各级海关缉私警察将在原有的刑事执法职能基础上增加行政执法职能。除海关调查部门在调查稽查过程中发现的走私违规案件继续由其查办外，其余各类走私违法犯罪案件均交由海关缉私警察查办。

2013年国务院机构改革，将缉私局海上缉私队伍和职能划入中华人民共和国海警局。

(四)侦查机关的组织体系

我国侦查机关自上而下的机构设置为：公安部、国家安全部、最高人民检察院、司法部下设的监狱管理局是我国侦查机关的最高机构。地方各级侦查机关分别为:省、自治区、直辖市的公安厅(局)、国家安全厅(局)、人民检察院、司法厅(局)下设的监狱管理局;省辖市、地区、自治州和直辖市所属区的公安局(处、分局)、国家安全局、人民检察院;县、市、自治县、市辖区的公安局、人民检察院等。

在军队内部,2016年军队改革前,中央军委政治部设保卫部,各大军区政治部设保卫部,各军政治部设保卫处,各师政治部设保卫科,各团政治部设保卫股。军队改革后,根据有关文件,中央军委政法委员会设保卫部,各战区、军兵种党委政法委员会设保卫部,往下各层级保卫部门的设立未见披露。

专业公安机关也分级设立:(1)公安部设铁路公安局,负责领导全国国有铁路路内的公安业务工作,铁路公安局目前由公安部、中国铁路总公司共管,业务领导权在公安部,人事领导权在中国铁路总公司;各铁路局设立公安局;铁路分局设立公安处;铁路分局以下,根据需要设立公安段、科;车站、货场设立公安派出所,并享有同级公安机关的职权。(2)交通部设立公安局,交通部下辖各航运、海运局设立公安局,各港口设立公安分局,各码头设立公安派出所。(3)中国民用航空局设立公安局,各地区管理局设立公安局;各航空场、站设立公安分局、公安派出所。(4)国家林业局设立森林公安局;省级林业厅、局设立森林公安局;各林业局、林管局、林木水运局设立公安处、局;在一些森林连片地区,根据需要设立相应的公安局和公安派出所。(5)国家海关总署设立缉私局,广东分署和各直属海关设立缉私局,各隶属海关设立缉私分局。

二、侦查人员

(一)侦查人员的概念

侦查人员,也称侦查官员,是指在侦查机关任职,以侦查机关的名义依法行使侦查权,进行侦查活动的特定人员。我国的侦查人员包括公安机关、国家安全机关、监狱、走私犯罪侦查机关中从事侦查工作的人民警察,人民检察院从事侦查工作的检察官和军队保卫部门从事侦查工作的军官。

人民警察队伍中的侦查人员占全部侦查人员的绝大多数,担负犯罪侦查的主要任务,通常称为刑事警察,简称刑警。

对各系列的侦查人员,分别受不同的法律、法规和规范的规制。其中人民警察序列的侦查人员主要受《人民警察法》和相关配套法规规范的规制,检察机关的侦查人员主要受《检察官法》和相关配套法规规范的规制,军队保卫部门的侦查人员主要受《中国人民解放军军官条例》和相关配套法规规范的规制。考虑到刑事警察是侦查人员的主体,以下关于侦查人员的内容主要介绍《人民警察法》和相关法规、规范的内容。

(二)侦查人员的条件

根据法律法规的规定,侦查人员应具备以下条件:(1)具有中华人民共和国国籍;(2)年满18周岁;(3)拥护中华人民共和国宪法;(4)有良好的政治、业务素质和良好的品行;(5)身体健康;(6)具有高中毕业以上文化程度;(7)自愿从事人民警察工作。

曾因犯罪受过刑事处罚的和曾被开除公职的,不得录用为侦查人员。

担任人民警察领导职务的人员还应具备以下条件:具有法律专业知识;具有政法工作经验和一定的组织、管理、指挥能力;具有大学专科以上学历;经人民警察院校培训,考试合格等。

(三)侦查人员的等级和晋升

根据《人民警察警衔条例》的规定,我国警察警衔设五等十三级,分别为:(1)总警监、副总警监;(2)警监:一、二、三级;(3)警督:一、二、三级;(4)警司:一、二、三级;(5)警员:一、二级。警衔等级按行政职务等级和专业技术职务等级编制,按规定的期限和条件逐级晋升。晋升的基本条件为:执行国家法律、法规和政策,遵纪守法;胜任本职工作;联系群众,廉洁奉公,作风正派。

(四)侦查人员的义务与工作纪律

侦查人员的义务是指侦查人员在执行职务的过程中,应当为或不得为一定行为的约束。侦查人员的工作纪律是指侦查人员在侦查活动中应当遵守的行为规则。侦查人员在行使国家权力的同时,必须接受义务性规范的约束,这样一方面能使侦查人员增强执法责任感,提高执法水平和质量,使侦查队伍提高战斗力;另一方面也有利于保障犯罪嫌疑人、被害人等的合法权益。

侦查人员的义务主要有:严格遵守宪法和法律,模范遵守社会公德;履行职责必须以事实为根据、以法律为准绳,秉公执法,不得徇私枉法;维护国家利益、公共利益,维护自然人、法人和其他组织的合法权益;清正廉明,忠于职守,遵守纪律,恪守职业道德;保守国家秘密和侦查工作秘密;尊重公民的风俗习惯,礼貌待人;接受法律监督和人民群众监督。

侦查人员的工作纪律主要有：不得散布有损国家声誉的言论，参加非法组织，参加旨在反对国家的集会、游行、示威等活动，参加罢工；不得弄虚作假，隐瞒案情，包庇、纵容违法犯罪活动；严禁刑讯逼供或者体罚、虐待犯罪嫌疑人及其他诉讼参与人；不得殴打他人或者唆使他人打人；不得非法剥夺、限制他人人身自由，非法搜查他人的身体、物品、住所或者场所；不得滥用职权，侵犯自然人、法人和其他组织的合法权益；不得玩忽职守，不履行法定义务，造成错案或者给当事人造成严重损失；不得敲诈勒索或者索取、收受贿赂；不得拖延办案，贻误工作；不得私自会见当事人及其代理人，接受当事人及其代理人的请客送礼；不得有其他违法、违纪行为。

侦查人员违反法定义务和工作纪律的，应当承担相应的刑事法律责任、民事赔偿法律责任和行政法律责任。

（五）侦查人员的辞退和奖惩

根据《公安机关组织管理条例》的规定，公安机关人民警察有以下情形之一的，应当予以辞退：在年度考核中，连续两年被确定为不称职的；不能胜任现职工作，又不接受其他安排的；因所在公安机关调整、撤销、合并或者缩减编制员额需要调整工作，本人拒绝合理安排的；不履行人民警察义务，不遵守人民警察纪律，经教育仍无转变，不适合继续在公安机关工作，又不宜给予开除处分的；旷工或者因公外出、请假期满无正当理由逾期不归连续超过15天，或者一年内累计超过30天的。

但有以下情形之一的，不得辞退：因公致残，被确认丧失或者部分丧失工作能力的；患病或者负伤，在规定的医疗期内的；女性人民警察在孕期、产期、哺乳期内的；法律、行政法规规定的其他不得辞退的情形。

根据《公安机关组织管理条例》的规定，公安机关人民警察个人或者集体在工作中表现突出，有显著成绩和特殊贡献的，应当给予奖励。奖励分为嘉奖、记三等功、记二等功、记一等功、授予荣誉称号，并且可以提前晋升警衔，或者给予一次性奖金等。

公安机关人民警察违法违纪的，应当根据国家规定给予处分，构成犯罪的，依法追究刑事责任。处分分为警告、记过、记大过、降级、撤职、开除。同时还可以降低或者取消警衔。

第三节 侦查工作的原则和运行机制

一、侦查工作原则

侦查工作原则,是指侦查机关、侦查人员在开展刑事侦查工作中,应当遵循的准则。它是对刑事侦查活动具有指导意义的、具有纲领性和概括性的规则。这些基本原则贯穿于刑事侦查活动的始终,对刑事侦查活动的全过程起指导作用。

侦查工作的时间性、法律性、科学性、政策性很强,直接关系到同犯罪行为作斗争的成效,关系到国家、集体利益和公民合法权益的维护。为了有效地实现侦查任务,侦查人员在侦查活动中,一方面必须遵守刑事诉讼法规定的基本原则,另一方面还应当根据侦查工作的特点和需要,遵守以下工作原则:

(一)迅速及时原则

所谓迅速及时,是指刑事案件发生后,侦查机关应当抓住时机,立即组织力量,迅速开展侦查活动,及时发现和收集与犯罪相关的证据,揭露、证实犯罪,不得有丝毫的拖延和迟缓。它的实质是要求侦查机关对刑事案件必须快速反应、快速破获、快速查处。侦查工作是时间性很强的工作,要保证其顺利进行,实现诉讼目的,迅速及时尤为重要。犯罪分子作案后,总是力图消灭罪证,并迅速逃离现场,逃避侦查。所以,侦查机关发现或获得有犯罪事实发生的情况后,必须抓住时机,迅速开展工作。另外,作为证据的事实或材料,在未经侦查机关收集、保全之前,极容易因自然或人为的原因而发生变化,例如,犯罪现场留存的痕迹、物品等证据,由于风吹、日晒、雨淋、温升降等原因,造成变形、消失、损坏、丢失、腐烂、变质等,也可能被犯罪分子或他人故意伪造、毁灭、转移等;证人证言、被害人陈述、犯罪嫌疑人供述和辩解等言词证据因时过境迁而灭失或因威胁、利诱、收买以及串供等原因而发生变化,所以必须及时收集和保全。可见,距案件发生的时间越短,与案件有关的物品、痕迹就越容易发现和提取,了解案件情况的人就越容易查找,各种证据内容的变化就越小,收集到的证据就越可靠。因此,背离迅速及时原则,侦查工作将陷入僵局,甚至无法完成。

坚持迅速及时原则,必须做到:(1)迅速展开侦查。侦查人员在发现有犯罪事实后,应以最短的时间迅速赶往犯罪现场进行勘查,尽快查获犯罪嫌疑人,不失时机地拘捕犯罪嫌疑人或对其采取其他必要的强制措施,防止其逃避侦查或继续危害社会。(2)迅速收集证据。侦查人员对现场留下的物品和痕迹要及时提取,对已拘捕的犯罪嫌疑人要在24小时内依法进行第一次讯问,对其他实物和言词证据也要迅速及时地予以收集,以便更多地了解案件情况。(3)严格依法从快。侦查人员要集中时间和人力、物力,在法定的侦查期限内尽量缩短办案期限,迅速完成侦查任务,不能超越侦查期限。当然,坚持迅速及时原则绝不意味着可以为了从快而简化甚至取消法定的诉讼程序,侵犯当事人合法权益。

(二)客观全面原则

侦查是为了查获犯罪嫌疑人和收集证据,查明案件的真实情况,准确地惩罚犯罪分子,这就决定了侦查人员在诉讼中必须坚持唯物主义认识论的观点,采取实事求是的科学态度,客观全面地进行侦查工作。

所谓客观,就是侦查人员在侦查工作中要从实际出发,实事求是,按照事物的本来面目去反映事物,既不夸大,也不缩小,更不歪曲和捏造。所谓全面,就是侦查人员要从不同的角度去了解和反映案件的真实情况,防止仅凭部分材料或某个情节对案件轻易下结论的片面做法。

一切坚持客观全面原则,必须做到:(1)从案件的实际出发。在侦查工作中,侦查人员无论是分析、研究、认定案情,还是确定侦查范围和方向、制定侦查方案,都应当从案件的实际情况出发,用客观全面的态度,以发展变化的观点来研究案件情况,以查证属实的证据作为认定根据。(2)客观全面地收集证据。侦查人员必须从客观实际出发去收集客观存在的证据材料,既不能用主观猜想去代替客观事实,也不能按主观需要去取舍证据,更不能弄虚作假去伪造证据,避免先入为主、偏听偏信、主观臆断的错误做法。同时,侦查人员既要听取控诉方的意见,又要听取犯罪嫌疑人及其辩护人的意见;既要收集能够证明犯罪嫌疑人有罪、罪重的证据事实,又要收集能够证明犯罪嫌疑人无罪、罪轻或减轻其刑事责任的证据事实,并将这两方面的事实对照比较,结合案件的其他证据进行审查,查清与犯罪嫌疑人刑事责任相关的全部事实判断,防止以偏概全。侦查人员要查清犯罪构成诸要件的事实,从重或者从轻、减轻、免除处罚理由的事实,排除行为违法性、可罚性和行为人刑事责任的事实,犯罪嫌疑人的人身情况和犯罪后表现等。当然,全面并非要求获取所有的事实和材料,只要能够证明案件的真实情况,收集到的并经查证的证据符合确实充分的要求,足以正确认定案件事实即可。

客观、全面是相互联系、相辅相成、不可分割的两个方面。侦查人员只有坚持这一有机整体,避免主观和片面,才能保证侦查工作顺利进行。

(三)深入细致原则

所谓深入细致,是指侦查工作要反复、缜密、耐心、谨慎地进行,不得有丝毫的疏忽大意。刑事案件错综复杂,且又都是发生在过去、侦查人员没有亲身经历的"历史"。要运用各种证据去证明这些"史实",显然是一项十分艰巨复杂的任务,深入细致就成为其必然要求。

坚持深入细致原则,必须做到:(1)发现和提取与案件相关的一切物品和痕迹。侦查人员不得忽略现场上任何一件细小的、微不足道的、不易被发现的、不被重视的对象和痕迹,如一滴血、一根毛发、一个烟头、一颗米粒、一纸碎片等,有时它们可能就是证明案件事实的主要证据,因此,要防止因勘验、检查不细致而漏掉有价值的证据。凡是与案情有关的单位和个人,都应当进行调查和询问。无论是对犯罪嫌疑人有利的还是不利的单位和个人各种陈述,侦查人员都要仔细加以询问,不放过任何细枝末节、不引人注目的情况和线索,分析研究,认真查证落实,对每一个证据材料,都要深入细致地研究其来源,了解其现象,认识其本质。(2)培养务实过细的作风。侦查人员在侦查中不可有丝毫马虎,要不怕麻烦,善于冷静分析案情,从细微处发现新情况,避免粗枝大叶、不求甚解,否则,会给侦查工作造成难以弥补的损失。

(四)依靠群众原则

侦查工作是艰巨复杂的工作,必须实行侦查机关的专门工作与群众相结合的原则。《刑事诉讼法》第6条规定:"人民法院、人民检察院和公安机关进行刑事诉讼活动,必须依靠群众。"这是我国刑事诉讼的重要特点,也是对侦查工作的基本要求。

(五)合法有效原则

所谓合法有效,是指侦查人员进行侦查活动要严格遵守和执行法律,确保侦查后果的法律效用和约束力。合法有效原则的意义在于它可以将侦查活动纳入法制轨道,规范侦查行为,保障涉讼公民的合法权益,保证侦查工作的质量和效力,减少冤假错案的发生。

（六）保守秘密原则

在侦查过程中，为了保护国家利益和保障侦查活动的顺利进行，侦查人员必须保守国家秘密和侦查秘密。

所谓保密，是指保守案件中涉及的国家重要政治、经济、军事等绝密、机密和秘密情报，以及当事人的商业秘密和个人隐私，禁止将案情、证据、诉讼参与人的有关情况向无关人员泄露。

二、侦查工作的运行机制

（一）受案、立案、撤销案件

通过受案而立案是侦查工作开始的标志。侦查机关开始侦查活动，以发现犯罪嫌疑为前提。发现犯罪嫌疑可以通过以下几种方式：有关单位和个人的报案或者举报，被害人的报案和控告，犯罪嫌疑人的投案自首，群众扭送犯罪嫌疑人到案，侦查机关在依法履行职责过程中直接发现或获得的犯罪事实和线索等。发现犯罪嫌疑后，侦查机关要通过受案、立案，使侦查工作发动起来。

1. 受案

受案是指侦查机关接到公民、单位的报案、控告、举报，公民扭送或者犯罪嫌疑人投案自首时，立即接受并进行审查，以确定是否有犯罪事实需要追究刑事责任的活动。受案是立案的前提。

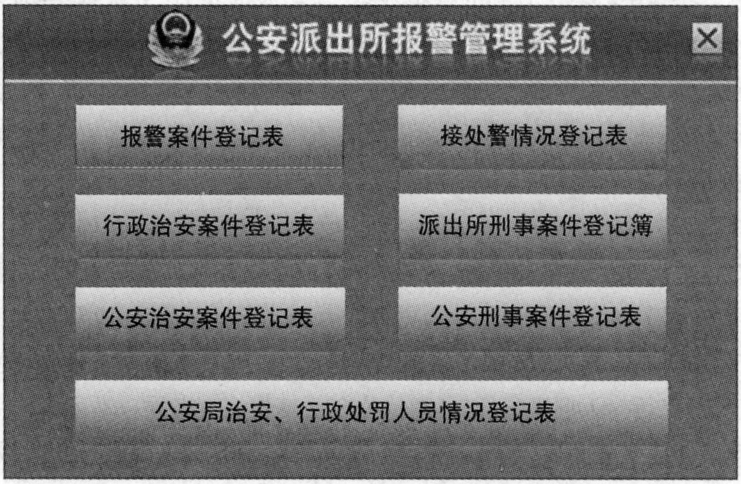

图4-2　公安派出所报警管理系统界面

根据《刑事诉讼法》和有关规范性文件的规定,公安机关对于任何单位和个人的报案、控告、举报、公民扭送和犯罪嫌疑人投案自首都应当接受。对于不属于自己管辖的,应当移送主管部门处理,并且通知报案人、控告人、举报人;对于不属于自己管辖而又必须采取紧急措施的,应当先采取紧急措施,然后移交主管部门处理。

公安机关受案的具体做法为:(1)问明情况,并制作笔录,经宣读无误后,由扭送人、报案人、控告人、举报人、自动投案人签名、按指印。必要时应当录音或录像。报案人、控告人、举报人不愿意公开自己姓名和行为的,应当为他们保密。(2)告知控告人、举报人诬告的法律责任。但是,对于不是捏造事实、伪造证据,即使控告、举报的事实有出入,甚至是错告的,应当与诬告严格区别。(3)制作《接受刑事案件登记表》,作为受理案件的原始材料,存档备查。(4)对于接受的案件,或者发现新的犯罪线索,迅速进行审查。经过审查,对有犯罪事实,但不属于自己管辖的案件,应当在24小时内,经县级以上公安机关负责人批准,签发《移送案件通知书》,移送有管辖权的机关处理。对于不属于自己管辖又必须采取紧急措施的,应当先采取紧急措施,然后办理手续,移送有管辖权的机关处理;经过审查,对于告诉才处理的案件和被害人有证据证明的轻微刑事案件,将案件材料和有关证据送交有管辖权的人民法院,并告知当事人向人民法院起诉;经过审查,对不够刑事处罚、需要给予行政处罚的,依法处理。(5)经过审查,对符合立案条件的,及时立案。

检察机关举报中心负责统一受理单位和个人对检察机关受理侦查的案件的举报线索。举报中心对于收到的举报线索,应当及时审查,并根据举报线索的不同情况和管辖规定,在7日内分别情况进行处理。对于属于本院管辖的案件,经集体研究后,交本院侦查部门办理。侦查部门对举报线索进行审查,认为需要初查的,报检察长或者检察委员会决定进行初查。经过初查,认为有犯罪事实需要追究刑事责任的,提请批准立案。

2. 立案

侦查机关接报受理案件后,经初步审查,对确认有犯罪事实、需要追究行为人刑事责任的,经县级以上侦查机关负责人或者相当于这一级的主管部门负责人批准,决定列为犯罪案件进行侦查。刑事案件立案必须具备三个条件:有犯罪事实发生,需要追究行为人刑事责任,办案单位有管辖权。三者缺一不可。

公安机关接受报案后,经审查符合立案条件的,制作《刑事案件立案报告表》,由本部门领导审批后,报县级以上公安机关负责人决定是否予以立案。

检察机关收到举报线索后,经举报线索协调小组研究,报检察长或检察委员会作出是否立案决定，侦查部门应当在1个月内将是否立案的决定回复举报中心。

侦查机关对符合立案条件的予以立案并告知控告人、报案人。对不符合立案条件的不予立案，并将不立案的理由通知控告人、报案人。控告人、报案人不服的，可以申请复议。

3.撤销案件

经过侦查，发现具有下列情形之一的，应当撤销案件：(1)没有犯罪事实的；(2)情节显著轻微、危害不大，不认为是犯罪的；(3)犯罪已过追诉时效期限的；(4)经特赦令免除刑罚的；(5)犯罪嫌疑人死亡的；(6)其他依法不追究刑事责任的。

对于经过侦查，发现有犯罪事实需要追究刑事责任，但不是被立案侦查的犯罪嫌疑人实施的，或者共同犯罪案件中部分犯罪嫌疑人不够刑事处罚的，应当对有关犯罪嫌疑人终止侦查，并对该案件继续侦查。

(二)侦查

侦查机关对已经立案的刑事案件的侦查工作应迅速及时地加以运行，根据需要采取各种侦查手段和强制性措施，客观全面地收集证据材料，并予以审查核实。

侦查过程中可以采用的侦查手段有：

1.讯问犯罪嫌疑人。讯问犯罪嫌疑人是指侦查人员依照法定程序以言词方式对被怀疑犯有罪行的人进行提问并要求回答的一种侦查活动。讯问犯罪嫌疑人是查获犯罪嫌疑人后的必经程序，也是查明案情的一种有效措施。通过讯问犯罪嫌疑人，可以使无罪的人获得申诉自己无罪的事实和理由的机会，从而使无罪者免受刑事追究。讯问犯罪嫌疑人必须由侦查人员进行。讯问时，侦查人员不得少于二人。讯问同案的犯罪嫌疑人，应当个别进行。

2.询问证人、被害人。询问证人是指侦查人员按照法定的程序，以言词方式就案件情况向证人进行查询并取得证言的一种侦查活动。询问证人、被害人应当个别进行。询问未成年的证人、被害人，可以通知其监护人到场。

3.勘验、检查。侦查人员对于与犯罪有关的场所、物品、人身、尸体等应当进行勘验或检查，使用技术手段及时提取痕迹、物证。必要时，可以指派或聘请具有专门知识的人，在侦查人员主持下进行勘验、检查。

4.搜查。侦查人员对犯罪嫌疑人或可能隐藏罪犯或者犯罪证据的人身、物品、场所，经县级以上公安机关负责人批准，可以进行搜查。侦查人员执行搜查必须出示《搜查证》,并不的少于2人,而且应当有见证人在场。

5.查封、扣押。在侦查活动中发现的可用以证明犯罪嫌疑人有罪或者无罪的各种财物、文件,侦查机关应当查封、扣押;持有人拒绝交出应当查封、扣押的财物、文件的,可以强制查封、扣押。

6.查询冻结。根据侦查犯罪的需要,侦查机关可以依照规定查询、冻结犯罪嫌疑人的存款、汇款、债券、股票、基金份额等财产,并可以要求有关单位和个人配合。

7.鉴定。对案件中某些专门性问题,侦查机关应当指派、聘请有专门知识的人进行鉴定,由其进行鉴定并写出鉴定结论。

8.辨认。为了查明案情,在必要的时候,侦查人员可以让被害人、证人或者犯罪嫌疑人对与犯罪有关的物品、文件、尸体、场所或者犯罪嫌疑人进行辨认。

9.技术侦查。对于危害国家安全犯罪、恐怖活动犯罪、黑社会性质的组织犯罪、重大毒品犯罪或者其他严重危害社会的犯罪案件,对于检察机关直接受理的重大贪污、贿赂犯罪案件以及利用职权实施的严重侵犯公民人身权利的重大犯罪案件,根据侦查犯罪的需要,经过严格的批准手续,可以采取技术侦查措施。常见的技术侦查手段有电子侦听、电话监听、电子监控、秘密拍照、录像、进行邮件检查等秘密的专门技术手段。

10.秘密侦查。秘密侦查是指为了查明案情,在必要的时候,经公安机关负责人决定,可以由有关人员隐匿其身份实施的侦查。常见的秘密侦查方式有化装侦查、卧底侦查、诱惑侦查等。秘密侦查不得诱使他人犯罪,不得采用可能危害公共安全或者发生重大人身危险的方法。[7]

11.通缉。应当逮捕的犯罪嫌疑人在逃或者已被逮捕的犯罪嫌疑人脱逃的,侦查机关可以发布通缉令,采取有效措施追捕归案。各级侦查机关在自己辖区内可以直接发布通缉令;超出自己辖区时,应当报请有权决定的上级机关发布。

除上述侦查手段外,为保证侦查的顺利进行,在侦查过程中,侦查机关可以依法对犯罪嫌疑人采取拘传、取保候审、监视居住、拘留、逮捕等强制措施。

(三)侦查终结

公安机关经过侦查工作后,认为案件事实清楚,证据确实、充分,犯罪性质和罪名认定正确,法律手续完备,依法应当追究刑事责任的,可以终结案件的侦查。

---

〔7〕 邓立军:《控制下交付与诱惑侦查的边界及其勘定》,载《法学评论》2016年第6期。

侦查终结的案件,应当做到事实清楚,证据确实充分。公安机关对侦查终结的案件应当制作起诉意见书,连同案卷材料、证据一并移送同级人民检察院审查决定。发现不应当追究犯罪嫌疑人刑事责任的,应当撤销案件;犯罪嫌疑人被逮捕的,应当立即释放,发给释放证明,并且通知原批准的人民检察院。公安机关对检察机关不起诉的,可以要求复议、复核。

公安机关侦查终结,移送人民检察院审查起诉的案件,人民检察院退回公安机关补充侦查的,公安机关接到人民检察院退回补充侦查的法律文书后,应当按照补充侦查提纲在一个月以内补充侦查完毕。补充侦查以二次为限。

检察机关实行侦查与审查起诉相分离。人民检察院侦查部门经侦查,认为犯罪事实清楚,证据确实、充分,依法应当追究刑事责任的案件,应当写出侦查终结报告,并且制作起诉意见书,连同案卷材料、证据向审查起诉部门移送,决定是否起诉。对不应追究犯罪嫌疑人刑事责任的,应当作出不起诉决定,或者撤销案件。

第四节　侦查制度改革

2015年2月,中央审议通过《关于全面深化公安改革若干重大问题的框架意见》及相关改革方案,全面深化公安改革共有七个方面的主要任务、一百多项改革措施。七个方面的主要任务是:一是健全维护国家安全工作机制,二是创新社会治安治理机制,三是深化公安行政管理改革,四是完善执法权力运行机制,五是完善公安机关管理体制,六是健全人民警察管理制度,七是规范警务辅助人员管理。全面深化公安改革将改革的指向聚焦在三个方面:一是着力完善现代警务运行机制,提高社会治安防控水平和治安治理能力,提高人民群众的安全感。二是着力推进公安行政管理改革,提高管理效能和服务水平,从政策上、制度上推出更多惠民利民便民新举措,提高人民群众的满意度。三是着力建设法治公安,确保严格规范公正文明执法,提高公安机关执法水平和执法公信力,努力让人民群众在每一项执法活动、每一起案件办理中都能感受到社会公平正义。

本次改革与侦查制度相关的内容主要有:

一、实行受案立案分离和立案归口管理制度

受案、立案是刑事诉讼程序的起点。长期以来,公安机关实行立侦合一的办

案模式，侦查部门决定受案立案，实践中存在该受不受、该立不立、拖延立案、推诿扯皮、立案标准不统一等现象，同时为降低发案率、提高破案率，还存在“不破不立”、“先破后立”等现象。受案立案环节存在的这些问题一方面侵害了报案人的合法权益，助长了执法的随意性；另一方面也影响了公安机关执法的公信力。2015 年 11 月 6 日，公安部印发了《公安部关于改革完善受案立案制度的意见》（公通字〔2015〕32 号）。根据该文件，完善受案立案制度的主要举措为：

（一）健全接报案登记

各省级公安机关依托警务信息综合应用平台，建立完善全省区市统一的接报案、受案立案功能模块。对于群众报案、控告、举报、扭送，违法犯罪嫌疑人投案，以及上级机关交办案件或者其他机关移送的案件，属于公安机关管辖的，各办案警种、部门都必须接受并依照有关规定办理，不得推诿。对于上述接受的案件以及工作中发现的案件，除性质和事实涉及国家秘密的以外，都必须进行网上登记。涉嫌犯罪的，按照刑事案件进行立案审查；涉嫌行政违法的，按照行政案件进行受案审查。群众上门报案的，应当当场进行接报案登记，当场接受证据材料，当场出具接报案回执并告知查询案件进展情况的方式和途径。对明显不属于公安机关职责范围的报案事项，应当立即告知报案人向其他有关主管机关报案。对重复报案、案件正在办理或者已经办结的，应当向报案人作出解释，不再重复接报案登记。

（二）及时审查办理

接报案件后，应当立即进行受案立案审查。对于违法犯罪事实清楚的案件，公安机关各办案警种、部门应当即受即立即办，不得推诿拖延。行政案件受案审查期限原则上不超过 24 小时，疑难复杂案件受案审查期限不超过 3 日。刑事案件立案审查期限原则上不超过 3 日；涉嫌犯罪线索需要查证的，立案审查期限不超过 7 日；重大疑难复杂案件，经县级以上公安机关负责人批准，立案审查期限可以延长至 30 日。法律、法规、规章等对受案立案审查期限另有规定的，从其规定。决定不予受案立案后又发现新的事实证据，或者发现原认定事实错误，需要追究行政、刑事责任的，应当及时作受案立案处理。

对于违法犯罪活动正在进行以及其他情况紧急的案件，接到报案后应当先进行紧急处置，第一时间制止违法犯罪，控制嫌疑人，救治伤员，保护现场，及时开展现场调查取证等工作。紧急处置完毕后，应当在 24 小时内完成接报案登记；符合受案立案条件的,依法及时受案立案。

(三)强化受立案的监督管理

各级公安法制部门是公安机关受案立案工作监督管理的主管部门,在法制部门增设受案立案管理机构。主要履行以下职责:通过受案立案信息系统掌握、监督和管理本级公安机关各办案警种、部门受案立案情况,及时发现、预警和纠正受案立案环节的执法问题;对经济犯罪案件以及其他易出问题、有争议的案件是否受案立案进行审核监督;统一接受检察机关通知立案的案件;协调解决本级公安机关各办案警种、部门之间的案件管辖争议;办理不予立案复议复核案件。

此外,各有关警种、部门分工负责,密切配合,共同做好受案立案监督管理工作。其中,指挥中心通过回访报警人、检查处警警情反馈等形式,及时发现受案立案问题;督察部门通过执法检查、网上督察等方式加强对接报案、受案立案工作的现场督察,运用督察手段及时处理群众对接报案、受案立案工作的投诉;纪检监察部门及时查处受案立案工作中存在的违纪违法问题;信访部门要认真组织调查处理受案立案信访事项。

(四)改进考评机制

取消发案数、破案率等影响依法如实受案立案的不科学、不合理考评指标,增加案件当事人对公安机关接报案、受案立案工作满意度的评价比重,树立正确的考核评价激励导向,促进和保障依法如实受案立案。

(五)严格追究责任

完善受案立案工作责任制,明确接报案登记、受案立案审查工作责任。对于报案不接、接报案后不登记不受案不立案、受案立案后不查处,越权管辖、违法受案立案、插手经济纠纷,以及虚报接报案和受案立案统计数据等违法违纪行为,依照有关规定追究相关领导和直接责任人员的责任。

(六)完善刑事案件立案标准

各级公安机关应当按照刑事案件立案标准与人民检察院、人民法院的追诉、定罪标准相协调原则,提高刑事执法效能。严格执行和不断完善最高人民检察院、公安部联合下发的有关刑事案件立案追诉标准。依法可由省级公安机关制定、细化的刑事案件立案标准,省级公安机关要与同级人民检察院、人民法院协商一致后确定。

二、围绕推进以审判为中心的诉讼制度改革，完善适应证据裁判规则要求的证据收集工作机制

以审判为中心的诉讼制度要求侦查机关、人民检察院应当按照裁判的要求和标准收集、固定、审查、运用证据，人民法院应当按照法定程序认定证据，依法作出裁判。2016 年 10 月 11 日，最高人民法院、最高人民检察院、公安部、国家安全部、司法部联合印发《关于推进以审判为中心的刑事诉讼制度改革的意见》，其中对侦查机关的证据收集提出如下具体要求：

1. 侦查机关应当全面、客观、及时收集与案件有关的证据。侦查机关应当依法收集证据，对采取刑讯逼供、暴力、威胁等非法方法收集的言词证据，应当依法予以排除。侦查机关收集物证、书证不符合法定程序，可能严重影响司法公正，不能补正或者作出合理解释的，应当依法予以排除。

对物证、书证等实物证据，一般应当提取原物、原件，确保证据的真实性。需要鉴定的，应当及时送检。证据之间有矛盾的，应当及时查证。所有证据应当妥善保管，随案移送。

2. 完善讯问制度，防止刑讯逼供，侦查机关不得强迫任何人证实自己有罪。侦查机关应当严格按照有关规定要求，在规范的讯问场所讯问犯罪嫌疑人。严格依照法律规定对讯问过程全程同步录音录像，逐步实行对所有案件的讯问过程全程同步录音录像。

探索建立重大案件侦查终结前对讯问合法性进行核查制度。对公安机关、国家安全机关和人民检察院侦查的重大案件，由人民检察院驻看守所检察人员询问犯罪嫌疑人，核查是否存在刑讯逼供、非法取证情形，并同步录音录像。经核查，确有刑讯逼供、非法取证情形的，侦查机关应当及时排除非法证据，不得作为提请批准逮捕、移送审查起诉的根据。

3. 在案件侦查终结前，犯罪嫌疑人提出无罪或者罪轻的辩解，辩护律师提出犯罪嫌疑人无罪或者依法不应追究刑事责任的意见，侦查机关应当依法予以核实。

三、规范查封、扣押、冻结、处理涉案财物程序，实行涉案财物集中管理

2015 年 3 月 3 日，中共中央办公厅、国务院办公厅印发《关于进一步规范刑事诉讼涉案财物处置工作的意见》，同年年 3 月 6 日最高人民检察院印发《人民检察

院刑事诉讼涉案财物管理规定》,同年7月22日,公安部印发《公安机关涉案财物管理若干规定》。

《关于进一步规范刑事诉讼涉案财物处置工作的意见》指出,进一步规范查封、扣押、冻结、处理涉案财物司法程序是党的十八届三中全会、四中全会部署的重点任务,也是完善人权司法保障制度的重要举措。虽然我国《刑法》、《刑事诉讼法》对涉案财物处置都有规定,也出台了不少司法解释和规范性文件,但目前涉案财物处置工作随意性大,保管不规范、移送不顺畅、信息不透明、处置不及时、救济不到位等问题非常突出,严重损害当事人合法权益,严重影响司法公信力,社会反映强烈。同时,境外追逃追赃工作政治性、政策性、国际性强,要求高、数量大,情况复杂,但由于职能分散,责任不实,导致境外追逃追赃效率低、效果差,不利于依法惩治犯罪,不利于推进反腐败工作。进一步规范刑事诉讼涉案财物处置工作,对于促进依法惩治犯罪和切实保障人权的协调统一,保障执法办案工作的顺利进行,保证公正司法、提高司法公信力,具有重要意义。

上述规范性文件均界定了涉案财物的范围;强调进一步规范查封、扣押、冻结涉案财物的程序,严禁立案前扣押、冻结财物;要求办案机关指定本机关一个部门或专职人员统一保管涉案财物,严禁办案部门、办案人员自行保管,同时规定了保管的具体程序和要求;强调扣押、冻结的款物,除依法应当返还被害人或者经查明确实与案件无关的以外,不得在诉讼程序终结之前处理。法律和有关规定另有规定的除外;涉案财物先行处置的,应当做到公开、公平。此外,上述文件还规定了具体的监督制约措施和权利救济及责任追究措施。

四、完善执法责任制,健全执法过错纠正和责任追究制度,建立冤假错案责任终身追究制

2016年1月14日,公安部发布修订后的《公安机关人民警察执法过错责任追究规定》。根据该规定,公安机关侦查部门和人员执法责任制的主要内容有:

(一)执法过错的界定

执法过错是指公安机关人民警察在执法办案中,故意或者过失造成的认定事实错误、适用法律错误、违反法定程序、作出违法处理决定等执法错误。

在事实表述、法条引用、文书制作等方面存在执法瑕疵,不影响案件处理结果的正确性及效力的,不属于执法过错。

（二）执法过错责任的主体认定

执法办案人、鉴定人、审核人、审批人都有故意或者过失造成执法过错的，应当根据各自对执法过错所起的作用，分别承担责任。

1. 审批人责任：审批人在审批时改变或者不采纳执法办案人、审核人的正确意见造成执法过错的，由审批人承担责任。但因执法办案人或者审核人弄虚作假、隐瞒真相，导致审批人错误审批造成执法过错的，由执法办案人或者审核人承担主要责任。

2. 鉴定人责任：鉴定人提供虚假、错误鉴定意见造成执法过错的，由鉴定人承担主要责任。

3. 直接责任人责任：违反规定的程序，擅自行使职权造成执法过错的，由直接责任人员承担责任。

4. 上、下级责任：下级公安机关按照规定向上级请示的案件，因上级的决定、命令错误造成执法过错的，由上级有关责任人员承担责任。因下级故意提供虚假材料或者不如实汇报导致执法过错的，由下级有关责任人员承担责任。

下级对超越法律、法规规定的人民警察职责范围的指令，有权拒绝执行，并同时向上级机关报告。没有报告造成执法过错的，由上级和下级分别承担相应的责任；已经报告的，由上级承担责任。

（三）对执法过错责任人的处理

对执法过错责任人员，应当根据其违法事实、情节、后果和责任程度分别追究刑事责任、行政纪律责任或者作出其他处理。

追究行政纪律责任的，由人事部门或者纪检监察部门依照《行政机关公务员处分条例》和《公安机关人民警察纪律条令》等规定依法给予处分；构成犯罪的，依法移送有关司法机关处理。

其他处理的方式为：（1）诫勉谈话；（2）责令作出书面检查；（3）取消评选先进的资格；（4）通报批评；（5）停止执行职务；（6）延期晋级、晋职或者降低警衔；（7）引咎辞职、责令辞职或者免职；（8）限期调离公安机关；（9）辞退或者取消录用。以上方式可单处或并处。

此外，《公安机关人民警察执法过错责任追究规定》还规定了从轻、减轻或免于追究、不予追究执法过错责任的情形。

（四）执法过错责任的追究程序

1. 查处。追究执法过错责任，由发生执法过错的公安机关负责查处。上级公安机关发现下级公安机关应当查处而未查处的，应当责成下级公安机关查处；必要时，也可以直接查处。

公安机关纪检监察、督察、审计、法制以及执法办案等部门，应当在各自职责范围内主动、及时检查、纠正和处理执法过错案件。

2. 认定。各有关部门调查后，认为需要法制部门认定执法过错的，可以将案件材料移送法制部门认定。法制部门认定执法过错案件，可以通过阅卷、组织有关专家讨论、会同有关部门调查核实等方式进行，形成执法过错认定书面意见后，及时送达有关移送部门，由移送部门作出处理。

3. 救济。被追究执法过错责任的公安机关人民警察及其所属部门不服执法过错责任追究的，可以在收到执法过错责任追究决定之日起五日内向作出决定的公安机关或者上一级公安机关申诉；接受申诉的公安机关应当认真核实，并在三十日内作出最终决定。法律、法规另有规定的，按照有关规定办理。

（五）错案责任终身追究

对因故意或者重大过失造成的错案，不受执法过错责任人单位、职务、职级变动或者退休的影响，终身追究执法过错责任。

错案责任人已调至其他公安机关或者其他单位的，应当向其所在单位通报，并提出处理建议；错案责任人在被作出追责决定前，已被开除、辞退且无相关单位的，应当在追责决定中明确其应当承担的责任。

五、探索建立主办侦查员制度，落实办案质量终身负责制

主办侦查员制度是相对于首长负责制下的集体办案模式而言的。我国侦查机关的刑事案件侦查工作，通常是在侦查机关行政领导掌握指挥权、审批权的前提下，由若干侦查人员组成办案集体开展工作。在这种“行政指令式”工作模式下，侦查员不是案件的指挥者，无力直接调动其他警力开展工作，侦查工作仍靠领导的组织指挥，破不破案仍在于领导，责权不统一，侦查员的主动性和创造性没有充分发挥，侦查工作的效率、质量均受到制约。

主办侦查员制度的主要内容是，选定符合条件的侦查员作为具体案件的主办人，负责案件的侦查，依法自主决定案件处理结果，并对案件质量终身负责。该制

度核心在于破除侦查权运行的行政化，精简办案环节，贯彻权责利一致，提高办案效率，保证办案质量。主办侦查员制度与检察机关的主办检察官制度、审判机关的主审法官制度有效接轨。

案　例

2007 年 5 月，李某因盗窃罪被人民法院判处有期徒刑 5 年。2008 年 7 月，李某在监狱服刑期间与同为服刑人员的王某因琐事打架，致王某重伤。李某在伤害案侦查期间，主动交代其在盗窃案发前还曾伙同张某抢劫 2 次。

分析：李某涉嫌伤害一案应当由哪个机关侦查？李某与张某涉嫌抢劫一案应当由哪个侦查机关侦查？

复习题

一、概念

侦查　侦查模式　技术侦查　通缉　侦查实验

二、思考

1. 我国侦查机关的种类。
2. 侦查工作的原则。
3. 我国侦查制度的改革。

阅读文献

1. 胡志风：《侦查取证行为的程序控制实证研究》，法律出版社 2015 年版。
2. [美]罗伯特·K. 惠特曼：《追缉国家宝藏：FBI 艺术犯罪组首席卧底探员破案实录》，苏琳译，上海三联书店 2013 年版。
3. 张云霄：《职务犯罪侦查前沿问题研究》，法律出版社 2016 年版。
4. 何家弘：《犯罪的密码——科学探案纪实》，中国人民大学出版社 2009 年版。
5. 任惠华等：《侦查学教程》，法律出版社 2014 年版。

第五章 刑罚执行制度

内容提示

刑罚执行制度是刑事法律制度必不可少的组成部分,是实现对罪犯进行惩罚和改造的制度。监狱承担了绝大部分的刑罚执行任务,尤其在自由刑的执行方面。监狱制度包括狱政管理、教育改造、劳动改造等内容。

第一节 刑罚执行制度概述

一、刑罚执行的概念

刑罚执行,简称行刑,是指享有行刑权的国家机关,根据人民法院的生效刑事裁判文书所确定的刑罚内容,对受罪刑宣告的犯罪人实施惩罚和改造的刑事司法活动。根据《刑事诉讼法》、《监狱法》等有关法律规范的规定,结合刑罚执行的含义,我国的行刑活动具有如下特点:

1. 行刑的主体是享有行刑权的国家机关。根据法律及有关规定,我国享有行刑权的国家机关包括人民法院(负责死刑立即执行、财产刑和资格刑的执行)、监狱(负责死刑缓期二年执行、无期徒刑、有期徒刑和拘役的执行)、未成年犯管教所(负责未满18周岁的未成年人的刑罚的执行)、公安机关(负责拘役、管制、缓刑考验、部分附加刑如驱逐出境等的执行)、司法行政机关(负责指导管理、组织实施社区矫正)。除此以外的任何机关、团体、个人均不得成为行刑主体。

2. 行刑必须以人民法院已生效的刑事裁判文书为根据。其他任何机关、团体、个人的文书、指示、命令均不能作为行刑的根据。

3. 行刑以实现人民法院生效刑事裁判文书所确定的刑罚内容,进而实现国家的刑罚目的为目的。人民法院的生效刑事裁判文书所确定的刑罚内容,直接以国家强制力保证实现,这是刑事责任的特点。行刑就是国家强制力的具体表现。同时,实现个案的刑罚内容最终是为了实现国家的刑罚目的。

二、刑罚执行的原则

行刑机关对罪犯行刑的过程中,应当遵循的原则包括:

(一)以改造罪犯为中心的原则

我国的刑罚目的为“预防犯罪、减少犯罪直至消灭犯罪”,所以将大多数罪犯改造为新人自应作为我国行刑活动的最高原则。该原则也是我国数十年来坚持的“改造第一、生产第二”这一劳改工作方针在行刑活动中的具体体现。[1]

根据我国法律规定,对罪犯的改造包括:

1. 劳动改造,即将罪犯强行纳入有严密组织和秩序的生产流程中,约束并规范其行为,以期改变其原有的反社会性的行为习惯。

2. 思想改造,即通过强制性的政治思想教育、法制教育,以期改变其原有的反社会思想,树立新的守法思想。

3. 文化技术教育,即通过文化教育和技术培训,以提高其文化素养,掌握一定的生产技能,为重返社会,不再犯罪创造条件。

(二)惩罚和改造相结合的原则

惩罚是刑罚的基本属性,我国的刑罚也不例外。惩罚就是使罪犯的人身和心理遭受痛苦和耻辱。行刑的惩罚功能实现的途径包括将罪犯强制监管,剥夺其人身自由,使其与社会隔离;剥夺、限制或停止罪犯的某些权利,包括政治权利;监管场所实行武装警戒和严格管制,监督罪犯遵守监管场所的各种纪律和制度;对罪犯的各种违法或犯罪活动予以制裁和打击。

需要说明的是,我国刑罚的惩罚功能并非为惩罚而惩罚,而是通过惩罚,使罪犯对自己的犯罪行为悔悟,为改造其为新人创造条件。罪犯的改造一般不是自觉的,大多要经过从强迫改造到自觉改造的过程,所以,惩罚是使罪犯从强迫改造转变为自觉改造所必不可少的手段。由此可见,我国行刑活动中的惩罚是手段,改造是目的。

---

〔1〕 贾洛川、王志亮:《新中国监狱学研究20年综述》,中国法制出版社2016年版,第233页。

(三)依法行刑原则

依法行刑就是行刑机关和人员的行刑活动必须严格按照法律规定进行,不得超越法律"法外施刑"或"法外施仁"。该原则的具体要求有:

1. 行刑必须以人民法院的生效刑事裁判文书为唯一依据,任何人、任何机关非依法定程序不得更改人民法院生效法律文书所确定的刑罚种类、期限、方式。

2. 行刑必须严格按照法律规定的程序、条件进行,符合"执法必严"这一社会主义法治原则的要求:既要对罪犯依法进行惩罚和改造,也要注意保护其合法权益:对行刑人员的过错行为必须"有错必纠"。

第二节　监　　狱

如前所述,我国享有行刑权的国家机关包括人民法院、监狱、未成年犯管教所、公安机关和司法行政机关。鉴于监狱承担着大部分刑罚的执行工作,在行刑中发挥着核心作用,所以本节重点介绍监狱。

一、监狱的概念和性质

《监狱法》第2条规定:"监狱是国家的刑罚执行机关",是对被判处死刑缓期两年执行、无期徒刑、有期徒刑的罪犯执行刑罚的场所。

按照马克思主义的国家学说,监狱同军队、警察、法庭共同构成了国家暴力机器。所以,监狱是国家暴力机器的重要组成部分,是阶级专政的工具。我国的监狱作为国家的刑罚执行机关,首先是人民民主专政的工具之一。但我国的监狱并不是单纯地对罪犯实施惩罚的场所,更是把罪犯改造成为社会主义有用之才的熔炉。为实现改造罪犯的目标,我国的监狱对罪犯实行劳动改造,坚持革命的人道主义,实行文明管理,尊重罪犯的人格,保障罪犯的合法权益。

二、监狱的种类

根据《监狱法》的规定,我国监狱分为两种:(1)监狱。监狱是对成年犯执行刑罚的机构和场所,又称成年犯监狱。它在监狱体系中占有重要位置,大部分罪犯都在监狱中执行刑罚。(2)未成年犯管教所,又称少年犯管教所,即未成年犯监狱。它是对已满14周岁、未满18周岁的未成年犯执行刑罚的机构和场所。

此外,我国承担监狱职能的机构还包括拘役所和看守所。拘役所是对被判处拘役的罪犯执行刑罚的场所,拘役所在对拘役犯执行刑罚时,应当执行《监狱法》的有关规定。看守所,是羁押未决犯的机构,其主要职责是羁押处在侦查、预审、起诉、审判阶段的犯罪嫌疑人和刑事被告人。看守所不是刑事执行机关,但根据《刑事诉讼法》第213条的规定,它具有代替监狱和拘役所对一部分被判处有期徒刑罪犯和被判处拘役罪犯执行刑罚的职能。看守所对罪犯执行刑罚,应当执行《监狱法》的有关规定。拘役所、看守所由公安机关管理。需要说明的是,由于拘役所设置极不规范,缺乏执法和管理依据,并且基础设施条件差、安全系数低,影响了拘役刑罚执行工作的顺利进行。同时,由于被判处拘役罪犯的数量相对较少,单独设置拘役所难以形成关押规模,致使拘役所普遍以关押留所服刑罪犯为主,名不副实。

为全面规范对被判处拘役罪犯的刑罚执行工作,2005年12月27日公安部发布《关于做好撤销拘役所有关工作的通知》(公通字〔2005〕96号),决定撤销拘役所,对于被判处拘役的罪犯,由看守所执行。上述通知要求2006年4月30日前完成该项工作。所以,曾经存在过的拘役执行场所——拘役所自此已不存在。

三、监狱的设置

监狱和未成年犯管教所由省、自治区、直辖市根据需要设置,由省、自治区、直辖市人民政府司法行政部门的监狱管理局直接管理。监狱和未成年犯管教所的设置、撤销、迁移,由国务院司法行政部门批准。

监狱设监狱长1人,副监狱长若干人,并根据工作需要设置必要的工作机构和配备其他监狱管理人员。监狱一般设置狱政管理、狱内侦查、教育改造、生活卫生、组织人事、生产经营、计划财务等工作机构。

监狱的管理人员是人民警察。监狱人民警察,简称监狱警察,是人民警察的一个警种,与公安、交通等警察具有同等的法律地位。

未成年犯管教所设所长1人,副所长若干人,并根据工作需要设置必要的工作机构和配备其他管教人员。现在,我国每个省(自治区、直辖市)一般设置一个未成年犯管教所。

监狱、未成年犯管教所设罪犯中队,对罪犯进行管理。中队分别管理不同类型的罪犯,中队管教干部对罪犯实施直接管理。

三、监狱的管理体制

司法部是我国监狱的主管机关，在司法部内设置监狱管理局，具体管理全国的监狱工作。各省、自治区、直辖市司法行政管理机关相应设置监狱管理局，在当地司法厅、局的领导下，负责管理本省、自治区、直辖市的监狱工作。

监狱实行党委领导下的监狱长负责制。

第三节 刑罚执行的基本内容

一、死刑和附加刑的执行

（一）死刑的执行

1. 死刑立即执行

死刑立即执行是最为严厉的刑罚，具有不可逆转性的特点。因此，死刑立即执行应当遵循慎重执行、不增加受刑人痛苦等原则。[2]

根据《刑事诉讼法》和有关法律的规定，死刑立即执行按以下程序进行：(1)最高人民法院院长签发执行死刑命令。(2)原审人民法院在接到执行死刑命令后7日内交付执行。人民法院在交付执行死刑前3日，应当通知同级人民检察院派员临场监督。(3)人民法院在执行死刑前，应当告知罪犯有权会见其近亲属。罪犯申请会见并提供具体联系方式的，人民法院应当通知其近亲属。罪犯近亲属申请会见的，人民法院应当准许，并及时安排会见。(4)指挥执行的审判人员对罪犯验明正身，讯问有无遗言、信札；在执行前，如果发现可能有错误，应当暂停执行，报请最高人民法院裁定。(5)执行人员采用枪决或者注射等法定方式执行死刑；采用注射方法执行死刑的，应当在指定的刑场或者羁押场所内执行。采用枪决、注射以外的其他方法执行死刑的，应当事先层报最高人民法院批准。(6)执行死刑后，应当由法医验明罪犯确实死亡，在场书记员制作笔录。负责执行的人民法院应当在执行死刑后十五日内将执行情况，包括罪犯被执行死刑前后的照片，上报最高人民法院。(7)执行死刑后应当通知罪犯家属。需要说明的是，执行死刑应

---

〔2〕 马克昌：《刑罚通论》，武汉大学出版社1995年版，第553～556页。

当公布,但不应示众,即禁止游街示众或者其他有辱罪犯人格的行为。

下级人民法院接到最高人民法院执行死刑的命令后,应当在7日以内交付执行。但是发现有下列情形之一的,应当停止执行,并且立即报告最高人民法院,由最高人民法院作出裁定:(1)在执行前发现判决可能有错误的;(2)在执行前罪犯揭发重大犯罪事实或者有其他重大立功表现,可能需要改判的;(3)罪犯正在怀孕的。前述第一项、第二项停止执行的原因消失后,必须报请最高人民法院院长再签发执行死刑的命令才能执行:由于第三项原因停止执行的,应当报请最高人民法院依法改判。

2. 死刑缓期2年执行

对于判处死刑缓期2年执行的罪犯,按以下程序执行:(1)死缓裁判文书生效后,人民法院将执行通知书、判决书、裁定书、起诉书副本和结案登记表等送达羁押该罪犯的看守所。(2)看守所在收到法律文书之日起一个月内,将罪犯和有关法律文书送交监狱执行。(3)监狱检查法律文书是否齐全。齐全者收监,不齐全者不予收。(4)对罪犯进行健康和人身物品检查,办理入监手续。女性罪犯由女性人民警察进行人身检查。(5)罪犯收监后5日内,监狱向罪犯家属发出通知书,告知家属罪犯服刑地点。(6)罪犯进行劳动改造。

2年期满以后,死缓犯符合减刑条件的,监狱提出减刑的书面意见,报经省(直辖市、自治区)监狱审核后,提请当地高级人民法院裁定减刑。当地高级人民法院作出减刑裁定后,除将裁定通知执行机关执行外,还应抄送原判法院备查。死缓犯具备执行死刑条件的,监狱提出书面意见,报经省(直辖市、自治区)监狱局审核后,由最高人民法院核准。最高人民法院院长签发执行死刑命令后,执行死刑。

(二)财产刑的执行

财产刑的执行包括罚金刑的执行和没收财产刑的执行。根据我国《刑法》的规定,罚金刑的执行方式包括一次缴纳或者分期缴纳、强制缴纳。我国《刑法》还规定了罚金的追缴制度和罚金的减免制度。财产刑执行的主要内容有:

1. 财产刑无论独立适用还是附加适用,均由人民法院执行。必要时,可以由公安机关协助。

2. 没收财产的范围只限于犯罪分子个人所有的财产。《刑法》规定,“没收财产是没收犯罪分子个人所有财产的一部或者全部”,“在判决没收财产的时候,不得没收属于犯罪分子家属所有或者应有的财产”。

3. 执行罚金刑实行追缴制。即对于不能全部缴纳罚金的，人民法院在任何时候，包括在判决主刑执行完毕或者罪犯死亡后，发现被执行人有可以执行的财产，应当及时追缴。

4. 财产刑执行的程序和方法按照最高人民法院《关于适用〈中华人民共和国刑事诉讼法〉的解释》（以下简称《解释》）实施，《解释》没有规定的，参照适用民事执行的有关规定。

5. 民事赔偿优先于财产刑的执行。即承担民事赔偿责任的犯罪分子同时被判处罚金，其财产不足以全部支付的，应当先承担对被害人的民事赔偿责任。

（三）资格刑的执行

资格刑的执行包括剥夺政治权利的执行和驱逐出境的执行。

1. 剥夺政治权利的执行

判处独立适用剥夺政治权利的裁判文书生效后，人民法院将罪犯和判决书或裁定书、起诉书副本、结案登记表、结案通知书移交罪犯居住地的公安机关执行。

负责执行的公安机关按照人民法院的裁判，向罪犯及其所在单位或居住地群众宣布犯罪事实、刑期以及罪犯在执行期间应当遵守的规定。罪犯在执行期间应当遵守的规定包括遵守国家法律、行政法规和公安部的有关规定；不得享有选举权和被选举权；不得组织或者参加集会、游行、示威、结社活动；不得出版、制作、发行书籍、音像制品；不得接受采访，发表演说；不得在境内外发表有损国家荣誉、利益或者其他具有社会危害性的言论；不得担任国家机关职务；不得担任国有公司、企事业单位和人民团体的领导职务；遵守公安机关制定的具体监督管理措施。罪犯违反上述规定尚未构成新的犯罪的，由公安机关依法给予治安管理处罚。

执行期满，公安机关应当通知本人，并向其所在单位或者居住地的群众宣布恢复政治权利。

附加判处剥夺政治权利的执行与独立判处剥夺政治权利的执行基本相同。根据主刑的不同，在执行的开始上有所差异。

对判处死刑缓期 2 年执行、无期徒刑的罪犯，经减刑为有期徒刑的，其附加剥夺政治权利的期限为 3 年以上 10 年以下，从刑满释放或假释之日起开始执行附加之剥夺政治权利。一般由监狱与罪犯居住地的公安机关取得联系，由公安机关继续执行剥夺政治权利。

对判处有期徒刑、拘役附加剥夺政治权利的，从刑满释放或者假释之日起开始执行附加之剥夺政治权利。移交手续由监狱和拘役所向罪犯居住地公安机关办理。

对判处管制附加剥夺政治权利的，主刑和附加刑由罪犯居住地公安机关同时开始执行。

2. 驱逐出境的执行

判决驱逐出境的裁判生效后，人民法院应当将裁判文书、起诉书副本、执行通知书和结案登记表交公安机关。

对独立适用驱逐出境的外国人，省级公安机关在收到人民法院的法律文书后，指定罪犯所在地的市（地）公安机关执行；对附加驱逐出境的外国人，在其主刑执行完毕后，由执行监狱的上级主管部门向省级公安机关移交法律文书的副本或者复印本，省级公安机关在收到后指定罪犯所在地的市（地）公安机关执行。

负责执行的公安机关采取强制方法将犯罪的外国人押解出我国边境。押解出境的具体方式，可以是将外国人在边境地区强制驱赶至我国边境线外，也可以是将其押解上开往国外的列车、船舶或飞机，待交通工具启动时，即视为执行完毕。

执行的公安机关应当将执行的对象、日期、过程、方式记录在卷。

二、自由刑的执行——收押、释放和安置

自由刑的执行包括对无期徒刑、有期徒刑、拘役、管制判决的执行。在我国司法实践中，自由刑判决占审判机关整个判决数量80%的以上，自由刑的执行效果对评价我国整个刑事判决执行效果具有十分重要的作用。由于自由刑主要由监狱执行，所以自由刑的执行主要介绍监狱的行刑。

被判处死刑缓期2年执行、无期徒刑和有期徒刑的罪犯，由监狱执行。监狱执行的内容包括收押罪犯，对罪犯实施监管，强制罪犯进行生产劳动，对罪犯进行考核奖惩，刑满释放，对罪犯进行教育改造。同时，监狱还要依法处理刑罚执行过程中所遇到的各种法律问题，主要包括减刑、假释，对死缓犯的处理，对罪犯申诉、控告的处理，保外就医，监外执行，对罪犯在服刑期间又犯罪的处理等。

（一）收押

收押，又称收监，是指监狱依据法律规定的条件，接收被判处死刑缓期2年执行、无期徒刑和有期徒刑的罪犯并予以关押的活动。收押是对罪犯执行刑罚活动的开始。

根据我国《监狱法》和有关司法解释、行政规章的规定，收监应按下列程序进行：

1. 公安机关依法按时将罪犯送交监狱。人民法院对被判处死刑缓期 2 年执行、无期徒刑、有期徒刑的罪犯,在裁判生效后,应当将执行通知书、判决书送达羁押该罪犯的公安机关,公安机关应当自收到执行通知书、判决书之日起 1 个月内将该罪犯送交监狱执行刑罚。罪犯在被交付执行刑罚前,剩余刑期在 1 年以下的,由看守所代为执行而不送交监狱。

2. 监狱审查法律文书。罪犯被交付执行刑罚时,交付执行的人民法院应当将人民检察院的起诉书副本、自诉状复印件、人民法院的判决书、裁定书、执行通知书、结案登记表同时送达监狱。监狱没有收到上述文件的,不得收监:上述文件不齐全或者记载有误的,作出生效判决的人民法院应当及时补充齐全或作出更正:对其中可能导致错误收监的,不予收监。

上述之罪犯登记表由人民法院填写,内容包括罪犯姓名、性别、年龄、民族、文化程度、捕前住址、职业、政治面貌、逮捕机关、案件类别、刑期、是否剥夺政治权利、过去违法犯罪及处理情况、简历、犯罪事实、认罪表现等。

3. 对罪犯进行检查。对罪犯的检查主要包括两个方面:(1)健康检查。健康检查的目的一是防止将有严重疾病或者有其他不宜在监内服刑的罪犯收监;二是了解罪犯的健康状况,以分配适当生产工种。在健康检查中,发现罪犯患有精神病或者急性、恶性传染病的,有严重疾病在关押中可能发生生命危险的,分娩未满 6 个月或正在怀孕的应当拒绝收监。对因健康原因不予收监的罪犯,由送押机关酌情处理,或送医院治疗,或交监护人监护,或安置到其他适当场所。(2)人身、物品检查。主要是防止罪犯将危险品或违禁品带入监内,给监管场所带来不安全因素。检查中发现违禁品和赃物的,交人民法院处理。非日用品和现金,由监狱代为保管或者征得罪犯同意退回其家属,违禁品予以没收。检查罪犯人身和携带物品时,女犯应由女性人民警察负责。根据《监狱法》第 19 条的规定,罪犯不得携带子女在监内服刑。

4. 入监登记。对收监执行的罪犯,应逐一填写《罪犯入监登记表》,主要内容包括罪犯的姓名、性别、年龄、民族、籍贯、职业、家庭住址、健康状况、个人简历、家庭情况、主要社会关系、文化程度、特长、主要罪行、罪名以及刑期起止日期、逮捕或拘留的时间、有无前科、判决的人民法院等,并贴附罪犯的免冠照片。

5. 向罪犯家属发出通知书。罪犯收监后,监狱应当及时通知罪犯家属。通知书应当在收监后 5 日内发出。对于无家属的罪犯,监狱可通知其原工作单位或原居住地的公安机关及基层组织。通知目的在于告知罪犯服刑地点,便于家属探视,并配合监狱的教育改造工作。

(二)对罪犯申诉、控告、检举的处理

1. 对罪犯申诉的处理

罪犯申诉是指罪犯认为已经发生法律效力的判决或裁定有错误,向司法机关提出撤销或变更原判刑罚的请求。申诉是罪犯的一项法定权利。对于罪犯的申诉,监狱应当及时转送,不得扣压。人民检察院或者人民法院应当及时处理罪犯的申诉。监狱在执行刑罚过程中,根据罪犯自己的申诉,认为判决可能有错误的,应当提请人民检察院或者人民法院处理,人民检察院或者人民法院应当自收到监狱提请处理意见书之日起6个月内将处理结果通知监狱。在申诉期间不停止对判决裁定的执行,罪犯不得以申诉为借口,无理取闹和破坏监管改造秩序。

2. 对罪犯控告、检举的处理

对罪犯的控告、检举材料,监狱应当及时处理或转送公安机关或人民检察院处理,不得以任何理由进行扣压,也不得以任何形式阻挠或打击报复控告、检举人。公安机关或人民检察院对监狱转送的罪犯控告或检举材料,应当将处理结果通知监狱。

监狱应当设立罪犯控告箱,由驻监狱的人民检察院工作人员或监狱纪检人员开箱处理。同时,监狱还应设立罪犯申诉和检举箱,并指定专人负责开箱处理。

(三)释放

释放是监狱依照法律规定,解除服刑者的监禁,恢复其人身自由和其他相关权利的行刑活动。根据我国法律规定,释放的原因有:刑满释放、据以监禁的生效裁判文书发生变更而释放、特赦、假释。释放的法定程序为:

1. 出监教育。对即将释放的罪犯,监狱在释放前应对其进行集中教育。教育的主要内容是政策、前途教育,以便其尽快适应新的社会生活、回归社会,同时防止其重新犯罪。

2. 制作出监鉴定。罪犯释放前,监狱应对罪犯在服刑期间的改造表现做出全面的、实事求是的评价,填写出监鉴定表。该表连同判决书一并移交释放人员安置落户所在地公安机关。

3. 发放释放证明书。释放证明书是释放人员获得合法释放的法定证明文件。公安机关凭释放证明书办理户籍登记。

4. 发给回家路费和适当的生活补助费。释放服刑人员时,监狱应发给回家路费和途中伙食费。对服刑期间因公致残的,还应根据国家规定和具体情况,发给

生活补助费。

监狱负责保管的释放人员物品、现金,在释放时一并发还。

5. 改造质量考察。监狱应当对释放人员进行回访,以考察改造质量。考察期一般为:一般刑事犯 3 年,危害国家安全、重大刑事犯或惯犯 5 年。

(四)安置

《监狱法》第 37 条规定:"对刑满释放人员,当地人民政府帮助其安置生活。刑满释放人员丧失劳动能力又无法定赡养人、扶养人和基本生活来源的,由当地人民政府予以救济。"刑满释放人员依法享有与其他公民平等的权利。

三、自由刑执行的变更

(一)监外执行

监外执行是指监狱对被判处无期徒刑、有期徒刑、拘役的罪犯,因其具有法律规定的不能继续在监内执行的情形,而变更刑罚执行场所,交由罪犯居住地公安机关继续执行刑罚。监狱外执行仍然是刑罚的执行,并非行刑结束,也不是提前释放。

《刑事诉讼法》第 254 条规定:"对被判处有期徒刑或者拘役的罪犯,有下列情形之一的,可以暂予监外执行:(一)有严重疾病需要保外就医的;(二)怀孕或者正在哺乳自己婴儿的妇女;(三)生活不能自理,适用暂予监外执行不致危害社会的罪犯。"

"对被判处无期徒刑的罪犯,有上述第二项规定情形的,可以暂予监外执行。对适用保外就医可能有社会危险性的罪犯,或者自伤自残的罪犯,不得保外就医。对罪犯确有严重疾病,必须保外就医的,由省级人民政府指定的医院诊断并开具证明文件。"

"在交付执行前,暂予监外执行由交付执行的人民法院决定;在交付执行后,暂予监外执行由监狱或者看守所提出书面意见,报省级以上监狱管理机关或者设区的市一级以上公安机关批准。"但对于适用保外就医可能有社会危险性的罪犯,或者自伤自残的罪犯则不能保外就医。

根据《监狱法》的有关规定,对在狱内服刑的罪犯,监外执行的程序是:

1. 对符合监外执行条件的罪犯,由监狱提出书面意见,报省、自治区、直辖市监狱管理机关批准。批准机关应当将批准的暂予监外执行决定,通知执行地的县级公安机关和原判人民法院,并抄送人民检察院。

2. 人民检察院认为对罪犯适用暂予监外执行不当的,应当自接到通知之日起 1 个月内将书面意见送交批准暂予监外执行的机关,批准暂予监外执行的机关接到人民检察院的书面意见后，应当立即对该决定进行重新核查。

3. 对暂予监外执行的罪犯，依法实行社区矫正，由社区矫正机构负责执行。原关押监狱应当及时将罪犯在监内改造情况通报负责执行的社区矫正机构。

4. 暂予监外执行的罪犯具有《刑事诉讼法》规定的应当收监的情形的，社区矫正机构应当及时通知监狱收监；刑期届满的，由原关押监狱办理释放手续。罪犯在暂予监外执行期间死亡的，社区矫正机构应当及时通知原关押监狱。

《刑事诉讼法》规定的对暂予监外执行的罪犯应当及时收监的情形有：(1)发现不符合暂予监外执行条件的；(2)严重违反有关暂予监外执行监督管理规定的；(3)暂予监外执行的情形消失后，罪犯刑期未满的。被监外执行的罪犯有上述情形之一的，应当及时收监。

对于人民法院决定暂予监外执行的罪犯应当予以收监的，由人民法院作出决定，将有关的法律文书送达公安机关、监狱或者其他执行机关。

不符合暂予监外执行条件的罪犯通过贿赂等非法手段被暂予监外执行的，在监外执行的期间不计入执行刑期。罪犯在暂予监外执行期间脱逃的，脱逃的期间不计入执行刑期。

罪犯在暂予监外执行期间死亡的，执行机关应当及时通知监狱或者看守所。

(二)减刑、假释

减刑是在刑罚执行过程中，由于服刑罪犯具有悔改或者立功表现，而依法减轻其原判刑罚的制度。

假释是指对被判处有期徒刑或无期徒刑的罪犯，在刑罚执行一定时间后，确有悔改，不致再危害社会，司法机关依法将其附条件提前释放的刑罚执行制度。

《刑事诉讼法》、《监狱法》、最高人民法院《关于办理减刑、假释案件具体应用法律的规定》(法释〔2016〕23号)、最高人民法院《关于〈刑事诉讼法〉的解释》(法释〔2012〕21号)等对减刑、假释的条件、程序等进行了详尽的规定。

减刑、假释的主要程序有：

1. 监狱管理机关或执行机关提出减刑、假释建议。对被判处死刑缓期罪犯的减刑，被判处无期徒刑罪犯的减刑、假释，由罪犯服刑地的省级监狱管理机关向本地高级人民法院提出建议书。

对被判处有期徒刑和被减为有期徒刑的罪犯的减刑、假释，对被判处拘役、管制的罪犯的减刑，由罪犯服刑的执行机关向服刑地的中级人民法院提出减刑、假释建议书。

建议机关应当向人民法院移送如下材料：减刑、假释建议书，终审法院的裁判文书、执行通知书、历次减刑裁定书的复制件，证明罪犯确有悔改、立功或者重大立功表现具体事实的书面材料，罪犯评审鉴定表、奖惩审批表等，罪犯假释后对所居住社区影响的调查评估报告，根据案件情况需要移送的其他材料。

2. 人民法院审理、裁定。

（1）审限。人民法院在收到对判处无期徒刑、有期徒刑和被减为有期徒刑的罪犯的减刑、假释建议书后一个月内作出裁定，案情复杂或者情况特殊的，可以延长一个月；对被判处拘役、管制的罪犯的减刑，在收到执行机关审核同意的建议书后一个月内作出裁定。

（2）公示。人民审理减刑、假释案件，应当对以下内容予以公示：罪犯的姓名、年龄等个人基本情况，原判认定的罪名和刑期，罪犯历次减刑情况，执行机关的减刑、假释建议和依据。

公示应当写明公示期限和提出意见的方式。公示地点为罪犯服刑场所的公共区域，有条件的地方，可以面向社会公示。

（3）审理方式。人民审理减刑、假释案件，应当组成合议庭，可以采用书面审理的方式，但下列案件应当开庭审理：因罪犯有重大立功表现提请减刑的，提请减刑的起始时间、间隔时间或者减刑幅度不符合一般规定的，社会影响重大或者社会关注度高的，公示期间收到投诉意见的，人民检察院有异议的，有必要开庭审理的其他案件。

（4）送达与纠错。人民法院作出减刑、假释裁定后，应当在七日内送达提请减刑、假释的执行机关、同级人民检察院以及罪犯本人。人民检察院认为减刑、假释裁定不当，在法定期限内提出书面纠正意见的，人民法院应当在收到意见后另行组成合议庭审理，并在一个月内作出裁定。人民法院发现本院已经生效的减刑、假释裁定确有错误的，应当另行组成合议庭审理；发现下级人民法院已经生效的减刑、假释裁定确有错误的，可以指令下级人民法院另行组成合议庭审理。

（5）撤销。罪犯在缓刑、假释考验期限内犯新罪或者被发现在判决宣告前还有其他罪没有判决，应当撤销缓刑、假释的，由审判新罪的人民法院撤销原判决、裁定宣告的缓刑、假释，并书面通知原审人民法院和执行机关。

罪犯在缓刑、假释考验期限内，有下列情形之一的，原作出缓刑、假释判决、裁定的人民法院应当在收到执行机关的撤销缓刑、假释建议书后一个月内，作出撤销缓刑、假释的裁定：违反禁止令，情节严重的；无正当理由不按规定时间报到或者接受社区矫正期间脱离监管，超过一个月的；因违反监督管理规定受到治安管理处罚,仍不改正的;受到执行机关三次警告仍不改正的;违反有关法律、行政法规和监督管理规定,情节严重的其他情形。

人民法院撤销缓刑、假释的裁定,一经作出,立即生效。

人民法院应当将撤销缓刑、假释裁定书送交罪犯居住地的县级司法行政机关,由其根据有关规定将罪犯交付执行。撤销缓刑、假释裁定书应当同时抄送罪犯居住地的同级人民检察院和公安机关。

四、自由刑执行的制度

自由刑执行制度是为执行自由刑而建立的各种制度的总称。

自由刑执行的制度与人类文明的发展同步,其历史经历了从残酷、野蛮逐步向文明、人道的演变过程。

近代以前的监狱大多是单纯的罪犯拘押和刑讯场所,并未建立起完善的自由刑执行制度,我国古代的圜土之制、嘉石之制、居作之制等自由刑执行制度是近代以前少有的较为发达的自由刑执行制度。

资产阶级革命以后,在西方国家先后产生了完善的自由刑执行制度,主要有:(1)宾夕法尼亚制。也称独居制,是将罪犯单独监禁,一人一房,完全隔离,绝对沉默的一种制度。该制度最早在美国宾夕法尼亚州的费城监狱实行,由此得名。(2)奥本制。又称沉默制。将罪犯夜间分房监禁,白天在同一场所劳动,但禁止交流,要求相互间保持绝对沉默。该制度于1820年首创于美国纽约州奥本新建监狱,后因克服了独居制的缺点,有利于培养罪犯的社会适应能力,有利于通过劳动对罪犯进行感化,在监狱改良运动中影响极大,而风行于西欧多国。(3)累进制。又称阶级制。是将自由刑的执行划分为数个阶段,根据罪犯的服刑表现,逐步改进待遇,逐级升高,以达使罪犯改过向上的目的。该制度由澳大利亚英属诺福克岛监狱长亚历山大·马克诺于1942年首创。该制度经不断改进,符合行刑目的,适应行刑个别化、科学化的趋势,成为当今各国普遍实行的行刑制度。累进制第一级为独居监禁,罪犯被单独关押,与外界隔离;第二级为杂居监禁,将罪犯分类杂居劳动;第三级为中间监禁级,也称为半自由监禁,白天到监外与其他人一起劳动,晚上回监狱报到;第四级为假释级,附条件提前释放。(4)自治制。监狱为养成罪犯的自治能力,对罪犯的内部事务,由罪犯按照多数人的意见自己管理,监狱官员给予辅助、指导和监督。该制度创始于美国,倡导者为纽约州监狱长奥本斯。该制度由于实施的环境要求高,可适用的范围较小,仅有少数国家部分实施。(5)不定期刑制。该制度的主要内容是,法院判决时,只宣告罪犯有罪,而不固定其刑期,由行刑机关在行刑中考核其悔改程度,决定释放的时间。(6)分类制。按照一定标准将罪犯分类关押,以实现个别处遇。(7)开放式处遇制度。其是指在不影响刑罚执行的限度内,通过取消监狱的围栏、手铐等物理性拘束力,增强对罪犯的信任,以尽可能缩短罪犯与正常社会的距离。开放式处遇制度在西方国家的行刑实践中占有重要地位,有的国家监狱行刑的60%左右实行该制度。[3]

新中国成立后,在马克思主义"劳动是使罪犯改过自新的唯一手段"思想的指导下,长期以来对罪犯实行劳动改造政策,建立了以狱政管理、教育改造、劳动改造为内容的有中国特色的自由刑执行制度。

20世纪80、90年代,美国、加拿大、澳大利亚、挪威、瑞典等国兴起并应用一种新的罪犯矫正模式——循证矫正。循证矫正源自循证医学。循是遵循与根据的意思,证指证据,循证就是根据或遵循证据。循证矫正是指矫正工作者在矫正罪犯时,针对罪犯的具体问题,寻找并按照现有的最佳证据(方法、措施等),结合罪犯的特点和意愿实施矫正活动的总称。从2012年下半年开始,中国监狱学实务界、理论界开始关注循证矫正。2013年,循证矫正在我国开始试点,运用循证理念与方法对我国现行教育改造方式方法及其成效进行总结、提炼和评估,开发循证矫正工具和矫正项目,探索建立符合我国国情的循证矫正规范体系。

第四节　狱政管理

一、狱政管理的概念

狱政管理是指我国监狱在对罪犯实施惩罚、改造过程中的行政管理工作。狱政管理是监狱工作的重要组成部分,是对罪犯执行刑罚,实施惩罚和改造的前提和基础。

狱政管理包括分管分押、警戒、戒具和武器的使用、通信会见、生活卫生、奖惩及对罪犯服刑期间犯罪的处理。

二、分押分管

分押,即分别关押,是指监狱依据服刑罪犯的性别、年龄、犯罪类型、刑罚种

---

〔3〕 姚喜平:《刑事执行法学》,陕西人民出版社2003年版,第293页。

类、刑期、主观恶性程度、改造表现等情况,分别关押。包括将男犯、女犯、未成年犯分别关押;收押后的罪犯按照犯罪性质、手段分别编队、编组等。其中女犯应当关押在女子监狱,没有女子监狱的,应当设置独立区域专门关押、管理。女犯由女性人民警察直接管理。未成年犯应当关押在未成年犯管教所,没有未成年犯管教所的,应当独立编队进行关押、管理。

分管,即分级管理,是指监狱依据罪犯的不同特征采取不同的管束方式,根据罪犯的不同表现实行不同级别的待遇。从整体上将在押犯分为从严管理、普通管理、从宽管理三级,各个级别在伙食标准、零用钱使用、技能培训、奖金分配、通信、接见、请假等方面的待遇各有不同。罪犯经考核,可以逐步向高等级过渡。这就是分级累进处遇。

三、警戒

警戒是指为了预防和制止罪犯逃跑、行凶、破坏、暴乱及监狱外部不法分子的袭击,而实施的防范戒备活动。警戒制度是监禁制度的重要组成部分。

根据我国《监狱法》的规定和监狱管理的实践,警戒制度主要包括以下几个方面:

1. 内看守制度。即设立内看守中队或班组,安排监狱警察在狱内值班、巡查,直接管理、控制狱内秩序,负责监区大门人员车辆的出入检查、验证、登记及禁闭室工作。

2. 武装看押制度。即武装警察部队驻守警戒,预防和镇压狱内罪犯越狱、暴动等严重危及监狱行刑秩序的活动。监狱根据监管的需要,设立警戒设施(如设置电网、探照灯、报警设施等)。监狱周围设警戒隔离带(如划设警戒线),未经准许,任何人不得进入隔离带。

3. 群众联防制度。由监狱、驻守的武装警察部队、监区、作业区周围的机关、团体、企业事业单位和基层组织,组织一个外围防线,建立指挥机构,规定联防方案和制度。

以上三个层次的警戒制度通常被称为内管、外警、群众监督三道防线。

四、戒具和武器的使用

戒具指为防止罪犯自杀、逃跑、行凶或进行其他破坏活动而依法配置的拘束人身的工具,常见的如手铐、脚镣、警绳、警棍等。监狱对罪犯可以使用戒具的情形包括有脱逃行为的,有使用暴力行为的,正在押解途中的,有其他危险行为需要采取防范措施的。当上述情形消失后,应当停止使用戒具。

人民警察和人民武装警察部队的执勤人员遇有下列情形之一,非使用武器不能制止的,按照法律规定,可以使用武器:罪犯聚众骚乱、暴乱的;罪犯脱逃或者拒捕的;罪犯持有凶器或者其他危险物,正在行凶或破坏、危及他人生命、财产安全的;劫夺罪犯的;罪犯抢夺武器的。使用武器的人员,应当按照国家有关规定报告情况。

五、通信和会见

(一)罪犯通信制度

通信是罪犯的一项法定权利,是罪犯与社会及其亲属保持联系的一种重要形式。罪犯在服刑期间可以与他人通信,但是来往信件应当经监狱检查。当发现有碍罪犯改造内容的信件时,可以扣留。但罪犯写给监狱的上级机关和司法机关的信件不受检查。

(二)罪犯会见制度

会见亲属是罪犯的一项法定权利,是动员社会力量及罪犯亲属协助监狱对罪犯实施教育改造的一项重要措施。罪犯在监狱服刑期间,可以会见亲属、监护人。会见时,罪犯收受物品和钱款,应当经监狱批准、检查。

监狱建立接见室,接见过程中监狱警察应当监督。接见次数一般为每个月1~2次,每次1个小时。符合条件的,经过批准,服刑的罪犯可以回家探亲。

六、生活和卫生

罪犯生活卫生管理,是指监狱依法对罪犯的衣、食、住、用,疾病的预防、治疗以及劳动保护等方面所实施的管理活动。包括生活管理和卫生管理两方面。

我国监狱历来重视罪犯的生活卫生管理,在休息时间、饮食供应、被服发放、居住条件、卫生防疫、疾病医疗等方面给予罪犯人道主义的待遇,并给予法律保障。我国《监狱法》明确规定:“罪犯的生活标准按实物量计算,由国家规定”。罪犯的被服由监狱统一配发。罪犯居住的监舍应当坚固、通风、透光、清洁、保暖。监狱应当设立医疗机构和生活卫生设施,建立罪犯生活、卫生制度。罪犯的医疗卫生保健列入监狱所在地区的卫生、防疫计划。

七、奖惩

监狱应当建立罪犯的日常考核制度,考核的结果作为对罪犯奖励和处罚的依据。监狱对罪犯实施的行政奖惩是监狱依据《监狱法》规定的条件和程序,直接对罪犯实施的奖励和惩罚。

罪犯有以下情形之一的,监狱可以给予表扬、物质奖励或者记功:(1)遵守监规纪律,努力学习,积极劳动,有认罪服法表现的;(2)阻止违法犯罪活动的;(3)超额完成生产任务的;(4)节约原材料或者爱护公物,有成绩的;(5)进行技术革新或者传授生产技术,有一定成效的;(6)在防止或者消除灾害事故中作出一定贡献的;(7)对国家和社会有其他贡献的。被判处有期徒刑的罪犯有上述所列情形之一,执行原判刑期二分之一以上,在服刑期间一贯表现好,离开监狱不致再危害社会的,监狱可以根据情况准其离监探亲。

罪犯有以下破坏监管秩序情形之一的,监狱可以给予警告、记过或者禁闭:(1)聚众哄闹监狱,扰乱正常秩序的;(2)辱骂或者殴打人民警察的;(3)欺压其他罪犯的;(4)偷窃、赌博、打架斗殴、寻衅滋事的;(5)有劳动能力拒不参加劳动或者消极怠工,经教育不改的;(6)以自伤、自残手段逃避劳动的;(7)在生产劳动中故意违反操作规程,或者有意损坏生产工具的;(8)有违反监规纪律的其他行为的。

对罪犯实行禁闭的期限为7~15天。罪犯在服刑期间有聚众哄闹监狱,扰乱正常秩序的行为,构成犯罪的,依法追究刑事责任。

八、对罪犯服刑期间犯罪的处理

罪犯在服刑期间故意犯罪的,依法从重处罚。对罪犯在监狱内犯罪的案件,由监狱进行侦查。监狱设狱内侦查部门,专门负责罪犯服刑期间在监狱内犯罪案件的侦查工作。狱内侦查部门的侦查工作严格按照《刑事诉讼法》规定的程序进行。侦查终结后,制作起诉意见书,连同案卷材料、证据一并移送监狱所在地的人民检察院。

第五节 教育改造

一、教育改造的概念

教育改造,是指我国监狱在刑罚执行过程中,结合劳动生产,对罪犯有目的、有计划、有组织地强制实施的思想、文化和技术教育活动。教育改造是在对罪犯执行刑罚过程中采用的一种强制性的基本改造手段，是为了实现促使罪犯转变犯罪思想，矫正恶习，增长知识技能，把罪犯改造成为新人的行刑目的而实施的一种特殊教育。教育改造在改造罪犯的诸多手段中处于关键的地位，在转化罪犯思想中起着主导的作用。

二、教育改造的基本原则

教育改造的原则是指监狱对罪犯实施教育改造活动必须遵循的行为准则。我国《监狱法》第61条规定了教育改造罪犯的三项原则，即因人施教、分类教育、以理服人；两个方法，即采取集体教育与个别教育相结合、狱内教育与社会教育相结合的方法。

因人施教是指监狱在对罪犯实施教育改造过程中，根据罪犯的不同情况，采取相应的教育内容和方法进行有针对性的教育。这是我国监狱机关在长期教育改造罪犯实践中总结出来的成功经验。

分类教育就是根据罪犯不同的犯罪性质、特点、改造表现，将罪犯分成各种类型，并针对各类罪犯的不同情况、不同特点，选择不同的教育内容和教育方法，进行针对性的教育。

以理服人就是在教育改造罪犯的过程中，坚持做耐心细致的说服教育工作，采用摆事实、讲道理的方法，对罪犯进行教育，不搞压制，不以惩罚代替教育。以理服人是我国监狱机关教育改造罪犯的优良传统，是中国共产党改造罪犯方针政策的具体体现。

三、教育改造的具体内容

对罪犯的教育改造主要包括三方面的内容，即思想教育、文化教育和职业技术教育。

思想教育是变消极因素为积极因素，促进罪犯转化思想，矫正恶习的中心环节，是实现改造罪犯任务的重要途径，是对罪犯进行的旨在转化罪犯思想的系统影响活动。其内容主要包括法制教育、道德教育、形势政策教育、前途教育等。

文化教育是对罪犯进行思想教育和技术教育的基础，把罪犯改造成为守法公民，把罪犯造就成有用之才的基本手段之一。我国《监狱法》规定，监狱应当根据不同情况，对罪犯进行扫盲教育、初级教育和初级中等教育，经考试合格的，由教育部门发给相应的学业证书。监狱鼓励罪犯自学，经考试合格的，由有关部门发给相应的证书。

对罪犯进行职业技术教育，是教育改造的重要组成部分，既是完成劳动改造生产任务的需要，又是改造人、造就人的一项重要措施。我国监狱法规定，监狱应当根据生产和罪犯释放后就业的需要，对罪犯进行职业技术教育，经考核合格的由劳动部门发给相应的技术等级证书。罪犯的文化和职业技术教育应当列入所在地区教育规划。

第六节 劳动改造

一、劳动改造的概念

行刑中的劳动改造，是指监狱根据生产劳动对人具有实践作用、教育作用、培训作用的普遍原理，把生产劳动作为改造罪犯的基本手段和基本途径，依法强制有劳动能力的罪犯从事生产劳动，在生产劳动的实践中管理、教育、改造罪犯，从而逐步使罪犯成为新人的活动。

劳动改造是刑罚执行的重要组成部分，是实现改造罪犯的一种基本手段。我国《监狱法》规定，监狱对罪犯实行惩罚和改造相结合，教育和劳动相结合的原则，将罪犯改造成为守法公民。有劳动能力的罪犯必须参加劳动。监狱根据罪犯的个人情况，合理组织劳动，使其矫正恶习，养成劳动习惯，学会生产技能，并为释放后就业创造条件。我国《监狱法》在罪犯劳动时间、劳动强度、劳动报酬、劳动保护等方面作了严格而具体的规定，内容包括监狱对罪犯的劳动时间，参照国家有关劳动工时的规定执行；罪犯有在法定节假日和休息日休息的权利；监狱对参加劳动的罪犯应当按照有关规定给予报酬并执行国家有关劳动保护的规定；罪犯在劳动中致伤、致残或者死亡的，由监狱参照国家劳动保险的有关规定处理。

二、罪犯劳动改造的管理

为充分发挥生产劳动对罪犯的改造作用，有效地、科学地组织管理罪犯的生产劳动非常必要。

（一）罪犯的劳动指标

给罪犯的劳动确定一定的指标，既便于对罪犯完成劳动的情况进行考核，也有利于调动罪犯生产劳动的积极性。确定劳动指标要考虑的因素包括行刑目的、监狱现有设备条件、罪犯的素质和身体状况、劳动强度和难易程度等。

（二）罪犯的劳动保护

监狱强迫罪犯劳动改造必须坚持革命人道主义精神，[4] 按照国家关于劳动保护的规定，不断改善罪犯的劳动环境和劳动条件，给罪犯提供必要的劳动保护。

罪犯每周劳动（包括集中学习时间）6 天，每天劳动 8 小时，平均每周劳动时间不超过 48 小时。未成年犯每天劳动 4 小时，平均每周劳动时间不超过 24 小时。生产任务不饱满的监狱，可以报经省、自治区、直辖市监狱管理局批准，实行每周劳动 5 天，集中学习 1 天的制度。监狱生产单位需要延长劳动时间，须提前拟定加班计划，经监狱狱政、劳动管理部门审核，报监狱长批准，方可实施。

罪犯在劳动中致伤、致残或者死亡的，由监狱参照国家劳动保险的有关规定处理。

（三）罪犯的劳动报酬

监狱应当根据生产情况和罪犯的劳动情况等综合指标确定罪犯的劳动报酬。在向罪犯发放劳动报酬时，应当扣除罪犯服刑期间的必要生活开支。

劳动报酬必须在对罪犯劳动进行严格考核的基础上确定，考核的内容包括劳动态度、遵守劳动纪律情况、劳动数量和质量、技术等级等。进行考核时，不能以劳动数量作为唯一标准。因为劳动数量和改造表现之间没有必然联系，所以应当注意综合考核。

第七节　对未成年犯执行刑罚的特殊规定

一、对未成年犯刑罚执行的特点

与成年犯刑罚执行相比较，未成年犯刑罚执行具有以下特点：

1. 行刑对象的特定性。未成年犯是指被人民法院判决有罪并处以一定刑罚，处于刑罚执行过程中的年满 14 周岁不满 18 周岁的未成年人。《监狱法》中的未成年犯特指已交付未成年犯刑罚执行场所执行的，被判处无期徒刑、有限徒刑的

---

〔4〕 贾洛川、王志亮：《新中国监狱学研究 20 年综述》，中国法制出版社 2016 年版，第 237 页。

未成年犯。如果未成年犯在未成年犯刑罚执行场所服刑期间年满18周岁时,则不再属于未成年犯,除剩余刑期不超过2年的可以继续留在未成年犯刑罚执行场所服刑的以外,应当转送成年犯监狱。

2. 执行机构的特殊性。根据《刑事诉讼法》和《监狱法》的规定,未成年犯应当在未成年犯管教所执行刑罚。未成年犯管教所,也称"少年犯管教所"、"少年管教所",是对被判处无期徒刑、有期徒刑的未成年犯执行刑罚、实施教育改造的刑罚执行机关。

3. 行刑目的的特定性。尽管对未成年犯的行刑也包括了刑罚惩罚功能的内容,但更突出教育改造的功能,而且在改造手段的运用上,明确要求以学习文化和劳动技能为主。这与对成年犯的行刑有着明显的区别。

二、对未成年犯执行刑罚的特殊规定

(一)执行场所

对未成年犯应当在未成年犯管教所执行刑罚。成年犯管教所由省、自治区、直辖市司法厅(局)的监狱管理局领导,文化、技术教育受当地教育和劳动部门的业务领导。未成年犯管教所一般设在省会城市,或者省内交通方便的适中地点。

在不具备条件单独设立未成年犯管教所的地方,已判处徒刑的未成年犯,可以与成年犯在同一个监狱关押,但监狱必须对未成年犯分别关押和管理。

(二)实施原则

对未成年犯执行刑罚应当以教育改造为主。未成年犯的劳动,应当符合未成年人的特点,以学习文化和生产技能为主。

监狱应当配合国家、社会、学校等教育机构,为未成年犯接受义务教育提供必要的条件。

(三)剩余刑期的执行

未成年犯年满18周岁时,剩余刑期不超过2年的,仍可以留在未成年犯管教所执行剩余刑期。

对未成年犯的管理和教育改造,除上述特别规定外,其他适用《监狱法》的有关规定。

第八节　社 区 矫 正

社区矫正是与监禁矫正相对的行刑方式，是指将符合社区矫正条件的罪犯置于社区内，由专门的国家机关在相关社会团体和民间组织以及社会志愿者的协助下，在判决、裁定或决定确定的期限内，矫正其犯罪心理和行为恶习，并促进其顺利回归社会的非监禁刑罚执行活动。[5] 社区矫正是积极利用各种社会资源、整合社会各方面力量，对罪行较轻、主观恶性较小、社会危害性不大的罪犯或者经过监管改造、确有悔改表现、不致再危害社会的罪犯在社区中进行有针对性管理、教育和改造的工作，是当今世界各国刑罚制度发展的趋势。

2003 年 7 月 10 日，最高人民法院、最高人民检察院、公安部、司法部联合发布了《关于开展社区矫正工作试点的通知》，确定北京、天津、上海、江苏、浙江和山东等省（市）为进行社区矫正工作的试点省（市）。经过多年试点，为进一步规范社区矫正工作，加强和创新特殊人群管理，根据中央关于深化司法体制和工作机制改革的总体部署，在深入调研论证和广泛征求意见的基础上，最高人民法院、最高人民检察院、公安部、司法部联合制定了《社区矫正实施办法》，并于 2012 年 1 月 10 日印发，2012 年 3 月 1 日起施行。此后，各地根据《社区矫正实施办法》，结合本地社区矫正工作实际，陆续制定《社区矫正实施细则》并予以实施。

一、社区矫正的主管机关、社区矫正的对象

社区矫正是一项综合治理工程，单纯依靠一个机关难以实现改造罪犯的目标，所以我国的社区矫正机关以司法行政机关为主，多机关各司其职、相互配合。

司法行政机关负责指导管理、组织实施社区矫正工作。县级司法行政机关社区矫正机构对社区矫正人员进行监督管理和教育帮助，司法所承担社区矫正日常工作。

人民法院对符合社区矫正适用条件的被告人、罪犯依法作出判决、裁定或者决定。

---

〔5〕 梅义征：《社区矫正制度的移植、嵌入与重构　中国特色社区矫正制度研究》，中国民主法制出版社 2015 年版，第 16 页。

人民检察院对社区矫正各执法环节依法实行法律监督。人民检察院发现社区矫正执法活动违反法律和本办法规定的,可以区别情况提出口头纠正意见、制发纠正违法通知书或者检察建议书。交付执行机关和执行机关应当及时纠正、整改,并将有关情况告知人民检察院。

公安机关对违反治安管理规定和重新犯罪的社区矫正人员及时依法处理。

此外,社区矫正还需要借助社会力量的参与,以实现社区矫正的目标。为此,《社区矫正实施办法》规定,"社会工作者和志愿者在社区矫正机构的组织指导下参与社区矫正工作。有关部门、村(居)民委员会、社区矫正人员所在单位、就读学校、家庭成员或者监护人、保证人等协助社区矫正机构进行社区矫正"。

根据《刑法修正案(八)》、《社区矫正实施办法》的规定,社区矫正的对象为:(1)被判处管制的罪犯;(2)被宣告缓刑、在缓刑考验期限内的罪犯;(3)被决定假释、在假释考验期限内的罪犯;(4)暂予监外执行的罪犯。

对于被判处剥夺政治权利在社会上服刑的罪犯,司法行政机关配合公安机关,监督其遵守《刑法》第54条的规定,并及时掌握有关信息。被剥夺政治权利的罪犯可以自愿参加司法行政机关组织的心理辅导、职业培训和就业指导活动。

二、社区矫正的程序

(一)社会调查评估

人民法院、人民检察院、公安机关、监狱对拟适用社区矫正的被告人、罪犯,需要调查其对所居住社区影响的,可以委托县级司法行政机关进行调查评估。

受委托的司法行政机关应当根据委托机关的要求,对被告人或者罪犯的居所情况、家庭和社会关系、一贯表现、犯罪行为的后果和影响、居住地村(居)民委员会和被害人意见、拟禁止的事项等进行调查了解,形成评估意见,及时提交委托机关。县级司法行政机关做出的社会调查评估报告,是委托机关对被告人、罪犯是否适用非监禁刑罚及适用何种非监禁刑罚的重要依据。

(二)交付、接收

对于适用社区矫正的罪犯,人民法院、公安机关、监狱应当核实其居住地,在向其宣判时或者在其离开监所之前,书面告知其到居住地县级司法行政机关报到的时间期限以及逾期报到的后果,并通知居住地县级司法行政机关;在判决、裁定生效起三个工作日内,送达判决书、裁定书、决定书、执行通知书、假释证明书副本等法律文书,同时抄送其居住地县级人民检察院和公安机关。县级司法行政机关收到法律文书后，应当在三个工作日内送达回执。

社区矫正人员应当自人民法院判决、裁定生效之日或者离开监所之日起十日内到居住地县级司法行政机关报到。县级司法行政机关应当及时为其办理登记接收手续，并告知其三日内到指定的司法所接受社区矫正。发现社区矫正人员未按规定时间报到的，县级司法行政机关应当及时组织查找，并通报决定机关。

暂予监外执行的社区矫正人员，由交付执行的监狱、看守所将其押送至居住地，与县级司法行政机关办理交接手续。罪犯服刑地与居住地不在同一省、自治区、直辖市，需要回居住地暂予监外执行的，服刑地的省级监狱管理机关、公安机关监所管理部门应当书面通知罪犯居住地的同级监狱管理机关、公安机关监所管理部门，指定一所监狱、看守所接收罪犯档案，负责办理罪犯收监、释放等手续。人民法院决定暂予监外执行的，应当通知其居住地县级司法行政机关派员到庭办理交接手续。

司法所接收社区矫正人员后，应当及时向社区矫正人员宣告判决书、裁定书、决定书、执行通知书等有关法律文书的主要内容，社区矫正期限，社区矫正人员应当遵守的规定、被禁止的事项以及违反规定的法律后果，社区矫正人员依法享有的权利和被限制行使的权利，矫正小组人员组成及职责等有关事项。宣告由司法所工作人员主持，矫正小组成员及其他相关人员到场，按照规定程序进行。

（三）矫正实施

1. 矫正方式

接收矫正人员后，司法所应当为社区矫正人员确定专门的矫正小组。矫正小组由司法所工作人员担任组长，由社会工作者和志愿者、有关部门、村（居）民委员会、社区矫正人员所在单位、就读学校、家庭成员或者监护人、保证人等人员组成。[6] 社区矫正人员为女性的，矫正小组应当有女性成员。

司法所应当与矫正小组签订矫正责任书，根据小组成员所在单位和身份，明确各自的责任和义务，确保各项矫正措施落实。

司法所应当为社区矫正人员制定矫正方案，在对社区矫正人员被判处的刑罚种类、犯罪情况、悔罪表现、个性特征和生活环境等情况进行综合评估的基础上，制定有针对性的监管、教育和帮助措施。根据矫正方案的实施效果，适时予以调整。

---

〔6〕 徐超凡：《家庭治疗在社区矫正中的功能和实现》，载《河北法学》2017年第4期。

县级司法行政机关应当为社区矫正人员建立社区矫正执行档案，包括适用社区矫正的法律文书，以及接收、监管审批、处罚、收监执行、解除矫正等有关社区矫正执行活动的法律文书。

司法所应当建立社区矫正工作档案，包括司法所和矫正小组进行社区矫正的工作记录，社区矫正人员接受社区矫正的相关材料等。同时留存社区矫正执行档案副本。

2. 对社区矫正人员的监督管理

对社区矫正人员监督管理的主要内容有：

(1)社区矫正人员应当定期报告。社区矫正人员应当定期向司法所报告遵纪守法、接受监督管理、参加教育学习、社区服务和社会活动的情况。发生居所变化、工作变动、家庭重大变故以及接触对其矫正产生不利影响人员的，社区矫正人员应当及时报告。

保外就医的社区矫正人员还应当每个月向司法所报告本人身体情况，每三个月向司法所提交病情复查情况。

(2)社区矫正人员应当在特定区域内活动。对于人民法院禁止令确定需经批准才能进入的特定区域或者场所，社区矫正人员确需进入的，应当经县级司法行政机关批准，并告知人民检察院。

社区矫正人员未经批准不得离开所居住的市、县(旗)。社区矫正人员因就医、家庭重大变故等原因，确需离开所居住的市、县(旗)，在七日以内的，应当报经司法所批准；超过七日的，应当由司法所签署意见后报经县级司法行政机关批准。返回居住地时，应当立即向司法所报告。社区矫正人员离开所居住市、县(旗)不得超过一个月。

社区矫正人员未经批准不得变更居住的县(市、区、旗)。社区矫正人员因居所变化确需变更居住地的，应当提前一个月提出书面申请，由司法所签署意见后报经县级司法行政机关审批。县级司法行政机关在征求社区矫正人员新居住地县级司法行政机关的意见后作出决定。

经批准变更居住地的，县级司法行政机关应当自作出决定之日起三个工作日内，将有关法律文书和矫正档案移交新居住地县级司法行政机关。有关法律文书应当抄送现居住地及新居住地县级人民检察院和公安机关。社区矫正人员应当自收到决定之日起七日内到新居住地县级司法行政机关报到。

(3)社区矫正人员应当参加学习与社区服务。社区矫正人员应当参加公共道德、法律常识、时事政策等教育学习活动，增强法制观念、道德素质和悔罪自新意识。社区矫正人员每月参加教育学习时间不少于八小时。

有劳动能力的社区矫正人员应当参加社区服务，修复社会关系，培养社会责任感、集体观念和纪律意识。社区矫正人员每月参加社区服务时间不少于八小时。

(4)对社区矫正人员进行个别教育和心理辅导。根据社区矫正人员的心理状态、行为特点等具体情况，采取有针对性的措施进行个别教育和心理辅导，矫正其违法犯罪心理，提高其适应社会能力。

(5)对社区矫正人员开展职业培训和就业指导。司法行政机关应当根据社区矫正人员的需要，协调有关部门和单位开展职业培训和就业指导，帮助落实社会保障措施。

(6)对社区矫正人员的情况全面掌握。司法所应当根据社区矫正人员个人生活、工作及所处社区的实际情况，有针对性地采取实地检查、通讯联络、信息化核查等措施及时掌握社区矫正人员的活动情况。重点时段、重大活动期间或者遇有特殊情况，司法所应当及时了解掌握社区矫正人员的有关情况，可以根据需要要求社区矫正人员到办公场所报告、说明情况。

社区矫正人员脱离监管的，司法所应当及时报告县级司法行政机关组织追查。

司法所应当定期到社区矫正人员的家庭、所在单位、就读学校和居住的社区了解、核实社区矫正人员的思想动态和现实表现等情况。

对保外就医的社区矫正人员，司法所应当定期与其治疗医院沟通联系，及时掌握其身体状况及疾病治疗、复查结果等情况，并根据需要向批准、决定机关或者有关监狱、看守所反馈情况。

(7)对社区矫正人员的考核。司法所应当及时记录社区矫正人员接受监督管理、参加教育学习和社区服务等情况，定期对其接受矫正的表现进行考核，并根据考核结果，对社区矫正人员实施分类管理。

3. 处罚

社区矫正人员有违反监督管理规定或者人民法院禁止令情形的，由司法行政机关及时派员调查核实情况，收集有关证明材料，提出处理意见。根据社区矫正人员违反监督管理规定或人民法院禁止令的不同情形，有关机关分别采取不同的处罚措施。

(1)警告。社区矫正人员有下列情形之一的，县级司法行政机关应当给予警告，并出具书面决定：未按规定时间报到的；违反关于报告、会客、外出、居住地变更规定的;不按规定参加教育学习、社区服务等活动,经教育仍不改正的;保外就医的社区矫正人员无正当理由不按时提交病情复查情况,或者未经批准进行就医以外的社会活动且经教育仍不改正的;违反人民法院禁止令,情节轻微的;其他违反监督管理规定的。

(2)治安处罚。社区矫正人员违反监督管理规定或者人民法院禁止令,依法应予治安管理处罚的,县级司法行政机关应当及时提请同级公安机关依法给予处罚。公安机关应当将处理结果通知县级司法行政机关。

(3)撤销缓刑、假释。缓刑、假释的社区矫正人员有下列情形之一的,由居住地同级司法行政机关向原裁判人民法院提出撤销缓刑、假释建议书并附相关证明材料,人民法院应当自收到之日起一个月内依法作出裁定:违反人民法院禁止令,情节严重的;未按规定时间报到或者接受社区矫正期间脱离监管,超过一个月的;因违反监督管理规定受到治安管理处罚,仍不改正的;受到司法行政机关三次警告仍不改正的;其他违反有关法律、行政法规和监督管理规定,情节严重的。

(4)收监执行。暂予监外执行的社区矫正人员有下列情形之一的,由居住地县级司法行政机关向批准、决定机关提出收监执行的建议书并附相关证明材料,批准、决定机关应当自收到之日起十五日内依法作出决定:发现不符合暂予监外执行条件的;未经司法行政机关批准擅自离开居住的市、县(旗),经警告拒不改正,或者拒不报告行踪,脱离监管的;因违反监督管理规定受到治安管理处罚,仍不改正的;受到司法行政机关两次警告,仍不改正的;保外就医期间不按规定提交病情复查情况,经警告拒不改正的;暂予监外执行的情形消失后,刑期未满的;保证人丧失保证条件或者因不履行义务被取消保证人资格,又不能在规定期限内提出新的保证人的;其他违反有关法律、行政法规和监督管理规定,情节严重的。

人民法院裁定撤销缓刑、假释或者对暂予监外执行罪犯决定收监执行的,居住地县级司法行政机关应当及时将罪犯送交监狱或者看守所,公安机关予以协助。

监狱管理机关对暂予监外执行罪犯决定收监执行的,监狱应当立即赴羁押地将罪犯收监执行。

公安机关对暂予监外执行罪犯决定收监执行的,由罪犯居住地看守所将罪犯收监执行。

4. 减刑

社区矫正人员符合法定减刑条件的,由居住地县级司法行政机关提出减刑建议书并附相关证明材料,经地(市)级司法行政机关审核同意后提请社区矫正人员居住地的中级人民法院裁定。人民法院应当自收到之日起一个月内依法裁定；暂予监外执行罪犯的减刑，案情复杂或者情况特殊的，可以延长一个月。司法行政机关减刑建议书和人民法院减刑裁定书副本，应当同时抄送社区矫正人员居住地同级人民检察院和公安机关。

(四)社区矫正的解除与终止

1. 社区矫正的解除

社区矫正期满前，社区矫正人员应当作出个人总结，司法所应当根据其在接受社区矫正期间的表现、考核结果、社区意见等情况作出书面鉴定，并对其安置帮教提出建议。

社区矫正人员矫正期满，司法所应当组织解除社区矫正宣告。宣告由司法所工作人员主持，按照规定程序公开进行。司法所应当针对社区矫正人员不同情况，通知有关部门、村(居)民委员会、群众代表、社区矫正人员所在单位、社区矫正人员的家庭成员或者监护人、保证人参加宣告。

宣告事项包括宣读对社区矫正人员的鉴定意见；宣布社区矫正期限届满，依法解除社区矫正；对判处管制的，宣布执行期满，解除管制；对宣告缓刑的，宣布缓刑考验期满，原判刑罚不再执行；对裁定假释的，宣布考验期满，原判刑罚执行完毕。

县级司法行政机关应当向社区矫正人员发放解除社区矫正证明书，并书面通知决定机关，同时抄送县级人民检察院和公安机关。

暂予监外执行的社区矫正人员刑期届满的，由监狱、看守所依法为其办理刑满释放手续。

2. 社区矫正的终止

社区矫正人员死亡、被决定收监执行或者被判处监禁刑罚的，社区矫正终止。社区矫正人员在社区矫正期间死亡的，县级司法行政机关应当及时书面通知批准、决定机关，并通报县级人民检察院。

三、对未成年人进行社区矫正的特别规定

对未成年人实施社区矫正，应当遵循教育、感化、挽救的方针，按照下列规定执行：(1)对未成年人的社区矫正应当与成年人分开进行；(2)对未成年社区矫正人员给予身份保护，其矫正宣告不公开进行，其矫正档案应当保密；(3)未成年社区矫正人员的矫正小组应当有熟悉青少年成长特点的人员参加；(4)针对未成年

人的年龄、心理特点和身心发育需要等特殊情况，采取有益于其身心健康发展的监督管理措施；(5)采用易为未成年人接受的方式，开展思想、法制、道德教育和心理辅导；(6)协调有关部门为未成年社区矫正人员就学、就业等提供帮助；(7)督促未成年社区矫正人员的监护人履行监护职责，承担抚养、管教等义务；(8)采取其他有利于未成年社区矫正人员改过自新、融入正常社会生活的必要措施。

犯罪的时候不满十八周岁被判处五年有期徒刑以下刑罚的社区矫正人员，也适用上述规定。

四、社区矫正人员的权利保障

社区矫正人员的人身安全、合法财产和辩护、申诉、控告、检举以及其他未被依法剥夺或者限制的权利不受侵犯。社区矫正人员在就学、就业和享受社会保障等方面不受歧视。司法工作人员应当认真听取和妥善处理社区矫正人员反映的问题，依法维护其合法权益。

案　例

2002年3月，王某某因抢劫罪被判处有期徒刑12年，在某监狱服刑。2006年12月，某监狱改建犯人宿舍，王某某负责开挖地基。施工过程中发现一墓葬，王某某天生胆大、好奇，不听在场管教干部的劝阻，进入墓穴后用铁锹扩大洞口，以便其他人进入，未料发生塌方，王某某被掩埋，不治死亡。

对王某某的死亡，监狱应怎样处理。

复习题

一、概念

监狱　狱内侦察　劳动改造　教育改造　罪犯分类管理

二、思考

1. 我国刑罚执行制度的原则。

2. 未成年犯监管的特殊要求。

阅读文献

1. 赵国玲:《刑事执行法学》,北京大学出版社 2014 年版。
2. 王志亮:《外国刑罚执行制度研究》,广西师范大学出版社 2009 年版。
3. 张苏军主编:《宽严相济刑事司法政策与刑罚执行方式改革研究》,中国检察出版社 2011 年版。
4. 明成满:《民国佛教的监狱教诲研究》,载《宗教学研究》2016 年第 2 期。
5. 于连涛:《中国监狱的现代化研究》,中国政法大学出版社 2017 年版。

第六章　律师制度

内容提示

律师制度是一国司法制度的重要组成部分。我国的律师制度主要由律师的性质地位和任务、律师执业许可、律师事务所、律师执业的权利义务、律师业务与执业监督管理、律师的法律责任等内容构成。

第一节　律师制度概述

一、律师的概念和性质

根据《律师法》第2条的规定，律师是指依法取得律师执业证书，接受委托或者指定，为当事人提供法律服务的执业人员。

律师的性质是指律师的职业属性。对于律师的职业属性，我国理论界一直存在较大分歧，分歧的根本原因在于我国关于律师的法律规范对律师职业的定性一直在发生着阶段性的变化。我国律师的性质经历了国家法律工作者、社会法律工作者、自由职业者的变化过程，反映了我国法律关于律师性质的规定逐步适应国际潮流、准确定位律师职业的特点。[1] 1980年8月26日，全国人大常委会通过并颁布《中华人民共和国律师暂行条例》，该条例第1条规定："律师是国家的法律工作者"，这既是法律规定的当时我国律师的性质，也是我国第一次以立法的形式对律师的性质作出规定。

---

〔1〕 黄振中：《论新中国律师的性质变化与转型期之定位》，载《法学评论》2010年第4期。

图6-1 旧徽章

图6-2 新徽章〔2〕

根据这一规定，律师制度是国家司法制度的组成部分，把律师定位于国家公职人员，是国家的司法工作人员的一种，可以行使相应的国家权力。这样，律师和审判人员、检察人员享有同等法律地位，这对于提高我国律师的地位，保障律师权利，发挥律师作用，促进律师队伍的发展起到了积极作用。

为了适应社会主义市场经济发展的需要，加强社会主义法治建设，司法部从1993年12月26日开始，就按照国务院批复的《关于深化律师工作改革的方案》对律师制度进行不断的改革，与此同时，着手起草《中华人民共和国律师法》。1996年5月15日第八届全国人民代表大会常委会第十九次会议通过了《中华人民共和国律师法》（以下简称《律师法》），并决定于1997年1月1日起实施。《律师法》最后将律师的性质规定为"依法取得律师执业证书，为社会提供法律服务的执业人员。"该定性揭示出一方面律师执业是一种非公务活动，与法官、检察官行使公权的职务活动不同；另一方面律师的服务对象是广泛的，服务地域是不受限制的，而且律师提供法律服务是有偿的。所以，律师是"为社会提供法律服务的执业人员"，较为准确地阐明了律师的职业特性和执业方式，克服了以前对律师性质认识的不足，部分地解决了律师制度建设和实践中的难题，该观点在法学界有较为广泛的市场。

我国对律师性质的定位经历了以上两个发展阶段，每一种定性都发挥了其积

---

〔2〕 新律师徽章内圈图案为由一大一小两个同心圆、五颗五角星、三组正反相背代表律师的"L"图案组成的律师协会标志，外圈标有"中国律师"黑体、中英文字样，直径分为40毫米和18毫米两种。40毫米徽章为执业律师出庭佩带专用标志；18毫米徽章为律师平时佩戴标志。

"为了更好地体现中国律师的特色与精神风貌，方便广大人民群众，在征求各地律师意见的基础上，我部重新设计制作了中国律师徽章，从一九九二年五月一日起全国律师统一佩戴。一九八七年制作的律师徽章同时废止。新律师徽章的发放范围为：专职律师、兼职律师、特邀律师人员……。各司法行政机关必须加强对律师徽章的管理，严禁非律师人员佩戴律师徽章。调离律师岗位和不适宜继续担任律师的，在收回律师执照时，应收回律师徽章。"转引自司法部《关于使用新的律师徽章的通知》。

极的作用，但是随着时间、空间的变化，又都显露出自身的缺点。“国家法律工作者”的身份决定了律师首先要维护国家的利益，当当事人的利益与国家利益相冲突时，律师作为国家工作人员的身份与其维护当事人合法权益的任务存在无法解决的冲突。将律师定为国家工作人员，必然造成律师身份与其执业内容、方式相冲突，违背了律师执业中服务对象的社会性、执业的独立性等特征，难以真正地为当事人服务，从而降低当事人对律师的信任，削弱以致否定了律师执业存在的基础。“为社会提供法律服务的执业人员”的表述不能全面体现律师所肩负的使命，而且仅仅强调其社会性，无法和其他职业相区别。其负面效果近年来已经表现出来，一是律师执业环境恶化，执业权利不足；二是律师业发展过程中出现过分商业化的倾向，部分律师职业道德沦丧，律师监管不足，从而影响了律师业的整体形象，阻碍了律师业的发展。

1996 年《律师法》把律师回归到社会是一个解放，但从国家到社会，由一极跑到了另一极，律师职业过度社会化、商业化，不仅丧失了律师固有的职业属性，也被排斥在法律职业共同体之外，无形中失去了与其他法律职业群体平等获取和行使职业权利的平台，律师沦落为商人与“掮客”，法律工作者的特殊价值与职业追求被削弱了。

2007 年修改的《律师法》规定律师是为当事人提供法律服务的执业人员，律师以“维护当事人的合法权益，维护法律的正确实施，维护社会公平和正义”为使命，这就回归了律师作为法律工作者的本质属性，凸显了律师的神圣使命，律师成为我国法律职业共同体的一分子，从另一个方面为维护法律的正确实施、维护社会公平和正义发挥作用。

根据我国现行《律师法》，结合各国通行的对律师的职业定位，律师的职业属性可以概括如下：

（一）专业性

专业性是指律师是向当事人提供法律服务的专业人员。其包括如下内涵：(1)律师以其法律专业知识和专门技能为当事人提供服务，以此区别于其他专业人员。(2)律师必须依法取得执业证书，以此区别于我国的其他法律服务人员。世界各国均实行律师执业许可制度，只有符合法定的律师任职条件，才能申请律师执业证书，这是律师专业性的法律保障。

律师职业的专业性决定了律师是法律职业共同体的有机组成部分，也决定了律师必须承担维护法律的正确实施、维护社会公平和正义的使命。

(二)社会性

社会性包括以下内涵:(1)律师的业务活动是服务性的。律师不是国家公职人员,不具有国家事务、社会事务的管理职能。(2)律师的服务领域和服务对象面向全社会,为各类社会主体提供各种法律服务。(3)律师的权利来源于当事人的授权,特定情况下来源于法院的指定。所以律师的业务活动不是行使国家权力,其服务行为不具有强制力。(4)律师与当事人之间是基于协商一致的平等的合同关系。(5)律师提供法律服务是有偿的(法律援助除外)。有偿服务是律师职业生存的物质基础。

社会性是律师职业最主要和最突出的特征,是律师职业有别于同为法律职业的法官、检察官的鲜明特征。

(三)独立性

律师是自由职业者已是国际通行的观点。律师接受当事人的委托承办各类法律事务属于个人劳动,通常情况下,律师可以接受也可以拒绝当事人的委托。接受委托后,律师独立地开展业务,不受委托人、律师事务所以及其他国家机关、团体和个人的左右。律师职业的这些特点符合自由职业者的特点。

律师职业的上述独立性归结为以下两个方面的独立:

1. 律师业实行行业自治和律师自律。律师的社会性决定了律师执业活动具有广泛的空间,而且职业本身需要较大的自决范围。这些一方面要求尽可能减少国家行政权力对律师业的直接介入,实现行业自治,以适应律师所肩负的独特使命;另一方面也对律师的自律提出要求。

2. 律师业务活动独立。律师与当事人之间是一种合同关系,在遵守委托合同的前提下,律师有权利独立地决定自己的业务活动。尽管当事人有权决定案件的命运和对案件的主要活动拥有最终的决定权,但律师在自己的工作中有一个不受外来干预的自决领域。如选择当事人、审查判断证据、为胜诉采取自认妥当的诉讼策略等。律师对自己的业务具有独立的意志并拥有控制权,是实现律师职业独立、体现律师价值的本质要求。

(四)商业性

商业性是指律师业是社会商业服务业的一个行业。商业性与有偿性不同,商业性强调律师业创造财富的赢利性质。我国现行法律并没有明确律师职业的商业属性。但从律师职业的现实状况以及国外律师业发展的趋势,结合世界贸易组织管辖下的一项多边贸易协议——《服务贸易总协定》中的明确规定:法律服务业是商业服务中的专业服务,律师职业的商业性是不能否认的。需要说明的是,由于律师是法律职业,承担着实现法律目的的历史使命,所以,过分的商业化必定威胁律师职业的生存,对律师职业的商业性必须进行必要的限制。[3]

二、西方律师制度的沿革

律师制度作为特定社会的法律现象,并不是与国家和法律同时出现的,它是在国家和法律出现以后,经历了相当长的历史时期,为适应社会需要,逐步完善和发展起来的。从历史沿革来看,西方国家律师制度的起源和发展基本上经历了三个时期。

(一)律师的萌芽和律师制度的起源

律师萌芽于古希腊。公元前5世纪,古希腊之雅典出现"雄辩家",指的是受当事人委托,在法庭上为其辩论的人。类似于当今之诉讼代理人,但未成为职业,国家也没有立法对之进行调整。故,一般认为古希腊的"雄辩家"只是律师职业的萌芽,尚未达到制度的层面。

律师制度起源于古罗马。在罗马共和国早期的诉讼中,被告除自己辩护外,还被允许委托其他公民代理进行诉讼,该代理的人被称为"保护人"。凡是权利和能力没有受到限制的罗马公民,都有出席法庭为诉讼当事人的利益作辩护的资格。罗马法还明文规定,请求律师给予必要的法律帮助,是每个公民正当的权益。公元前5世纪的《十二铜表法》中关于诉讼代理的记载是目前最早关于律师雏形的法律内容。

罗马共和国后期,随着经济生活迅速发展,社会矛盾日益尖锐,罗马立法也逐渐广泛和复杂,诉讼制度日益完善,一方面普通民众无从以自己的力量参与诉讼,另一方面也催生了罗马的法学家群体。罗马的法学家一方面服务于统治者,向司法官、行政官提供意见和建议;另一方面向平民提供法律帮助,解答各种法律问题,充当诉讼代理人。鉴于法学家有利于罗马法律的实施和社会秩序的稳定,公元3世纪时,罗马皇帝发布诏令,承认其法律地位,允许他们向当事人收取报酬。至

---

[3] 蔡明阳:《博弈:在商业利益与社会责任之间——对当代中国律师业的困境及其消解的思考》,载《中国律师》2008年第7期。

此,职业律师正式形成。罗马法规定的律师条件为:男性,品行端正,有办案能力和受过5年法律教育。而且还规定律师执行职务受国家监督,收费标准由国家规定。

(二)封建时代的律师

欧洲封建时代基本实行纠问式诉讼模式。在民事诉讼中当事人的诉讼权利受到多种限制,不被允许委托代理人。在刑事诉讼中,刑讯逼供是主要的侦查和审判手段,被告人没有辩护权。所以,律师制度没有存在的基础。即使在保留律师制度的国家,如法国,也主要是在宗教法院适用,律师由僧侣担任。律师在辩护中的职责是向当事人灌输宗教思想,协助审判官说服被告人认罪,从而成为封建国家的附庸。

13世纪中叶,随着羊毛贸易的兴旺,英国的商品经济开始发达,国会开始范围较为广泛的立法活动,英国实行辩论式的诉讼结构。与此对应,社会上出现了学习、研究法律的职业阶层,律师制度开始复兴。

与此同时,欧洲大陆开始复兴罗马法,古罗马的律师制度一同传至英国。14世纪初开始,英国的律师制度得到了进一步发展,主要体现为四大律师学院(林肯、格雷、内殿、中殿)的设立。英国该时期的律师制度为近代律师制度的产生和发展奠定了非常重要的基础。16世纪,英国律师开始划分为大律师和小律师,形成了至今的英国律师等级制度。

(三)近代资本主义律师制度

近代律师制度是资产阶级革命的产物,是资产阶级在反对封建专制和封建司法制度的基础上创建的。当时资产阶级的一些启蒙思想家,如英国的李尔本、洛克和法国的伏尔泰、孟德斯鸠、卢梭、狄德罗等,对封建社会专横的诉讼制度进行了猛烈的抨击,提出了罪行相适应、无罪推定等司法原则,主张用辩论式诉讼代替纠问式诉讼,主张当事人有权为自己辩护,有权请律师或其他人为自己辩护。由于这些主张适应了资本主义社会经济、政治和社会发展的需要,因此,在资产阶级夺取政权后,各国立法机关普遍接受了上述主张并在立法中确认了这些原则和制度。1679年英国颁布了《人身保护法》,明文规定诉讼中实行辩论原则,被告人有权获得辩护。1791年《美国宪法》修正案第6条规定,被告人在一切刑事诉讼中"享有受法庭律师为其辩护协助的权利"。美国各州的立法也对律师的资格、职责、组织机构作了相应的规定。与此同时,法国宪法也确立了自己的律师制度,1860年法国的《民事诉讼法典》和1808年法国的《刑事诉讼法典》则将律师制度更加系统化、具体化。继英、美、法等国之后，世界各资本主义国家相继建立了自己的律师制度。

(四)现代资本主义社会律师制度的发展

近代资本主义律师制度主要是依附于诉讼的律师代理和辩护制度，律师的业务范围局限在司法领域，律师队伍的人数也十分有限，这一时期的律师制度还没有渗透到社会生活的各个领域。但是，到了20世纪中期以后，随着资本主义社会政治、经济的发展，尤其是社会法制化程度的提高，现代资本主义国家律师制度获得了很大的发展。这种发展变化主要表现在以下几个方面：

第一，律师的业务范围空前广泛，律师的法律服务市场迅速扩大，律师业务领域已经突破了传统的诉讼业务领域。在市场经济条件下，律师的主要功能是积极参与市场经济的各个环节，参与市场经济的法律指导和调整活动，避免经济纠纷和诉讼活动的发生，从而减少交易成本。在当今西方发达国家，律师在非诉讼领域的业务量占律师总业务量的80%以上，律师的业务活动范围，已经延伸到社会生活的各个角落和领域。

第二，律师队伍的数量迅速增长。随着律师业务范围的扩大和社会对律师法律服务需求的扩大，律师的人数增长非常迅速。尤其是20世纪年以后，各国律师人数增长速度加快，律师数量的增长率远远超过了以前任何一个时期。例如，美国1970年取得律师资格的人数是27.4万人，1990年就猛增到77.7万人，目前，美国的执业律师人数已经达到125万人以上。[4] 其他发达国家的律师数量在这段时间也有较大增长。律师队伍的迅速扩大，为扩大律师的社会影响力、律师制度的发展奠定了基础。

第三，律师的业务分工日趋专业化。在现代西方发达国家，随着律师业务范围的日趋广泛，法律服务市场越来越复杂化，法律服务市场除了需要法律知识外，还相应需要各项其他专业知识。因此，这就导致法律服务的分类越来越细化。分工日趋细化是社会发展的必然趋势。在这种情况下，任何一个律师，不管其业务能力有多强，精力有多么充沛，也很难精通各项律师业务。适应法律服务市场的多样化和复杂化的要求，必然迫使律师业走业务专业化的道路。所谓律师业的专业化分工，就是根据律师业务的划分情况，不同的律师深入掌握某项专门的法律知识和从事这类法律事务的技能，从而实现按照专业分工来合理配置律师人力资

---

〔4〕 中国法学会法制文学研究会：《法治文化与法治中国》，群众出版社2015年版，第150页。

源。在律师业务逐步专业化的同时,逐步建立一批专业化的律师事务所,实现律师事务所的专业化分工。

三、我国律师制度的产生和发展

(一)旧中国律师制度的产生和发展

1. 中国古代的诉讼代理现象

《周礼·秋官》记载:"凡命夫命妇,不躬坐狱讼。"《周礼疏》解释说:"古者取囚要辞皆对坐,治狱之吏皆有威严,恐狱吏亵,故不使命夫命妇亲坐。若取辞之时,不得不坐,当使其属或子弟代坐也。"也就是说,为了使奴隶主贵族不致在狱吏面前受辱,大夫以上的贵族涉及诉讼,必要时可以派下属或子弟代替出庭。以上说明我国古代已有诉讼代理现象存在。

自元代开始,如诉讼当事人为老弱病残者,除了某些重大案件和涉及告者本身利益的案件以外,可令家人亲属代理诉讼。明会典也有类似规定,同时还规定"诬告者,罪坐代告之人。"中国古代的诉讼代理现象,就代理目的及代理人的身份而言,与现代的诉讼代理都大相径庭,因为前者主要是为维护贵族特权而设立,后者则是为维护当事人的合法权益而设立的。

中国古代有关诉讼的法律制度较为完备。法律对案件的起诉、受理等都有明确的规定,如不符合规定,则要受到处罚。而在当时的政治经济文化条件下,一般人对打官司的知识可以说是一窍不通,一旦涉讼不得不求助于他人。于是,一些求官不得、入幕无门的失意仕子,便以识文断字的本领代人书写诉状,同时也兼作其他文字抄写工作,以维持生计,被称为讼师。明清两代代写诉状的讼师成为普遍存在的一种社会现象,甚至在社会中还出现了传授"代写词状"的专著,如明代的《做状十段锦》就是讲述写状子的要领。但由于这些人的活动没有法律依据,也没有法律规范和约束,不少讼师敲诈勒索、坑骗当事人,深为百姓所痛恶,也为统治阶级所不容,早在《唐律》中对"代作词状"的活动就有明确的限制性规定。《唐律》规定:"诸为人作词碟,加增其状,不如所告者,笞五十;若加增罪重,减诬告一等。"明律还规定:"凡教唆词讼及为人作词状,增建情罪诬告人者与认同罪,若受人辜诬告人者与自诬告同,受财者计赃以枉法从重论。其见人愚而不能伸冤教令得实,及为人书写词状而无增减者,勿论。"

2. 清末修律至1949年期间中国的律师

1840年鸦片战争后,外国侵略者根据一系列不平等条约,在中国取得领事裁判权,设立会审公廨。会审公廨审理案件,外国人委托外国律师出庭,由此,律师出现在中国近代的法庭上。当时,一些中国人与外国人发生纠纷时也经常寄希望于洋律师,聘请他们作为自己的代理人出庭。

清末修律活动中,1910年完成起草的《大清刑事民事诉讼法》仿效西方建立律师制度,在第199条至第207条规定了律师资格、申请手续、照章宣誓、原被告律师的职责、对律师的惩罚、关于外国律师出庭办案等。这一草案未经审核颁行,清政府即被推翻。

辛亥革命后,孙中山领导的南京临时政府进行大量的司法改革,起草了律师法草案,准备仿效资本主义国家建立律师制度。但袁世凯窃取革命果实,解散临时政府,草案未能颁布。

北洋军阀政府在继承清末法统的同时,制定、颁布了大量新的法规,律师制度方面的有:《律师暂行章程》、《律师登录暂行章程》、《律师惩戒会暂行规则》、《律师甄别章程》。其中,1912年9月公布实行的《律师暂行章程》标志着近代中国律师制度的开始。

国民党南京政府建立后,1927年7月以《律师章程》取代北洋政府时期的《律师暂行章程》,1941年公布实施《律师法》,此后相继颁布《律师法施行细则》、《律师登录规则》、《律师惩戒规则》等。

1927年公布实施的《律师章程》较《律师暂行章程》有较大变化:(1)允许女子担任律师;(2)增加律师公会就法律修改向司法部长提出建议之权;(3)提高师年龄至21岁以上;(4)增设高等法院接受律师惩戒诉讼和律师惩戒委员会及司法部长复审的规定。1929年5月,在上海律师公会倡议下,经南京国民政府司法行政部核准,在南京召开了"中华民国律师协会"成立大会,产生了中国第一个全国性的律师组织。1948年3月,南京国民政府开始筹组"中华民国律师公会全国联合会",同年9月9日在南京召开了首届代表大会,通过了该会章程,选举了理事、监事会。9月9日也成为中华民国律师节。[5]

(二)新中国律师制度概况

新中国的律师制度是在继承和发展革命根据地时期的辩护制度和代理制度的基础上,逐步建立和发展起来的。在中华人民共和国成立初期,新中国在废除旧律师制度的同时,即着手建立新的律师制度。从1954年到1957年,全国19个省、自治区、直辖市先后成立了律师协会和筹备机构,法律顾问处发展到817个,

---

〔5〕 张宪文:《中华民国史大辞典》,江苏古籍出版社2001年版,第832页。

专职律师发展到2582人，兼职律师发展到350人。自1957年“反右斗争”开始，刚刚诞生的新中国律师制度遭到了严重破坏。律师制度被视为资产阶级的司法制度予以废止，到1979年为止，在新中国的历史上造成了长达二十多年的律师制度空白时期。

1978年党的十一届三中全会之后，随着社会主义民主与法制建设的发展，律师制度也得到了恢复和重建。1980年8月，第五届全国人民代表大会常务委员会第十五次会议讨论通过了《中华人民共和国律师暂行条例》，律师制度从此得以恢复。1992年党的十四大提出建立社会主义市场经济体制的目标后，为了适应市场经济的要求，国家进一步加快了律师改革和发展的步伐。1996年《律师法》的颁布，是我国律师制度发展史上的里程碑，标志着我国律师制度进入法制化的发展轨道。从此以后，我国律师业获得了迅速的发展。截止到2000年，全国律师队伍的从业人数已经达到109276人，其中专职律师达到63152人，兼职律师达到15908人，特邀律师5922人。各类律师服务机构9300多个。

律师在社会主义民主与法制建设方面、在市场经济建设方面、在社会生活的各个领域发年挥的作用越来越大。2001年12月，第九届全国人大常委会第二十五次会议审议并通过了对《律师法》的修改，并于2002年1月1日起施行，这次修改进一步提高了取得律师资格的条件，有利于律师整体素质的提高。此后，《律师法》分别经2007年10月28日第十届全国人大常委会第三十次会议、2012年10月26日第十一届全国人大常委会第二十九次会议的修改。2016年4月，中共中央办公厅、国务院办公厅印发《关于深化律师制度改革的意见》，对深化律师制度改革作出全面部署。新一轮的《律师法》修订工作已经开始准备。

据《法制日报》2017年3月2日报道，我国律师队伍由最早的200余人发展到约328000人，律师事务所由70余家发展到26000余家。

第二节　律师执业许可

一、申请律师执业的条件

（一）申请律师执业的一般条件

根据《律师法》第5条的规定，申请律师执业的一般条件为：

1. 拥护中华人民共和国宪法。

2. 通过国家统一司法考试取得法律职业资格证书。《国家司法考试实施办法》第15条规定:“符合以下条件的人员,可以报名参加国家司法考试:(一)具有中华人民共和国国籍;(二)拥护《中华人民共和国宪法》,享有选举权和被选举权;(三)具有完全民事行为能力;(四)高等院校法律专业本科毕业或者高等院校非法律专业本科毕业并具有法律专业知识;(五)品行良好。”该规定表明,“通过国家统一司法考试”条件中,包含了律师执业的国籍、年龄、学历等条件。

3. 在律师事务所实习满一年。律师职业是实践性极强的职业,通过司法考试只是表明掌握了一定的法律知识,律师执业技能需要通过业务实习得到培养和提高。根据全国律师协会《申请律师执业人员实习管理规则》的规定,律师协会对实习人员的实习活动进行管理,接受司法行政机关的指导和监督。

4. 品行良好。品行良好是对律师从业人员的道德要求。根据中华全国律师协会《申请律师执业人员实习管理规则》的规定,下列情形应当认定为不良品行:(1)因故意犯罪但依照刑法规定不需要判处刑罚或者免除刑罚,被人民检察院决定不起诉或者被人民法院免除刑罚的;(2)因违法、违纪行为被国家机关、事业单位辞退的;(3)因违法、违规行为被相关行业主管机关或者行业协会吊销职业资格或者执业证书的;(4)因涉及道德品行等违法行为被处以治安行政拘留或者采取强制性教育矫治措施的;(5)因弄虚作假、欺诈等失信行为被追究法律责任的;(6)有其他产生严重不良社会影响的行为的。曾有以上不良品行的,应当经过5年的品行考察期,期满后经律师协会组织的品行审核委员会审核,确有证据证明该申请实习人员的不良品行已经改正的,才能准予其实习登记。

(二)申请特许律师执业的条件

根据《律师法》第8条和《律师执业管理办法》第8条的规定,申请特许律师执业的条件为:具有高等院校本科以上学历,在法律服务人员紧缺领域从事专业工作满十五年,具有高级职称或者同等专业水平并具有相应的专业法律知识的人员,申请专职律师执业的,经国务院司法行政部门考核合格,准予执业。

(三)申请兼职律师执业的条件

高等院校、科研机构中从事法学教育、研究工作的人员,符合律师执业申请的一般条件,经所在单位同意,可以申请兼职律师执业。

二、律师执业许可程序

(一)律师执业的申请

申请律师执业,应当向设区的市级或者直辖市的区(县)人民政府司法行政部门提出申请,并提交下列材料:(1)执业申请书;(2)法律职业资格证书或者律师资格证书;(3)律师协会出具的申请人实习考核合格的材料;(4)申请人的身份证明;(5)律师事务所出具的同意接收申请人的证明。

申请兼职律师执业的,还应当提交下列资料:(1)在高等院校、科研机构从事法学教育、研究工作的经历及证明材料;(2)所在单位同意申请人兼职律师执业的证明。

(二)审查、审核及决定

1. 受理和审查

设区的市级或者直辖市的区(县)司法行政机关对申请人提出的律师执业申请,应当根据下列情况分别作出处理:(1)申请材料齐全、符合法定形式的,应当受理。(2)申请材料不齐全或者不符合法定形式的,应当当场或者自收到申请材料之日起五日内一次告知申请人需要补正的全部内容。申请人按要求补正的,予以受理;逾期不告知的,自收到申请材料之日起即为受理。(3)申请事项明显不符合法定条件或者申请人拒绝补正、无法补正有关材料的,不予受理,并向申请人书面说明理由。

受理申请的司法行政机关应当自决定受理之日起二十日内完成对申请材料的审查。

在审查过程中,可以征求申请执业地的县级司法行政机关的意见;对于需要调查核实有关情况的,可以要求申请人提供有关的证明材料,也可以委托县级司法行政机关进行核实。

经审查,应当对申请人是否符合法定条件、提交的材料是否真实齐全出具审查意见,并将审查意见和全部申请材料报送省、自治区、直辖市司法行政机关。

2. 审核和决定

省、自治区、直辖市人民政府司法行政部门应当自收到报送材料之日起十日内予以审核,作出是否准予执业的决定。准予执业的,应当自决定之日起十日内向申请人颁发律师执业证书。不准予执业的,应当向申请人书面说明理由。

申请人有下列情形之一的,不予颁发律师执业证书:(1)无民事行为能力或者限制民事行为能力的；(2)受过刑事处罚的，但过失犯罪的除外；(3)被开除公职或者被吊销律师执业证书的。

（三）准予执业决定的撤销

有下列情形之一的，由省、自治区、直辖市人民政府司法行政部门撤销准予执业的决定，并注销被准予执业人员的律师执业证书：(1)申请人以欺诈、贿赂等不正当手段取得律师执业证书的；(2)对不符合法定条件的申请人准予执业或者违反法定程序作出准予执业决定的。

三、律师执业限制

第一，律师只能在一个律师事务所执业。律师变更执业机构的，应当申请换发律师执业证书。我国不允许以个人名义独立执业，律师必须在法定的工作机构——律师事务所执业，律师承办业务由律师事务所统一接受委托，统一收取费用。

第二，公务员不得兼任执业律师。公务员作为国家公职人员，在工作领域掌握一定的权力，如果允许其兼任律师执业，一方面影响其本职工作，另一方面可能滋生假公济私、以权谋私，危及社会公平和法律的正确实施，所以《律师法》明确规定公务员不得兼任律师执业。

第三，律师担任各级人民代表大会常务委员会组成人员的，任职期间不得从事诉讼代理或者辩护业务。各级人民代表大会是国家权力机关，人民法院、人民检察院对产生它的人民代表大会及其常务委员会负责。律师担任人民代表大会常务委员会组成人员时，极易直接影响司法公正，故不得从事诉讼代理或辩护业务。

四、法律职业资格与律师职务分离

我国从 1986 年实现全国律师资格统一考试制度以后，一直实行的是律师资格与律师职务分离制度，即取得律师资格的人不能直接以律师的名义提供法律服务，欲从事律师职务的，还需要申请执业证书。2002 年国家司法考试制度实施以后，初任法官、初任检察官，申请律师执业和担任公证员必须通过国家司法考试，取得法律职业资格。此前的律师资格与律师职务分离的表述可以为法律职业资格与律师职务分离的表述所取代。

目前，世界上大多数国家实行律师资格与律师执业统一制。例如在日本，取得律师资格的人,必须从事律师工作,如不再从事律师工作,则必须撤销律师的登录,丧失律师资格。但也有许多国家实行律师资格与律师职务分离制度,如美国、德国等。

在我国律师制度建立与恢复的初期,也是实行的律师资格与律师执业统一制。1988 年全国律师资格统一考试采取了向社会开放、考试成绩合格即取得律师资格的做法,标志着我国开始实行律师资格与律师执业分离制度。我国实行法律职业资格与律师执业分离制度的主要原因在于:第一,有利于促进法律职业间的合理流动,实现法律职业一体化;第二,有利于壮大律师队伍的后备力量,有利于律师业的自我调节、自我发展。

五、我国的公职律师与公司律师

1995 年,按照司法部统一部署,上海市浦东新区在全国率先开展了"公职律师"试点工作,1996 年 4 月,28 名浦东律师成为我国第一批公职律师。此后,北京、南京等地也陆续开展了"公职律师"试点工作。我国开展公职律师、公司律师制度试点,主要基于两点考虑:

一是发展社会主义市场经济和依法治国的客观要求。随着依法治国方略的实施、社会主义市场经济体制的建立和社会主义法律体系的健全,及加入世界贸易组织和经济全球化的趋势,对政府依法行政和企业依法经营管理提出了更高的要求,政府机关和企业面临越来越多的更为复杂的法律事务,迫切需要建立公职律师、公司律师这种专门的律师队伍来提供法律服务,以维护国家利益和企业的合法权益。

二是进一步完善律师组织结构的需要。建立中国特色律师制度既要从国情出发,也需要借鉴国外的有益做法。从一些律师制度比较发达的国家的情况来看,这些国家大多设有公职律师和公司律师制度。而我国除了军队律师外,只有社会律师一种形式,律师结构需要进一步发展和完善,逐步形成社会律师、公职律师、公司律师等队伍并存,相互配合,优势互补的格局。以此为基础,进一步完善我国律师制度。

2002 年 10 月,司法部根据各地开展"公职律师"、"公司律师"试点工作的情况,颁布了《司法部关于开展公职律师试点工作的意见》和《司法部关于开展公司律师试点工作的意见》,对"公职律师"、"公司律师"的申请与审批、权利与义务以及管理归属等问题进行了规范。部分试点地区的省级司法行政机关根据司法部的上述意见制定了适用于本地区的实施办法。

根据2007年3月1日实施的《北京市司法局公职律师试点工作实施办法(试行)》和《北京市司法局公司律师试点工作实施办法(试行)》的规定,“公职律师”是指具有中华人民共和国律师资格或法律职业资格,在政府部门或具有社会公共管理、服务职能的事业单位、社会团体中从事法律服务,并依法取得公职律师执业证书的人员。“公司律师”是指具有中华人民共和国律师资格或法律职业资格,在企业内部从事法律事务工作,为企业提供法律服务,并依法取得公司律师执业证书的执业人员。

参照司法部和地方司法行政机关关于公职律师、公司律师试点工作规范性文件的内容,公职律师、公司律师与社会律师最明显的区别有两点:一是身份的双重性。公职律师供职于政府职能部门或行使政府职能的部门,[6]公司律师属企业的内部人员。因此,公职律师既是国家公务员又是律师,公司律师既是企业的职工或雇员又是律师。二是服务对象的固定性。公职律师、公司律师只能为本单位提供法律服务,不得面向社会从事有偿法律服务,不得在律师事务所和法律服务所兼职,不得以律师身份办理本单位以外的诉讼与非诉讼案件。

与社会律师相比,公职律师、公司律师有自己独特的优势:一是专门的法律职业资格。公职律师、公司律师必须具有律师资格或法律职业资格,接受更为严格的继续教育和执业纪律、职业道德培训。二是职责和权利广泛。公职律师、公司律师可以深入、广泛地参与到本部门、本单位工作的决策、执行、监督等环节之中,而且在调查取证、查阅案件材料,以及加入律师协会、参加律师职称评定等方面与社会律师享有同等的权利。三是地位明确。当今的律师业已是发展较为成熟的法律服务行业,建立公职律师、公司律师制度更容易得到社会的认同,也有助于构筑以律师为主体的法律服务业平台。四是符合国际惯例。当今世界上一些法制比较健全的国家,其政府部门和大的企业都有自己专门的律师。我国建立公职律师、公司律师制度,可以便于对外交往。

2016年6月,为贯彻落实党的十八大和十八届三中、四中、五中全会精神,积极推行法律顾问制度和公职律师、公司律师制度,充分发挥法律顾问、公职律师、公司律师作用,中共中央办公厅、国务院办公厅印发《关于推行法律顾问制度和公职律师公司律师制度的意见》。根据该意见,我国今后公职律师、公司律师制度的基本框架为:

---

[6] 罗岸伟、左泉:《论法治政府视角下公职律师制度的构建》,载《中国律师》2016年第3期。

（一）公职律师、公司律师的设立和职责

各级党政机关设立公职律师。公职律师是按规定取得公职律师证书的党政机关公职人员。公职律师履行党政机关法律顾问承担的职责，可以受所在单位委托，代表所在单位从事律师法律服务。公职律师在执业活动中享有《律师法》等规定的会见、阅卷、调查取证和发问、质证、辩论等方面的律师执业权利，以及律师法规定的其他权利。公职律师不得从事有偿法律服务，不得在律师事务所等法律服务机构兼职，不得以律师身份办理所在单位以外的诉讼或者非诉讼法律事务。

国有企业根据需要设立公司律师。公司律师是与企业依法签订劳动合同，按规定取得公司律师证书的员工。公司律师履行国有企业法律顾问承担的职责，可以受所在单位委托，代表所在单位从事律师法律服务。公司律师在执业活动中享有《律师法》等规定的会见、阅卷、调查取证和发问、质证、辩论等方面的律师执业权利，以及《律师法》规定的其他权利。公司律师不得从事有偿法律服务，不得在律师事务所等法律服务机构兼职，不得以律师身份办理所在单位以外的诉讼或者非诉讼法律事务。公司律师履行国有企业法律顾问承担的职责，可以受所在单位委托，代表所在单位从事律师法律服务。公司律师在执业活动中享有《律师法》等规定的会见、阅卷、调查取证和发问、质证、辩论等方面的律师执业权利，以及《律师法》规定的其他权利。公司律师不得从事有偿法律服务，不得在律师事务所等法律服务机构兼职，不得以律师身份办理所在单位以外的诉讼或者非诉讼法律事务。

（二）公职律师、公司律师的条件

在党政机关专门从事法律事务工作或者担任法律顾问、在国有企业担任法律顾问，并具有法律职业资格或者律师资格的人员，经所在单位同意可以向司法行政部门申请颁发公职律师、公司律师证书。经审查，申请人具有法律职业资格或者律师资格的，司法行政部门应当向其颁发公职律师、公司律师证书；国家统一法律职业资格制度实施前已担任法律顾问、未取得法律职业资格或者律师资格的人员具备下列条件，经国务院司法行政部门考核合格的，由国务院司法行政部门向其颁发公职律师、公司律师证书：(1)在党政机关、国有企业担任法律顾问满15年；(2)具有高等学校法学类本科学历并获得学士及以上学位，或者高等学校非法学类本科及以上学历并获得法律硕士、法学硕士及以上学位或者获得其他相应学位；(3)具有高级职称或者同等专业水平。

（三）公职律师、公司律师的管理

党内法规工作机构、政府法制机构和国有企业法律事务部门，分别承担本单位法律顾问办公室职责，负责本单位法律顾问、公职律师、公司律师的日常业务管理，协助组织人事部门对法律顾问、公职律师、公司律师进行遴选、聘任、培训、考核、奖惩，以及对本单位申请公职律师、公司律师证书的工作人员进行审核等工作。

公职律师、公司律师脱离原单位，可以申请转为社会律师，其担任公职律师、公司律师的经历计入社会律师执业年限。未取得法律职业资格或者律师资格的人员担任公职律师、公司律师，申请转为社会律师的，应当符合国家统一法律职业资格制度的相关规定。公职律师、公司律师依照有关程序遴选为法官、检察官的，确定法官、检察官等级应当考虑其从事公职律师、公司律师工作的年限、经历。

第三节　律师的任务、执业范围和执业原则

一、律师的任务

《律师法》第 2 条第 2 款规定："律师应当维护当事人合法权益，维护法律正确实施，维护社会公平和正义。"根据该规定，我国律师的任务有：

（一）维护当事人的合法权益

维护当事人的合法权益是我国律师的直接任务。律师职业的产生和发展在于社会法律服务的需求。尽管法官、检察官等也是法律专业人员，但他们国家公职人员的身份和代表、维护国家利益的职能决定了他们只能忠诚于国家，当国家利益和当事人利益冲突时，他们首先维护的是国家利益。所以，只有同为法律专业人员，但不属于国家机器组成部分的律师才具备全心全意为当事人提供法律服务的条件。可见，为当事人提供法律服务、维护当事人的合法权益是律师职业的产生、发展的基础，没有这个基础，就不存在律师职业。

需要说明的是，律师要维护的是当事人的合法权益，即法律赋予、认可和保护的当事人的权利和利益，而不是当事人的全部利益。律师作为法律专业人员必须对当事人的要求进行甄别，不得帮助当事人谋取非法利益。

（二）维护法律正确实施、维护社会公平和正义

维护法律正确实施、维护社会公平和正义是我国律师的基本任务。法律的正确实施一方面依赖国家机关的执行和司法，另一方面依赖社会公众的守法。在执法和司法环节，律师充当了协助者的角色。律师在承办案件过程中，应当向执法司法机关提出正确的意见和建议，帮助其正确实施法律；对执法和司法机关的活动，有权提出纠正意见、申诉、控告，以监督其法律实施；律师还可以通过担任政府法律顾问的方式，以协助和保证政府机关依法行政。在守法环节，律师首先在执业过程中严格遵守宪法和法律，不故意曲解法律；在为当事人提供法律服务的过程中，通过向当事人宣讲有关法律，提高当事人的法律意识，促使当事人自觉遵守法律。

尽管法律不一定完全体现社会公平和正义，但法律的正确实施是实现社会公平和正义的保证。律师对于在执业过程中发现法律不符合社会公平和正义时，可以通过适当的途径，推动法律体现社会正义和公平，为维护社会正义和公平贡献力量。

二、律师执业范围

根据《律师法》第 28 条的规定，我国律师的执业范围包括：

（一）接受自然人、法人或者其他组织的委托，担任法律顾问

担任法律顾问是律师的主要非诉讼业务。19 世纪末，在英美等资本主义经济和律师业比较发达的国家，出现了一个律师队伍的重要分支，即商业组织中的领薪律师。他们被称为 In-house Lawyer，相当于我国一些单位内部设立的专职法律顾问，其他按照律师业的传统方式担任法律顾问的律师，则被称为 Out-side Lawyer。二者在工作背景、结构、权利义务、与当事人的关系等方面，都存在相当大的差异。我国律师担任法律顾问是传统意义上的法律顾问，即执业律师根据所在律师事务所与委托方签订的聘请合同的约定，为委托方提供法律服务。

律师担任法律顾问的工作范围，根据委托方的不同有所区别。

1. 律师担任企业法律顾问的工作范围通常包括：（1）就企业生产、经营、管理方面的重大决策提出法律意见，从法律上进行论证，提供法律依据；（2）草拟、修改、审查企业在生产、经营、管理及对外联系活动中的合同、协议以及其他有关法律事务文书和规章制度；（3）办理企业的非诉讼法律事务；（4）代理企业参加民

事、经济、行政诉讼和仲裁，行政复议；(5)参加经济项目谈判，审查或准备谈判所需的各类法律文件；(6)提供与企业活动有关的法律信息；(7)就生产、经营、管理和对外联系中的有关问题，提出法律意见；(8)协助企业对干部职工进行法制宣传教育和法律培训；(9)对企业内部的法律工作人员的工作进行指导；(10)其他法律事务。如协调、处理企业与政府监管部门的关系和事务，处理企业知识产权方面的有关事务，处理企业劳动和社会保障方面的事务等。

2. 律师担任政府法律顾问的工作范围通常包括：(1)就政府的重大决策提供法律方面的意见，或者应政府要求，对决策进行法律论证；(2)对政府起草或者拟发布的规范性文件，从法律方面提出修改和补充建议；(3)参与处理涉及政府的尚未形成诉讼的民事纠纷、经济纠纷、行政纠纷和其他重大纠纷；(4)代理政府参加诉讼，维护政府依法行使行政职权和维护政府机关的合法权益；(5)协助政府审查重大的经济合同、经济项目以及重要的法律文书；(6)协助政府进行法制宣传教育；(7)向政府提供国家有关法律信息，就政府行政管理中的法律问题提出建议；(8)办理政府委托办理的其他法律事务。

3. 律师担任个人法律顾问的工作范围通常包括：(1)为从事生产经营的个人的经营管理活动提供法律意见；(2)为个人日常遇到的法律问题提供法律意见；(3)代理个人参见诉讼、仲裁等纠纷处理活动；(4)为个人代书法律文书。

(二)接受民事案件、行政案件当事人的委托，担任代理人，参加诉讼

凡符合人民法院民事、行政案件受理条件的民事诉讼、行政诉讼案件，律师都可以根据当事人的委托，作为诉讼代理人，参见全部诉讼活动。律师在诉讼代理中享有法定的专属的执业权利，这些权利有助于维护当事人的合法权益。律师担任诉讼法律事务代理人或者非诉讼法律事务代理人的，应当在受委托的权限内，维护委托人的合法权益。

(三)接受刑事案件犯罪嫌疑人、被告人的委托或者依法接受法律援助机构的指派，担任辩护人，接受自诉案件自诉人、公诉案件被害人或者其近亲属的委托，担任代理人，参加诉讼

律师在刑事诉讼程序中的业务范围包括两方面：

1. 担任辩护人。刑事辩护是律师参加刑事诉讼的主要和重要业务。律师担任辩护人，能够弥补犯罪嫌疑人、被告人自我辩护能力的不足，协助司法人员全面查明案情，正确判断证据，准确适用法律，公正处理案件。辩护律师的职责是站在

维护犯罪嫌疑人、被告人合法权益的立场上,提出证明犯罪嫌疑人、被告人无罪、罪轻或者减轻、免除其刑事责任的材料和意见。辩护律师在刑事诉讼中是独立的诉讼参与人,不从属于任何一方,只忠于事实、忠于法律,根据事实和法律维护犯罪嫌疑人、被告人的合法权益。

2. 担任代理人。担任代理人的律师在刑事诉讼中不具有独立的诉讼地位,只能以被代理人的名义,在委托人授权范围内进行活动。律师的刑事代理包括以下几类:

(1)担任公诉案件被害人的代理人。在公诉案件中,被害人属于控诉一方当事人,起着辅助公诉人控诉的作用。律师作为代理人,与公诉人在控诉犯罪事实、要求法院追究被告人刑事责任方面是一致的。但代理律师在诉讼地位、权利等方面与公诉人不同,在工作重点上也区别于公诉人。律师作为受害人的代理人,应当立足于帮助当事人行使法律赋予的权利,维护当事人的合法权益。

(2)担任自诉案件自诉人或者反诉人的代理人。自诉案件中的自诉人或反诉人参加诉讼,通过提供对方已经构成犯罪的证据或意见,要求法院追究对方的刑事责任。所以,律师担任其代理人的职责在于,代替、协助委托人行使对犯罪行为进行控诉,给委托人提供法律帮助。

(3)担任附带民事诉讼当事人的代理人。律师担任附带民事诉讼当事人的代理人的工作围绕犯罪行为给被害人造成的物质损失的赔偿问题而展开。

(四)接受委托,代理各类诉讼案件的申诉

诉讼案件的申诉,是在法院的判决书、裁定书生效以后,当事人认为确有错误而向法院或其他有关机关申请重新处理的行为。律师可以接受当事人的委托,作为代理人为当事人的申诉提供法律帮助。

(五)接受委托,参加调解、仲裁活动

调解分为诉讼调解和诉讼外调解两种情况。诉讼过程中法院调解时,如果律师已经被委托为诉讼代理人,无需再次委托。律师可以接受诉讼外调解和仲裁当事人的委托作为代理人,参加调解、仲裁活动。

(六)接受委托,提供非诉讼法律服务

非诉讼法律事务的范围非常广泛,一般指没有争议,或者虽然有争议但没有进入诉讼程序的法律事务。可以认为,凡涉及法律专业知识,没有进入诉讼程序,

当事人有法律服务需要的事务,均属于非诉讼法律事务的范围。从广义上讲,法律顾问、咨询、代书、代理调解、代理仲裁等也包括在非诉讼法律事务内。法律和实务上将之单列的原因在于,法律顾问、咨询、代书、代理调解、代理仲裁为律师非诉讼法律业务的传统范围,法律易于加以明确规定。随着法律体系的不断膨胀,社会生活的不断进步,社会的法律服务需求也不断扩张,所以法律难以一一列举非诉讼法律事务的范围。采取概括性规定有利于律师业适应不断扩张的社会法律服务需求。律师在这方面的执业范围,可以体现社会生活中律师业务范围的广泛性。

(七)解答有关法律的询问、代写诉讼文书和有关法律事务的其他文书

咨询、代书是律师常见的法律服务方式。需要强调的是,律师咨询限于解答关于法律问题的咨询,律师代写的文书也是关于法律事务的,如此方能体现律师服务的法律专业性特点。律师擅自就非法律问题、非法律事务出具咨询意见、代写文书,造成当事人损失的,律师事务所不承担责任。

三、律师执业的原则

根据《律师法》第3条的规定,我国律师执业的原则包括:

(一)遵守宪法和法律,恪守职业道德和执业纪律原则

拥护宪法是申请律师执业的首要条件,维护法律正确实施,维护社会公平和正义是律师的神圣使命,所以,遵守宪法和法律,是对律师执业的基本要求。律师在执业过程中,必须坚持遵守宪法和法律的原则,用宪法和法律指导自己的执业活动。该原则的内容有:

1. 遵守宪法。律师的执业活动必须符合根本大法——宪法的所有规定,不得违反。需要强调的是,遵守宪法要求律师在执业过程中,不得实施和发表任何有损于我国宪法规定的社会主义制度、有损于国家主权的行为、言论。

2. 遵守法律。律师的作为给当事人提供法律服务的专业人员,法律是律师所提供服务内容的根基,如果律师不遵守法律,则律师职业就没有存在的必要。

3. 恪守律师职业道德和执业纪律。为维护律师的职业声誉,全面提高律师队伍的职业道德水准,规范律师的执业行为,保障律师切实履行对社会和公众所承担的使命和责任,中华全国律师协会专门制定了《律师职业道德和执业纪律规范》,对律师素质和律师执业活动的各个方面提出要求。2004年司法部制定颁布

《律师和律师事务所违法行为处罚办法》,2009 年 12 月全国律师协会修订了《律师执业行为规范》,2014 年 6 月全国律师协会印发《律师职业道德基本准则》。这些规范性文件也规定了律师的职业道德和执业纪律要求。

(二)以事实为根据,以法律为准绳原则

以事实为根据,要求律师执业时将法律服务建立在案件客观事实的基础上。这就要求律师在执业过程中,认真调查,充分掌握证据,查明案件事实,尊重案件事实。不能主观臆断、片面肢解事实,更不能捏造事实。

以法律为准绳,要求律师执业时确理解法律条文,严格按照法律规定维护当事人的合法权益。在执业时,律师不得故意曲解法律、规避法律,更不得违背法律,迎合当事人的不合法要求。

(三)接受监督原则

律师具有丰富的法律知识和经验,又享有广泛的权利,其职业特点决定了律师自我监督不足以防止律师违背职业道德和违法乱纪现象的发生。所以,律师在执业过程中还应当接受国家、社会和当事人的监督。根据有关律师管理的法律、法规、规章以及其他规范性文件的规定,我国对律师执业进行监督的途径有:

1. 国家监督。根据法律规定,司法行政机关对律师违法、违规违纪行为予以行政制裁,构成犯罪的,由司法机关追究刑事责任。国家监督首先是司法行政机关的监督,还包括了有关国家机关涉及相关业务的监督以及律师协会的监督。

2. 社会监督。社会监督包括民主党派、社会团体、群众组织、舆论的监督和广大群众的监督。

3. 当事人的监督。律师与当事人直接接触,律师执业活动直接关系到当事人的利益,所以当事人对律师的监督是最经常、最直接、最主要的监督。

(四)依法执业受法律保护原则

该原则的基本内容为:律师依法执业的行为是合法行为,合法行为不受非法侵害;国家法律保护律师依法执业,任何单位和个人不得非法干涉;律师依法执业的行为受到非法侵害和干涉,律师有权请求司法机关和国家行政机关等予以保护,制止不法侵害、干涉,直至追究法律责任;律师依法执业的各个环节上享有的权利,应当受到保护,不得非法阻碍、干扰、剥夺、侵犯。

第四节　律师的权利和义务

律师的权利与义务,是指律师在执业过程中依法所享有的权利和承担的义务。我国律师在执行律师职务过程中的权利和义务主要规定在《律师法》和《刑事诉讼法》、《民事诉讼法》、《行政诉讼法》以及司法部颁布的有关律师管理的行政规章之中。

一、律师的权利

1. 依法执业受法律保护权。律师依法执业受法律保护既是律师法规定的一项基本权利,也是一项基本原则。

2. 执业不受地域限制权。律师享有在中华人民共和国内的任何地域执业的权利。该权利有利于打破律师行业的地域封锁,促进律师业的竞争和发展,也更有利于保护当事人的合法权益。

3. 取得合法报酬的权利。律师业的有偿法律服务属性是律师业的本质属性。任何人都可以向需要法律服务的人提供法律服务。但是,律师向社会提供法律服务具有两个基本特征:身份上的特征是指律师是依法取得律师执业证书的专业人员;业务本质上的特征是指律师向社会提供的法律服务是有偿的,而不是无偿的(特殊条件下的法律援助例外)。律师向社会提供法律服务的有偿性特征决定了律师业的营利性。

4. 拒绝辩护或代理的权利。律师在特定条件下,拥有拒绝担任犯罪嫌疑人、被告人的辩护人或者诉讼案件以及其他法律事务的代理人的权利。《律师法》第32条第2款规定:"律师接受委托后,无正当理由的,不得拒绝辩护或者代理。但是,委托事项违法、委托人利用律师提供的服务从事违法活动或者委托人故意隐瞒与案件有关的重要事实的,律师有权拒绝辩护或者代理。"这项规定是律师独立性的体现,也是对律师执业活动的有力保障。因为律师执业是依法执业,并不是完全根据当事人的意志行事。赋予律师在特殊条件下拒绝辩护或者代理的权利,是为了保证律师忠实于事实和法律,同时也使律师能够在特定条件下自我保护。

5. 会见、通信权。《律师法》第33条规定:"犯罪嫌疑人被侦查机关第一次讯问或采取强制措施之日起,受委托的律师凭律师执业证书、律师事务所证明和委托书或者法律援助公函,有权会见犯罪嫌疑人、被告人并了解有关案件情况。辩护律师会见犯罪嫌疑人、被告人时不被监听。"《刑事诉讼法》第 37 条对律师会见在押的犯罪嫌疑人、被告人作出具体规定。辩护律师的会见、通信权是律师担任辩护人必不可少的一项权利,通过会见在押的犯罪嫌疑人、被告人,律师可以了解案件有关情况、提供法律咨询,可以为犯罪嫌疑人提供法律帮助,代理申诉、控告,申请变更强制措施,有权向侦查机关了解犯罪嫌疑人涉嫌的罪名和案件有关情况并提出意见;自案件移送审查起诉之日起,律师可以向犯罪嫌疑人、被告人核实有关证据。

6. 调查取证权。律师的调查取证权是指律师在执行律师业务活动过程中所享有的调查、了解有关情况和收集获取有关证据的权利。调查取证权是律师的一项基本权利,是律师贯彻"以事实为根据,以法律为准绳"的司法原则必须具备的基本权利。因为只有赋予并切实保障律师的调查取证权,才能够保障律师确认案件基本事实,才有可能去正确适用法律。否则,如果律师的调查取证权得不到有效保护,律师就不可能实现维护当事人合法权益的基本职责。《律师法》第 34 条规定:"受委托的律师自案件审查起诉之日起,有权查阅、摘抄和复制与案件有关的诉讼文书及案卷材料。受委托的律师自案件被人民法院受理之日起,有权查阅、摘抄和复制与案件有关的所有材料。"第 35 条规定:"受委托的律师根据案情的需要,可以申请人民检察院、人民法院收集、调取证据或者申请人民法院通知证人出庭作证。律师自行调查取证的,凭律师执业证书和律师事务所证明,可以向有关单位或者个人调查与承办法律事务有关的情况。"

从上述法律规定出发,律师调查取证有两种方式:一是律师自行调查取证,二是律师申请司法机关调查取证。律师执业过程中的调查取证,以前者为主要方式,后者为特定情况下的补充。

7. 阅卷权。查阅案卷是律师全面、详细了解案情的必要手段。根据《律师法》和有关法律的规定,律师有权查阅自己代理案件的卷宗材料,可以摘录、复制材料。为保障律师的阅卷权,法律还要求司法机关应当给律师阅卷提供必要的方便,并提供必要的场所。

8. 出庭参与诉讼权。律师代理诉讼案件,享有出庭参与诉讼的权利。律师在庭审中,经法庭许可,有权向证人、鉴定人、勘验人、当事人发问,有权对法庭出示或宣读的证据提出异议,有权提出新的证据,有权参加法庭辩论,有权对法庭的不当询问予以拒绝。

9. 执业活动中人身权利不受侵犯权。律师在执业活动中不可避免地要介入各种利益之中,而且律师又不属于国家公职人员,缺乏必要的人身安全上的保障。律师在执业活动中的人身权利时常受到侵犯。律师自身的权利得到保障,律师才可能维护他人的合法权益。因此,切实保障律师执业中的人身权利不受侵犯,有利于解除律师的后顾之忧,律师的其他执业权利才能得到根本的保障和实现。律师执业人身权利不受侵犯的内容有:

(1)律师执业不受打击、迫害,人格尊严不受侵犯,名誉权不受侵害、人身自由不受非法限制与剥夺。

(2)律师享有法庭言论豁免权。即律师在法庭上发表的代理、辩护意见不受法律追究。法庭言论豁免权并不是律师执业的特权,而是与律师辩护或代理职责相适应的权利,是为了保证律师在法庭上能够根据事实和法律仗义执言,从而更好地维护当事人的合法权益,也是为了体现律师与其他法律职业人员在法庭上的平等。但任何权利都不是绝对的,律师的法庭言论豁免权也不例外。如果律师在法庭上发表危害国家安全、恶意诽谤他人、严重扰乱法庭秩序的言论,则要受到追究。

(3)律师在参与诉讼活动中因涉嫌犯罪被依法拘留、逮捕的,拘留、逮捕机关应当在拘留、逮捕实施后的二十四小时内通知该律师的家属、所在的律师事务所以及所属的律师协会。规定律师被采取强制措施时的特别人身保护程序的目的在于杜绝实践中时有发生的律师无故被抓的情况。

(4)律师享有执业保密权(拒绝作证权)。律师对在执业活动中知悉的委托人和其他人不愿泄露的情况和信息,应当予以保密。保守当事人秘密,即是律师的义务,也是律师人身权利的重要组成部分。赋予律师为自己委托人隐私进行保密的权利,建立在律师与当事人信赖关系的基础上,是为了当事人的利益,为了保护律师职业和权利律师的利益,也是为了防止律师执业的道德冲突。执业保密权同样不是绝对的,委托人或者其他人准备或者正在实施的危害国家安全、公共安全以及其他严重危害他人人身、财产安全的犯罪事实和信息律师不能以享有保密权为由不予披露。

律师的上述权利可以分为两类,一是工作权利,二是人身权利。其中前八项权利属于保证律师履行职责、开展执业活动不可或缺的权利,是律师的工作权利。第九项属于保护律师这一职业群体的人身安全的特别规定,是律师所特有的人身权利。

为切实保障律师执业权利,充分发挥律师维护当事人合法权益、维护法律正确实施、维护社会公平和正义的作用,促进司法公正,2015 年 9 月 16 日最高人民法院、最高人民检察院、公安部、国家安全部、司法部联合印发的《关于依法保障律师执业权利的规定》。该规定重申了法律赋予律师的执业权利，就保障律师执业权利提出了具体要求。

二、律师的义务

我国律师在享有《律师法》规定的执业权利的同时，需承担如下法定义务：

1. 保密义务。保密既是律师的权利，也是律师的义务。“若不确定保密义务，就不可能存在信赖。保密责任因此被视为律师职业首要的和基本的权利和义务”(欧共体各国律协职业行为准则的佩鲁宣言)。[7] 律师的保密义务，是指律师不得泄露在执业活动中知悉的国家秘密、当事人的商业秘密以及隐私。保密义务是律师在执业活动中必须遵循的最基本的法律义务。律师遵循保密义务是取得当事人信任的基本前提。律师与当事人之间的关系是委托与被委托的关系，而这种关系的基础和前提就是相互信任。律师在执业活动中不可避免地要接触和知悉当事人的商业秘密和其他隐私秘密。如果律师不保守秘密就失去了当事人的信任。律师保守当事人的秘密也是维护当事人合法权益的需要。律师的天职就是维护当事人的合法权益。只有律师能够保守当事人的秘密，才能够履行保护当事人合法权益的职责。另外，律师在执业活动中，还有可能接触到国家秘密，律师必须保守在执业活动中接触到的国家秘密，否则就可能损害国家利益。

2. 法律援助义务。为了保证司法公正，保证所有的人均能够得到法律的保护，我国已经建立了法律援助制度。律师作为法律服务市场的主力军，也是向社会提供法律援助的主力军。《律师法》第42条规定：“律师、律师事务所应当按照国家规定履行法律援助义务，为受援人提供符合标准的法律服务，维护受援人的合法权益。”

3. 利益冲突时的回避义务。为保证律师执业的公正性，律师不得实施以下行为：(1)在同一民事诉讼、行政诉讼或者非诉讼法律事务中同时为有利益冲突的当事人担任代理人或者提供相关法律服务；(2)在同一刑事案件中同时为被告人和被害人担任辩护人、代理人，或者同时为两名以上的犯罪嫌疑人、被告人担任辩护人；(3)担任法律顾问期间，为与顾问单位有利益冲突的当事人提供法律服务；(4)曾担任法官、检察官的律师，以代理人、辩护人的身份承办原任职法院、检察院办理过的案件；(5)曾经担任仲裁员或者仍在担任仲裁员的律师，以代理人身份承办本人原任职或者现任职的仲裁机构办理的案件。

---

〔7〕 陶髦、宋英辉、肖胜喜：《律师制度比较研究》，中国政法大学出版社1995年版，第93页。

4. 律师不得以不正当手段影响司法。律师不得采取以下不正当手段影响司法：(1)在承办代理、辩护业务期间，以影响案件办理结果为目的，在非工作时间、非工作场所会见法官、检察官、仲裁员或者其他有关工作人员；(2)利用与法官、检察官、仲裁员或者其他有关工作人员的特殊关系，影响依法办理案件；(3)以对案件进行歪曲、不实、有误导性的宣传或者诋毁有关办案机关和工作人员以及对方当事人声誉等方式，影响依法办理案件；(4)利用承办案件的法官、检察官、仲裁员以及其他工作人员或者其近亲属举办婚丧喜庆事宜等时机，以向其馈赠礼品、金钱、有价证券等方式行贿；(5)以装修住宅、报销个人费用、资助旅游娱乐等方式向法官、检察官、仲裁员以及其他工作人员行贿；(6)以提供交通工具、通讯工具、住房或者其他物品等方式向法官、检察官、仲裁员以及其他工作人员行贿；(7)以影响案件办理结果为目的，直接向法官、检察官、仲裁员以及其他工作人员行贿、介绍贿赂或者指使、诱导当事人行贿；(8)故意提供虚假证据或者威胁、利诱他人提供虚假证据，妨碍对方当事人合法取得证据；(9)煽动、教唆当事人采取非法集会、游行示威，聚众扰乱公共场所秩序、交通秩序，围堵、冲击国家机关等非法手段表达诉求，妨害国家机关及其工作人员依法履行职责，抗拒执法活动或者判决执行；(10)利用媒体或者其他方式，煽动、教唆当事人以扰乱公共秩序、危害公共安全等手段干扰诉讼、仲裁及行政执法活动正常进行；(11)在法庭、仲裁庭上发表或者指使、诱导委托人发表扰乱诉讼、仲裁活动正常进行的言论；(12)阻止委托人或者其他诉讼参与人出庭，致使诉讼、仲裁活动不能正常进行；(13)煽动、教唆他人扰乱法庭、仲裁庭秩序；(14)无正当理由，当庭拒绝辩护、代理，拒绝签收司法文书或者拒绝在有关诉讼文书上签署意见。

5. 律师执业不得谋取不当或非法利益。律师执业中不得私自接受委托、收取费用，接受委托人的财物或者其他利益；不得利用提供法律服务的便利牟取当事人争议的权益；不得接受对方当事人的财物或者其他利益；不得与对方当事人或者第三人恶意串通，侵害委托人的权益。

6. 律师不得以不正当手段承揽业务。律师不得以下列任何方式承揽业务：(1)误导、利诱、威胁或者作虚假承诺；(2)以支付介绍费、给予回扣、许诺提供利益；(3)以对本人及所在律师事务所进行不真实、不适当宣传或者诋毁其他律师、律师事务所声誉；(4)在律师事务所住所以外设立办公室、接待室。

7. 律师必须依法履行职责。律师执业必须遵守宪法和法律、恪守律师执业道德和执业纪律，以事实为根据，以法律为准绳，维护当事人的合法权益，维护法律的正确实施，维护社会公平和社会正义。

第五节　律师的职业道德、执业纪律和法律责任

一、律师的职业道德

律师的执业道德，是指借助舆论、习惯、内心坚持产生约束力的，从事律师职业的人在执业中所遵循的行为规范。律师职业活动具有高度的自主性，同时律师又承担着维护当事人的合法权益、维护法律的正确、维护社会公平和正义的使命，这就要求律师必须具有高尚的品德，要求律师采取与自己的使命和地位相称的自律行为。社会的要求、律师的自律要求逐渐靠拢，最终形成了律师的职业道德。律师的义务由法律规定，律师的职业道德由律师自律组织规范。我国律师的职业道德基本准则由律师的自律组织中华全国律师协会制定。

中华全国律师协会2001年11月修订的《律师职业道德和执业纪律规范》中规定的我国律师职业道德的基本准则为：(1)律师应当忠于宪法和法律，坚持以事实为根据，以法律为准绳，严格依法执业。律师应当忠于职守，坚持原则，维护国家法律与社会正义。(2)律师应当诚实守信，勤勉尽责，尽职尽责地维护委托人的合法利益。(3)律师应当敬业勤业，努力钻研业务，掌握执业所应具备的法律知识和服务技能，不断提高执业水平。(4)律师应当珍视和维护律师职业声誉，模范遵守社会公德，注重陶冶品行和职业道德修养。(5)律师应当严守国家机密，保守委托人的商业秘密及委托人的隐私。(6)律师应当尊重同行，同业互助，公平竞争，共同提高执业水平。(7)律师应当自觉履行法律援助义务，为受援人提供法律帮助。(8)律师应当遵守律师协会章程，切实履行会员义务。(9)律师应当积极参加社会公益活动。

2014年6月，为贯彻落实司法部《关于加强律师职业道德建设的意见》，切实加强律师职业道德建设，促进律师依法规范诚信执业，中华全国律师协会印发了《律师职业道德基本准则》，其确定的律师职业道德的基本准则为：(1)律师应当坚定中国特色社会主义理想信念，坚持中国特色社会主义律师制度的本质属性，拥护党的领导，拥护社会主义制度，自觉维护宪法和法律尊严。(2)律师应当始终把执业为民作为根本宗旨，全心全意为人民群众服务，通过执业活动努力维护人民群众的根本利益，维护公民、法人和其他组织的合法权益。认真履行法律援助义务，积极参加社会公益活动，自觉承担社会责任。(3)律师应当坚定法治信仰，

牢固树立法治意识,模范遵守宪法和法律,切实维护宪法和法律尊严。在执业中坚持以事实为根据,以法律为准绳,严格依法履责,尊重司法权威,遵守诉讼规则和法庭纪律,与司法人员建立良性互动关系,维护法律正确实施,促进司法公正。(4)律师应当把维护公平正义作为核心价值追求,为当事人提供勤勉尽责、优质高效的法律服务,努力维护当事人合法权益。引导当事人依法理性维权,维护社会大局稳定。依法充分履行辩护或代理职责,促进案件依法、公正解决。(5)律师应当牢固树立诚信意识,自觉遵守执业行为规范,在执业中恪尽职守、诚实守信、勤勉尽责、严格自律。积极履行合同约定义务和法定义务,维护委托人合法权益,保守在执业活动中知悉的国家机密、商业秘密和个人隐私。(6)律师应当热爱律师职业,珍惜律师荣誉,树立正确的执业理念,不断提高专业素质和执业水平,注重陶冶个人品行和道德情操,忠于职守,爱岗敬业,尊重同行,维护律师的个人声誉和律师行业形象。

二、律师的执业纪律

纪律,是指政党、机关、部队、团体、企业等为了维护集体利益并保证工作的正常进行而制定的要求每个成员遵守的规章、条文。可见,纪律是人们的一种行为规则。律师的执业纪律是律师协会制定的、律师在执业活动中必须遵守的行为准则。

根据《律师职业道德和执业纪律规范》的规定,我国律师的执业纪律包括:

(一)律师在执业机构中的纪律

1. 律师的执业活动必须接受律师事务所的监督和管理。

2. 律师不得同时在两个或两个以上律师事务所执业。同时在一个律师事务所和一个法律服务所执业的视同在两个律师事务所执业。

3. 律师不得以个人名义私自接受委托,不得私自收取费用。

4. 律师不得违反律师事务所收费制度和财务纪律,挪用、私分、侵占业务收费。

5. 律师因执业过错给律师事务所造成损失的,应当承担相应责任。

(二)律师在诉讼、仲裁活动中的纪律

1. 律师应当遵守法庭和仲裁庭纪律,尊重法官、仲裁员,按时提交法律文件、按时出庭。

2. 律师出庭时按规定着装，举止文明礼貌，不得使用侮辱、谩骂或诽谤性语言。

3. 律师不得以影响案件的审理和裁决为目的，与本案审判人员、检察人员、仲裁员在非办公场所接触，不得向上述人员馈赠钱物，也不得以许诺、回报或提供其他便利等方式与承办案件的执法人员进行交易。

4. 律师不得向委托人宣传自己与有管辖权的执法人员及有关人员有亲朋关系，不能利用这种关系招揽业务。

5. 律师应依法取证，不得伪造证据，不得怂恿委托人伪造证据、提供虚假证词，不得暗示、诱导、威胁他人提供虚假证据。

6. 律师不得与犯罪嫌疑人、被告人的亲属或者其他人会见在押犯罪嫌疑人、被告人，或者借职务之便违反规定为被告人传递信件、钱物或与案情有关的信息。

（三）律师与委托人、对方当事人的纪律

1. 律师应当充分运用自己的专业知识和技能，尽心尽职地根据法律的规定完成委托事项，最大限度地维护委托人的合法利益。

2. 律师不应接受自己不能办理的法律事务。

3. 律师应当遵循诚实守信的原则，客观地告知委托人所委托事项可能出现的法律风险，不得故意对可能出现的风险做不恰当的表述或做虚假承诺。

4. 为维护委托人的合法权益，律师有权根据法律的要求和道德的标准，选择完成或实现委托目的的方法。对委托人拟委托的事项或者要求属于法律或律师执业规范所禁止的，律师应告知委托人，并提出修改建议或予以拒绝。

5. 律师不得在同一案件中为双方当事人担任代理人。同一律师事务所不得代理诉讼案件的双方当事人，偏远地区只有一律师事务所的除外。

6. 律师应当合理开支办案费用，注意节约。

7. 律师应当严格按照法律规定的期限、时效以及与委托人约定的时间，及时办理委托的事务。

8. 律师应及时告知委托人有关代理工作的情况，对委托人了解委托事项情况的正当要求，应当尽快给予答复。

9. 律师应当在委托授权范围内从事代理活动，如需特别授权，应当事先取得委托人的书面确认。律师不得超越委托人委托的代理权限，不得利用委托关系从事与委托代理的法律事务无关的活动。

10. 律师接受委托后无正当理由不得拒绝为委托人代理。

11. 律师接受委托后未经委托人同意,不得擅自转委托他人代理。

12. 律师应当谨慎保管委托人提供的证据和其他法律文件,保证其不丢失或毁损。律师不得挪用或者侵占代委托人保管的财物。

13. 律师不得从对方当事人处接受利益或向其要求或约定利益。

14. 律师不得与对方当事人或第三人恶意串通,侵害委托人的权益。

15. 律师不得非法阻止和干预对方当事人及其代理人进行的活动。

16. 律师对与委托事项有关的保密信息,委托代理关系结束后仍有保密义务。

17. 律师应当恪守独立履行职责的原则,不因迎合委托人或满足委托人的不当要求,丧失客观、公正的立场,不得协助委托人实施非法的或具有欺诈性的行为。

(四)律师与同行之间的纪律

1. 律师应当遵守行业竞争规范,公平竞争,自觉维护执业秩序,维护律师行业的荣誉和社会形象。

2. 律师应当尊重同行,相互学习,相互帮助,共同提高执业水平,不应诋毁、损害其他律师的威信和声誉。

3. 律师、律师事务所可以通过以下方式介绍自己的业务领域和专业特长:(1)可以通过文字作品、研讨会、简介等方式以普及法律,宣传自己的专业领域,推荐自己的专业特长;(2)提倡、鼓励律师、律师事务所参加社会公益活动。

4. 律师不得以下列方式进行不正当竞争:(1)不得以贬低同行的专业能力和水平等方式,招揽业务;(2)不得以提供或承诺提供回扣等方式承揽业务;(3)不得利用新闻媒介或其他手段向其提供虚假信息或夸大自己的专业能力;(4)不得在名片上印有各种学术、学历、非律师业职称、社会职务以及所获荣誉等;(5)不得以明显低于同业的收费水平竞争某项法律事务。

对于违反律师职业道德和执业纪律的行为,由律师协会依照会员处分办法给予处分,情节严重的,由司法行政机关予以处罚。律师协会的处分也叫律师惩戒,是指律师行业自律组织对律师、律师事务所的执业违规行为实施的行业处分。律师惩戒不同于律师法律责任。二者的主要区别在于:第一,性质不同,前者为行业处分,后者为法律制裁;第二,规范依据不同,前者的规范依据为律师协会的惩戒规则,后者的规范依据为国家法律、法规;第三,实施主体不同,前者由律师协会实施,后者由相应的国家机关实施。司法行政机关的处罚是行政处罚,属于律师法律责任的范畴。

根据中华全国律师协会《律师协会会员违规行为处分规则（试行）》的规定，对律师违反职业道德准则和执业纪律的处分，根据违规行为的方式、内容、情节的不同，由律师协议分别给予训诫、通报批评、公开谴责、取消会员资格的处分。

三、律师的法律责任

律师的法律责任，是指律师在执业过程中违反法律、法规或执业纪律而承担的责任，包括行政责任、民事责任、刑事责任。

（一）行政责任

根据《律师法》的规定，追究律师行政责任的方式有：警告、停止执业、吊销律师执业证书、没收违法所得等。追究律师事务所行政责任的方式有：警告、没收违法所得，可并处罚款、停业整顿、吊销执业证书。

上述各种处罚方式中，吊销执业证书（包括律师执业证书和律师事务所执业证书）由省、自治区、直辖市司法行政部门作出，其他处罚由设区的市级或者直辖市的区级司法行政部门作出。

对律师违法执业行为进行行政处罚的，按照《律师法》、《行政处罚法》、司法部《司法行政机关行政处罚程序规定》和《律师和律师事务所违法行为处罚办法》执行。

《律师法》关于律师行政法律责任的主要内容为：

1. 律师有下列行为之一的，由设区的市级或者直辖市的区人民政府司法行政部门给予警告，可以处五千元以下的罚款；有违法所得的，没收违法所得；情节严重的，给予停止执业三个月以下的处罚：(1)同时在两个以上律师事务所执业的；(2)以不正当手段承揽业务的；(3)在同一案件中为双方当事人担任代理人，或者代理与本人及其近亲属有利益冲突的法律事务的；(4)从人民法院、人民检察院离任后二年内担任诉讼代理人或者辩护人的；(5)拒绝履行法律援助义务的。

2. 律师有下列行为之一的，由设区的市级或者直辖市的区人民政府司法行政部门给予警告，可以处一万元以下的罚款；有违法所得的，没收违法所得；情节严重的，给予停止执业三个月以上六个月以下的处罚：(1)私自接受委托、收取费用，接受委托人财物或者其他利益的；(2)接受委托后，无正当理由，拒绝辩护或者代理，不按时出庭参加诉讼或者仲裁的；(3)利用提供法律服务的便利牟取当事人争议的权益的；(4)泄露商业秘密或者个人隐私的。

3. 律师有下列行为之一的，由设区的市级或者直辖市的区人民政府司法行政部门给予停止执业六个月以上一年以下的处罚，可以处五万元以下的罚款；有违法所得的，没收违法所得；情节严重的，由省、自治区、直辖市人民政府司法行政部门吊销其律师执业证书；构成犯罪的，依法追究刑事责任：(1)违反规定会见法官、检察官、仲裁员以及其他有关工作人员，或者以其他不正当方式影响依法办理案件的；(2)向法官、检察官、仲裁员以及其他有关工作人员行贿，介绍贿赂或者指使、诱导当事人行贿的；(3)向司法行政部门提供虚假材料或者有其他弄虚作假行为的；(4)故意提供虚假证据或者威胁、利诱他人提供虚假证据，妨碍对方当事人合法取得证据的；(5)接受对方当事人财物或者其他利益，与对方当事人或者第三人恶意串通，侵害委托人权益的；(6)扰乱法庭、仲裁庭秩序，干扰诉讼、仲裁活动的正常进行的；(7)煽动、教唆当事人采取扰乱公共秩序、危害公共安全等非法手段解决争议的；(8)发表危害国家安全、恶意诽谤他人、严重扰乱法庭秩序的言论的；(9)泄露国家秘密的。

律师因故意犯罪受到刑事处罚的，由省、自治区、直辖市人民政府司法行政部门吊销其律师执业证书。

4. 律师事务所有下列行为之一的，由设区的市级或者直辖市的区人民政府司法行政部门视其情节给予警告、停业整顿一个月以上六个月以下的处罚，可以处十万元以下的罚款；有违法所得的，没收违法所得；情节特别严重的，由省、自治区、直辖市人民政府司法行政部门吊销律师事务所执业证书：(1)违反规定接受委托、收取费用的；(2)违反法定程序办理变更名称、负责人、章程、合伙协议、住所、合伙人等重大事项的；(3)从事法律服务以外的经营活动的；(4)以诋毁其他律师事务所、律师或者支付介绍费等不正当手段承揽业务的；(5)违反规定接受有利益冲突的案件的；(6)拒绝履行法律援助义务的；(7)向司法行政部门提供虚假材料或者有其他弄虚作假行为的；(8)对本所律师疏于管理，造成严重后果的。

律师事务所因上述违法行为受到处罚的，对其负责人视情节轻重，给予警告或者处二万元以下的罚款。

5. 律师因违反《律师法》的规定，在受到警告处罚后一年内又发生应当给予警告处罚情形的，由设区的市级或者直辖市的区人民政府司法行政部门给予停止执业三个月以上一年以下的处罚；在受到停止执业处罚期满后二年内又发生应当给予停止执业处罚情形的，由省、自治区、直辖市人民政府司法行政部门吊销其律师执业证书。

6. 律师事务所因违反《律师法》的规定，在受到停业整顿处罚期满后二年内又发生应当给予停业整顿处罚情形的,由省、自治区、直辖市人民政府司法行政部门吊销律师事务所执业证书。

7. 受到六个月以上停止执业处罚的律师,处罚期满未逾三年的,不得担任合伙人。

(二)民事责任

律师的民事责任,是指律师在执业过程中因违法、过错行为给当事人造成损失所承担的民事赔偿责任。

《律师法》第54条规定:"律师违法执业或者因过错给当事人造成损失的,由其所在的律师事务所承担赔偿责任。律师事务所赔偿后,可以向有故意或者重大过失行为的律师追偿。"违法行为主要是指律师违反《律师法》等法律、行政法规的行为。过错行为则指律师基于故意或过失实施的给当事人造成损失的行为。根据当事人和律师事务所之间是委托合同关系、律师执业是职务行为的实质,律师过错行为的性质应当界定为违约行为,所以应当由其所在的律师事务所承担违约责任。实践中常见的律师过错行为有:超越委托权限给当事人造成损失;遗失重要证据而导致无法举证或证据失权;泄露国家机密、当事人商业秘密、当事人个人隐私;出具错误的法律意见书;应当收集的证据,律师因自身原因没有及时收集,而使证据湮灭;由于律师的原因,使事项超过诉讼时效;接受委托后无正当理由没有按时出庭;律师玩忽职守,草率处理案件。

关于律师赔偿责任的性质、范围、赔偿标准、责任分担、赔偿金的来源以及赔偿程序等,由于《律师法》的规定比较概括,所以理论和实务界的争论比较大。在目前的立法框架下,一般认为,要求律师承担赔偿责任时,可以比照一般民事纠纷的处理方式和程序进行。

(三)刑事责任

律师的刑事责任,是指律师在执业过程中实施触犯刑律的犯罪行为,所承担的刑事法律责任。

根据我国现行法律的规定,律师在执业中可能触犯的罪名包括泄露国家秘密罪,行贿罪,侵犯商业秘密罪,辩护人、诉讼代理人毁灭证据、伪造证据、妨害作证罪,虚假诉讼罪,泄露诉讼信息罪,扰乱法庭秩序罪等。律师在执业过程中触犯以上罪名的,承担《刑法》规定的相应的刑事责任。

律师违法执业的要承担上述法律责任,律师违规执业的,则要受到律师协会的惩戒。律师惩戒,即律师行业处分,是指律师行业自律组织对律师、律师事务所的执业违规行为给予的行业处分。中华全国律师协会制定的《律师协会会员违规行为处分规则(试行)》针对律师、律师事务所各种情形的违规执业行为规定了训诫、通报批评、公开谴责、取消会员资格四种处分,同时规定了处分的程序、救济等内容。

第六节　律师事务所

我国《律师法》第 14 条规定:“律师事务所是律师的执业机构。”执业律师组成律师事务所,律师事务所构成整个律师业。这是任何国家的律师业在发展过程中均无法回避的三个基本环节。从律师到律师事务所,再从律师事务所到律师业,在这三者关系中,律师事务所处于凝聚律师人才、开拓律师业务、经营律师经济、理顺律师分配关系、配置律师资源,从而支撑律师整个行业发展的中心环节。

一、律师事务所的种类

根据《律师法》的规定,我国的律师事务所主要分为国家出资设立的律师事务所、合伙律师事务所、个人律师事务所。

(一)国家出资设立的律师事务所

国资制律师事务所,是指由司法行政机关根据国家需要设立,以全部资产对律师事务所债务承担有限责任的律师事务所。国家出资设立的律师事务所是我国律师事务所中发展历史最长、曾经数量最多的律师事务所,它对律师制度的恢复和发展起到过巨大的推动作用,对律师队伍的壮大和稳定起到了不可低估的积极效应。但由于国家出资设立的律师事务所在体制上存在缺陷,不适应律师业的竞争环境。所以,1999 年 10 月,国务院办公厅下发了《关于清理整顿经济鉴证类社会中介机构的通知》,确定了“两个平台,归类清理”的方针,即“以会计师为平台,归类清理其他经济类中介机构;以律师为平台,归类清理其他法律服务中介机构。”根据这一部署,自 2000 年开始,在全国范围内,除少数经济贫困地区以外,普遍开展国资制律师事务所的脱钩改制工作,即国资制律师事务所与原来隶属的司法行政机关或事业单位,实行人员编制脱钩、财务脱钩、业务脱钩、行政隶属关系脱钩,改制为合伙制律师事务所或者合作制律师事务所。这项改制工作,现在已经基本完成。但由于我国区域经济发展不平衡的状况实际存在，如果任凭律师业自由发展，国家不出资设立律师事务所，经济不发达、欠发达地区可能一个律师都没有，当地的法律服务需求将不能满足。所以，现行《律师法》仍然保留了国家出资设立律师事务所的规定和做法。

根据《律师法》和司法部《律师事务所管理办法》的规定，需要国家出资设立律师事务所的，由当地县级司法行政机关筹建，申请设立许可前须经所在地县级人民政府有关部门核拨编制、提供经费保障。国家出资设立的律师事务所的负责人，由本所律师推选，经所在地县级司法行政机关同意。国家出资设立的律师事务所，依法自主开展律师业务，以该律师事务所的全部资产对其债务承担责任。

（二）合伙律师事务所

合伙制律师事务所是世界上比较流行的一种律师执业组织形式。根据《律师法》和司法部《律师事务所管理办法》的规定，我国的合伙律师事务所的形式分为普通合伙和特殊的普通合伙。二者在设立人数、设立资产数额、承担责任方式等方面均有不同。

合伙律师事务所的合伙人按照合伙形式对该律师事务所的债务依法承担责任。其中，普通合伙的合伙人对律师事务所的债务承担无限责任和连带责任，即当律师事务所的财产不足以清偿债务时，以合伙人个人财产承担无限责任，合伙人之间承担连带责任。特殊的普通合伙的合伙人对律师事务所的债务按合伙协议承担有限责任。

（三）个人律师事务所

个人开业符合律师执业独立性强、自由度高的特点，所以个人执业是西方国家比较通行的律师执业形式。如美国各州都没有关于律师事务所组成和管理的规则，只要通过考试取得资格，并通过一项关于个人情况的调查，取得律师执照，律师即可自己开业。

我国2007年10月修改的《律师法》在总结个人律师事务所试点工作经验的基础上，顺应国际通行做法，首次以法律的形式确立了我国的个人律师事务所制度。

个人律师事务所设立人是该所的负责人，对律师事务所的债务承担无限责任。个人律师事务所可以聘用律师和辅助人员。

二、律师事务所的设立、变更与终止

(一)律师事务所设立的基本条件

1. 有自己的名称、住所和章程。律师事务所的名称应当符合司法部有关律师事务所名称管理的规定,并应当在申请设立许可前按规定办理名称检索。律师事务所的名称是经批准设立的律师事务所在执业活动中使用的供公众识别的机构名称和称号。经核定的律师事务所的名称,在全国范围内享有专用权。律师事务所章程的内容包括(1)律师事务所的名称和住所;(2)律师事务所的宗旨;(3)律师事务所的组织形式;(4)设立资产的数额和来源;(5)律师事务所负责人的职责以及产生、变更程序;(6)律师事务所决策、管理机构的设置、职责;(7)本所律师的权利与义务;(8)律师事务所有关执业、收费、财务、分配等主要管理制度;(9)律师事务所解散的事由、程序以及清算办法;(10)律师事务所章程的解释、修改程序;(11)其他需要载明的事项。设立合伙律师事务所的,其章程还应当载明合伙人的姓名、出资额及出资方式。律师事务所章程的内容不得与有关法律、法规、规章相抵触。

2. 有符合《律师法》规定的律师。其中,设立普通合伙律师事务所的,应当有三名以上合伙人作为设立人,设立人应当是具有三年以上执业经历并能够专职执业的律师;设立特殊的普通合伙律师事务所的,应当有二十名以上合伙人作为设立人,设立人应当是具有三年以上执业经历并能够专职执业的律师;设立个人律师事务所的,设立人应当是具有五年以上执业经历并能够专职执业的律师;国家出资设立律师事务所的,应当至少有两名符合《律师法》规定并能够专职执业的律师。

3. 设立人应当是具有一定的执业经历并能够专职执业,且三年内未受过停止执业处罚的律师。设立人是律师事务所的基本组成人员,为保证律师事务所在设立后能够正常运行,设立人必须是专职律师,兼职律师不能作为设立人。同时,为保证律师事务所在设立后能够依法规范运作,设立人应当是遵守法律、遵循职业道德和执业纪律的律师,受过停止执业处罚意味着该律师曾有执业“污点”,且执业经历不连续,故不宜作为设立人。

4. 有符合国务院司法行政部门规定数额的资产。根据司法部《律师事务所管理办法》的规定,设立普通合伙律师事务所的,应当有人民币三十万元以上的资产;设立特殊的普通合伙律师事务所的,应当有人民币一千万元以上的资产;设立个人律师事务所的,应当有人民币十万元以上的资产。国家出资设立律师事务所由当地县级司法行政机关提供经费保障。上述设立律师事务所的资产数额，各省、自治区、直辖市司法行政机关可以根据本地经济社会发展状况和律师业发展需要，适当调整普通合伙律师事务所、特殊的普通合伙律师事务所和个人律师事务所的设立资产数额，报司法部批准后实施。

5. 设立合伙律师事务所的，应当有合伙协议。合伙协议应当载明：(1)合伙人，包括姓名、居住地、身份证号、律师执业经历等；(2)合伙人的出资额及出资方式；(3)合伙人的权利、义务；(4)合伙律师事务所负责人的职责以及产生、变更程序；(5)合伙人会议的职责、议事规则等；(6)合伙人收益分配及债务承担方式；(7)合伙人入伙、退伙及除名的条件和程序；(8)合伙人之间争议的解决方法和程序，违反合伙协议承担的责任；(9)合伙协议的解释、修改程序；(10)其他需要载明的事项。合伙协议的内容不得与有关法律、法规、规章相抵触。合伙协议由全体合伙人协商一致并签名，自省、自治区、直辖市司法行政机关作出准予设立律师事务所决定之日起生效。

（二）律师事务所设立许可程序

律师事务所的设立许可，由设区的市级或者直辖市的区（县）司法行政机关受理设立申请并进行初审，报省、自治区、直辖市司法行政机关进行审核，作出是否准予设立的决定。

1. 申请

申请设立律师事务所，应当向所在地设区的市级或者直辖市的区（县）司法行政机关提交下列材料：(1)设立申请书；(2)律师事务所的名称、章程；(3)设立人的名单、简历、身份证明、律师执业证书，律师事务所负责人人选；(4)住所证明；(5)资产证明。

设立合伙律师事务所，还应当提交合伙协议。设立国家出资设立的律师事务所，应当提交所在地县级人民政府有关部门出具的核拨编制、提供经费保障的批件。申请设立许可时，申请人应当如实填报《律师事务所设立申请登记表》。

2. 受理、审查

设区的市级或者直辖市的区（县）司法行政机关对申请人提出的设立律师事务所申请，应当根据下列情况分别作出处理：(1)申请材料齐全、符合法定形式的，应当受理；(2)申请材料不齐全或者不符合法定形式的，应当场或者自收到申请材料之日起五日内一次告知申请人需要补正的全部内容。申请人按要求补正的，予以受理；逾期不告知的，自收到申请材料之日起即为受理；(3)申请事项明显不符合法定条件或者申请人拒绝补正、无法补正有关材料的，不予受理，并向申请人书面说明理由。

受理申请的司法行政机关应当在决定受理之日起二十日内完成对申请材料的审查。在审查过程中，可以征求拟设立律师事务所所在地县级司法行政机关的意见；对于需要调查核实有关情况的，既可以要求申请人提供有关证明材料，也可以委托县级司法行政机关进行核实。经审查，应当对设立律师事务所的申请是否符合法定条件、材料是否真实齐全出具审查意见，并将审查意见和全部申请材料报送省、自治区、直辖市司法行政机关。

3. 审核、决定

省、自治区、直辖市司法行政机关应当自收到受理申请机关报送的审查意见和全部申请材料之日起十日内予以审核，作出是否准予设立律师事务所的决定。

准予设立的，应当自决定之日起十日内向申请人颁发律师事务所执业许可证。律师事务所执业许可证分为正本和副本。正本用于办公场所悬挂，副本用于接受查验。正本和副本具有同等的法律效力。律师事务所设立申请人应当在领取执业许可证后的六十日内，按照有关规定刻制印章、开立银行账户、办理税务登记，完成律师事务所开业的各项准备工作，并将刻制的律师事务所公章、财务章印模和开立的银行账户报所在地设区的市级或者直辖市的区(县)司法行政机关备案。

不准予设立的，应当向申请人书面说明理由。

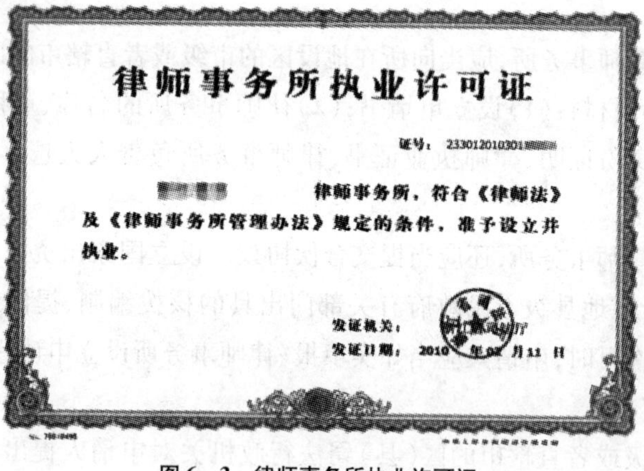

图 6－3　律师事务所执业许可证

4. 撤销准予设立律师事务所决定的情形

有下列情形之一的，由作出准予设立律师事务所决定的省、自治区、直辖市司法行政机关撤销原准予设立的决定，收回并注销律师事务所执业许可证：(1)申请人以欺骗、贿赂等不正当手段取得准予设立决定的;(2)对不符合法定条件的申请或者违反法定程序作出准予设立决定的。

5. 律师事务所分所的设立

根据《律师法》第20条的规定,律师事务所可以设立分所。对于在经济欠发达的地区和少数民族地区以及乡镇地区设立律师事务所分所,国家是予以提倡和鼓励的。根据司法部《律师事务所管理办法》的规定,成立三年以上并具有二十名以上执业律师的合伙律师事务所,根据业务发展需要,可以在本所所在地的市、县以外的地方设立分所。设在直辖市、设区的市的合伙律师事务所也可以在本所所在城区以外的区、县设立分所。但律师事务所及其分所受到停业整顿处罚期限未满的,该所不得申请设立分所;律师事务所的分所受到吊销执业许可证处罚的,该所自分所受到处罚之日起二年内不得申请设立分所。

律师事务所设立分所,必须同时具备下列条件:(1)有符合《律师事务所名称管理办法》规定的名称;(2)有自己的住所;(3)有三名以上律师事务所派驻的专职律师;(4)有人民币三十万元以上的资产;(5)分所负责人应当是具有三年以上的执业经历并能够专职执业,且在担任负责人前三年内未受过停止执业处罚的律师。律师事务所到经济欠发达的市、县设立分所的,前述规定的派驻律师条件可以降至一至二名,资产条件可以降至人民币十万元。具体适用地区由省、自治区、直辖市司法行政机关确定。

律师事务所设立分所,必须经拟设立分所所在地的省、自治区、直辖市人民政府司法行政机关按照规定的条件审核。律师事务所对其设立的分所的债务承担全部责任。

(三)律师事务所的变更

1. 变更名称、负责人、章程、合伙协议

律师事务所变更名称、负责人、章程、合伙协议,应当经所在地设区的市级或者直辖市的区(县)司法行政机关审查后报原审核机关批准。具体办法按律师事务所设立许可程序办理。

2. 变更住所、合伙人

律师事务所变更住所、合伙人,应当自变更之日起十五日内经所在地设区的市级或者直辖市的区(县)司法行政机关报原审核机关备案。

律师事务所跨县、不设区的市、市辖区变更住所,需要相应变更负责对其实施日常监督管理的司法行政机关的,应当在办理备案手续后,由其所在地设区的市级司法行政机关或者直辖市司法行政机关将有关变更情况通知律师事务所迁入地的县级司法行政机关。

律师事务所拟将住所迁移其他省、自治区、直辖市的，应当按注销原律师事务所、设立新的律师事务所的程序办理。

律师事务所变更合伙人，包括吸收新合伙人、合伙人退伙、合伙人因法定事由或者经合伙人会议决议被除名。新合伙人应当从专职执业的律师中产生，并具有三年以上执业经历，但司法部另有规定的除外。受到六个月以上停止执业处罚的律师，处罚期满未逾三年的，不得担任合伙人。合伙人退伙、被除名的，律师事务所应当依照法律、本所章程和合伙协议处理相关财产权益、债务承担等事务。

因合伙人变更需要修改合伙协议的，修改后的合伙协议应当经所在地设区的市级或者直辖市的区（县）司法行政机关审查后报原审核机关批准。具体办法按律师事务所设立许可程序办理。

3. 变更组织形式

律师事务所变更组织形式的，应当在自行依法处理好业务衔接、人员安排、资产处置、债务承担等事务并对章程、合伙协议作出相应修改后，应当经所在地设区的市级或者直辖市的区（县）司法行政机关审查后报原审核机关批准。具体办法按律师事务所设立许可程序办理。

4. 分立、合并

律师事务所因分立、合并，需要对原律师事务所进行变更或者注销原律师事务所、设立新的律师事务所的，应当在自行依法处理好相关律师事务所的业务衔接、人员安排、资产处置、债务承担等事务后，提交分立协议或者合并协议等申请材料，按照《律师事务所管理办法》的相关规定办理。

（四）律师事务所的终止

律师事务所有下列情形之一的，应当终止：(1)不能保持法定设立条件，经限期整改仍不符合条件的；(2)执业许可证被依法吊销的；(3)自行决定解散的；(4)法律、行政法规规定应当终止的其他情形。律师事务所在终止事由发生后，不得受理新的业务。

律师事务所在取得设立许可后，六个月内未开业或者无正当理由停止业务活动满一年的，视为自行停办，应当终止。

律师事务所在受到停业整顿处罚期限未满前，不得自行决定解散。

律师事务所在终止事由发生后，应当向社会公告，依照有关规定进行清算，依法处置资产分割、债务清偿等事务。在清算结束后十五日内,律师事务所应当向所在地设区的市级或者直辖市的区(县)司法行政机关提交注销申请书、清算报告、本所执业许可证以及其他有关材料,由其出具审查意见后连同全部注销申请材料报原审核机关审核,办理注销手续。

律师事务所拒不履行公告、清算义务的,由设区的市级或者直辖市的区(县)司法行政机关向社会公告后,可以直接报原审核机关办理注销手续。律师事务所被注销后的债权、债务由律师事务所的设立人、合伙人承担。

律师事务所被注销的,其业务档案、财务账簿、本所印章的移管、处置,按照有关规定办理。

三、师事务所的内部管理制度

根据《律师法》第23条的规定,律师事务所应当建立健全执业管理、利益冲突审查、收费与财务管理、投诉查处、年度考核、档案管理等制度,对律师在执业活动中遵守职业道德、执业纪律的情况进行监督。

1. 执业管理制度:主要内容包括由律师事务所统一接受委托,与委托人签订书面委托合同;建立承办重大疑难案件的集体研究和请示报告制度,对律师在执业活动中遵守法律、法规、规章,遵守职业道德和执业纪律的情况进行监督,发现问题及时予以纠正;加强对本所律师的职业道德和执业纪律教育,组织开展业务学习和经验交流活动,为律师参加业务培训和继续教育提供条件。

2. 利益冲突审查制度:律师事务所受理业务,应当进行利益冲突审查,不得违反规定受理与本所承办业务及其委托人有利益冲突的业务。

3. 收费与财务管理制度:主要内容包括律师事务所应当按照有关规定统一收费,建立健全收费管理制度,及时查处有关违规收费的举报和投诉;按照规定建立健全财务管理制度,建立和实行合理的分配制度及激励机制。

4. 投诉查处制度:律师事务所应当建立投诉查处制度,及时查处、纠正本所律师在执业活动中的违法违规行为,调处在执业中与委托人之间的纠纷;认为需要对被投诉律师给予行政处罚或者行业惩戒的,应当及时向所在地县级司法行政机关或者律师协会报告。

5. 年度考核制度:律师事务所应当建立律师执业年度考核制度,按照规定对本所律师的执业表现和遵守职业道德、执业纪律的情况进行考核,评定等次,实施奖惩,建立律师执业档案和诚信档案。对于年度考核不合格或者严重违反本所章程及管理制度的律师,律师事务所可以与其解除聘用关系或者经合伙人会议通过将其除名,有关处理结果报所在地县级司法行政机关和律师协会备案。

6. 档案管理制度:律师事务所应当按照规定建立健全档案管理制度,对所承办业务的案卷和有关资料及时立卷归档,妥善保管。

四、律师收费

2006年4月13日国家发展和改革委员会、司法部印发《律师服务收费管理办法》,2014年12月17日,国家发展和改革委员会发布《关于放开部分服务价格意见的通知》。这两个文件是我国律师收费的主要依据。根据该两个文件的规定,我国律师收费制度的主要内容有:

(一)收费标准

律师服务收费实行政府指导价和市场调节价。除律师事务所提供的下列律师服务收费实行政府指导价外,其他律师服务收费实行市场调节价。(1)担任刑事案件犯罪嫌疑人、被告人的辩护人以及刑事案件自诉人、被害人的代理人;(2)担任公民请求支付劳动报酬、工伤赔偿,请求给付赡养费、抚养费、扶养费,请求发给抚恤金、救济金,请求给予社会保险待遇或最低生活保障待遇的民事诉讼、行政诉讼的代理人,以及担任涉及安全事故、环境污染、征地拆迁赔偿(补偿)等公共利益的群体性诉讼案件代理人;(3)担任公民请求国家赔偿案件的代理人。

政府指导价的基准价和浮动幅度由各省、自治区、直辖市人民政府价格主管部门会同同级司法行政部门制定。政府制定律师服务收费,应当广泛听取社会各方面意见,必要时可以实行听证;应当充分考虑当地经济发展水平、社会承受能力和律师业的长远发展,收费标准按照补偿律师服务社会平均成本,加合理利润与法定税金确定。

实行市场调节的律师服务收费,由律师事务所与委托人协商确定。律师事务所与委托人协商律师服务收费应当考虑以下主要因素:(1)耗费的工作时间;(2)法律事务的难易程度;(3)委托人的承受能力;(4)律师可能承担的风险和责任;(5)律师的社会信誉和工作水平等。

律师事务所在提供法律服务过程中代委托人支付的诉讼费、仲裁费、鉴定费、公证费和查档费,不属于律师服务费,由委托人另行支付。

(二)收费方式

律师服务收费可以根据不同的服务内容,采取计件收费、按标的额比例收费和计时收费等方式。计件收费一般适用于不涉及财产关系的法律事务；按标的额比例收费适用于涉及财产关系的法律事务；计时收费可适用于全部法律事务。

办理涉及财产关系的民事案件时，律师事务所可以实行风险代理收费，律师事务所应当与委托人签订风险代理收费合同，约定双方应承担的风险责任、收费方式、收费数额或比例。实行风险代理收费，最高收费金额不得高于收费合同约定标的额的30%。

（三）收费程序

1. 签订收费合同

律师事务所接受委托，应当与委托人签订律师服务收费合同或者在委托代理合同中载明收费条款。收费合同或收费条款应当包括收费项目、收费标准、收费方式、收费数额、付款和结算方式、争议解决方式等内容。

律师事务所与委托人签订合同后，不得单方变更收费项目或者提高收费数额。确需变更的，律师事务所必须事先征得委托人的书面同意。

2. 收费

律师服务费由律师事务所统一收取。律师事务所向委托人收取律师服务费，应当向委托人出具合法票据。

（四）对律师事务所收费违法行为的行政处罚

1. 价格主管部门的行政处罚

律师事务所、律师有下列价格违法行为之一的，由政府价格主管部门依照《价格法》和《价格违法行为行政处罚规定》实施行政处罚：(1)不按规定公示律师服务收费管理办法和收费标准的；(2)提前或者推迟执行政府指导价的；(3)超出政府指导价范围或幅度收费的；(4)采取分解收费项目、重复收费、扩大范围等方式变相提高收费标准的；(5)以明显低于成本的收费进行不正当竞争的；(6)其他价格违法行为。

2. 司法行政部门的行政处罚

律师事务所、律师有下列违法行为之一的，由司法行政部门依照《律师法》以及《律师和律师事务所违法行为处罚办法》实施行政处罚：(1)违反律师事务所统一接受委托、签订书面委托合同或者收费合同规定的；(2)违反律师事务所统一收取律师服务费、代委托人支付的费用和异地办案差旅费规定的；(3)不向委托人提供预收异地办案差旅费用概算，不开具律师服务收费合法票据，不向委托人提交代交费用、异地办案差旅费的有效凭证的；(4)违反律师事务所统一保管、使用律师服务专用文书、财务票据、业务档案规定的；(5)违反律师执业纪律和职业道德的其他行为。

(五)律师收费争议解决

因律师服务收费发生争议的，律师事务所应当与委托人协商解决。协商不成的，可以提请律师事务所所在地的律师协会、司法行政部门和价格主管部门调解处理，也可以申请仲裁或者向人民法院提起诉讼。

第七节 律师管理

一、律师管理体制

我国对律师业和律师群体的管理目前采取司法行政机关行政管理和律师协会自律管理相结合的体制。该体制以司法行政机关的管理为主、律师协会的管理为辅。司法行政机关享有概括性的律师管理权。

二、律师的行政管理

对律师进行行政管理的主体为各级司法行政部门。《律师法》第4条规定："司法行政部门依照本法对律师、律师事务所和律师协会进行监督、指导"。结合该法相关条款的内容，司法行政部门管理律师的权力内容包括律师执业行政许可权，法律职业资格授予权，律师管理规范制定权，对律师、律师事务所的监督管理权，行政处罚权。根据司法部《律师事务所管理办法》、《律师执业管理办法》的规定，司法行关对律师事务所、律师的监督管理采取分级管理模式，即县级司法行政机关负责日常监督管理，地市级、省级司法行政机关分别在各自职责范围内就重大、宏观的事项进行监督管理。

三、律师的行业管理

对律师进行行业自律管理的主体为律师协会。律师协会是社会团体法人，是律师的自律性组织。

全国设立中华全国律师协会，省、自治区、直辖市设立地方律师协会，设区的市根据需要可以设立地方律师协会。全国律师协会章程由全国会员代表大会制定，报国务院司法行政部门备案。地方律师协会章程由地方会员代表大会制定，报同级司法行政部门备案。地方律师协会章程不得与全国律师协会章程相抵触。

图 6-4　中华全国律师协会标志

律师、律师事务所应当加入所在地的地方律师协会。加入地方律师协会的律师、律师事务所，同时是全国律师协会的会员。律师协会会员享有律师协会章程规定的权利，履行律师协会章程规定的义务。

律师协会作为行业管理组织，其主要职责为：保障律师依法执业，维护律师的合法权益；总结、交流律师工作经验；制定行业规范和惩戒规则，但不得与有关法律、行政法规、规章相抵触；组织律师业务培训和职业道德、执业纪律教育，对律师的执业活动进行考核；组织管理申请律师执业人员的实习活动，对实习人员进行考核；对律师、律师事务所实施奖励和惩戒；受理对律师的投诉或者举报，调解律师执业活动中发生的纠纷，受理律师的申诉；法律、行政法规、规章以及律师协会章程规定的其他职责。

案　例

2000 年 5 月王××（女）与李×（男）登记结婚，婚后育有一子。2005 年以来二人感情不和。王××遂找到赵律师咨询离婚的事情。赵律师听完情况告诉王××："离婚没什么问题，肯定能胜诉。代理费的事，你先给我 10000 元，签委托合同的时候再向所里按规定缴费。"王××听后很高兴，就按照赵律师的安排委托其为自己的代理人。但法院生效判决不准离婚。

分析：赵律师的哪些行为违反了律师的义务以及职业道德和执业纪律？

复习题

一、概念

律师　律师事务所　律师管理体制　律师代书　辩护

二、思考

1. 申请律师执业的条件。

2. 我国律师管理体制的特点。

3. 律师职业的特点。

司法考试试题

一、单项选择题

1. 根据律师法、刑事诉讼法、民事诉讼法和行政诉讼法的规定，我国律师在执业过程中享有11个方面的权利。下列哪种权利在这些法律中没有明确规定？（2006年）

A. 同犯罪嫌疑人、被告人通信的权利

B. 提出新证据的权利

C. 执业活动中人身权利不受侵犯的权利

D. 要求法官签发调查令的权利

【答案】 D

【考点】 律师的执业权利。

2. 根据我国《律师法》的规定，下列哪一选项是正确的？（2008年）

A. 律师事务所变更名称、负责人、章程、合伙协议的，应当报原审核部门备案

B. 律师服务机构一般采用公司形式，但在经济社会发展欠发达地区仍可保留少数合作制律师事务所

C. 个人律师事务所实行无限责任，因此在成立条件上比合伙律师事务所要宽松

D. 律师事务所采用特殊的普通合伙形式的，当个别合伙人因故意或重大过失造成对外债务时，其他合伙人不承担对外责任

【答案】 D

【考点】 律师事务所的类型及责任方式。

3. 盘叔系某山村农民，为人正派，热心公益，几十年来为村邻调解了许多纠纷，也无偿代理了不少案件，受到普遍肯定。下列哪一说法是正确的？（2013 年）

A. 法官老林说盘叔是个“土法官”，为充分发挥作用，可临时聘请其以人民陪审员身份参与审判活动

B. 检察官小张说盘叔见多识广，检察院可以聘请其为检察监督员

C. 律师小李说盘叔扰乱了法律服务秩序，应该对其进行批评教育，并禁止其继续代理案件

D. 公证员老万说盘叔熟悉法律法规，有几十年处理纠纷经验，经考核合格，可以担任公证员

【答案】 B

【考点】 律师执业许可。

4. 法院、检察院、公安机关、国家安全机关、司法行政机关应当尊重律师，健全律师执业权利保障制度。下列哪一做法是符合有关律师执业权利保障制度的？（2016 年）

A. 县公安局仅告知涉嫌罪名，而以有碍侦查为由拒绝告知律师已经查明的该罪的主要事实

B. 看守所为律师提供网上预约会见平台服务，并提示律师如未按期会见必须重新预约方可会见

C. 国家安全机关在侦查危害国家安全犯罪期间，多次不批准律师会见申请并且说明理由

D. 在庭审中，作无罪辩护的律师请求就被告量刑问题发表辩护意见，合议庭经合议后当庭拒绝律师请求

【答案】 C

【考点】 律师的执业权利。

二、多项选择题

1. 2007 年 10 月 28 日第十届全国人民代表大会常务委员会第三十次会议对《律师法》进行了修订。根据修订后的《律师法》，下列哪些选项是错误的？（2008 年）

A. 受委托的律师自案件审查起诉之日起，有权查阅、摘抄和复制与案件有关的所有材料

B. 犯罪嫌疑人被侦查机关第一次讯问或者采取强制措施之日起，受委托的律师凭律师执业证书、律师事务所证明和委托书或者法律援助公函，有权会见犯罪嫌疑人、被告人并了解有关案件情况。律师会见犯罪嫌疑人、被告人，不被监听

C. 律师在法庭上发表的代理、辩护意见不受法律追究。但是，发表危害国家安全、恶意诽谤他人、严重扰乱法庭秩序、泄露商业秘密的言论除外

D. 律师是维护当事人合法权益、维护法律正确实施、维护社会公平和正义的国家法律工作人员

【答案】 ACD

【考点】 律师的执业权利。

2. 下列哪些选项属于《刑事诉讼法》新增或加强律师诉讼权利的规定？（2012 年）

A. 辩护律师在侦查期间可以申请变更强制措施；向侦查机关了解犯罪嫌疑人涉嫌的罪名和案件有关情况，提出意见

B. 辩护律师可以同在押的犯罪嫌疑人会见和通信

C. 辩护律师会见犯罪嫌疑人、被告人时不被监听

D. 律师作为辩护人涉嫌干扰司法机关诉讼活动犯罪的，应当及时通知所在的律师事务所或所属的律师协会

【答案】 ACD

【考点】 律师的执业权利。

三、不定项选择题

为促进规范司法，维护司法公正，最高检察院要求各级检察院在诉讼活动中切实保障律师依法行使执业权利。据此，下列选项正确的是：（2015 年）

A. 检察院在律师会见犯罪嫌疑人时，不得派员在场

B. 检察院在案件移送审查起诉后律师阅卷时，不得派员在场

C. 律师收集到犯罪嫌疑人不在犯罪现场的证据，告知检察院的，其相关办案部门应及时审查

D. 法律未作规定的事项，律师要求听取意见的，检察院可以安排听取

【答案】 AC

【考点】 律师的执业权利。

阅读文献

1. 陈卫东主编：《中国律师学》（第四版），中国人民大学出版社 2014 年版。
2. 陈宜、王进喜主编：《律师公证制度与实务》，中国政法大学出版社 2008 年版。
3. 陈瑞华：《制度变革中的立法推动主义——以律师法实施问题为范例的分析》，载《政法论坛》2010 年第 1 期。
4. 谭世贵等：《律师权利保障与律师制度改革》，中国人民公安大学出版社 2010 年版。
5. 陈瑞华：《论辩护律师的忠诚义务》，载《吉林大学社会科学学报》2016 年第 3 期。

第七章 公证制度

内容提示

通过本章学习，了解公证的发展历程，掌握公证制度的特征；了解公证活动的基本原则；解公证机构的设置，掌握公证员的资格条件、权利义务以及公证管理体制；掌握公证的业务范围；了解公证程序，掌握公证的效力；熟悉公正的法律责任与救济。

第一节 公证制度概述

一、公证制度的概念

公证是指公证机构根据自然人、法人或者其他组织的申请，依照法定程序对民事法律行为、有法律意义的文书和事实的真实性、合法性予以证明的一种非诉讼活动。公证是指在公民或法人的权益尚未受到损害的时候，通过证明的方法来预防权益遭受损害。公证的目的是预防纠纷，减少诉讼。

图7－1 公证标志

公证概念包括如下几层含义：

1. 公证的主体包括公证人和当事人。公证是国家公证机关的一种证明活动，它与其他机关的活动不同。根据我国法律规定，公证机关代表国家统一行使公证权，作出的公证证明属于公文书证，其证明力大于其他书证。公证当事人是指与公证事项有法律上的利害关系并以自己的名义向公证机构提出公证申请，在公证活动中享有权利和承担义务的自然人、法人和其他组织。

2. 公证的客体包括民事法律行为，具有法律意义的文书和事实。民事法律行为，是指公民、法人和其他组织按照自己的意愿，根据国家法律的规定，设立、变更或终止民事权利义务关系的合法行为，如签订合同、设立遗嘱、收养子女、提存等。具有法律意义的事实，是指能够在当事人之间引起民事法律关系发生、变更或消灭的客观情况。

事实，是指对当事人存在法律上利害关系的客观事实和情况。

3. 公证的内容是指公证客体的真实性和和合法性。真实性，是指证明法律行为确实发生，具有法律意义的事实和文书确实存在。合法性，是指证明当事人申请公证的对象符合法律规定，不违反国家政策和社会公共利益。

公证制度，是指我国有关公证的法律法规所规定的，当事人和公证人进行公正活动所必须遵循的法律规范的总称。公证制度是国家司法制度的重要组成部分，属于民事程序法的范畴，是一种预防性司法证明制度。

二、公证制度的历史沿革

（一）外国公证制度的历史发展

公证的出现最早溯源于罗马共和国末期。由于罗马法及其司法程序上形式主义的影响，广大的罗马平民因法律知识的欠缺，需要一种专门提供法律服务的代书人，这种人又称为“达比伦”。[1] 他们帮当事人代拟各种法律文书，并在文书上签字作证明，以此来依法领取国家的酬金。这种代书人制度被认为是现代公证制度的起源。帝政后期，公证已成为法律上的专用术语。当时的罗马法规定公证遗嘱是正式遗嘱的一种；到公元 4 世纪，罗马帝国盛行宗教公证。9 世纪初，随着世俗公证的发展，宗教公证受到限制。公证制度通过意大利沿海城市的公证事务所得到进一步发展。当时公证主要是证明海上贸易的信贷行为。到了 15 世纪，公证制度通过法国皇室、诸侯的公证人而继续得到发展。公证人除了证明遗嘱、契约外，还证明证人的语言，证明宣誓，甚至还参与刑事审判活动，记录和证明侦查的过程。19 世纪，欧洲资产阶级革命取得胜利后，为适应资本主义商品经济发展的需要，欧美资本主义国家普遍沿用和发展公证制度。

1803 年法国首先颁布了《公证法》，这是历史上第一部系统而完整的公证法规。1804 年颁布的《拿破仑法典》，亦对公证作了相应的规定。随后，意大利、德国、美国、比利时、日本等国也都先后采用了公证制度。现代公证制度按其历史渊

〔1〕 薛凡：《司法视野中的公证保全证据》，厦门大学出版社 2014 年版，第 390 页。

源分为英美公证制度和拉丁公证制度。目前世界上已有超过100个国家建立了公证制度,其中绝大多数为拉丁公证制度。拉丁公证制度的特点是:公证人由国家任命,在公证人事务所内独立行使职权,既代表国家,又自己承担职业责任。公证收费统一定价,公证人的业务活动受国家管理和监督;公证人有多种作用,如起草法律文书,对法律文书进行公证,向公民提供法律咨询等。

(二)我国公证制度历史发展

我国历史上,很早就有请人作证的习俗。青铜器《鬲从盨》上记载,章氏用八邑与鬲从换田,不仅订立了"执綆",还请了证人作证。宋开宝二年(969年)规定典卖田宅应于二月内请求验契验印,由官府在契券上盖上公印,证明其所有权,称为税契。元朝规定,典卖田宅如不税契,按"元律令"就得处罚典主卖主。明、清律户律田宅门典卖田宅条亦有不税契受处罚的规定。税契的目的主要在于征税,但对于田宅典卖,也兼有公证的意义。这种制度顺延了相当长的时期,似为我国公证的萌芽状态。辛亥革命之后,我国出现了公证制度。1913年,北洋政府发布了《登记条例》。1935年,国民党政府以司法院的名义公布了《公证暂行规则》,这是旧中国第一个公证法规。嗣后,国民党政府于1943年公布了《公证法》。

新中国的公证制度是借鉴前苏联公证制度逐步建立起来的,从无到有,走过了一段曲折的发展历程。早在1946年的解放区就有公证制度的雏形。1956年初,司法部在参照苏联模式的基础上结合我国实际,向国务院报送《关于开展公证工作的请示报告》,经国务院批准在地方设立由司法行政机关主管的公证处。当时确定在30万以上人口的市设立公证处,不满30万人口的市和侨眷较多的县可在人民法院附设公证室。截至1957年年底,全国有52个市建立了公证处,有超过500个市、县人民法院设立了公证室,1957年全国办理公证业务近30万件。1959年司法部被撤销,公证工作划归人民法院管理。

这一时期,除非迫于国际惯例办理小量涉外公证外,其他公证业务基本处于停滞状态。1979年司法部重建后,即着手公证制度的恢复与完善。司法部于1980年发出的《关于公证处的设置和管理体制问题的通知》中规定:"在直辖市、省辖市县设立公证处,暂不设公证处的市、县,由所在地的基层人民法院设公证员(或由审判员)办理公证业务;公证处归司法行政机关领导。"

为了使我国的公证工作进一步制度化、规范化,1982年4月1日,国务院正式颁发了《中华人民共和国公证暂行条例》,并自发布之日起实施。它是我国第一个全国性的公证法规。1993年,根据党的十四届三中全会《关于建立社会主义市场经济体制若干问题的决定》，司法部全面启动公证体制改革工作。2000 年 7 月，国务院办公厅批转了《司法部关于深化公证工作改革方案》，进一步明确了公证改革的目标和任务，使我国的公证事业进入了蓬勃发展的时期。2005 年 8 月 28 日第十届全国人民代表常务委员会第十七次会议通过的《中华人民共和国公证法》，进一步完善了我国的公证法律体系，确立了中国特色的公证制度基本框架。

目前，全国已建立 3162 家公证处，有近 12000 名公证员，公证从业人员将近 2 万人，年办理各类公证业务超过 1000 万件，公证业务量与恢复重建初期相比增长 110 余倍。公证业务由恢复之初服务涉外公证为主转为国内和涉外并重，由服务民事领域为主向服务社会政治、经济、科技、文化生活各领域全面延伸拓展。中国公证员协会于 2003 年 3 月正式加入了国际拉丁公证联盟，成为这个有着 70 余个成员的国际性组织的正式会员。

三、公证制度的特征

我国公证制度的特征，可概括为如下两方面：

1. 公证是一种特殊的证明活动。

(1)公证主体的特殊性。公证是由国家专门设立的公证机构按照法定程序进行的一种证明活动，不同于其他机关和私人的证明，具有权威性、可靠性、广泛性和通用性。

(2)公证对象和内容的特殊性。公证对象是没有争议的民事法律行为、有法律意义的事实和文书；公证的内容是证明公证对象的真实性和合法性。

(3)公证效力的特殊性。公证文书的特殊效力主要体现在：一是证据效力。经过公证的民事法律行为、有法律意义的事实和文书，司法机关、仲裁机构、行政机关及其登记部门应将其作为认定案件事实的根据。二是强制执行效力。对经过公证的以给付为内容并载明债务人愿意接受强制执行承诺的债权文书，债务人不履行或者履行不适当的，债权人可以依法向有管辖权的人民法院申请执行。三是法律行为成立要件效力。法律、法规规定必须办理公证的事项未经公证的，该事项不具有法律效力；双方当事人约定必须公证的事项未经公证的，该事项不具有法律效力。四是域外效力。公证书在域外使用时，具有法律效力，为国际社会普遍认可。

(4)公证程序的法定性。公证的申请和证明必须依照法律规定的程序进行，违反法定程序的公证不具有法律效力。

2. 公证是一种非诉讼司法活动。公证制度属于国家司法制度的范畴，许多国家的公证机构归属于司法机关。[2] 我国的公证事务也曾由法院兼办,并一直作为人民司法工作的组成部分。司法活动分为诉讼活动与非诉讼活动。公证属于非诉讼性质的预防性司法活动。公证具有服务、沟通、证明、监督的职能,通过行使法律证明职责,能够有效防范民商事纠纷发生,保障交易安全,这对于依法规范民商事活动,维护社会主义市场秩序,具有重要的保障和促进作用。

第二节　公证活动的基本原则

公证活动的基本原则,是指贯穿于整个公证法和公证活动过程中的根本性和指导性规则。公证基本原则是公证活动性质、特点及其规律的全面综合反映,其效力贯穿公证活动的始终,具有高度的概括性和涵盖力,公证基本原则是制定公证其他具体程序、制度的基础和依据,公证的具体规则都不能与基本原则相抵触。公证活动的基本原则主要有如下几个:

一、真实、合法原则

公证就是依照法定程序对民事法律行为、据有法律意义的事实和文书的真实性和合法性予以证明的活动。因此,真实合法原则是公证活动的首要原则。

(一)真实性

真实性,简单地说就是依据事实,具体来说就是指公证证明必须以客观存在的并为公证机关查证属实的事实为基础,而且公证证明的内容应与事实的内容相吻合。[3] 它包含两层含义:

1. 公证证明的内容,是以客观存在的事实,并为公证机关查证属实的事实为基础。所谓客观事实,是指客观确实存在的人或自然界的状态或活动,也就是说,公证证明对象必须是过去发生或既存的行为、事件或文书。公证证明的内容不仅客观存在,而且还要有事实根据予以证明,有些事实虽然是客观存在的,但是缺乏事实根据,公证机关也不能给予公证,因为缺乏证据的事实是不真实的。

---

〔2〕 马宏俊:《比较法视野下公证职业属性研究》,载《中国政法大学学报》2016 年第 3 期。

〔3〕 司法部公证司:《公证程序规则(试行)释义》,法律出版社 1991 年版,第 93 页。

2. 公证证明的内容应与事实的内容完全吻合。《公证法》规定,证明文件的复印件与原件必须相符,复印件上不能增加原件上没有的内容,包括原件上没有的文字和印章。

真实性是公证文书的生命,只有真实的公证文书才能发生应有的法律效力。公证文书哪怕只有个别问题失真,也会影响文书效力,特别是发往境外使用的公证文书,如果不真实,还会损害公证机关信誉。确保公证证明真实性,公证机关在办理公证事项时要做到以下几点:(1)审查当事人申请办理公证的愿望是不是本人真实意思表示;(2)审查当事人是否如实际陈述了公证的目的和要求;(3)审查当事人提供的材料文件以及其他所有证据;(4)必须全面客观收集有关证据。

(二)合法性

合法性是指公证机关必须按法律、法规、规章的要求办理公证,并且证明对象必须符合法律、法规、规章的规定。

公证业务涉及面广,在为经济体制改革服务中常常遇到立法落后于实践的情况,因此,在办证实践中遇到既无法律、法规可考,又无规章可依的情况时,公证机关应当按党中央制定的统一的方针政策和司法部的批示,参照当地政府的规范性文件,办理有关公证事务。

为了确保公证证明的合法性,公证机关在办理公证事务时要注意以下几点:

1. 合法性首先是指公证证明的内容要符合民事实体法的规定。其次,从程序上来说,公证证明行为一定要按照法律规定办理。仅办证程序上合法,而内容不合法;或者仅内容合法,而办证程序上不合法的,都属于不合法的公证文书。

2. 公证证明的合法性,在涉外公证中,除要求公证的内容和程序符合我国法律、法规规定外,还应考虑使用国的法律规定,尽量避免与之相抵触。否则,将会影响我国公证文书在域外的法律效力,影响我公证机关在国际上的声誉。

3. 公证机关不能证明违反法律规定的事实,一般也不能证明发生在境外的法律行为、有法律意义事实和文书。我国公证机关只能对发生在我国境内的法律行为、有法律意义的事实、文书给予公证,对发生在境外的行为、事实和文书,一般不予公证。

4. 合法原则对不同的公证事项来说,要求是不一样的。有的公证事项内容本身不涉及合法与否的问题,如出生公证、死亡公证、经历公证等,只需查明其真实性便可公证。因此公证机关和公证人员应当根据当事人的申请及其办证的目的审查公证事项的合法性。

真实性与合法性是相互联系、密不可分的。真实性是合法性的基础,隐瞒事实、伪造证据,欺骗国家公证机关的行为,本身都是违法的。真实性又不等同于合法性,真实的法律行为,有法律意义的事实和文书并不都是合法的。因此,还必须在真实性的基础上进一步查明其合法性。

二、直接原则

直接原则,是指公证机构办理公证事务时,必须由公证员亲自接待当事人,听取当事人和相关人员的陈述,亲自审查公证事项的内容和其他有关的全部材料,依据事实、法律、感受和经验,确认申请公证的事项是否真实、合法,是否符合公证的要求,最后作出出具公证书或拒绝公证、终止公证的决定,并对由此引起的法律后果承担责任。亲自办证,并不是指公证员必须对承办的公证事项事必躬亲。公证员可以在法律允许的范围内,授权或委托公证处的其他人员或公证处以外的人员办理与该公证事项有关的具体工作,如让其助手去作某项调查,或委托专门机关人员作技术鉴定等,但承办公证员必须对其授权或委托行为所引起的法律后果承担责任。不能以这些具体工作不是本人所为为由逃避责任。

公证员直接办证原则,也是一条国际惯例。欧洲大陆许多国家都在公证法中规定,只有公证员才能独立地办理公证事务,出具公证文书,并且必须在其出具的公证文书上署名。例如《德国公证人法》规定,公证人办理公证事务,必须直接面对当事人,不能完全由公证人雇员代理。当事人有权知道,谁在为他办理公证。公证人的姓名、学历、公证人资格以及办公地点和通讯地址等,都是公证书首页的必要内容。公证人不仅要面对当事人,而且根据《德国证书法》的规定,必须大声向当事人宣读公证书全文,并询问当事人对公证书是否有疑问,否则直接导致公证书无效的法律后果。[4] 当事人可以免除公证人的宣读义务,但必须记录在公证书上。这种宣读程序在几乎所有欧洲国家的公证程序中都有明确规定,这是欧洲国家现代公证程序中不可缺少的重要程序,也是欧洲国家公证人办证活动中必须遵守的重要原则。

公证员直接办证原则,明确了公证员与公证处其他人员的职、责、权,可以防止公证员怠于职守或公证处的其他人员越权办证,是维护正常的公证秩序,保证公证文书真实、合法的一项重要措施。

---

〔4〕 樊崇义:《诉讼法学研究》(第2卷),中国检察出版社2002年版,第349页。

三、独立办证的原则

《公证程序规则》第 3 条规定："公证机构依法独立行使公证职能，独立承担民事责任，任何单位、个人不得非法干预，其合法权益不受侵犯。"这条原则实际上有三层含义：

1. 公证处是代表国家行使公证权的专门机关。公证权只能由公证处依法行使，除法律特别规定的以外，其他任何机关、团体和个人都无权行使这种权力。

2. 公证处办理公证事务只服从法律，不受任何行政机关、司法机关、社会团体和个人的干涉。尽管公证处是根据当事人的申请办理公证，但其并非一方当事人的代理人，所以应依法独立办理公证。

3. 公证处依法独立行使公证权，并不是说可以不接受司法行政机关和人民群众监督。公证处必须接受同级和上级司法行政机关、公证员协会的指导和监督。公证处还应当接受来自社会各界的监督。

四、保密原则

公证机构的公证人员及其他工作人员以及依据本规则接触到公证业务的相关人员，不得泄露在参与公证业务活动中知悉的国家秘密、商业秘密或者个人隐私。

保密原则，是公证活动中一项基本的、重要的原则，是由公证业务的性质和内容决定的。首先，保密原则是维护当事人合法权益的基本要求。公证机关办理大量涉及民事权利义务方面的公证事务，必然会接触到不少当事人的秘密。当事人的秘密也是其合法权益一部分，直接关系到当事人切身利益。如果公证人员不保守秘密，就完全有可能导致严重危害当事人的合法权益的恶果。其次，为保护公证活动的正常进行，国家允许公证机关查阅有关档案、资料。因此，公证机关和公证人员因职务上的关系必然会接触到某些国家的秘密。为了保护国家的利益，维护公证机关信誉，国家在赋予公证机关和公证人员上述权利的同时，也要求公证机关和公证人员保守秘密。

为了确保此项原则有效的贯彻执行公证人员必须做到以下几点：

1. 要妥善保管公证文书和各种公证档案，防止遗失泄密。

2. 不能私自向他人泄露公证内容。即要求公证人员要对本人及本公证处的其他人员办理的公证事项保密，要对当事人申请公证的内容、动机、目的、用途保密，要对公证处已经公证、终止公证及拒绝公证事项的内容保密。

3. 不能随便向当事人以外的人发放公证书的正本、副本或抄本。公证书只能发给申请公证的当事人或代理人，非经当事人请求，不得将公证书副本发给其他人员。

五、回避原则

回避，通常指公证人员在法律规定的情形下，依法定程序退出相关公证事项。对与本人有特定关系的案件，避免承担办理该案的任务。其目的是为了防止公证人员徇私舞弊或发生偏见，以利于公证工作的正常进行和对案件的公正处理，维护公证机关的信誉。

我国《公证法》第 23 条规定，公证员不得为本人及近亲属办理公证或者办理与本人及近亲属有利害关系的公证。这条原则实际上有以下几层含义：

1. 公证回避的方式有两种，第一种是公证人员自行回避，第二种是当事人申请公证人员回避。

2. 公证回避的情形有三种。首先，公证人员不能为自己办理公证事项，也不能为自己的近亲属办理公证事项。其次，公证人员办理公证事项的结果可能会对本人的利益有一定影响时，公证人员应当回避。最后，公证人员与本人所办理的公证事项的当事人有其他关系，可能影响正确办证的，应当回避。其他关系范围较广，只要可能对正确办理公证有影响的，都应当回避，如公证当事人是公证人员的老上级、老朋友、老同学、邻居等。

3. 申请回避的期限。当事人提出回避申请的，应当在公证书作成之前提出。如果当事人对回避问题有异议，可以按法律规定，向公证处提出申诉。公证处经复查认为公证员确实存在应回避而没有回避，造成公证失误的，公证处应当主动撤销该公证书，或者虽存在公证员应回避而没有回避，但公证书正确无误的，公证处可以确认公证书的效力。

六、自愿公证与法定公证相结合的原则

自愿公证是指在法律、法规、规章未规定应当采用公证形式的情况下，由公民、法人自行决定法律行为、有法律意义的文书和事实是否申请办理公证。自愿公证包括两层含义：(1)公证机关受理的公证事项，必须由当事人基于自己的意愿提出申请。公证机关既不能强迫当事人申请公证，也无权对当事人没有提出的公证事项强行公证。(2)自愿公证贯穿于公证活动的全过程。当事人可以自愿申请公证；在公证机关受理后也可以中途撤回申请；即使在公证后，当事人也可以申请

撤销公证书。

法定公证是法律、法规、规章规定采用公证形式建立、变更的法律行为或有须经公证证明的事实、文书，公民、法人必须申请办理公证，公证机关应依法给予公证。目前，我国已在《继承法》、《城市房屋拆迁管理条件》、《关于出国留学人员工作的若干暂行规定》、《中国银行对外商投资企业贷款办法》等法律、法规、规章中规定了一些重要法律行为必须采用公证形式才能发生法律效力。法律、法规、规章中规定必须或应当公证的，当事人必须严格遵守，否则，所进行的民事行为就不发生法律效力。

第三节　公证机构和公证员

一、公证机构

（一）公证机构的概念和性质

公证机构，是依法设立，不以营利为目的，依法独立行使公证职能，承担民事责任的证明机构。我国公证机构是具有履行国家公共职权和向社会提供法律服务双重职能的证明机构。公证处既没有大小之别，也没有上下等级之分，它们各自在所辖范围内独立行使公证职能。各公证处所出具的公证书具有同样的效力。

1. 公证机构必须依法设立。公证机构的设立条件和设立程序必须符合法定条件。

2. 公证机构不以营利为目的。这是为了保证公证活动的客观性和公正性。公证机构不以营利为目的，并不表明公证机构不收取任何费用，实际上是当事人申办公证是要支付公证费的，但公证机构必须按照政府部门制定的收费标准收取费用，不得随意提高收费标准，更不得自行定价。

3. 公证机构独立行使公证职能。公证机构和公证员在公证活动中独立行使公证证明权，依据事实和法律独立办理公证事务，不受其他机关、组织和个人的干涉。但仍应接受司法行政机关的管理监督和公证协会的监督。

4. 公证机构独立承担民事责任。公证机构是独立的法人，独立行使公证职能，在公证机构、公证员因过错给当事人、公证事项的利害关系人造成损失的，应当以自己独立的资产完全承担民事责任。

5. 公证机构是证明机构。公证机构专门进行公证证明活动，出具公证文书。

（二）公证机构的设置

中华人民共和国成立初期，我国没有专设的公证机构。根据中央人民政府于1951年9月4日公布的《中华人民共和国人民法院暂行组织条例》的规定，公证职能由人民法院行使。此后，各地根据实际情况将公证工作划交当地的司法行政机关主管。1956年7月10日，国务院正式批准了司法部的《关于开展公证工作的请示报告》。该报告规定，在直辖市和30万以上人口的市，设立公证处，受当地司法行政机关直接领导；不满30万人口的市和侨眷较多的县，如不具备条件设立公证处，则应在市中级人民法院，或在市、县人民法院内附设公证室，其业务由省、自治区司法行政机关授权该法院院长负责领导。1959年，中央司法部及全国各地方司法行政机关相继撤销，隶属各司法行政机关领导的公证处一并撤销。从1959年至1979年的二十年中，只有少数城市如上海、北京、广东和福建等地的人民法院兼办少量涉外公证业务。1982年4月13日，国务院发布的《公证暂行条例》第三章第5条规定，直辖市、县、市设立公证处。经省、自治区、直辖市司法行政机关批准，市辖区也可以设立公证处。为了进一步发展公证事业，适应社会主义市场经济发展的需要。1992年司法部决定，具备规定条件的省、自治区、自治州（地区）和特别经济区，经主管部门批准可以设立公证处。由此可见，长期以来，我国的公证机构是以市县为基本单位，按行政区域设置，一般在一个基本单位内只设立一个公证处。

截至2004年年底，我国共设立公证处3162家。但是，从公证实践来看，这种层层设置标准不尽合理，突出的问题是引发了公证机构之间不正当竞争。为了适应中国公证工作的实际需要，避免公证行业的不正当竞争，便于各公证机构平等自主地开展业务，也便于加强对公证机构的管理，《公证法》第7条规定："公证机构按照统筹规划，合理布局的原则，可以在县、不设区的市、设区的市、直辖市或者市辖区设立；在设区的市、直辖市可以设立一个或者若干个公证机构。公证机构不按行政区划层层设立。"根据《公证法》的规定，司法部和省级两个层次不再设立公证机构，县、不设区的市作为一个独立的单位，可以设立公证机构。设区的市、直辖市设立公证机构的，在城区范围市辖区就不再设立公证机构。如果城区范围的市辖区设立公证机构，市就不再设立。也就是说，同一城市中不再出现两个层级的公证处。一个城市的公证机构，应该是同一层级的。这一规定，有利于克服公证行业的不正当竞争。

（三）公证机构设立的条件和程序

根据《公证法》的规定，设立公证处应当具备下列条件：(1)有自己的名称；(2)有固定的办公场所；(3)有2名以上的公证员；(4)有开展公证业务所必需的资金。

拟设立的公证机构由所在地的司法行政部门报省、自治区、直辖市人民政府司法行政部门按照法定程序批准后，颁发公证机构执业证书。公证机构的负责人应当在有3年以上执业经历的公证员中推选产生，由所在地的司法行政部门核准，报省、自治区、直辖市人民政府备案。

二、公证员

（一）公证员的资格

公证员是符合法定条件，在公证机构从事公证业务的执业人员。担任公证员必须具备以下条件：(1)具有中华人民共和国国籍；(2)年龄25周岁以上，60周岁以下；(3)公道正派，遵纪守法，品行良好；(4)通过国家司法考试；(5)在公证机构实习2年以上或者具有3年以上其他法律职业经历并在公证机构实习1年以上，经考核合格。

为了吸引更多人才加入公证员队伍，提高公证人员的整体素质，《公证法》第19条规定，从事法学教学、研究工作，具有高级职称的人员，或者具有本科以上学历，从事审判、检察、法制工作、法律服务工作满10年的公务员、律师，已经离开原工作岗位，经考核合格的，可以担任公证员。

《公证法》第20条规定了公证员任职的禁止性条件，即有下列情形之一的，不得担任公证员：(1)无民事行为能力或者限制民事行为能力的；(2)因故意犯罪或者职务过失犯罪受过刑事处罚的；(3)被开除公职的；(4)被吊销公证员执业证书的。

（二）公证员的任命与免职

选任公证员，应当由符合公证员条件的人员提出申请，经公证机构推荐，由所在地司法行政部门核报省、自治区、直辖市人民政府司法行政部门审核同意后，报请司法部部长任命，并由省、自治区、直辖市人民政府司法行政部门颁发公证员执业证书。公证员执行工作任务应当遵纪守法，恪守职业道德和执业纪律，依法履行公证职责，保守执业秘密，接受行政主管部门、公证协会和公证当事人的监督。

公证员有下列情形之一的，由所在地人民政府司法行政部门报省、自治区、直辖市人民政府司法行政部门提请司法部部长免职：(1)丧失中华人民共和国国籍的；(2)年龄超过60周岁或者因健康原因不能继续履行职务的；(3)自愿终止执业的；(4)被吊销公证员执业证书的。

(三)公证员的权利和义务

公证员的权利，是指依法设定的，为保证公务员办理公证业务而赋予的各项权利。根据公证法的规定，公务员享有下列权利：有权获得劳动报酬，享受保险和福利待遇；有权提出辞职、申诉或者控告；非因法定事由和非经法定程序，不被免职或者处罚。

同时，公证员应当履行下列义务：遵纪守法，恪守职业道德，依法履行公证职责，保守职业秘密。

三、公证管理体制

公证机构的管理体制，是指国家对公证机构、公证人员、公证协会进行监督管理的权力配置。目前我国实行的是司法行政机关行政管理和公证员协会行业管理相结合的公证管理体制。

(一)司法行政机关的行政管理

根据公证法的规定，司法行政机关对公证机构、公证员和公证协会的监督管理具体包括以下内容：(1)按照规定程序批准公证机构的设立，颁发公证机构的执业证书；(2)按照统筹规范、合理布局的原则，依法对公证机构的业务辖区、外部管理体制等进行调整和规范，实现公证资源的优化配置；(3)对推选产生的公证机构负责人予以核准和备案；(4)根据公证法的规定，对公证员进行考核、任免和执业注册；(5)接受公证员协会章程的备案；(6)会同有关部门制定公证机构的收费标准；(7)加强公证宣传工作，改善公证机构和公证员的执业环境；(8)对公证机构和公证员的违法行为进行处罚。

(二)公证员协会的行业管理

公证是一种专业性很强的法律职业，它既具有代表国家履行国家证明权的公务职能,又具有向社会公众提供法律服务的服务职责。这一特点决定了它需要建立一个行业性的群众组织以协助政府主管部门对公证工作进行指导、管理和监督。公证员协会正是基于这种需要而产生的。

中国公证员协会是由公证员及相关人员组成的,公证行业的自律性管理组织,是依法登记成立的社会团体,具有社团法人资格。公证员协会分为中国公证员协会和地方公证员协会。公证机构、公证员应当加入所在地的地方公证协会。加入地方公证员协会的公证机构是中国公证员协会的单位会员;加入地方公证员协会的公证员是地方公证员协会的个人会员;地方公证员协会是中国公证员协会的团体会员。

公证员协会是我国公证业的自律性组织,根据章程开展活动,对公证机构和公证员的职业活动进行监督。

根据协会章程,公证员协会履行下列职责:(1)制定行业规范;(2)实施行业奖励和惩戒;(3)开展职业道德和执业纪律教育;(4)组织公证业务交流和培训;(5)调解公证机构同公证当事人之间的纠纷;(6)维护会员合法权益;(7)向会员提供业务信息和咨询;(8)开展公证业务的对外及港澳台地区的交流和合作;(9)负责公证赔偿保险等行业基金的使用和管理工作;(10)负责海峡两岸公证书的查证和公证书副本寄送工作;(11)负责公证水印纸调配和管理工作;(12)负责公证宣传工作及司法行政机关委托的其他职能。

第四节　公证业务范围

公证机关的业务范围,是指公证机关根据法律规定和公证机关的职责权限能够办理的公证法律事务。根据公证业务的不同特点,将公证业务分为以下几类:

一、证明民事法律行为

民事法律行为是指自然人、法人或其他组织实施的,能引起民事法律关系发生、变更和消灭的行为。经过公证证明的民事法律行为,在事实上是真实的,在法律上是有效的。对民事法律行为的公证,是公证机关办理的最大量、最常见的一项公证业务。根据公证实践,常见的法律行为的公证主要包括以下几种:合同公证、继承公证、遗嘱公证、财产分割公证、委托公证、声明公证、赠与公证、招标投标公证、拍卖公证。

二、证明具有法律意义的事实

有法律意义的事实，是指客观存在的能引起民事法律关系发生、变更和消灭的事实，包括法律事件和非争议性事实。根据公证实践，有法律意义事实的公证包括两个方面：(1)证明法律事件。法律事件是指不以人的意志为转移的，能够引起法律关系产生、变更和消灭的客观事实。公证证明的法律事件有：出生、死亡、海难、空难、不可抗力事件、意外事件等。(2)证明其他在法律上有一定影响的事实。如证明婚姻状况、亲属关系、学历、经历、身份、国籍、有无犯罪记录公证等。

三、证明有法律意义的文书

有法律意义的文书，是指在法律上具有特定意义或作用的各种文件、证书、文字材料的总称。有法律意义的文书也是公证的重要事项，具体包括公司章程公证，文书的签名、印章、日期公证和文书的副本、影印本与原本相符公证。实践中这类公证主要用于在域外办理有关入境、定居、投标、申请特定权利、设立机构、从事商业活动、诉讼索赔等法律手续时使用。

四、保全证据

保全证据，是指公证机关根据当事人的申请，对可能灭失或以后难以取得的证据，依法采取措施，对证据先行收集和固定，以保持其客观真实性和证明力的一种活动。根据规定，公证机关保全证据应在诉讼之前进行，诉讼发生后的保全证据由人民法院负责。公证机关办理保全证据业务，对于预防纠纷、息讼止争具有重要意义。因此，我国《城市房屋拆迁管理条例》规定："拆除依法代管的房屋，代管人是房屋拆迁部门的，补偿、安置协议必须经公证机关公证，并办理保全证据。""拆除有产权纠纷房屋，……拆迁前房屋拆迁主管部门应当组织拆迁人对被拆迁房屋作勘查记录，并向公证机关办理证据保全。"

五、其他业务

根据自然人、法人或者其他组织的申请，公证机构办理下列事务：

1. 法律、行政法规规定应当公证的事项。对于法定公证事项，经过公证，该事项才能发生法律效力。如我国《担保法》第 43 条规定，对于个人、企事业单位、社会团体和其他组织所有的机械设备、牲畜等生产资料,位于农村的个人私有房产,个人所有的家具、家用电器、金银珠宝及其制品等生活资料用于财产抵押的,于抵押人所在地的公证机构进行登记。

2. 提存。提存,是指债务已到清偿期限,而因债权人的原因致使债务无法给付债之标的物的义务时,由债务人将该标的物提交于公证机关,由公证机关转交债权人,从提存之日起,视为任务人履行了给付义务,提存物及风险责任转归债权人,提存之债即告清偿。提存是清偿债务的重要方式。

3. 保管遗嘱或其他文书。保管遗嘱、文书公证,是指国家公证机关根据申请人的申请,依法对申请人提交的遗嘱、具有法律意义的文书予以保管并出具保管证明的活动。办理保管遗嘱、文书公证,应遵循为当事人保密的原则。

4. 解答法律咨询,代写与公证事项有关的法律事务文书。当事人办理公证时书写某些文书有困难的,公证员可以根据当事人口述,代为草拟申请公证的文书或与公证业务有关的其他文书,如委托书、合同、遗嘱、声明书、通知书等。

5. 赋予无异议的债权文书具有强制执行效力。强制执行公证是指公证机关根据当事人的申请,依法对无异议的追偿债款、物品的文书,赋予其强制执行效力的一种公证活动,一方当事人不履行公证文书规定的义务时,对方当事人可以直接向有管辖权的人民法院申请强制执行。

第五节 公证管辖和公证程序

一、公证管辖

公证管辖,是指公证事项应由哪个公证机构办理的权限划分。明确公证管辖,有助于保障公证机构及时行使职权,避免发生争执,方便当事人申请办理公证。《公证程序规则》规定,公证执业区域是指由省、自治区、直辖市司法行政机关,根据《公证法》第25条和《公证机构执业管理办法》第10条的规定以及当地公证机构设置方案,划定的公证机构受理公证业务的地域范围。公证机构的执业区域,由省、自治区、直辖市司法行政机关在办理该公证机构设立或者变更审批时予以核定。公证机构应当在核定的执业区域内受理公证业务。

根据公证法和相关法律的规定,公证管辖主要有以下几种情况:

1. 自然人、法人或者其他组织申请办理公证,可以向住所地、经常居住地、行为地或者事实发生地的公证机构提出；申请办理涉及不动产的公证，应当向不动产所在地的公证机构提出；申请办理涉及不动产的委托、声明、赠与、遗嘱的公证，可以向住所地、经常居住地、行为地或者事实发生地的公证机构提出。

2. 两个以上当事人共同申办同一公证事项的，可以共同到行为地、事实发生地或者其中一名当事人住所地、经常居住地的公证机构申办。当事人向两个以上可以受理该公证事项的公证机构提出申请的，由最先受理申请的公证机构办理。

3. 中华人民共和国驻外使领馆可以依照公证法的规定或者中华人民共和国缔结或者参加的国际条约的规定，办理公证。

我国驻外使、领馆管辖的公证事务有：

（1）国外华侨申请办理的需要在我国境内使用的公证文书，我国驻外使、领馆可以受理。

（2）有中国血统的外籍人申请办理需在我国境内使用的公证文书，我国驻外使、领馆也可以受理。条件是所申请证明的有法律意义的事实或文书必须是在中华人民共和国境内发生或订立的。

（3）居住国外的华侨及有中国血统的外籍人办理法律行为、法律事实和文书发生在我国，但公证文书在驻在国使用的，我国使、领馆是否能够受理，根据实际情况，区别对待。若公证事务的内容与我国及文书使用国法律没有抵触的，我国大使馆、领事馆可以办理；同时必须考虑驻在国的法律是否承认外国使、领馆出具的这类证明书的效力，如果驻在国不承认其效力，我国驻外使、领馆不能办理。

我国现行法律对驻外使、领馆办理公证事务的范围没有明确规定，按照实践中的具体应用，有以下几种：证明委托书、遗嘱、继承权、财产赠与、财产分割、财产转让以及亲属关系等。根据实际需要和可能，我国驻外使、领馆管辖的公证业务的范围将会有所发展和变化。

（一）特定机关出具证明

在某些特殊情况下，公证机关无法依照通常的公证程序办理公证，按照国际惯例，可以由特定机关或特定人员出具证明文书，法律上赋予这类证明书与公证书同等效力。这类由公证机关以外的特定机关（人员）行使证明职能的情形视为一种特殊公证管辖。主要有下面几种：

1. 进出口商品检验机关。根据国际惯例，《中华人民共和国进出口商品检验条例》规定，我国对外贸易公证工作，由国家商品检验机构办理。这类鉴定证明书主要包括货载衡量、重量、数量鉴定,包装鉴定,品质鉴定,残损鉴定,积货鉴定,样品鉴封,产地、价值证明书及其他有关的鉴定证明书等。

2. 卫生部门。国家卫生防疫部门出具的人体、动物、植物的检疫证明书、健康检查证明书,医疗卫生机构出具的出生证明书、死亡证明书等,与公证书具有同等效力。

3. 商标管理部门。国家商标管理机构主管全国的商标注册事务,凡经注册的商标受国家商标法保护,商标局出具的商标注册证与公证书具有同等效力。

(二)公职人员出具证明

在遇有特殊情况时,有关的公职人员可以出具证明书,即在一些特定场合或特殊条件下,由某些特定单位组织的主要负责人或最高行政领导人,为有关公民的遗嘱、委托行为等出具的证明书,与公证证明的遗嘱、委托书有同等法律效力。主要情形有:

1. 在航行中的船舶、航空器的负责人对在船舶上、航空器上的公民遗嘱、委托行为等出具的证明书。

2. 野外勘探队、考察队、探险队队长以及其他在野外工作的单位的负责人,对其所属成员在野外工作期间的遗嘱、委托行为等出具的证明书。

3. 执行剥夺自由的场所(如监狱、劳改队等)的负责人,对其所监管的被剥夺自由人员的遗嘱、委托行为出具的证明书。

4. 由部队的首长、政治机关对所属军职人员的遗嘱、委托行为等出具的证明书。

二、公证的一般程序

公证程序,是指公证机构、公证员和当事人进行公证活动时应遵循的基本步骤和规则。公证程序是公证机关进行公证活动的法律基础,是办理公证事务必须遵守的操作规程,是确保公证质量的必要措施,对公证机关正确办理公证事务具有重要意义。公证程序包括一般程序和特别程序。

公证的一般程序,是公证机关办理公证事项通常适用的程序,适用上具有一定的广泛性,它完整地体现了公证活动的全貌,是公证活动最基本的程序。公证的一般程序,主要包括申请、受理、审查、出证四个基本环节。

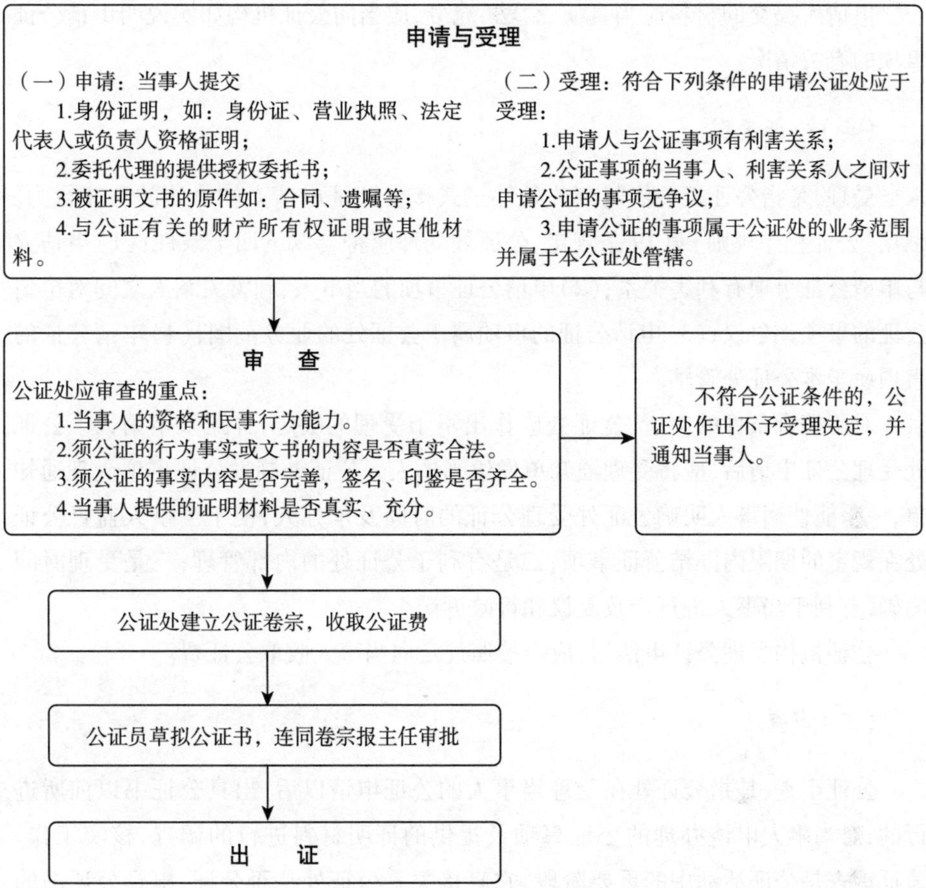

图7-2　公证程序流程图

（一）公证申请

公证申请，是指公证当事人向公证机关提出的办理公证事项的请求。公证申请是公证处办理公证事项的重要根据。

1. 填写公证申请表。公证申请表是表格化的公证申请，具有简明、易懂、规范的特点，为公民、法人申请公证以及公证处办证、归档提供了方便。申请人填表确有困难的，可由公证员代为填写。

2. 应提交的材料。公民、法人申请公证，还应当提交下列材料：（1）身份证明、法人资格证明及其法定代表人的身份证明；（2）代理人代为申请的，委托代理人须提交授权委托书，其他代理人须提交有代理权资格的证明；（3）需公证的文书；（4）与公证事项有关的财产所有权证明；（5）与公证事项有关的其他材料。

申请人提交的材料应当真实、合法、充分,应当向公证机构如实说明申请公证事项的有关情况。

(二)公证受理

受理,是指公证机关依照有关条件正式接受公证申请人的申请的法律行为。根据《公证程序规则》第19条规定,公证处受理应符合以下四个条件:(1)申请人与申请公证事项有利害关系;(2)申请公证事项的当事人、利害关系人之间对申请公证的事项无争议;(3)申请公证的事项属于公证处的业务范围;(4)申请公证的事项属于本公证处管辖。

对不符合条件的申请,公证处应作出不予受理的决定,并通知申请人。公证处受理公证申请后,应将受理通知单发给当事人。公证处制发公证事项受理通知单,一是能使当事人明确公证处受理公证的时间及承办人,便于当事人监督公证处在规定的期限内办结公证事项;二是有利于公证处的内部管理;三是受理时间明确,有利于当事人进行行政复议和行政诉讼。

公证机构受理公证申请后,应当按照规定向当事人收取公证费。

(三)审查

公证审查,是指公证处在受理当事人的公证申请以后,出具公证书以前所进行的,对当事人申请办理的公证事项及提供的证明材料进行的调查、核实工作。公证审查是公证活动中的重要阶段,它直接关系公证处是否公证、出具公证书的质量和当事人的合法权益能否得到真正的保护。

1. 审查的内容

公证审查的重点内容包括以下几方面:

(1)审查当事人的人数、身份、资格和民事行为能力。审查当事人的人数,是指审查某具体公证事项中当事人的范围是否包括齐全,避免遗漏当事人,损害当事人的合法权益。未能亲自提出申请的,是否有代理人代理,委托代理手续是否完备等。审查当事人的身份,是指审查当事人是否提交了证明其身份的证明材料,如居民身份证、户口簿、工作证、离退休证、学生证或工作单位的证明信等。并核对这些证明材料是否确系当事人本人的证明材料。审查资格,是指审查当事人是否具有与公证事项有关的权利,以确定其是否能作为公证当事人。审查民事行为能力,是指审查当事人是否具有相应的民事行为能力。

(2)审查当事人的意思表示和相应权利。审查当事人的意思表示是否是其真实意愿。凡一方以欺诈、胁迫、乘人之危，使对方在违背真实意愿的情况下所为的法律行为，公证处不应办理公证。审查当事人相应的权利，是指审查当事人是否享有与申办公证有关的权利。如审办继承权公证的人，是否依法或依遗嘱享有继承权；申办赠与公证的当事人，是否对赠与物享有所有权。如当事人不享有与申办公证有关的权利，公证处不予办理。

(3)审查需公证的行为、事实、文书的内容是否真实、合法。这里是指审查证明对象的真实性、合法性，如果公证对象不真实、不符合有关法律、法规、政策的规定，即使当事人有行为能力，公证处也不能予以公证。

(4)审查需公证的文书内容是否完善，文字是否准确，签名、印鉴是否齐全。

(5)审查当事人提供的证明材料是否真实、充分。当事人应当向公证处提供的证明材料一般包括产权证明、医生诊断书、死亡证明、亲戚关系证明、订货单、营业执照、准建证、单位证明、放弃继承权的声明以及知情人的声明材料等。

2. 审查的方式

审查方式因事而异，一般常用的审查方式有以下几种：

(1)制作谈话笔录。公证谈话笔录，是指公证活动中，公证处依法受理了当事人提出的公证申请后，承办公证员依照程序要求向当事人或有证人询问与该公证事项有关的情况时所作的谈话记录。笔录应交被询问人核对并签名；确实不能签名者，可由本人盖章或捺手印。笔录中修改处须由被询问人盖章或捺手印。

(2)审核证据。当事人申请公证时向公证处提交了有关证据材料，对于这些证据材料，公证人员要仔细审阅，进行核对比照，以确定公证内容的真实性。

(3)调查。通过与当事人、证人谈话，审核证据，对公证所涉事项有疑义的，可以由公证人员亲自调查。公证人员外出调查，应由两名公证人员共同进行。特殊情况只能由一名公证人员进行调查时，应有一名见证人在场，见证人应在调查笔录上签名。公证处也可以委托外地公证处调查。遇到专门性问题，公证处可以聘请或委托专业部门、专业技术人员进行技术鉴定、翻译等。

审查必须注意客观全面，深入实际，防止主观片面性。

(四)出证

出证，是指公证处根据审查结果，对符合条件的事项，依法制作、出具公证书的活动。

出具公证书，是公证处办理公证事项一般程序中的最后一个环节，即进行公证证明的最后一道工序。根据公证对象的不同，出具公证书的条件也存在差异：

1. 法律行为公证应符合下列条件：行为人具有相应的民事行为能力；意思表示真实；行为的内容和形式不违反法律、法规、规章或者社会公共利益。

2. 有法律意义的事实和文书公证应符合下列条件：该事实或文书对公证当事人具有法律上的利害关系；事实或文书真实无误；事实或文书的内容不违反法律、法规、规章。

3. 书上的签名、印鉴应当准确属实。文书的文本公证的出证条件是证明文本的内容应与原本完全一致。文本包括副本、抄本、影印本、复印本、译本等。

4. 赋予债权文书强制执行效力的公证，应符合下列条件：第一，债权文书以给付一定货币、物品或有价证券为内容；第二，债权债务关系明确，债权人和债务人对债权文书有关给付内容无疑义；第三，债权文书中载明债务人不履行义务或不完全履行义务时，债务人愿意接受强制执行的承诺。

对符合规定条件的公证事项，承办公证员应及时草拟公证书，连同卷宗报公证处主任、副主任或其指定的公证员审批。公证审批是指，审批人对承办公证员拟定的公证书及报送的卷宗材料进行审核把关，决定是否出具公证书的活动。审批人应重点审核以下内容：(1)事实是否清楚，证据是否充分；(2)证明对象是否真实、合法并符合社会公共利益；(3)是否符合公证程序，文书上的签字、印鉴是否齐全；(4)拟出具的公证书的内容、表达和格式是否符合相关规定。

公证书自出具之日起生效。

(五)不予办理公证和终止公证

1. 不予办理公证

不予办理公证，是指公证机构在办理公证的过程中，发现当事人申请公证的事项不真实、不合法或者当事人之间存在争议等情况，而拒绝办理的行为。根据《公证法》第 31 条的规定，具有下列情形之一的，公证机构不予办理公证：(1)无民事行为能力人或者限制民事行为能力人没有监护人代理申请办理公证的；(2)当事人与申请公证的事项没有利害关系的；(3)申请公证的事项属专业技术鉴定、评估事项的；(4)当事人之间对申请公证的事项有争议的；(5)当事人虚构、隐瞒事实，或者提供虚假证明材料的；(6)当事人提供的证明材料不充分或者拒绝补充证明材料的；(7)申请公证的事项不真实、不合法的；(8)申请公证的事项违背社会公德的；(9)当事人拒绝按照规定支付公证费的。

2. 终止公证

终止公证，是指公证机关办理公证的过程中，因出现法定事由致使公证处无法继续办理或继续办理已无意义时,而作出决定停止办理该公证事项。终止公证是结束公证的一种方式。公证事项有下列情形之一的,公证机构应当终止公证:(1)因当事人的原因致使该公证事项在六个月内不能办结的;(2)公证书出具前当事人撤回公证申请的;(3)因申请公证的自然人死亡、法人或者其他组织终止,不能继续办理公证或者继续办理公证已无意义的;(4)当事人阻挠、妨碍公证机构及承办公证员按规定的程序、期限办理公证的;(5)其他应当终止的情形。

不予办理和终止公证的,由承办公证员写出书面报告,报公证机构负责人审批。不予办理和终止公证的决定应当书面通知当事人或其代理人。公证机构应当根据不予办理和终止的原因及责任,酌情退还部分收取的公证费。

三、公证的特别程序

公证特别程序,是公证机关在办理特定公证事务时,依照法律规定所适用的公证程序。它是针对某些公证事务的特别需要所作的特别规定,并非公证程序的全部,因此,在特别程序规定以外,仍应适用一般程序。

(一)现场公证

现场公证,是指公证机关根据当事人的申请,依据有关法律规定对申请人举行的开奖、拍卖、招投标等活动进行监督、证明的行为。现场公证事项的证明主体是承办公证处及公证人员,证明对象是申请人申请办理的被监督事项的相关事宜,实施过程是否符合有关法律规定以及预先制定的活动规则。

办理现场公证,申请人应当在现场类活动事项举办 7 日前向活动举办地公证处或其住所地公证处提出申请,并提交相应的材料。公证处应指派两名以上公证人员参加,其中至少应有一名公证员。现场活动结束后,对符合法律规定及活动规则的,公证员应当场宣读公证词。公证处应当在公证员宣读公证词后 7 日内出具公证书,宣读公证词的时间为公证书的生效时间。

(二)遗嘱公证

公民申办遗嘱公证,应当亲自到有管辖权的公证处提交申请,不得委托他人代理,遗嘱人到公证处有困难的,公证处可派公证员到遗嘱人的住所办理。申办遗嘱公证,遗嘱人应填写公证申请表,并提交相应的材料。公证员办理遗嘱公证,应询问遗嘱人,并制作谈话笔录。遗嘱公证应当由两名公证人员共同办理,由其中一名公证员在公证书上署名。因特殊情况由一名公证员办理时,应当有一名见证人在场,见证人应当在遗嘱和笔录上签名。

公证人员发现有下列情形之一的,公证人员在与遗嘱人谈话时应当录音或者录像:(1)遗嘱人年老体弱;(2)遗嘱人为危重伤病人;(3)遗嘱人为聋、哑、盲人;(4)遗嘱人为间歇性精神病患者、弱智者。

(三)保全证据公证

公证机构派员外出办理保全证据公证的,由 2 人共同办理,承办公证员应当亲自外出办理。办理保全证据公证,承办公证员发现当事人是采用法律、法规禁止的方式取得证据的,应当不予办理公证。

(四)提存公证

所谓提存公证,就是指公证处依照法定条件和程序,对债务人或担保人为债权人的利益而将债之标的物或担保物(含担保物的替代物)进行寄托、保管,并在条件成熟时交付债权人的活动。

提存公证由债务履行地的公证处管辖。以担保为目的的提存公证或在债务履行地申办提存公证有困难的,可由担保人住所地或债务人住所地的公证处管辖。经过公证人员审查,对符合法定条件的公证事项,公证处应当从提存之日起 3 日内出具提存公证书。提存之债从提存之日即告清偿。标的物提存后,除债权人下落不明的以外,债务人应当及时通知债权人或者债权人的继承人、监护人。提存人通知有困难的,公证处应自提存之日起 7 日内,以书面形式通知提存受领人,告知其领取提存物的时间、期限、地点、方法。提存受领人不清或下落不明、地址不详无法送达通知的,公证处应自提存之日起 60 日内,以公告方式通知,公告应在 1 个月内在同一报刊刊登三次。公证处应当按照当事人约定或法定的条件给付提存标的。

(五)出具执行证书

债务人不履行或者不适当履行经公证的具有强制执行效力的债权文书的,公证机构可以根据债权人的申请,依照有关规定出具执行证书。

(六)公证调解

经公证的事项在履行过程中发生争议的,出具公证书的公证机构可以应当事人的请求进行调解。经调解后当事人达成新的协议并申请公证的,公证机构可以办理公证;调解不成的,应当告知当事人提起民事诉讼或者向仲裁机构申请仲裁。

第六节　公 证 效 力

公证效力，是指公证书在法律上的约束力。根据法律的有关规定，公证书的效力体现在以下三方面：

一、证据效力

公证书的证据效力，是指公证书在法律上具有的能够直接证明公证所确认的法律行为、有法律意义事实和文书是真实合法的，能够直接作为人民法院认定案件事实的根据。公证书所证明的内容是一种可靠的证据，可直接作为认定事实的根据。

公证书之所以具有法律上的证据效力，就是因为它具备了证据的基本特征。一方面，公证证明的对象是真实合法的。真实，是指公证证明的法律行为、有法律意义的文书或事实的内容是真实的、客观存在的，而不是假的、伪造的或虚构的。合法，是指公证证明的内容必须符合国家法律、法规、规章和政策的规定。另一方面，公证书是按照公证程序出具的，公证程序是公证活动必须遵循的制度，是公证法规规定的法定程序。对当事人来说，欲使公证书获得证据效力，必须使自己的公证行为严格遵循既定的公证规则。严格的公证程序规则是保障公证书证据效力的重要条件。[5]

根据《公证法》第 36 条和《民事诉讼法》第 69 条的规定，经过法定程序公证证明的法律行为、法律事实和文书，人民法院应当作为认定事实的根据。但有相反证据足以推翻公证证明的除外。

在国际上，公证书也得到广泛的承认，在域外也具有法律证明力，是进行国际民事、经济交往不可缺少的法律文书，这是公证书证据效力在空间上的延伸。

二、法律行为生效的效力

公证书的法律行为生效效力，是指依照法律、法规、规章的规定或国际惯例或当事人约定，特定的法律行为只有经过公证证明后才具效力，不履行公证程序，则

---

〔5〕 占善刚、楚晗旗：《公证文书的证据效力探析》，载《证据科学》2016 年第 1 期。

该项法律行为就不具效力。

法律行为必须公证才发生法律效力的情况，基本上有以下三种：

1. 根据国家法律、行政法规、地方性法规、决定、命令、指示、规章的规定，某些法律行为非公证不发生法律效力，即法定公证事项。目前在法律、地方性法规、行政法规、条例、规章中都有关于某些法律行为须经公证生效的明文规定。如国务院发布的《城市房屋拆迁管理条例》第 13 条规定："拆除依法代管的房屋，代管人是房屋拆迁主管部门的、补偿、安置协议必须经公证机关公证，并办理证据保全。"

2. 按国际惯例和双边协定，我国发往境外的某些文书，非经公证不发生法律效力。如韩国法律规定，韩国公民或法人与中国签订的在中国投资的法律文件，须经公证机关公证，这种投资协议不经公证就不具有法律效力。

3. 按当事人双方约定，非经公证不发生法律效力。有些法律行为，如果当事人互相商定该项法律行为必须经过公证才能生效，那么公证就是该项法律行为生效的条件，如果没有按照约定办理公证，该项法律行为就不产生应有的法律效力。

三、强制执行效力

强制执行效力，是指公证机关依法赋予强制执行效力的债权文书，债务人不履行时，债权人可以直接向有管辖权的人民法院申请强制执行，而不再通过诉讼程序。《公证法》第 37 条第 1 款规定："对经公证的以给付为内容并载明债务人愿意接受强制执行承诺的债权文书，债务人不履行或者履行不适当的，债权人可以依法向有管辖权的人民法院申请执行。"公证的强制执行效力是法律赋予公证机关的特殊职能，是法律强制性在公证活动中的体现，对充分发挥公证职能规定和及时调整民事、经济活动，维护正常的经济秩序和当事人的合法权益具有重要意义。公证机关赋予债权文书具有强制执行效力，仅限于公证法律规定的范围，一般的债权文书不能赋予强制执行效力。

公证书具有强制执行效力，在其执行效力实现的过程中，应当注意以下几个问题：

1. 公证机关的职能仅仅是依法证明债权文书，从而赋予该债权文书具有强制执行的效力，但公证机关不是执行机关，不能采取强制措施进行执行。强制执行的措施只能由有管辖权的人民法院采取。

2. 经过公证证明具有强制执行效力的公证文书，同人民法院的判决书、裁定书一样,具有同等的强制执行效力,人民法院在执行中应一视同仁,采取切实可行的措施予以执行。

3. 人民法院在执行中,发现公证文书确有错误,可以不予执行,但应当通知公证机关。

4. 人民法院的执行,是对债权文书的执行,而不是对公证书的执行,具有强制执行效力的是债权文书而非公证文书。

第七节　公证的法律责任与救济

一、公证的法律责任

公正法律责任有广义和狭义两种。广义的公证法律责任是指公证机构、公证员、公证当事人和参与公证的其他人员对其违反与公证有关的法律、法规、规章的行为造成的危害后果所应承担的不利法律后果。狭义的公证法律责任是指公证机构或者公证员因行使公证职权不当,给当事人或相关人员的合法权益造成损害所应承担的不利法律后果。公证法律责任的主体具有广泛性,责任承担具有法律强制性,公证法律责任所要保护的是公正秩序。公证法律责任按其性质不同,可以分为公证民事法律责任、刑事法律责任和行政法律责任。《公证法》第 41 ~ 44 条,《公证程序规则》第 69 条,《公证执业管理办法》第 33、35、43 条等都作了明确规定。公证法律责任的承担要遵循两个原则:

(一)直接损失原则

公证机构及其相关人员在公证过程中,因其自身过错给当事人及利害关系人造成直接损失,应当承担赔偿责任。这里的损失包括经济损失、精神损失,但都必须是直接损失。

(二)有限责任原则

公证法律制度自身的特点和公证机构的性质决定了其承担责任的有限性。我国的公证处是执行国家公证职能、自主开展业务、独立承担责任,按自律机制运行的公益性、非营利性的事业法人。公证活动仅限于证明,不直接参与民商事法律行为,其中介活动的特性又决定了其错证对损害后果的作用程度,我国公证处又绝大多数为事业法人组织,法人制度本身也决定了其法律责任的有限性。[6]

二、公证的救济

公证的救济,是指公证的争议处理程序,包括公证书的复查程序和公证书内容争议的诉讼程序。这直接关系当事人的合法权益,因此,合理设置公证的救济程序显得尤为重要。

(一)公证书的复查

公证书的复查,是指公证机构根据当事人和公证事项利害关系人的申请,对出具的公证书的真实性、合法性以及公证书的内容是否完备、表述是否恰当等内容进行检查的制度。公证书的复查,是当事人在公证制度内对公证机构的行为进行监督,以维护自己合法权益的重要方式。

1. 申请复查

《公证程序规则》第61条规定,当事人认为公证书有错误的,可以在收到公证书之日起一年内,向出具该公证书的公证机构提出复查。

公证事项的利害关系人认为公证书有错误的,可以自知道或者应当知道该项公证之日起一年内向出具该公证书的公证机构提出复查,但能证明自己不知道的除外。提出复查的期限自公证书出具之日起最长不得超过二十年。

复查申请应当以书面形式提出,载明申请人认为公证书存在的错误及其理由,提出撤销或者更正公证书的具体要求,并提供相关证明材料。

2. 复查处理

公证机构收到复查申请后,应当指派原承办公证员之外的公证员进行复查。复查结论及处理意见,应当报公证机构的负责人审批。

公证机构进行复查,应当对申请人提出的公证书的错误及其理由进行审查、核实,区别不同情况,按照以下规定予以处理:(1)公证书的内容合法、正确、办理程序无误的,作出维持公证书的处理决定。(2)公证书的内容合法、正确,仅证词表述或者格式不当的,应当收回公证书,更正后重新发给当事人;不能收回的,另行出具补正公证书。(3)公证书的基本内容违法或者与事实不符的,应当作出撤销公证书的处理决定。(4)公证书的部分内容违法或者与事实不符的,可以出具补正公证书,撤销对违法或者与事实不符部分的证明内容;也可以收回公证书,对违法

[6] 刘疆:《大陆公证机构公证审查的范围及其所承担的民事责任》,载《中国公证》2015年第11期。

或者与事实不符的部分进行删除、更正后，重新发给当事人。(5)公证书的内容合法、正确，但在办理过程中有违反程序规定、缺乏必要手续的情形，应当补办缺漏的程序和手续；无法补办或者严重违反公证程序的，应当撤销公证书。

被撤销的公证书应当收回，并予以公告，该公证书自始无效。公证机构撤销公证书的，应当报地方公证协会备案。

(二)公证书内容争议的诉讼

《公证法》第40条规定，当事人、公证事项的利害关系人对公证书的内容有争议的，可以就该争议向人民法院提起民事诉讼。

当事人、公证事项的利害关系人有争议的公证书的内容一般为实体问题，既包括事实问题，也包括法律问题。如果当事人、利害关系人认为公证书的内容违法或者公证的内容与事实不符的，则应就该事项申请复查，要求公证机构撤销公证书，而不是向人民法院提起民事诉讼。

案 例

成都市金堂县农民杨世和，2006年9月初到成都市房地产交易中心办理户口方面的相关证明时，意外得知自己早在7年前就被成都市律政公证处公证为“死亡”。这份卷宗号为(99)蜀公证字第04668号继承权公证书上写道：“被继承人杨世和于一九九六年七月在成都市死亡”，“被继承人婚后无子女”，“被继承人杨世和的上述遗产由妻子严春英一人继承”。

杨世和先后结过两次婚，第一任妻子叫侯明芳，第二任妻子叫张淑芳；他有两个儿子。1996年5月他以金牛区白果林小区的一套自有房产作为抵押，向金堂县白果农村合作基金会贷款4万元。后来做小生意失败无法按时还贷，合作基金会就在1999年7月1日将抵押房产作价13万元卖给了严春英，当时双方签了《买卖房屋合同》，卖房所得除还贷外，杨世和得余款6万余元。

知道自己被公证“死亡”后，他找当年办理此公证的公证员、现成都市律政公证处副主任尹显伟理论，尹显伟提出“私了”，答应把房产的一半公证给他作为补偿，条件是“不撤销公证”。但这个方案遭到严春英的拒绝。

严春英说，当时购买二手房要缴税，找中介私下交易不用上税，是中介带她到公证处办理公证的，她给了尹显伟5000元钱作为报酬。她否认自己向公证处提供虚假证明材料。她说当时根本不知道公证材料的内容，公证员告诉她在哪里签字她就在哪里签字，她不知道公证材料中竟然把她公证成了杨世和的妻子，也不知道自己是“继承”了杨世和的房产，更不知道杨世和居然被公证成“死人”。

成都市律政公证处接到杨世和的投诉后立即进行查证，但是，这份公证的卷宗却不翼而飞，卷宗编号本上的原始记录也被人抠烂涂改。由于尹显伟否认此事，杨世和盛怒之下，对其挥起了拳头。就在尹显伟被打后不久，神秘失踪的公证卷宗却突然找到了，卷宗是尹显伟主动交出来的。

在公证卷宗中有“四川省金堂县精工铸造厂”1999 年 7 月 20 日出具《证明》：“我单位职工杨世和于一九九六年七月因车祸死亡，其妻是严春英。”杨世和一直没有固定工作，与“四川省金堂县精工铸造厂”没有任何关系。

该公证当年是由时任公证处主任签发的。

分析本案存在的问题。

复习题

一、概念

公证　遗嘱公证　提存公证　公证管辖　公证调解　公证效力　保全公证　执行证书　公证员　公证处　公证协会

二、思考

1. 什么是公证？公证具有哪些功能？
2. 公证的效力体现在哪些方面？
3. 我国公证管理体制的特征？
4. 公证的业务范围包括哪些？

司法考试试题

一、单项选择题

1. 关于公证制度和业务，下列哪一选项是正确的？（2016 年）

A. 依据统筹规划、合理布局设立的公证处，其名称中的字号不得与国内其他公证处的字号相同或者相近

B. 省级司法行政机关有权任命公证员并颁发公证员执业证书，变更执业公证处

C. 黄某委托其子代为办理房屋买卖手续，其住所地公证处可受理其委托公证的申请

D. 王某认为公证处为其父亲办理的放弃继承公证书错误，向该公证处提出复议的申请

【答案】 C

【考点】 公证处的设立、公证程序的相关规定。

2. 贡某立公证遗嘱：死后财产全部归长子贡文所有。贡文知悉后，自书遗嘱：贡某全部遗产归弟弟贡武，自己全部遗产归儿子贡小文。贡某随后在贡文遗嘱上书写：同意，但还是留10万元给贡小文。其后，贡文先于贡某死亡。关于遗嘱的效力，下列哪一选项是正确的？（2016年）

A. 贡某遗嘱已被其通过书面方式变更

B. 贡某遗嘱因贡文先死亡而不生效力

C. 贡文遗嘱被贡某修改的部分合法有效

D. 贡文遗嘱涉及处分贡某财产的部分有效

【答案】 B

【考点】 遗嘱的效力。

3. 关于我国公证的业务范围、办理程序和效力，下列哪一选项符合《公证法》的规定？（2015年）

A. 申请人向公证机关提出保全网上交易记录，公证机关以不属于公证事项为由拒绝

B. 自然人委托他人办理财产分割、赠与、收养关系公证的，公证机关不得拒绝

C. 因公证具有较强的法律效力，要求公证机关在办理公证业务时不能仅作形式审查

D. 法院发现当事人申请执行的公证债权文书确有错误的，应裁定不予执行并撤销该公证书

【答案】 C

【考点】 公证业务范围、公证的效力。

4. 老夫妇王冬与张霞有一子王希、一女王楠，王希婚后育有一子王小力。王冬和张霞曾约定，自家的门面房和住房属于王冬所有。2012年8月9日，王冬办理了公证遗嘱，确定门面房由张霞和王希共同继承。2013年7月10日，王冬将门面房卖给他人并办理了过户手续。2013年12月，王冬去世，不久王希也去世。关于住房和出售门面房价款的继承，下列哪一说法是错误的？（2015年）

A. 张霞有部分继承权

B. 王楠有部分继承权

C. 王小力有部分继承权

D. 王小力对住房有部分继承权、对出售门面房的价款有全部继承权

【答案】 D

【考点】 公证遗嘱的效力。

二、多项选择题

法律职业人员应自觉遵守回避制度，确保司法公正。关于法官、检察官、律师和公证员等四类法律职业人员的回避规定，下列哪些判断是正确的？（2015 年）

A. 与当事人（委托人）有近亲属关系，是法律职业人员共同的回避事由

B. 法律职业人员的回避，在其《职业道德基本准则》中均有明文规定

C. 法官和检察官均有任职回避的规定，公证员则无此要求

D. 不同于其他法律职业，律师回避要受到委托人意思的影响

【答案】 CD

【考点】 回避的主体。

—— 阅读文献 ——

1. 李勇：《公证价值与实务研究》，法律出版社 2016 年版。

2. [法]奥贝赫：《公证人之民事责任》（第 5 版），唐党译，上海人民出版社 2015 年版。

3. 刘懿彤：《德国公证的立法取向》，载《比较法研究》2008 年第 1 期。

4. 张卫平：《公证证明效力研究》，载《法学研究》2011 年第 1 期。

5. 王琪：《民族地区公证制度中的少数民族权益保障》，载《中央民族大学学报》（哲学社会科学版）2008 年第 4 期。

第八章　仲裁制度

内容提示

通过本章学习，掌握仲裁的特征；了解仲裁机构的设置情况、仲裁员的条件；掌握仲裁协议的内容、效力；了解仲裁的基本原则和基本制度；了解仲裁程序的运作过程；掌握仲裁的司法监督方式申请撤销仲裁裁决和不予执行仲裁裁决；了解涉外仲裁机构的概况，掌握涉外仲裁裁决的撤销、不予执行的情形；了解涉外仲裁裁决的承认和执行。

第一节　仲裁制度概述

一、仲裁的概念和特征

仲裁，是指在一个国家的法律许可或规定的范围内，双方当事人在纠纷发生前或纠纷发生后达成协议，自愿将纠纷交给仲裁机构解决的一种纠纷解决方式。从“仲裁”二字的字义上讲，“仲”字是指地位居中的意思，“裁”字是决定、判断的意思。由此可见，“仲裁”二字的基本含义是“居中公断”之意。[1]

仲裁作为解决当事人之间纠纷的一种民间性方法，现已被世界大多数国家法律予以确认，并成为诉讼外解决民商事纠纷最重要的一种法律手段。仲裁作为一种诉讼外解决民商事纠纷的重要方式，有以下主要特征：

（一）自愿性

采用仲裁方式解决当事人之间的纠纷，必须充分尊重双方当事人的意愿，即

〔1〕 宋朝武：《中国仲裁制度：问题与对策》，经济日报出版社2002年版，第1页。

当事人之间的纠纷是否提交仲裁，由谁仲裁，仲裁庭的组成以及仲裁的审理方式、开庭形式等都是在当事人自愿的基础上，由当事人协商确定的。

（二）中立性

根据各国立法通例，仲裁机构均属于民间组织，各仲裁机构之间不存在隶属关系，其对纠纷的仲裁权完全来自当事人双方的授权。双方当事人之所以同意把他们之间的纠纷提交共同选择的第三者居中进行公断，就是因为这种第三者能够公正裁决，不存在偏袒一方的行为，能够使纠纷的解决过程具有中立性。所以，许多重大国际间的经济贸易纠纷发生后，为防止不当的裁判行为，双方当事人往往要求把纠纷提交给与双方都没有任何联系的国家的仲裁机构进行仲裁。同时，仲裁机构独立于行政机构，仲裁机构之间也无隶属关系。在仲裁过程中，仲裁庭独立进行仲裁，不受任何机关、社会团体和个人的干涉，亦不受仲裁机构的干涉，显示出最大的独立性。

（三）专业性

采用仲裁方式解决纠纷的范围涉及民事、商事纠纷，这些纠纷的内容不仅涉及法律的适用，而且还包括机械工程、医药卫生、电力通讯、国际贸易、交通运输等各个领域中专业技术问题。因此，要想查明与正确处理这些纠纷不仅需要精通法律知识，更需要借助各种专业知识。仲裁机构都备有由各个专业的专家组成的仲裁员名单供当事人进行选择，专家仲裁因此成为民商事仲裁的重要特点之一。

（四）灵活性

当事人之间发生纠纷后，往往都希望能够通过较为简便的方法，使纠纷得到迅速解决。而仲裁与诉讼相比就具有这一特征。如仲裁可以由当事人选择仲裁机构、仲裁员、仲裁程序，仲裁不公开审理，仲裁实行一裁终局制度等。因此，与诉讼相比，仲裁更加灵活，更有弹性。

（五）保密性

仲裁以不公开审理为原则。有关的仲裁法律和仲裁规则也同时规定了仲裁员及仲裁秘书人员的保密义务。因此当事人的商业秘密和贸易活动不会因仲裁活动而泄露。仲裁由此表现出极强的保密性。

（六）经济性

仲裁的经济性主要表现在：第一，仲裁实行一裁终局制，在时间上的快捷性使得仲裁所需费用相对较少；第二，仲裁无须多审级收费，使得仲裁费用往往低于诉讼费用；第三，仲裁的自愿性、保密性使当事人之间通常没有激烈的对抗，且商业秘密不必公之于众，对当事人之间今后的商业机会影响较小。

二、仲裁制度的历史沿革

仲裁制度起源于公元前 6 世纪的古希腊。早在奴隶制的古希腊和古罗马时代，著名的古罗马《十二铜表法》中就有多处关于仲裁的记载。[2] 那时的地中海沿岸一带，海上交通比较发达，商品经济有了相当的发展，商事纠纷随之增多。在解决纠纷的实践中，纠纷双方在自愿协商的情况下，共同委托大家都信赖、德高望重、办事公道、熟悉情况的第三人对纠纷进行居中裁判，这样，就逐步自发地形成了由纠纷双方当事人共同约请第三者居中裁决其纠纷的习惯，这就是早期的仲裁。

但仲裁作为一种法律制度形成于中世纪的意大利、英国和瑞典。公元 1347 年，在英国法中就有了关于仲裁的规定。14 世纪中叶，瑞典的某些地方性法规也承认仲裁是解决纠纷的合法途径。英国议会于 1697 年正式承认仲裁制度，并确立了仲裁制度的法律地位。进入 20 世纪以后，由于国家经济贸易的深化和扩大，仲裁制度普及于世界各国，许多国家纷纷制定或修改其仲裁立法，专门规定国际商事仲裁的有关问题，设立常设性仲裁机构。由于各国都有自己的一套仲裁法规和仲裁机构，在采用仲裁方式来解决国际经济贸易中产生的纠纷的过程中，经常产生许多问题。为了适应国际商事仲裁实践的需要，缓和各国仲裁立法的冲突，国际社会开始了统一各国仲裁立法的国际仲裁立法工作。于是 1922 年在国际联盟的主持下，有关国家在日内瓦签订了一项《仲裁条款议定书》。1927 年又签订了《关于执行外国仲裁裁决的国际公约》。1958 年在联合国主持下，有关国家于纽约订立了《承认及执行外国仲裁裁决的公约》。为推动各国仲裁立法的统一，1985 年联合国国际贸易法委员会主持制定了《国际商事仲裁示范法》。该示范法已被澳大利亚、加拿大、中国香港、中国澳门、美国的一些州等 40 个国家或地区采纳为本国或本地区的法律。

在我国，仲裁作为解决纠纷的有效方法也早已为人们认识和采用，但它作为

---

〔2〕 周枏：《罗马法原论》，商务印书馆 1994 年版，第 946 页。

一项法律制度在清末民初的北洋军阀时期才完全得到有关立法的确认。1949 年 10 月以后,中国分别建立了经济仲裁、劳动仲裁和涉外仲裁制度。我国的涉外仲裁制度是在中国国际贸易促进委员会(即中国国际商会)的推动下逐渐建立和完善起来的,该会分别于 1956 年和 1959 年设立了中国国际经济贸易仲裁委员会(其前身为对外贸易仲裁委员会)和中国海事仲裁委员会,这两个涉外仲裁机构基本上按国际惯例设立和运行,其在处理国际经济贸易和海事纠纷中发挥了不可替代的作用。

在仲裁法单独立法之前,我国并没有统一的仲裁立法和仲裁制度,国内仲裁制度主要是经济合同仲裁制度,1994 年以前,还有技术合同仲裁、著作权纠纷仲裁、房地产纠纷仲裁、消费纠纷仲裁等二十多种经济仲裁制度。1994 年 8 月 31 日,八届全国人大常委会第 9 次会议通过了《仲裁法》,从市场经济的开放性和统一性出发,从根本上改变了过去那种仲裁机构林立、仲裁程序混乱的状况,设立了统一的仲裁机构和仲裁程序。

三、仲裁制度的特征

我国《仲裁法》作为国家制定或认可的,规范仲裁法律关系主体的行为和调整仲裁法律关系的法律规范,具有以下特点:

1. 机构仲裁。根据《仲裁法》和最高人民法院仲裁法解释的规定,当事人订立仲裁协议时,应当选定某一常设的仲裁委员会,不能进行临时仲裁。对仲裁委员会没有约定或者约定不明确的,可以补充协议,如果达不成补充协议,又无法推定出具体的仲裁机构的,仲裁协议无效。

在我国,当事人只能选择机构仲裁的方式,但对于涉外案件,当事人可在合同中约定或争议发生后约定,由国外的临时仲裁机构或非常设仲裁机构仲裁的,我国原则上应当承认该仲裁条款的效力,法院不得再受理当事人的起诉。

2. 对涉外仲裁进行特别规定。《仲裁法》基于涉外仲裁自身的特点,用专章对涉外仲裁的特定事项作出了特别规定,包括涉外仲裁机构的设立、仲裁员资格、采取保全措施的法院、涉外仲裁裁决的撤销、不予执行等。

3. 仲裁和调解相结合。《仲裁法》明确规定,仲裁庭在作出裁决前,可以先行调解。当事人自愿调解的,仲裁庭应当调解,调解不成的,仲裁庭应当及时作出裁决。调解达成协议的,仲裁庭应当制作调解书或者根据协议的结果制作裁决书。调解书与裁决书具有同等的法律效力。这表明仲裁程序和调解程序的有机结合是我国仲裁的显著特点。

第二节 仲裁机构、仲裁员和仲裁委员会

一、仲裁机构

仲裁机构是指依据当事人之间的有效仲裁协议解决其民商事争议的民间组织。仲裁机构审理案件的管辖权主要来源于当事人的选择和授权。根据仲裁机构的组织形式不同,仲裁机构划分为临时仲裁机构和常设机构仲裁。

(一)临时仲裁机构

临时仲裁机构,也称特别仲裁机构或随意仲裁机构,不由任何已经设立的仲裁机构进行正规管理,而是由当事人双方根据仲裁协议所选任的仲裁员即时组成的、负责审理当事人之间的争议事项,在审理终结作出裁决后即解散的仲裁组织。

一般而言,早期的仲裁机构多为临时性仲裁机构,到19世纪中期常设仲裁机构出现之前,临时仲裁机构一直是唯一的仲裁组织形式。[3] 临时仲裁机构的特点主要表现在以下方面:

1. 充分体现当事人的意思自治,具有更强的灵活性。临时仲裁中,仲裁程序的每一个环节都由双方当事人保持完全的控制。关于具体仲裁事项的处理方法、程序均由争议双方根据实际情况的需要灵活确定,具有较大的弹性,如当事人可以自由指定仲裁员或者确定仲裁员的指定方式,选择仲裁地点,可以参与制定或者选择确定已有的仲裁规则。

2. 能提高仲裁效率,节省开支。由于临时仲裁程序灵活,当事人自主性强,可以免除各种机构的内部程序的时限,因此处理案件更快捷、更高效,也更经济。临时仲裁机构没有行政管理人员,仲裁庭的仲裁员同时又是仲裁机构的行政管理人员,案件的受理、通知、仲裁文书的送达等都由仲裁员自己完成,因此,当事人选择临时仲裁会更节省费用。

3. 有利于维持当事人的商业信誉和良好的合作关系。临时仲裁既没有仲裁机构和相关人员的参与,当事人又可以约定限制仲裁员对外透露仲裁的机会,因此更有利于维护当事人的商业信誉。

---

〔3〕 罗楚湘:《英国仲裁法研究》,武汉大学出版社2012年版,第34~36页。

目前,在国际民商事争议的解决中,临时仲裁机构仍然占有非常重要的地位。特别是国家作为仲裁一方当事人时,他们往往不愿意受常设性仲裁机构权力的约束,更愿意选择临时仲裁机构裁断有关纠纷。

临时仲裁也存在一定的缺陷。由于主要程序事项取决于当事人的意愿,对仲裁员的素质要求较高,仲裁裁决相对不易于为他国承认和执行,因此,许多国家对临时仲裁存在诸多顾虑,还未正式承认临时仲裁机构及其作出的裁决。2017 年 3 月珠海市横琴新区管委会和珠海仲裁委员会正式发布了《横琴自由贸易试验区临时仲裁规则》。

(二)常设仲裁机构

常设仲裁机构,也称机构仲裁,是指依据国际条约或一国国内立法所成立的,有固定的名称、地址、组织形式、组织章程、仲裁规则和仲裁员名单,并具有完整的办事机构和健全的行政管理制度,用以处理民商事法律争议的仲裁机构。当前,常设仲裁机构在地域范围内几乎遍及世界所有国家。

最初的仲裁组织形式是临时仲裁。但随着经济交往的国际化,纠纷出现了涉及面广、案情复杂、需要完善的行政机构来专门管理案件的要求。[4] 设有常设仲裁机构的仲裁形式应时而生。1841 年,英国利物浦棉花公会成立。1863 年该公会草拟了一个包含仲裁条款的格式合同,要求将可能发生的争议提交公会主持下的仲裁机构解决。其他行业纷纷效仿,将争议提交常设仲裁机构解决。其他国家也效仿成立了常设仲裁机构,如德国等。[5]

常设仲裁机构的优点主要体现在以下方面:第一,常设仲裁机构一般都有比较完善的仲裁规则,当事人在订立仲裁协议时可以直接引用,不必自己制定仲裁程序规则;第二,常设仲裁机构一般都备有仲裁员名单,仲裁员通常都是相关领域的专家,并且经仲裁机构进行过一定的考核,为当事人选任仲裁员提供了方便;第三,常设仲裁机构一般都设有秘书处,提供与仲裁有关的管理和服务,保证仲裁程序的顺利进行。当然常设仲裁机构也有自己的不足之处,如有严格的程序规则,缺乏一定的灵活性,可能会发生仲裁程序的拖延。

二、仲裁员

仲裁员,是处理仲裁案件的主持者和裁判者,也是仲裁机构不可缺少的组成

---

〔4〕 张美红:《国际商事仲裁程序"非国内化"研究》,上海人民出版社 2014 年版,第 117 页。

〔5〕 李双元、谢石松:《国际民事诉讼法概论》,武汉大学出版社 2001 年版,第 501 页。

部分。广义仲裁员,是指符合仲裁法规定的仲裁员任职资格,并为仲裁机构聘任、列入仲裁员名册的人。狭义仲裁员,是指被纠纷当事人选定或被依法指定,对具体仲裁案件进行审理并作出裁决的人。

(一)仲裁员的条件

我国《仲裁法》第13条规定了仲裁员的条件:(1)从事仲裁工作满8年;(2)从事律师工作满8年;(3)曾任审判员满8年;(4)从事法律研究、教学工作并具有高级职称;(5)具有法律知识、从事经济贸易等专业工作并具有高级职称或者具有同等专业水平。

对于国家公务员及参照实行国家公务员制度的机关工作人员,如果符合《仲裁法》第13条规定的条件,并经所在单位同意,可以受聘为仲裁员,但不得因从事仲裁工作影响本职工作。

可见,我国《仲裁法》对仲裁员资格条件的规定是相当严格的,为仲裁的公正性、效益性提供了保障。此外,仲裁委员应当按照不同专业设置仲裁员名单,以便当事人选择仲裁员。

(二)仲裁员的确定

选择仲裁员是当事人的权利,仲裁委员会受理仲裁申请后,应当在仲裁规则规定的时间内将仲裁员名册送达申请人和被申请人。当事人有权选择是由3名仲裁员组成仲裁庭,还是由1名仲裁员组成仲裁庭。由3名仲裁员组成仲裁庭,当事人应当各自选定或者委托仲裁委员会主任指定1名仲裁员,由当事人共同选定或者共同委托仲裁委员会主任指定1名仲裁员任首席仲裁员。由1名仲裁员成立仲裁庭的,应当由当事人共同选定或共同委托仲裁委员会主任指定。

(三)仲裁员的回避

仲裁员的回避,是指承办本案的仲裁员遇有法律规定的回避情形时,退出对该案的仲裁活动的行为。《仲裁法》第34条规定,仲裁员有下列情形之一的,必须回避,当事人也有权提出回避申请:(1)是本案当事人或者当事人、代理人的近亲属;(2)与本案有利害关系;(3)与本案当事人、代理人有其他关系,可能影响公正仲裁的;(4)私自会见当事人、代理人,或者接受当事人、代理人的请客送礼的。

仲裁委员会主任就仲裁员是否回避作出决定前,被申请回避的仲裁员应当继续履行职责。如仲裁员因回避不能履行职责时,双方当事人应依照仲裁法的规定重新选定或委托仲裁委员会主任重新指定替代仲裁员。

三、仲裁委员会

我国《仲裁法》只规定了常设性仲裁机构，称为仲裁委员会。它是依法成立的，依据当事人之间自愿达成的仲裁协议受理争议案件的常设性仲裁机构。

（一）仲裁委员会的设立

根据《仲裁法》第10条第1款规定，仲裁委员会可以在直辖市和省、自治区人民政府所在地的市设立，也可以根据需要在其他设区的市设立，不按行政区划层层设立。

设立仲裁委员会应具备以下条件：（1）有自己的名称、住所和章程；（2）有必要的财产；（3）有该委员会的组成人员；（4）有聘任的仲裁员。

设立仲裁委员会除了要符合法定条件外，还必须按照法定程序进行登记。根据《仲裁法》第10条及国务院发布的《仲裁委员会登记暂行办法》，仲裁委员会应当向登记机关（即省、自治区、直辖市的司法行政部门）办理设立登记；未经设立登记的，其仲裁裁决不具有法律效力。

（二）仲裁委员会的内部职能机构

1. 仲裁委员会的管理机构

仲裁委员会会议是仲裁委员会的管理机构，由仲裁委员会全体人员组成，由主任或者主任委托的副主任主持，每次会议须有2/3的组成人员出席方能举行。修改章程或者对仲裁委员会作出解散决议，须经全体组成人员的2/3以上通过，其他决议须出席会议组成人员的2/3以上通过。

2. 仲裁委员会的办事机构

仲裁委员会下设办事机构，即秘书处，设秘书长1人，负责办事机构的日常工作。秘书长可以由驻会专职组成人员兼任。仲裁委员会应当在仲裁委员会组成人员的驻会专职人员中，决定1人任秘书长，然后根据工作的需要，本着精简、高效的原则，决定办事机构的设置和工作人员的聘任。办事机构工作人员应具备良好的思想品质、业务素质，择优聘用。

3. 专家咨询委员会

仲裁委员会可以根据需要设立专家咨询机构，为仲裁委员会和仲裁员提供对疑难问题的咨询意见。专家咨询机构设负责人1名，由仲裁委员会副主任兼任。

负责人的人选由仲裁委员会会议决定。

四、仲裁协会

仲裁协会是仲裁行业协会的简称，是以仲裁机构和仲裁员为其成员的自律性行业管理组织。根据我国《仲裁法》第15条的规定，中国仲裁协会的性质可以从两个方面来理解。对外而言，中国仲裁协会是社会团体法人，设立中国仲裁协会必须依照《社会团体登记管理条例》的规定到民政部门办理法人登记手续。对内而言，中国仲裁协会是仲裁委员会的自律性组织，作为仲裁行业管理机构，其民间性是非常明确的。中国仲裁协会依法独立行使法律赋予的权力，履行法律规定的各种职能。

中国仲裁协会实行会员制。各仲裁委员会，包括国内仲裁委员会和涉外仲裁委员会，是中国仲裁协会的当然会员。除团体会员以外，中国仲裁协会也可以在一定条件下吸收个人会员。

中国仲裁协会的职能主要有以下两个方面：(1)根据章程对各仲裁委员会及其组成人员、仲裁员的违纪行为进行监督；(2)依照《仲裁法》和《民事诉讼法》的有关规定制定全国统一适用的仲裁规则。

另外，中国仲裁协会还应积极指导、协调全国各地仲裁委员会的工作；定期组织仲裁员培训和交流仲裁经验；组织对于实践中出现的仲裁问题进行研究与探讨；建立和加强与其他国家仲裁界的联系和交往，维护仲裁委员会及仲裁员的合法权益。

第三节 仲裁协议

一、仲裁协议的概念和特点

仲裁协议，是指双方当事人根据意思自治的原则，以书面的方式，将他们之间已经发生的或可能发生的合同争议以及其他财产权益争议，提交仲裁解决的共同约定。我国《仲裁法》第4条明确规定："当事人采用仲裁方式解决纠纷，应当双方自愿，达成仲裁协议。没有仲裁协议，一方申请仲裁的，仲裁委员会不予受理。"所以说仲裁协议是仲裁制度的基石。仲裁协议，既是当事人将争议提交仲裁的依据，又是仲裁机构取得案件管辖权并排除法院管辖权的依据。换言之，没有仲裁

协议,就没有现代的商事仲裁。与一般的民商事合同相比,仲裁协议具有以下特征:

1. 仲裁协议的书面性。一般合同的形式有书面和口头两种,而仲裁协议具有要式性,要求采用书面形式。

2. 仲裁协议的独立性。仲裁协议是独立于主合同之外的独立的仲裁协议,故不受主合同效力的影响。具体而言,主合同的无效并不导致仲裁协议无效。因为主合同规定当事人的实体权利和义务,由实体法调整;而仲裁协议不直接规定当事人之间的实体权利义务,而是规定一种解决争议的方式,属于程序性规定,由程序法调整。

3. 仲裁协议的条件性。仲裁协议签订后即对当事人产生约束力,当仲裁协议约定的事项发生争议且无法自行解决时,任何一方当事人均可依据仲裁协议申请仲裁。履行仲裁协议的条件,就是约定的仲裁事项发生争议。否则不必履行仲裁协议,也不会引起仲裁的发生。

4. 仲裁协议的同一性。仲裁协议当事人的权利义务具有同一性。在大多数的民事合同中,由于交易双方以互利、共赢为目的,因而他们之间的权利和义务具有对等性,往往一方当事人的权利就是另一方当事人的义务,反之亦然。但在仲裁协议中,当事人拥有共同追求的目标,因而当事人具有同样的权利和义务。当发生争议时,双方当事人均有权向仲裁机构申请仲裁。

5. 仲裁协议的约束性。一般合同生效后,对双方当事人具有约束力。而仲裁协议的约束力表现为:一是约束双方当事人,即任何一方当事人不得就协议仲裁的事项向法院提起诉讼;二是约束法院,即法院不得受理当事人有仲裁协议的争议;三是对仲裁庭的约束,即仲裁庭只能在仲裁协议约定的事项内进行裁决。

二、仲裁协议的类型

一项有效的仲裁协议,必须具有合法的形式。根据我国仲裁法的规定以及仲裁理论和实践的内容,仲裁协议有以下几种的类型。

(一)仲裁条款

仲裁条款,是指双方当事人在合同当中订立的,旨在表达对于未来可能发生的有关合同的争议,提交仲裁解决所作出约定,是合同的组成部分。仲裁条款是仲裁实践中最常见的仲裁协议的形式。它订立于争议发生前,存在于合同当中,但与合同其他条款的性质和效力不同。另外,双方当事人在补充合同中为仲裁意思表示进行的修改和补充，也视为合同中仲裁条款的一部分。

(二)仲裁协议书

仲裁协议书，是指双方当事人在争议发生之前或之后，在自愿的基础上订立的，同意将争议提交仲裁的书面协议。仲裁协议书在形式上是独立的契约，不受原合同内容或事项的约束，具有更大的独立性。

与仲裁条款相比，仲裁协议书的内容更为详尽，可能是对仲裁条款的补充或修订，也可能是为解决争议而专门订立的。虽然有的国家规定，仲裁协议书只能适用于已经发生的争议，但大多数国家没有限制，我国亦无限制。[6] 此外，仲裁协议书不仅适用于合同争议，而且适用于其他财产权益争议。对于其他财产权益争议，当事人如果想仲裁，签订仲裁协议为最佳方式。

(三)其他书面文件中包含的仲裁协议

其他书面文件中包含的仲裁协议，是指仲裁条款、仲裁协议书以外的，双方当事人对争议同意仲裁的书面文件。具体指双方当事人以合同书、信件和数据电文(包括电报、电传、传真、电子数据交换及电子邮件)等形式达成的请求仲裁的协议。

这种仲裁协议与前两类相比，一是其具有灵活性，它可以存在于争议发生的前、后，甚至产生于争议发生的过程；二是其具有必然性，它一般不集中表现于某一分文件中，可能是来来往往的多份文件，这就有了其存在的客观必然性。经济发展使贸易的范围不断扩大，空间上的距离造成人们共同协商、签署协议等方面的不便，但通讯技术、电子商务解决了这一难题，为人们架起了沟通世界的桥梁。

(四)适用其他仲裁条款或仲裁规定

除了上述三种类型的仲裁协议，在实践中，我们还要把握最高人民法院关于《仲裁法解释》第 11 条的相关规定，即“合同约定解决争议适用其他合同、文件中的有效仲裁条款的，发生合同争议时，当事人应当按照该仲裁条款提请仲裁。涉外合同应当适用的有关国际条约中有仲裁规定的，发生合同争议时，当事人应当按照国际条约中的仲裁规定提请仲裁”。

---

〔6〕 王克玉：《国际商事仲裁协议法律选择的逻辑透视》，载《法学》2015 年第 6 期。

三、仲裁协议的内容

仲裁协议必须具备以下三方面的内容：

（一）请求仲裁的意思表示

仲裁协议的首要内容是请求仲裁的意思表示，应当包括以下三层意思：

1. 请求仲裁必须是双方当事人共同的意思表示，无论是明示还是默示，而不是一方当事人的意思表示。

2. 请求仲裁必须是双方当事人协商一致后真实的意思表示，而不是在外界或一方当事人的欺骗、胁迫情况下的虚假意思表示。

3. 请求仲裁必须是有利害关系的当事人之间的意思表示，而不是其他任何人的意思表示。

（二）仲裁事项

仲裁事项，是指当事人提交仲裁的具体争议事项。仲裁事项可分为概括的仲裁事项和具体的仲裁事项。

仲裁事项是《仲裁法》明确规定的内容，没有约定的仲裁事项，就无法进行仲裁活动。仲裁协议中约定的仲裁事项，应具备两方面的条件：其一，争议的事项具有可裁性，即争议事项属于仲裁法的适用范围；其二，仲裁事项具有明确性，即争议事项是明确的，这样才便于仲裁庭进行裁决。

（三）选定的仲裁委员会

仲裁委员会是受理仲裁案件的机构。仲裁没有法定管辖的规定，仲裁委员会是由当事人自主选定的。如果没有选定的仲裁委员会，仲裁协议则无法实施。

在我国，仲裁委员会是常设仲裁机构，当事人在仲裁协议中，应当明确仲裁机构的名称，如北京仲裁委员会、西安仲裁委员会等。在实践中，有些当事人约定的仲裁机构不够明确，但只要据此能够确定某个具体仲裁机构的，通常被认定为选定了仲裁机构。对于仲裁机构没有约定或约定不明的，当事人可以补充协议加以明确；对选择仲裁机构达不成协议的，仲裁协议归于无效。

四、仲裁协议的效力

(一)仲裁协议的法律效力

仲裁协议的效力,是指仲裁协议具有的法律约束力,主要包括以下三方面:

1. 仲裁协议对当事人的约束力是妨碍起诉权。发生仲裁事项的纠纷后,双方当事人只能依据仲裁协议向所选择的仲裁机构申请仲裁,丧失了就该纠纷向法院起诉的权利。

2. 仲裁协议对仲裁机构的约束力是授权并限定仲裁的范围。有效的仲裁协议对仲裁机构的约束力有以下三个方面的表现:第一,对仲裁机构予以授权。仲裁协议是仲裁机构受理仲裁案件的基础,没有仲裁协议就没有仲裁活动的发生。第二,对仲裁范围予以限制。仲裁范围即仲裁机构审理案件的范围仅限于当事人在仲裁协议中约定的仲裁事项,仲裁机构无权超越当事人的约定进行裁决。第三,对仲裁裁决效力予以保证。仲裁机构只有依据有效的仲裁协议作出的裁决,才能产生法律效力,才能对当事人有约束力。

3. 仲裁协议对法院的约束力是排斥司法管辖权。仲裁协议对法院的约束力表现为:第一,排除了法院的司法管辖权。有效的仲裁协议可以排除法院对当事人约定的仲裁事项的司法管辖权,这是各国仲裁普遍遵行的准则。第二,是保证仲裁裁决具有强制执行力的依据。

(二)仲裁协议效力的确认机构

当事人对仲裁协议的效力有异议的,应当在首次开庭前提出。在我国,有权认定仲裁协议效力的机构主要是仲裁机构和受诉法院。

1. 仲裁机构

仲裁协议是仲裁机构取得仲裁权的前提,仲裁协议是否有效,关系到仲裁裁决是否有效。为了避免无效的仲裁协议带来无效的仲裁裁决之后果,《仲裁法》规定,仲裁机构有权对仲裁协议的效力进行确认,只有被确认为有效的仲裁协议后,仲裁机构才能据此对案件进行审理并依法作出裁决。

2. 受诉法院

双方当事人已经达成仲裁协议的,如果一方当事人对仲裁协议有异议向法院起诉,受诉法院有权确认该仲裁协议的效力。如果受诉法院查明该仲裁协议是无效的,即可受理此案;反之,则不能受理,应当告知当事人向有管辖权的仲裁机构申请仲裁。

一方当事人请求仲裁委员会作出决定，另一方请求人民法院作出裁定的，由人民法院裁定。

(三)仲裁协议的无效和失效

1. 仲裁协议无效的法定情形

仲裁协议的无效，是指仲裁协议因不具备法定有效条件而自始未产生法律效力。有下列情形之一的，仲裁协议无效：(1)以口头方式订立的仲裁协议；(2)约定的仲裁事项超出法律规定的仲裁范围的；(3)无民事行为能力人或限制民事行为能力人订立的仲裁协议；(4)一方采取胁迫手段，迫使对方订立仲裁协议的；(5)仲裁协议对仲裁事项没有约定或者约定不明确，或者仲裁协议对仲裁委员会没有约定或者约定不明确，当事人对此达不成补充协议的，仲裁协议无效。

2. 仲裁协议的失效

仲裁协议的失效，是指有效的仲裁协议因发生了特定的事由，而丧失了原有的法律效力。仲裁协议的失效与仲裁协议的无效有着本质区别：前者属于有效的仲裁协议，是在出现特定事由后丧失了原有的效力；而后者是因为缺乏法律规定的某一要件而无效，且自始至终都是无效的协议。仲裁协议失效的情形包括以下几种：(1)基于仲裁协议作出的仲裁裁决被当事人自觉履行或者被法院强制执行；(2)当事人协商放弃原先订立的仲裁协议；(3)仲裁裁决被法院裁定撤销或裁定不予执行；(4)附期限的仲裁协议期限届满。

第四节 仲裁原则和仲裁制度

一、仲裁的基本原则

仲裁的基本原则，是指在整个仲裁活动中，仲裁组织和仲裁参与人必须严格遵守的行为准则。它是在整个仲裁活动中起指导作用的准则，贯穿于仲裁活动的全过程，体现在仲裁活动的各个方面，是仲裁法指导思想在仲裁制度和程序中的体现。

(一)自愿原则

自愿原则是仲裁制度中一个最基本的原则，它在整个仲裁活动中起着主导作

用,是仲裁制度赖以存在的基石。自愿原则在仲裁制度中主要表现在以下几个方面:

1. 采用仲裁方式解决纠纷,必须在双方当事人自愿的基础上进行。仲裁机构受理案件的权限来源于双方当事人的共同授权,即自愿达成的有效仲裁协议。

2. 对纠纷进行裁决的仲裁机构由双方当事人协商选定。当事人向哪个仲裁机构申请仲裁,完全由双方当事人协商选定,不受当事人住所地、纠纷发生地、争议标的额的多少等约束和限制,真正体现双方当事人自愿。

3. 仲裁庭的组成形式和仲裁员由双方当事人自主选择。

4. 请求仲裁的争议事项,由双方当事人自主选定。当事人在纠纷发生前后,哪些争议事项提交仲裁解决,完全由双方当事人共同协商确定。

5. 开庭审理仲裁案件的方式,可以由双方当事人共同选择。仲裁应当开庭进行,当事人协议不开庭的,仲裁庭可以根据仲裁申请书、答辩书以及其他材料作出裁决;仲裁不公开进行,当事人协议公开的,可以公开进行,但涉及国家秘密的除外。另外,在涉外仲裁中,还允许当事人双方协议选择仲裁规则及实体法。

实行自愿原则是仲裁制度的基本特点,也是国际上的通行做法。这一原则能在尊重当事人意愿的基础上充分维护当事人的合法权益,公平及时地解决纠纷。

(二)公平合理原则

公平合理原则,是指在整个仲裁活动中,仲裁庭必须保持中立,平等对待双方当事人,依据事实公平合理地对纠纷作出裁决。《仲裁法》第 7 条规定:"仲裁应当根据事实,符合法律规定,公平合理地解决纠纷。"这是公正处理民商事纠纷的根本保障,是解决当事人之间的争议所应依据的基本原则。以事实为根据,以法律为准绳,是实现公平合理原则的必要前提。事实清楚是进行仲裁活动的根本保障,只有在查清全部案件事实的基础上,正确适用法律规定才能公平合理地确认双方当事人之间的权利义务关系,公正地作出裁决。

为了保证仲裁活动的公正进行,在仲裁过程中,仲裁员必须充分保障各方当事人都能平等地行使自己的权利,不因当事人社会地位、经济状况不同而有所区别。为了保证仲裁能公正的进行,仲裁法规定了回避制度,以避免仲裁中出现不公正情况。

(三)仲裁独立原则

仲裁独立,是指仲裁机构在处理仲裁案件时,严格依法进行,独立行使仲裁权,不受行政机关、社会团体和个人的干涉。这是法律赋予仲裁机构和仲裁员的权利。《仲裁法》第 8 条、第 14 条规定,仲裁依法独立进行,不受行政机关、社会团体和个人的干涉;仲裁委员会独立于行政机关,与行政机关没有隶属关系。这一原则包含两层含义:

1. 仲裁独立于行政。仲裁独立于行政体现在以下几个方面:第一,仲裁法规定仲裁机构独立于行政,不是国家行政机构的一个职能部门。仲裁机构不是按行政区域层层设置的,而是大中城市根据需要与条件是否具备来设置。各仲裁机构之间既没有级别之分,也没有隶属关系,各自独立。第二,中国仲裁协会属仲裁委员会的自律性组织,属社会团体法人,与各仲裁委员会之间不是行政意义上的领导与被领导的关系,仲裁协会不能干涉或参与仲裁委员会的仲裁活动。第三,仲裁员是从从事过仲裁、律师、审判员、法律研究和教学工作及具有法律知识、从事经济贸易工作的人员中聘任的,不具有行政人员的色彩。

2. 仲裁庭独立行使仲裁权。仲裁庭在整个仲裁活动中,完全与仲裁委员会相互独立,不受仲裁委员会的领导,独立行使仲裁权。仲裁庭在处理仲裁案件时,完全以仲裁员个人意愿作出各种决定和仲裁裁决。

二、仲裁的基本制度

仲裁的基本制度,是指在仲裁程序的重要环节或重要问题上起指导作用的准则,如对仲裁机构、仲裁参与人进行仲裁活动的基本规程。

(一)协议仲裁制度

协议仲裁制度,是仲裁自愿原则的具体体现,也是整个仲裁活动进行的基础与保证。一方面,当事人必须以双方达成的仲裁协议为基础来请求仲裁庭裁决。即采用仲裁方式解决纠纷,应当双方自愿达成仲裁协议。没有仲裁协议,一方申请仲裁的,仲裁委员会不予受理。另一方面,仲裁庭对案件的审理和裁决,必须依照有效的仲裁协议。即仲裁机构受理案件,基本条件是双方当事人之间有仲裁协议,也就是说,仲裁协议是仲裁机构受理案件的依据,是仲裁机构行使管辖权的前提。因为仲裁机构属民间性组织,它对纠纷的处理不带有国家意志的属性,其对案件的管辖权不具有法定的、强制性的特征,其只能来自双方当事人的共同授权,即有效的书面仲裁协议。协议仲裁制度是国际上通行的做法,也是现代仲裁制度的基石。

（二）或裁或审制度

或裁或审制度，是指当事人有权选择仲裁或诉讼两者中的任何一种方式解决纠纷的制度。《仲裁法》第5条规定，当事人达成仲裁协议，一方向人民法院起诉的，人民法院不予受理，但仲裁协议无效的除外。这一规定表明，当事人双方达成仲裁协议的，只能将纠纷提交仲裁解决，而不能向人民法院起诉。因为仲裁是双方当事人自愿选择的处理纠纷的方式，对双方当事人都具有约束力，人民法院应尊重当事人选择的处理纠纷的方式，如果双方当事人之间对争议事项已合意达成仲裁协议，就不应再受理有仲裁协议的起诉。因为当事人之间签订的仲裁协议，排除了人民法院对纠纷的管辖权。但是如果一方当事人在未达成仲裁协议的前提下向仲裁机构提出仲裁申请，仲裁机构也不能受理没有仲裁协议的争议。可见，当事人之间发生纠纷后，如果将纠纷提交仲裁解决，必须有仲裁协议，如果没有仲裁协议，只能向人民法院起诉，仲裁机构不受理没有仲裁协议的仲裁申请，而人民法院也不受理有仲裁协议的起诉，这就是我国《仲裁法》规定的或裁或审制度。

（三）一裁终局制度

一裁终局制度，是指仲裁庭就仲裁案件作出裁决后，该裁决即发生法律效力，任何一方当事人都不能就同一纠纷向人民法院起诉，或再向仲裁机构申请仲裁的制度。《仲裁法》第9条规定，仲裁实行一裁终局的制度。裁决作出后，当事人就同一纠纷再申请仲裁或者向人民法院起诉的，仲裁委员会或人民法院不予受理。

在仲裁活动中，实行"一裁终局"制度，不仅极大地树立了仲裁机构的威信，而且也使仲裁定时、方便、快捷和节省费用、时间的优势得到充分的发挥，对维护当事人的合法权益，稳定社会经济秩序，促进我国社会主义经济建设都具有积极作用。

"一裁终局"是世界各国仲裁法普遍公认的制度，我国仲裁法确立一裁终局制度，改变了过去一裁两审的体制，使我国的仲裁制度与国际仲裁制度相一致。但是，仲裁裁决的终局性不是绝对的，[7] 虽然各国立法对仲裁的终局性普遍承认，但均未放弃对裁决的司法审查权，只是在赋予法院的司法审查权的范围上有所不

---

〔7〕 邓建民、曾青：《仲裁程序若干问题研究》，民族出版社2014年版，第147～148页。

同。[8] 我国《仲裁法》第 9 条第 2 款规定："裁决被人民法院依法裁定撤销或者不予执行的，当事人就该纠纷可以根据双方重新达成的仲裁协议申请仲裁，也可以向人民法院起诉。"

第五节 仲裁程序

一、仲裁财产保全制度

（一）仲裁财产保全的概念

仲裁财产保全是指为了防止出现裁决不能执行或者难以执行的情况，根据当事人的申请，由法院对争议的标的或当事人的财产采取一定的强制措施，限制其对财产进行处分或转移的一项法律制度。虽然财产保全仅是一个临时措施，但是对于最终落实权利人的权利、保证仲裁裁决的实现，保护当事人的合法权益具有重要的意义。

（二）仲裁财产保全的种类

根据财产保全提起的时间不同分仲裁前财产保全和仲裁中财产保全两种。2012 年的《民事诉讼法》，在原有仲裁中财产保全的基础上增加了仲裁前保全制度。相较于诉前财产保全，仲裁前财产保全更具有现实意义。因为目前司法实践对于诉讼保全的做法是，立案后不预先通知被告立案事宜，在保全完成后才会通知被告，以便防止通知立案后发生隐匿、转移财产的情况。加之诉讼立案程序的形式性审查，法院内部案件流转协调流畅，紧急的诉讼财产保全也能够很快得到处理，所以诉前财产保全的优势并不突出，很多情况下诉前财产保全直接被诉讼财产保全吸收。而仲裁中财产保全隐藏的一个问题就是，仲裁立案后仲裁机构一般就通知对方当事人，而不是等保全完成以后，这就直接影响了保全的效果。仲裁前财产保全制度，则很大程度上弥补了仲裁中财产保全的这一不足。

（三）我国仲裁财产保全的适用范围

《仲裁法》及《民事诉讼法》规定的仲裁财产保全仅直接适用于中国内地仲裁

---

[8] 何其生：《国际商事仲裁司法审查中的公共政策》，载《中国社会科学》2014 年第 7 期。

机构受理的国内仲裁和涉外仲裁。我国法律仅明确规定了法院对本国仲裁机构进行的仲裁依申请采取保全措施，而对外国仲裁机构的仲裁案件的当事人申请仲裁的事项未作规定，也未规定对于外国仲裁庭作出的临时保全措施的承认和执行。且《纽约公约》中亦无关于缔约国之间对于外国仲裁庭作出的临时保全措施的承认和执行的明确规定，所以遇有外国仲裁机构进行仲裁的案件当事人向中国法院申请保全时，或者申请中国法院执行外国仲裁机构作出的临时保全措施令时，由于难有法律依据而无法实现。

（四）仲裁财产保全适用的条件

财产保全制度是在争议各方的权责尚未明晰时，在特定的情况下，为了避免造成无法避免的损失而采取的临时措施，所以法律对于具体的适用条件作了明确的规定。2012 年《民事诉讼法》第 101 条规定“利害关系人因情况紧急，不立即申请保全将会使其合法权益受到难以弥补的损害的”，可以提出仲裁前财产保全，《仲裁法》则规定仲裁过程中，“因另一方当事人的行为或者其他原因，可能导致仲裁裁决不能执行或者难以执行”的可申请财产保全。但是在实践中要在仲裁程序完成前证明上述的前提条件成立基本上是不现实的，所以上述条件一般作为申请人提起保全申请的理由陈述，法院在裁定是否予以保全时，在申请人提供了相应担保的情况下，一般不会对此项条件进行实质性审查。

（五）有权决定和实施仲裁财产保全的机构

在我国有权决定和实施仲裁财产保全的机构是法院，仲裁机构本身不具有决定和实施财产保全的权力。根据 2012 年《民事诉讼法》第 101 条、《关于实施〈中华人民共和国仲裁法〉几个问题的通知》以及《执行规定》第 11、12 条的规定，无论是仲裁前财产保全还是仲裁过程中的财产保全，财产保全均由财产所在地或者被申请人住所地的人民法院管辖，且涉及国内仲裁由基层法院管辖，涉外仲裁由中级人民法院管辖。

二、仲裁庭的组成

（一）仲裁庭的概念与特征

仲裁庭是指由当事人选定或者仲裁委员会主任指定的仲裁员组成的、对当事人申请仲裁的案件按照仲裁程序进行审理并作出裁决的组织形式。仲裁庭是仲裁权的主体，它既独立于仲裁机构，也独立于行政机构、司法机构和其他一切社会团体。

仲裁庭的特征包括：

1. 仲裁庭始终依照以事实为根据、以法律为准绳的原则，独立、公正、公平合理地解决当事人之间的争议，不受行政机关、社会团体和个人的干涉。

2. 仲裁庭不是常设机构，是为办理具体案件而设置的一种临时组织形式，案件裁决终结，仲裁庭就自动终结。

（二）仲裁庭的组成形式

我国《仲裁法》第30条规定："仲裁庭可以由三名仲裁员或者一名仲裁员组成。由三名仲裁员组成的，设首席仲裁员。"由此可知我国的仲裁庭组成形式主要有两种：

1. 独任制仲裁庭

独任制仲裁庭是指由一名仲裁员组成仲裁庭对案件进行独任审理。采用独任庭形式的，仲裁员可以由双方当事人共同选定或者共同委托仲裁委员会主任指定。当事人没有在仲裁规则规定的期限内选定仲裁员的，由仲裁委员会主任依职权指定一名仲裁员负责仲裁案件的审理。由独任仲裁员审理案件，能够提高仲裁效率，有利于纠纷的迅速解决。但独任制仲裁庭也有其一定的弊端，即双方当事人往往很难找到一个双方都信赖的仲裁员，而且因为仲裁员本身素质的不同、业务水平的高低都会影响到案件的公正裁决。

2. 合议制仲裁庭

合议制仲裁庭是指由三名仲裁员组成的合议庭。合议制仲裁庭以合议的方式集体对案件进行审理和裁决。合议制仲裁庭在三名仲裁员中设一名首席仲裁员，由首席仲裁员支持和指挥整个仲裁庭的各项活动。首席仲裁员除了负责为举行仲裁会议决定适当的时间和地点、安排传唤当事人和证人、主持审理程序外，同其他仲裁员享有同等权利。在裁决时，首席仲裁员仅代表一票，仲裁庭的任何裁决或其他决定应依仲裁员的多数作出，首席仲裁员不能因为自己的意见与仲裁庭的多数意见不同，而改变仲裁庭的裁决或决定。根据《仲裁法》第53条规定，当"仲裁庭不能形成多数意见时，裁决应当按照首席仲裁员的意见作出。"合议仲裁庭可以发挥集体的智慧和力量，一定程度上保证案件的公正裁决。

（三）仲裁庭的权限

仲裁庭始终在仲裁程序中起着指挥、主导和裁判的作用。仲裁庭的权力主要表现在以下几个方面：

1. 仲裁庭有权对其自身的管辖权作出决定

对当事人的申请仲裁，仲裁庭有权进行审查并决定其自身是否有管辖权。仲裁庭认定有管辖权的，开始审理，否则仲裁不得继续进行。

目前，多数国家的仲裁立法和仲裁机构的仲裁规则均规定仲裁庭有权决定其自身的管辖权，但我国《仲裁法》则规定仲裁委员会有权决定案件管辖权。为了适应仲裁的特点，与国际上通行的做法相衔接，同时也不违反我国现行仲裁法的规定，我国一些仲裁委员会通过仲裁规则将仲裁案件的管辖权问题明确下来，规定对于案件管辖权既可以由仲裁委员会决定，又可以由仲裁委员会授权仲裁庭来决定。

2. 仲裁程序进行的指挥权

仲裁庭具有仲裁程序进行的指挥权是指仲裁庭审理案件时对仲裁程序行使的控制权和支配权，以保障仲裁活动有序地进行。一般而言，仲裁庭享有的仲裁程序进行的指挥权具体包括以下两种：

(1)各种具体仲裁程序事项的决定权。为了有效、公正地解决当事人提交的仲裁争议，除非当事人缔结的仲裁协议有相反规定或仲裁程序应适用的法律有禁止性的规定，仲裁庭有权决定书状或其他书面证据或文件递交的进程和范围；有权决定当事人有平等的机会知悉对方提交给仲裁庭的信息或仲裁庭本身拥有的信息；有权决定开庭审理的举行和举行的方式、时间和地点等。

(2)开庭审理权。除当事人之间另有约定，仲裁庭主持并指挥开庭审理，有权决定开庭审理的程序，决定当事人的陈述、举证、质证、辩论的顺序；有权为开庭审理程序设定一个期限；在开庭审理进行中，仲裁员有权决定应开庭审理哪些证据或辩论，并可以在为了进行开庭审理的前提下，作出其他的必要决定。

3. 获取证据的权力

仲裁庭对案件事实的认定以及仲裁裁决的最终作出，均须以证据作为基础，因此，各国仲裁立法和仲裁机构的仲裁规则均规定，在仲裁中，仲裁庭有权通过如下途径获取证据：

(1)要求当事人提供证据。当事人的仲裁请求是否得到支持，有赖于客观事实的查清与认定，因此当事人应当对其申请、答辩和反请求所依据的事实提供证据加以证明，这是仲裁庭获取证据的主要途径。仲裁庭有权对当事人承担举证责任原则进行确定和分配，仲裁庭还可以规定当事人提交证据的期限。当事人应当在规定的期限内提交，逾期提交的，仲裁庭可以不予接受。当事人在举证期限内提交证据材料确有困难的,可以在期限届满前申请延长举证期限。是否延长,由仲裁庭决定。当事人未能在规定的期限内提交证据,或者虽提交证据但不足以证明其主张的,负有举证责任的当事人承担因此产生的后果。

(2)指定专家或鉴定人,获取专家报告和鉴定报告的权力。为了查明案情,需要解决案件中涉及的某些专门性和技术性问题,各国仲裁法律或仲裁机构的仲裁规则一般都赋予仲裁庭有权指定专家或鉴定人,以获取专家报告和鉴定报告。当然指定这些专家或鉴定人并不意味着由这些人代替仲裁员对这些专业性或其他技术性的问题作出裁决。我国《仲裁法》第44条规定:"仲裁庭对专门性问题认为需要鉴定的,可以交由当事人约定的鉴定部门鉴定,也可以由仲裁庭指定的鉴定部门鉴定。根据当事人的请求或者仲裁庭的要求,鉴定部门应当派鉴定人参加开庭。当事人经仲裁庭许可,可以向鉴定人提问。"根据该法律规定,我国各仲裁委员会的仲裁规则一般规定,仲裁庭可以就案件中的专门问题向专家咨询或者指定鉴定人进行鉴定。专家和鉴定人可以是中国或外国的机构或公民。专家报告或鉴定人的副本应送给双方当事人,给予双方当事人对专家报告或鉴定报告提出意见的机会。任何一方当事人要求专家或鉴定人参加开庭的,经仲裁庭同意后,专家或鉴定人可以参加开庭,并在仲裁庭认为必要和适宜的情况下就他们的报告作出解释。

(3)仲裁庭认为必要时,可以自行调查事实,收集证据。我国《仲裁法》第43条第2款规定:"仲裁庭认为有必要收集的证据,可以自行收集。"在我国仲裁实务中,仲裁庭主动调查事实、收集证据,主要包括两种情形:一是仲裁庭不自行收集证据,可能会由于证据的缺乏而影响对事实的认定,如当事人提供的证据相互矛盾,无法认定案件事实等;二是在特定范围内仲裁庭可以对与争议有关的物品或场地进行勘验,自行收集证据。仲裁庭调查事实、收集证据时,认为有必要通知双方当事人到场的,应当及时通知。经通知,一方或双方当事人未到场,不影响仲裁庭调查事实和收集证据。仲裁庭自行调查收集的证据,应经仲裁委员会转交双方当事人,给予双方当事人提出意见的机会。

4. 认定证据的权力

在现代仲裁中,认定证据是仲裁庭重要的仲裁活动。仲裁庭应当全面客观地审核证据,依据法律和合同规定,参考国际惯例,遵循仲裁员的行为规范,运用逻辑推理和日常生活经验,对证据有无证明力和证明力大小独立进行判断,并公开判断的理由和结果。在仲裁裁决书中应当阐明证据是否采纳的理由。

5. 仲裁裁决权

仲裁裁决权是仲裁庭的一项最基本的也是最重要的一种权力,是仲裁庭对当事人提交的民商事争议,经过审理,依据法律、惯例甚至公平合理原则作出裁决的权力。仲裁裁决权一般包括中间裁决权、部分裁决权和最终裁决权。

三、仲裁员的回避

当事人可以申请仲裁员回避,仲裁员也可以自行回避。仲裁员的回避是指仲裁员具有可能影响案件公正裁决的情形后,依照法律的规定,自行申请退出仲裁庭,或者根据当事人的申请退出仲裁庭。回避制度是仲裁制度的基本制度之一,仲裁机构实行回避制度,是保障当事人平等行使权利、保证仲裁员公正处理案件的一项重要制度。规定回避制度的意义也正在于避免仲裁员的徇私舞弊、枉法裁决情况的出现,以保证仲裁裁决的公正性。

(一)回避的理由

我国《仲裁法》对回避的理由作了明确的规定,仲裁员有下列情形之一的,必须回避,当事人也有权提出回避申请:(1)是本案当事人或者其代理人的近亲属;(2)与本案有利害关系;(3)与本案当事人或其代理人有其他关系,可能影响公正仲裁的;(4)私自会见当事人、代理人,或者接受当事人、代理人的请客送礼的。

法律对于回避的明确规定,既便于仲裁员依照法定条件和自身情况自觉要求回避,又便于当事人及时地行使申请回避的权利,从而使当事人的合法权益得到及时的保护。

(二)申请回避的程序

1. 回避申请的提出时间

仲裁员自行回避的提出时间,法律无明文规定。对当事人申请仲裁员回避的时间,则是有时间限制的。这种时间限制与诉讼时效期间是不同的,在法理上称之为除斥期间,即当事人必须在法律规定的期间行使权利,期间届满后,当事人不行使权利,权利即消灭。因此当事人若未在上述期间内提出回避申请,其申请回避的权利即丧失。

2. 回避决定的作出

无论是仲裁员自行提出回避,还是当事人依法提出回避申请,仲裁员是否回避,都要由特定的机构或特定的人员对回避理由予以审查,并作出是否准许回避的决定。我国《仲裁法》将决定仲裁员是否回避的权利赋予了仲裁委员会。仲裁员是否回避由仲裁委员会主任决定;仲裁委员会主任担任仲裁员时,由仲裁委员会集体决定。

3. 当事人的举证责任

当事人申请回避时应当说明事实和理由并进行举证,即所谓"谁主张、谁举证",防止一方当事人滥用回避申请权,拖延时间。我国法律和各仲裁委员会的《仲裁规则及仲裁员守则》对回避制度都作了详细的规定,以保证仲裁裁决的公正性。当事人在仲裁程序中如发现仲裁员有应当回避的事由,可能会影响到公正裁决时,当事人可以依法提出回避申请,维护自己的合法权益。

四、仲裁的审理方式

(一)开庭审理为原则,书面审理为补充

在仲裁中,案件的审理有两种形式,即开庭审理和书面审理。所谓开庭审理是指在双方当事人和其他仲裁参与人的参加下,仲裁庭对案件进行审理并作出裁决的方式。所谓书面审理是指在双方当事人及其他仲裁参与人不到庭参加审理的情况下,仲裁庭根据当事人提供的仲裁申请书、答辩书以及其他书面材料作出裁决的方式。

根据我国《仲裁法》第39条的规定:"仲裁应当开庭进行。当事人协议不开庭的,仲裁庭可以根据仲裁申请书、答辩书以及其他材料作出裁决。"可见,在我国,仲裁案件是以开庭审理为原则,同时也不完全排除书面审理,书面审理是开庭审理的必要补充。进行书面审理的案件,一般经当事人协商同意,而且案件标的较小、案情简单,甚至当事人对案件事实并无争议,只是对所涉法律和责任的认识和理解不一致,仲裁庭认为可以书面审理。

(二)不公开审理为原则,公开审理为例外

我国《仲裁法》第40条规定:"仲裁不公开进行。当事人协议公开的,可以公开进行,但涉及国家秘密的除外。"这一规定明确了开庭审理的仲裁方式以不公开审理为原则,以公开审理为例外。所谓不公开审理是指仲裁庭在审理案件时不对社会公开,不允许群众旁听,也不允许新闻记者采访和报道。不公开审理的目的在于保守当事人的商业秘密,维护当事人的商业信誉。由于仲裁最大的特点在于尊重当事人的意愿,所以仲裁法规定当事人协议公开审理的,除涉及国家秘密外的,都可以公开审理。

五、仲裁裁决

(一)仲裁裁决的概念

仲裁裁决是仲裁庭依据案件事实和有关法律,对当事人之间的争议作出有法律约束力的终局性判定。仲裁裁决的作出标志着实体上当事人纠纷的解决以及程序上案件审理的完结。

(二)仲裁裁决的种类

1. 先行裁决。先行裁决是指在仲裁程序进行过程中,仲裁庭就已经查清的部分事实所作出的裁决。《仲裁法》第55条规定:"仲裁庭仲裁纠纷时,其中一部分事实已经清楚,可以就该部分先行裁决。"

2. 最终裁决。最终裁决即通常意义上的仲裁裁决,它是指仲裁庭在查明事实、分清责任的基础上,就当事人申请仲裁的全部争议事项作出的终局性裁决。

3. 缺席裁决。缺席裁决是指仲裁庭在被申请人无正当理由不到庭或未经许可中途退庭情况下作出的裁决。《仲裁法》第42条第2款规定:"被申请人经书面通知,无正当理由不到庭或者未经仲裁庭许可中途退庭的,可以缺席裁决。"

4. 合意裁决。合意裁决即仲裁庭根据双方当事人达成协议的内容作出的仲裁裁决。它既包括根据当事人自行和解达成的协议而作出的仲裁裁决,也包括根据经仲裁庭调解双方达成的协议而作出的仲裁裁决。

(三)仲裁裁决的作出

仲裁裁决是由仲裁庭作出的。独任仲裁庭进行的审理,由独任仲裁员作出仲裁裁决;合议仲裁庭进行的审理,则由3名仲裁员集体作出仲裁裁决。根据我国仲裁法的规定,由合议仲裁庭作出仲裁裁决时,根据不同的情况,采取不同的方式:

1. 按多数仲裁员的意见作出仲裁裁决。按多数仲裁员的意见作出仲裁裁决是裁决的一项基本原则,即少数服从多数的原则,也是仲裁实践通常适用的方式。我国《仲裁法》第53条规定:"裁决应当按照多数仲裁员的意见作出,少数仲裁员的不同意见可以记入笔录。"所谓多数仲裁员的意见是指仲裁庭的3名仲裁员中至少有2名仲裁员的意见一致,如果3名仲裁员各执己见,无法形成多数意见时,即无法以此种方式作出仲裁裁决。

2. 按首席仲裁员的意见作出仲裁裁决。按首席仲裁员的意见作出仲裁裁决是在仲裁庭无法形成多数意见的情况下所采用的作出仲裁裁决的方式。《仲裁法》第53条规定:“仲裁庭不能形成多数意见时,裁决应当按照首席仲裁员的意见作出。”

(四)仲裁裁决书

仲裁裁决书是仲裁庭对仲裁纠纷案件作出裁决的法律文书。根据《仲裁法》第54条的规定:“仲裁裁决书应当写明仲裁请求、争议事实、裁决理由、裁决结果、仲裁费用的负担和裁决日期。当事人协议不愿写明争议事实和裁决理由的,可以不写。裁决书由仲裁员签名,加盖仲裁委员会印章。对仲裁裁决持不同意见的仲裁员,可以签名,也可以不签名。”

我国《仲裁法》第56条规定:“对裁决书中的文字、计算错误或者仲裁庭已经裁决但在裁决书中遗漏的事项,仲裁庭应当补正;当事人自收到裁决书之日起三十日内,可以请求仲裁庭补正。”据此,仲裁庭对仲裁裁决书的补正,主要限于三项:一是仲裁裁决书中的文字错误;二是仲裁裁决书中的计算错误;三是已经裁决但在仲裁裁决书中被遗漏的事项。补正可以由仲裁庭自行补正,也可以由当事人自收到裁决书之日起三十日内,请求仲裁庭予以补正。

(五)仲裁裁决的效力

仲裁裁决的效力是指仲裁裁决生效后所产生的法律后果。根据《仲裁法》第57条的规定:“裁决书自作出之日起发生法律效力。”仲裁裁决的效力主要体现在以下几个方面:(1)当事人不得就已经裁决的事项再行申请仲裁,也不得就此提起诉讼。(2)仲裁机构不得随意变更已生效的仲裁裁决。(3)其他任何机关或个人均不得变更仲裁裁决。(4)仲裁裁决具有执行力。

第六节 仲裁裁决的撤销和执行

一、申请撤销仲裁裁决

(一)申请撤销仲裁裁决的概念

申请撤销仲裁裁决,是指仲裁裁决作出后,当事人提出证据证明仲裁裁决有不符合法律规定的情形,向人民法院提出撤销该仲裁裁决,以纠正仲裁裁决错误的法律制度。仲裁裁决作出后,双方当事人无论胜诉方或败诉方因仲裁程序存在缺陷或裁决不公而对裁决不服或不满的,均可主动提出异议,申请撤销裁决。双方当事人因此不仅获得了平等的抗辩裁决的权利和机会,也获得了更充分的寻求司法救济的手段。

(二)申请撤销仲裁裁决的条件

仲裁裁决一经作出,立即发生法律效力。当事人欲申请撤销仲裁裁决,必须符合法定条件:

1. 提出申请的主体必须是当事人。由于仲裁当事人与裁决的结果有直接的利害关系,最关心裁决的结果,因而也只有当事人最了解自己的合法权益是否受到了侵害,因此,法律规定提出申请撤销裁决的主体仅限于当事人,包括仲裁中的申请人和被申请人。

2. 必须在规定的期限内提出申请。为了迅速解决当事人之间的纠纷,稳定民商事交往关系,稳定社会经济秩序和其他秩序,防止仲裁庭所作裁决的效力可能长期处于不确定的状态,有必要督促当事人及时行使自己的权利。《仲裁法》规定,当事人申请撤销仲裁裁决的,应当自收到裁决书之日起6个月内提出。逾期未提出者,视为当事人放弃了申请撤销仲裁裁决的权利,人民法院则不再受理当事人撤销仲裁裁决的申请。

3. 必须向有管辖权的人民法院提出申请。人民法院审理申请撤销仲裁裁决之诉,适用的是特别程序,一审终审。而且,撤销仲裁裁决,既涉及当事人的重大权益,也涉及具体的仲裁委员会,并可能影响到中国仲裁界的声誉。因此,管辖法院不宜为基层法院。按照《仲裁法》的规定,当事人提出撤销仲裁裁决申请的,必须向仲裁委员会所在地的中级人民法院提出。

4. 提出证据证明裁决有法律规定的情形。基于对仲裁裁决终局效力的尊重,以及防止当事人滥用此项权利阻止仲裁裁决的执行,我国仲裁法对可以申请撤销仲裁裁决的情形作了明确的规定和严格的限制。当事人申请撤销仲裁裁决时,对所声称的撤销事由,应当提供初步证据和说明。当然,这里所谓的证据和说明是从申请人提出申请的角度而言的,至于是否符合《仲裁法》规定的情形并得到认可,尚需人民法院审理后确定。

(三)申请撤销仲裁裁决的法定理由

当事人申请撤销仲裁裁决,除程序上必须满足上述条件外,还需具有法定的理由。《仲裁法》的规定，在无涉外因素的国内仲裁中，有下列情形之一的，人民法院应当裁定撤销仲裁裁决：(1)没有仲裁协议；(2)裁决的事项不属于仲裁协议的范围或者仲裁委员会无权仲裁的；(3)裁庭的组成或者仲裁的程序违反法定程序的；(4)裁决所依据的证据是伪造的；(5)对方当事人隐瞒了足以影响公正裁决的证据；(6)仲裁员在仲裁该案时有索贿受贿、徇私舞弊、枉法裁决行为。

除上述六项外，如果人民法院认定仲裁裁决违背社会公共利益，应裁定撤销该裁决。保护公共利益是现代各国的通例，也是中国的司法准则之一。

(四)申请撤销仲裁裁决的后果

人民法院受理当事人提出的撤销裁决的申请后，必须组成合议庭对当事人的申请及仲裁裁决进行审查。经审查，人民法院可能作出三种处理：

1. 裁定驳回撤销仲裁裁决的申请。人民法院受理当事人撤销仲裁裁决的申请后，经合议庭审查，未发现仲裁裁决具有法定可被撤销的理由，应在受理申请撤销仲裁裁决之日起2个月内作出驳回申请的裁定。

2. 裁定撤销仲裁裁决。人民法院受理撤销仲裁裁决的申请后，经审查核实当事人提出申请所依据的理由成立的，或人民法院认为仲裁裁决违背社会公共利益的，应在2个月内裁定撤销该裁决。

3. 通知仲裁庭重新仲裁。根据《仲裁法》第61条的规定："人民法院受理当事人撤销仲裁裁决的申请后，认为可以由仲裁庭重新仲裁的，通知仲裁庭在一定期限内重新仲裁，并裁定中止撤销程序。仲裁庭拒绝重新仲裁的，人民法院应当裁定恢复撤销程序。"《仲裁法解释》第22条规定："仲裁庭在人民法院指定的期限内开始重新仲裁的，人民法院应当裁定终结仲裁程序；未开始重新仲裁的，人民法院应当裁定恢复撤销程序。"

二、仲裁裁决的执行

(一)仲裁裁决执行的概念和特征

所谓仲裁裁决的执行，也称为仲裁裁决的强制执行，是指经当事人申请，人民法院的执行组织，运用国家强制力，强制生效仲裁裁决中负有义务的一方当事人履行其实体义务，以实现仲裁裁决的行为。根据当事人的申请，由法院执行仲裁裁决，是世界各国的通行做法。执行是国家强制力的表现，是当事人不自觉履行义务而引起的法律后果，具有强制性。仲裁裁决的执行具备以下特征：

1. 执行根据的有效性。执行根据是当事人据以申请执行、人民法院据以进行执行的生效法律文书。实施执行行为应当按照执行依据的内容进行,执行机关不能没有执行根据就采取执行措施,也不能脱离执行根据采取执行措施。也就是说,仲裁执行必须以生效的仲裁裁决或仲裁调解书为依据。执行程序因执行根据效力的丧失或执行根据内容的满足而结束。

2. 执行主体的特定性。在我国,民事执行权只能由人民法院的执行组织来行使,其他任何单位和个人包括仲裁机构都无权行使民事执行权强制执行仲裁裁决。

3. 执行手段的强制性。法律文书生效后,原则上都应由当事人自觉在规定的期间内履行,逾期未履行的,权利人才可申请强制执行。人民法院接受当事人的执行申请,以义务人逾期拒绝履行义务为前提。这就决定了作为强制执行的手段,必须借助国家的强制力量,采取强制措施,才能迫使义务人履行生效仲裁裁决所确定的义务。

4. 执行过程的程序性。为保证仲裁裁决执行的合法性,执行过程必须按照法律规定的程序进行。否则,民事执行活动就会因程序违法达不到应有的目的。

(二)仲裁裁决执行的条件

依照法律的规定,申请人民法院执行中国各仲裁委员会作出的无涉外因素的仲裁裁决,必须符合下列条件:

1. 必须由当事人提出申请。仲裁裁决作出后,应当履行义务的一方当事人不履行仲裁裁决时,作为权利方当事人或者其继承人、权利承继人及其法定代理人必须向人民法院提出执行申请,人民法院才会予以执行。

2. 当事人必须在一定期限内提出申请。对于生效的仲裁裁决,当事人必须在法定期限内向法院提出执行申请,逾期则视为放弃请求法院强制执行的权利。关于申请执行的期限,按照《仲裁法》规定,当事人应依《民事诉讼法》的有关规定办理:当事人申请执行的期限为两年。此期限从仲裁裁决书规定的履行期间的最后一日起计算。仲裁裁决书规定分期履行的,从规定的每次履行期间的最后一日之次日起算。

3. 当事人申请执行的仲裁裁决必须是具有法律效力的裁决。当事人申请法院执行的仲裁裁决必须是具有法律拘束力的裁决或调解书,而无论该裁决是部分裁决还是终局裁决。如果一项裁决已被法院撤销而失去效力,则当事人无权据以请求法院采取执行措施。在中国仲裁实践中,仲裁庭对于程序性事项作出的中间裁决,无须申请法院执行,因为当事人不履行中间裁决,不影响仲裁程序的进行,也不影响仲裁庭作出最终的裁决。

4. 仲裁裁决书须具有给付内容，且执行标的和被执行人明确。所谓给付内容，是指法律文书中确定一方当事人为另一方当事人履行一定的民事义务。给付内容是执行的客体，也是执行的基础。法律文书没有给付的内容，就没有执行的必要。

5. 必须是义务人逾期不履行生效仲裁裁决书所确定的内容。如果生效仲裁裁决书所确定的履行义务期限尚未届满，则不得申请强制执行。

6. 当事人必须向有管辖权的人民法院提出申请。当事人申请执行仲裁裁决，必须向有管辖权的人民法院提出。至于法院管辖权的确定，《仲裁法》准用《民事诉讼法》的有关规定。仲裁机构作出的国内仲裁裁决，由被执行人住所地或者被执行的财产所在地人民法院执行。

（三）仲裁裁决的不予执行

不予执行仲裁裁决，是指仲裁的一方当事人向法院申请承认和执行仲裁裁决，另一方当事人认为仲裁裁决具备不予执行的法定理由，侵害了自己的合法权益，而向法院申请不予执行仲裁裁决，法院经过审查认为仲裁裁决应拒绝承认和执行，使裁决不产生对当事人法律上的约束力。

申请执行是仲裁裁决胜诉方的权利，而申请不予执行仲裁裁决是被申请执行人享有的相对应的一项权利，是对申请执行人申请执行的抗辩。对于不予执行仲裁裁决的申请能否得到法院的支持，则要看申请不予执行仲裁裁决的事由是否满足法定的申请不予执行的事由以及其他条件。

1. 不予执行仲裁裁决是法院的司法行为。不予执行仲裁裁决与撤销仲裁裁决一样是法院的司法性行为，是有管辖权的法院对仲裁裁决的一种司法监督行为。

2. 申请不予执行仲裁裁决的为被申请执行人。申请执行人基于利益衡量主动申请仲裁裁决的执行，对仲裁裁决执行的期望值很大，一般不会主动申请对仲裁裁决不予执行。在实践中，申请不予执行仲裁裁决的往往是被申请执行人。

3. 不予执行仲裁裁决的申请向有管辖权的法院提出。国内仲裁裁决的执行由被执行住所地、财产所在地的法院管辖，因此，不予执行仲裁裁决的申请应向上述法院提出。

4. 不予执行仲裁裁决必须具备法定理由。根据《仲裁法》第 63 条、《民事诉讼法》第 217 条第 2 款，不予执行的情形有两种：

（1）当事人申请并提供证据证明仲裁裁决具有法定理由：第一，当事人在合同中没有订有仲裁条款或者事后没有达成书面仲裁协议；第二，裁决的事项不属于仲裁协议的范围或者仲裁机构无权仲裁；第三，仲裁庭的组成或者仲裁的程序违反法定程序；第四，认定事实的主要证据不足；第五，适用法律确有错误；第六，仲裁员在仲裁该案时有贪污受贿，徇私舞弊，枉法裁决行为。

对于被申请人提出的异议，人民法院应组成合议庭予以审查，确认符合上列情形之一的，裁定不予执行。

（2）人民法院依职权裁定。不需要当事人提供证据加以证明，而是人民法院依职权认定仲裁裁决的执行违背社会公共利益的，直接裁定不予执行。

5. 不予执行仲裁裁决的法律后果。被人民法院依法裁定不予执行的，不予执行的裁定书应送达各方当事人和仲裁委员会。当事人就该纠纷可以根据重新达成的仲裁协议申请仲裁，也可以向人民法院起诉。

第七节　涉外仲裁业务

一、涉外仲裁的概念

涉外仲裁，是指具有涉外因素的仲裁。即在具有涉外因素的民商事活动中，当事人依据双方达成的仲裁协议，自愿将他们之间已经发生或者以后可能发生的民商事争议，提交给双方确定的仲裁机构进行审理，并作出终局性的裁决，对双方都具有约束力的制度。涉外仲裁这一概念是相对一国而言的，有时它被称为国际仲裁。

涉外仲裁主要涉及的案件包括以下几类：（1）中国的公司、企业或者其他经济组织与外国的公司、企业、其他经济组织或者个人之间的争议仲裁案件；（2）外国的公司、企业、其他经济组织或者个人之间的争议仲裁案件而不论这些外国的公司、企业、其他经济组织或者个人是否具有同一国籍；（3）中国的公司、企业或者其他经济组织之间具有涉外因素的仲裁案件；（4）港澳台之间及其与大陆和外国之间的民商事纠纷案件。

二、我国的涉外仲裁机构

中国历史最悠久的两个主要常设涉外仲裁机构，一是中国国际经济贸易仲裁委员会(CIETAC),二是中国海事仲裁委员会(CMAC),两者现都附属于中国国际贸易促进委员会(即中国国际商会)。

(一)中国国际经济贸易仲裁委员会

中国国际经济贸易仲裁委员会是中国国际贸易促进委员会根据中央人民政府政务院决定,于1956年4月2日正式成立的,当时名称为中国国际贸易促进委员会对外贸易仲裁委员会。为了适应中国对外经济贸易关系不断发展的需要,1980年2月26日国务院决定将"对外贸易仲裁委员会"改名为"对外经济贸易仲裁委员会",扩大其受案范围。1988年6月21日,国务院又批准将对外经济贸易仲裁委员会更名为"中国国际经济贸易仲裁委员会",其受案范围扩至国际经济贸易中发生的一切争议。1994年8月26日,国务院证券委员会发布证委发〔1994〕20号《关于指定中国国际经济贸易仲裁委员会为证券争议仲裁机构的通知》,规定中国国际经济贸易仲裁委员会也可以受理证券争议。随着互联网技术的成熟和电子商务的勃兴,2000年12月,经中国国际贸易促进委员会/中国国际商会批准,中国国际经济贸易仲裁委员会域名争议解决中心成立,并从2001年1月1日起正式受理域名争议,负责解决中文域名争议。2005年7月5日起,域名争议解决中心同时启用"中国国际经济贸易仲裁委员会网上争议解决中心"名称,以便进一步开展网上调解和网上仲裁等其他网上争议解决业务。

中国国际经济贸易仲裁委员会设在北京。1984年、1990年和2008年分别设立了华南分会、上海分会和西南分会。贸促会北京总会及其华南分会、上海分会和西南分会是一个统一的整体,是一个仲裁委员会。总会和分会使用相同的仲裁规则和仲裁员名单,在整体上享有一个仲裁管辖权。双方当事人可以约定将其争议提交仲裁委员会在北京进行仲裁,或者约定将其争议提交仲裁委员会华南分会在深圳进行仲裁,或者约定将其争议提交仲裁委员会上海分会在上海进行仲裁。作此选择时,以首先提出选择的为准;如有争议,应由仲裁委员会作出决定。

仲裁委员会设名誉主任1人、顾问若干人。仲裁委员会由主任1人、副主任若干人和委员若干人组成。主任履行仲裁委员会仲裁规则赋予的职责,副主任受主任的委托可以履行主任的职责。仲裁委员会设秘书局,在仲裁委员会秘书长的领导下负责处理仲裁委员会的日常事务。委员会设立仲裁员名册,仲裁员由仲裁委员会从对法律、经济贸易、科学技术等方面具有专门知识和实际经验的中外人士中聘任。自2000年10月1日起,中国国际经济贸易仲裁委员会同时启用中国国际商会仲裁院的名称。仲裁委员会分会设秘书处,在仲裁委员会分会秘书长的领导下负责处理仲裁委员会分会的日常事务。

1994 年中国《仲裁法》第 73 条规定:“涉外仲裁规则可以由中国国际商会依照本法和民事诉讼法的有关规定制定。”中国国际贸易促进委员会曾在 1956 年 3 月 31 日通过了一个《中国国际贸易促进委员会对外贸易仲裁委员会仲裁程序暂行规则》。1988 年 9 月 12 日经其修改,改为《中国国际经济贸易仲裁委员会仲裁规则》。以后,该规则又经过五次修订。现行的仲裁规则为 2005 年 1 月 11 日修订并于同年 5 月 1 日起施行的仲裁规则。同时,仲裁委员会根据需要,还于 2003 年 5 月 8 日颁布实施了《金融争议仲裁规则》,该规则的现行版本自 2005 年 5 月 1 日起生效。

1990 年以来,作为机构仲裁,中国国际经济贸易仲裁委员会以平均每年 700 余件的受案数量在世界上各大国际商事仲裁机构中名列前茅,而且多次荣登世界首位,比世界上原受案最多的国际商会仲裁院多出一倍以上,比英国伦敦国际仲裁员多出 3 倍以上。可以说,中国国际经济贸易仲裁委员会已成为世界上主要的国际商事仲裁机构之一。

(二) 中国海事仲裁委员会

中国海事仲裁委员会是根据国务院 1958 年 11 月 21 日的决定,于 1959 年 1 月 22 日设立于中国国际贸易促进委员会内受理国内外海事争议案件的常设仲裁机构。设立时名为中国国际贸易促进委员会海事仲裁委员会。1988 年 6 月 21 日国务院决定将“海事仲裁委员会”改名为“中国海事仲裁委员会”。该仲裁委员会独立公正地解决产生于远洋、沿海和与海相通的水域的运输、生产和航行过程中的契约性或非契约性的海事争议,是我国唯一受理涉外海事纠纷的常设机构。

海事仲裁委员会 1999 年先后在大连、上海和广州设立了 3 个办事处。办事处是海事仲裁委员会的仲裁专业联络和宣传机构,接受仲裁委员会的直接领导。上海办事处已于 2002 年升为分会,分会可以独立受理和审理案件。2006 年 8 月 22 日,中国海事仲裁委员会又设立了上海海事调解中心。

1959 年 1 月 8 日,中国国际贸易促进委员会通过了《中国国际贸易促进委员会海事仲裁委员会仲裁程序暂时规则》。1988 年 9 月 12 日,经其修改,改称《中国海事仲裁委员会仲裁规则》。现行的仲裁规则是 2004 年 7 月 5 日修订并于 2004 年 10 月 1 日开始实施的仲裁规则。

由于英国作为老牌海运大国在海事仲裁中的传统影响既深且巨,长期垄断海事仲裁市场。海事仲裁委员会受理案件的数量较少,但从近几年来看,案件受理量逐年上升。与中国国际贸易仲裁委员会相比,海事仲裁委员会发展取得的成就很有限,主要有以下三方面的原因:一是海事纠纷的数量本身就比普通商事纠纷少得多;二是海事纠纷解决的专业性、技术性非常强,海事仲裁的权威性和公正性的建立需要更长时间的积累;三是海事仲裁委员会自身的制度存在一些不足。[9]

除此之外,自从《仲裁法》颁布实施以来,依照仲裁法的规定在直辖市、省、自治区人民政府所在地的市和其他设区的市设立或重新组建了一批常设仲裁机构,也可以受理涉外仲裁案件。

三、对涉外仲裁裁决的撤销和不予执行

对涉外仲裁裁决的撤销和不予执行是司法对仲裁最主要的两种监督方式。同时,作为一裁终局的例外,也是当事人在仲裁之后寻求司法救济的方式。

人民法院裁定撤销仲裁裁决和不予执行仲裁裁决,都必须要符合法定理由:(1)当事人没有在合同中订立仲裁条款或者事后没有达成书面仲裁协议的;(2)当事人没有收到指定仲裁员或者进行仲裁程序的通知,或者由于其他不属于被申请人负责的原因未能陈述意见的;(3)仲裁庭的组成或者仲裁的程序与仲裁规则不符;(4)裁决的事项不属于仲裁协议的范围或者仲裁机构无权仲裁的;(5)人民人法院认为涉外仲裁裁决违背社会公共利益的。

前四点理由,涉及的都是程序事项,与撤销和不予执行非涉外的国内裁决的理由明显不同。可见,对国际商事仲裁的监督范围,中国的立法和国际上弱化法院干预仲裁的趋势是一致的。

人民法院经过审查核实,认为不具备撤销或者不予执行仲裁裁决的条件或者法定事由,则应裁定驳回当事人的申请;如果认为仲裁裁决应当被撤销或者不予执行的,则必须遵守最高人民法院关于"预先报告"的制度。

四、涉外仲裁裁决的承认和执行

仲裁裁决作出后一方当事人不自觉履行仲裁裁决,另一方当事人就需要请求有关的国内法院强制执行。[10] 一般是在被执行人的住所或财产所在地国请求予以执行。

---

〔9〕 赵昭、杜家明:《追问与选择:我国海事仲裁制度的现实困境与完善路径》,载《河北法学》2014 年第 12 期。

〔10〕 李庆明:《境外仲裁机构在中国内地仲裁的法律问题研究》,载《环球法律评论》2016 年第 3 期。

(一)中国涉外仲裁裁决在中国的执行

按照《民事诉讼法》和《仲裁法》的有关规定,对中国的涉外仲裁裁决,一方当事人不履行的,对方当事人可以申请被申请人住所地或财产所在地的中级人民法院执行。申请人向人民法院申请执行中国涉外仲裁裁决,须提出书面申请,并附裁决书正本。如申请人为外国当事人,其申请书须用中文提出。申请执行的期限为两年。

对中国涉外仲裁裁决,被申请人提出证据证明仲裁裁决有不予执行的情形之一的,经人民法院组成合议庭审查核实,在履行"报告制度"后,裁定不予执行。

此外,若一方当事人申请执行裁决,另一方当事人申请撤销裁决,人民法院应当裁定中止执行。在这种情况下,被执行人应该提供财产担保。人民法院裁定撤销裁决的,应当裁定终结执行;撤销裁决的申请被裁定驳回的,人民法院应当裁定恢复执行。仲裁裁决被人民法院裁定不予执行的,当事人可以根据双方达成的书面仲裁协议重新申请仲裁,也可以向人民法院起诉。

(二)中国涉外仲裁裁决在外国的承认和执行

中国涉外仲裁机构作出的发生法律效力的仲裁裁决,当事人请求执行的,如果被执行人或者其财产不在中国领域内,应当由当事人直接向有管辖权的外国法院申请承认和执行。由于中国已加入《纽约公约》,当事人可依照公约规定直接到其他有关缔约国申请承认和执行中国涉外仲裁机构作出的裁决。

(三)外国仲裁裁决在中国的承认和执行

外国仲裁机构的裁决需要中国法院承认和执行的,应当由当事人直接向被执行人住所地或者其财产所在地的中级人民法院申请,人民法院应当依照中国缔结或者参加的国际条约,或者按照互惠原则办理。中国加入《纽约公约》时,作了两项保留声明:第一,中国只在互惠的基础上对在另一缔约国领土内作出的仲裁裁决的承认和执行适用该公约;第二,中国只对根据中国法律认为属于契约性和非契约性商事法律关系所引起的争议适用该公约。符合上述两个条件的外国仲裁裁决,当事人可依照《纽约公约》规定直接向中国有管辖权的人民法院申请承认和执行。[11]

---

〔11〕［美］博恩:《国际仲裁　法律与实践》,白麟等译,商务印书馆2015年版,第24~30页。

对于在非缔约国领土内作出的仲裁裁决，需要中国法院承认和执行的，只能按互惠原则办事。中国有管辖权的人民法院接到一方当事人的申请后应对申请承认及执行的仲裁裁决进行审查，如果认为不违反中国缔结或参加的条约的有关规定或《民事诉讼法》的有关规定，应当裁定承认其效力，并依照《民事诉讼法》规定的程序执行，否则，裁定驳回申请，拒绝承认及执行。如果当事人向中国有管辖权的人民法院申请承认和执行外国仲裁机构作出的发生法律效力的裁决，但该仲裁机构所在国与中国没有缔结或共同参加有关国际条约，也没有互惠关系的，当事人可以以仲裁裁决为依据向人民法院起诉，由有管辖权的人民法院作出判决，予以执行。

案 例

申请人河北太平洋世纪律师事务所与被申请人河北开元房地产开发股份有限公司因委托代理合同代理费支付纠纷一案，于2003年4月17日向石家庄仲裁委员会申请仲裁，仲裁委于2003年7月4日作出裁决：被申请人给付申请人代理费852090.70元，仲裁费30050元由被申请人承担。

仲裁后，被申请人以裁决所依据的证据是伪造的，裁决的事项不属于仲裁协议范围，仲裁庭的组成和仲裁程序违法等为主要理由，向河北省石家庄市中级人民法院提起了撤销仲裁裁决的申请。经中院审查认为，被申请人提出申请撤销仲裁裁决的理由不符合《中华人民共和国仲裁法》第58条规定的撤销仲裁裁决的条件，故于2003年9月18日作出裁定驳回被申请人提出的撤销仲裁裁决的申请。

裁定作出后，被申请人未自觉履行仲裁裁决所确定的义务，申请人即于2003年10月10日申请河北省石家庄市桥西区人民法院强制执行，被申请人又依据《中华人民共和国民事诉讼法》（以下简称《民诉法》）第217条第2款之规定，提出不予执行仲裁裁决的申请，经该基层法院执行机构审查认为，仲裁委的裁决认定事实的主要证据不足，依照《民诉法》第217条第2款第4项之规定，于2004年11月18日裁定对该仲裁裁决不予执行。

请对本案加以评论。

复习题

一、概念

仲裁　仲裁员　仲裁委员会　仲裁协议　一裁终局　或裁或审　仲裁裁决　仲裁财产保全

二、思考

1. 仲裁中当事人的自愿性体现在哪些方面?

2. 仲裁有哪些原则和制度?

3. 仲裁和诉讼的关系包括哪些?

4. 仲裁裁决的效力表现在哪些方面?

司法考试试题

一、单项选择题

1. 武当公司与洪湖公司签订了一份钢材购销合同,同时约定,因合同效力或合同的履行发生纠纷提交 A 仲裁委员会或 B 仲裁委员会仲裁解决。合同签订后,洪湖公司以本公司具体承办人超越权限签订合同为由,主张合同无效。关于本案,下列哪一说法是正确的?(2012 年)

A. 因当事人约定了 2 个仲裁委员会,仲裁协议当然无效

B. 因洪湖公司承办人员超越权限签订合同导致合同无效,仲裁协议当然无效

C. 洪湖公司如向法院起诉,法院应当受理

D. 洪湖公司如向法院起诉,法院应当裁定不予受理

【答案】 C

【考点】 仲裁协议的效力。

2. 某仲裁委员会在开庭审理甲公司与乙公司合同纠纷一案时,乙公司对仲裁庭中的一名仲裁员提出了回避申请。经审查后,该仲裁员依法应予回避,仲裁委员会重新确定了仲裁员。关于仲裁程序如何进行,下列哪一选项是正确的?(2012 年)

A. 已进行的仲裁程序应当重新进行

B. 已进行的仲裁程序有效,仲裁程序应当继续进行

C. 当事人请求已进行的仲裁程序重新进行的，仲裁程序应当重新进行

D. 已进行的仲裁程序是否重新进行，仲裁庭有权决定

【答案】 D

【考点】 仲裁员回避后，仲裁程序如何进行。

3. 大成公司与华泰公司签订投资合同，约定了仲裁条款：如因合同效力和合同履行发生争议，由A仲裁委员会仲裁。合作中双方发生争议，大成公司遂向A仲裁委员会提出仲裁申请，要求确认投资合同无效。A仲裁委员会受理。华泰公司提交答辩书称，如合同无效，仲裁条款当然无效，故A仲裁委员会无权受理本案。随即，华泰公司向法院申请确认仲裁协议无效，大成公司见状，向A仲裁委员会提出请求确认仲裁协议有效。关于本案，下列哪一说法是正确的？（2015年）

A. A仲裁委员会无权确认投资合同是否有效

B. 投资合同无效，仲裁条款即无效

C. 仲裁条款是否有效，应由法院作出裁定

D. 仲裁条款是否有效，应由A仲裁委员会作出决定

【答案】 C

【考点】 仲裁条款的独立性；仲裁条款发生争议的认定机构。

4. 甲公司与乙公司因合同纠纷向某仲裁委员会申请仲裁，第一次开庭后，甲公司的代理律师发现合议庭首席仲裁员苏某与乙公司的老总汪某在一起吃饭，遂向仲裁庭提出回避申请。关于本案仲裁程序，下列哪一选项是正确的？（2016年）

A. 苏某的回避应由仲裁委员会集体决定

B. 苏某回避后，合议庭应重新组成

C. 已经进行的仲裁程序应继续进行

D. 当事人可请求已进行的仲裁程序重新进行

【答案】 D

【考点】 仲裁员回避后，仲裁程序如何进行。

二、多项选择题

中国甲公司与外国乙公司在合同中约定，合同争议提交中国国际经济贸易仲裁委员会仲裁，仲裁地在北京。双方未约定仲裁规则及仲裁协议适用的法律。对此，下列哪些选项是正确的？（2014年）

A. 如当事人对仲裁协议效力有争议，提请所选仲裁机构解决的，应在首次开庭前书面提出

B. 如当事人将仲裁协议效力的争议诉至中国法院，应适用中国法

C. 如仲裁协议有效，应适用中国国际经济贸易仲裁委员会的仲裁规则仲裁

D. 如仲裁协议有效，仲裁中申请人可申请更改仲裁请求，仲裁庭不能拒绝

【答案】 ABC

【考点】 仲裁协议不完备时，仲裁规则的适用；仲裁协议效力争议的解决。

阅读文献

1. 李政、徐秋菊、韩红俊：《仲裁法学》，中国政法大学出版社 2009 年版。
2. 晏玲菊：《国际商事仲裁制度的经济学分析》，上海三联书店 2016 年版。
3. 韩世远：《CISG 在中国国际商事仲裁中的适用》，载《中国法学》2016 年第 5 期。
4. 杨文升、张虎：《论〈纽约公约〉下仲裁协议效力的确定——以“默示仲裁协议”为视角》，载《法学杂志》2015 年第 4 期。
5. 陈卫佐：《国际性仲裁协议的准据法确定——以仲裁协议的有效性为中心》，载《比较法研究》2016 年第 2 期。

第九章　调 解 制 度

内容提示

本章介绍调解在我国历史上产生的背景及存在的价值，重点介绍人民调解、司法调解、行政调解制度概念、特征及功能，并对其之间的关系进行对比。着重介绍人民调解制度产生的历史、文化背景，分析人民调解的特征和人民调解委员会的组成与条件，揭示了人民调解制度的基本性质，以及在现实中的重要作用。

第一节　调解制度概述

一、调解的概念和特征

自从有人类社会，受制于生产和生活条件与空间的限制，人与人之间的社会关系日益复杂，矛盾、冲突、争端、纠纷必然产生。这就需要足够的形式和方法调整矛盾关系，解决纠纷。在原始社会向阶级社会发展的进程中，产生了各种解决纠纷的途径，如自决、和解、仲裁、调解、诉讼等。而依靠舆论和道德力量来调和矛盾协商解决争端的调解方式，因为其有独特的优越性而始终被运用发展至今。

调解在我国有很长的历史渊源。在中华民族几千年的历史长河中，"调解"作为解决纠纷的一种方式，一直得到延续不断的运用和发展。在我国古代，对"调解"一词有"居间"、"排解"、"调停"、"劝解"、"休和"、"和解"、"排难解纷"等多种提法。根据史料考察，我国历史上实际存在过三种不同形式的调解：乡治调解、宗族调解、民间调解。[1]

---

〔1〕 梁德超：《人民调解学》，山东人民出版社 1999 年版，第 22～33 页。

调解是指在第三者的主持下,经过说服、疏导和教育,使纠纷的当事人自愿达成协议,消除争端和解决纠纷的一种活动。调解制度是关于调解的组织、职能、性质、原则、任务、手段、程序和实际效果等规定的总和。它具有如下特征:

1. 在第三者的主持下进行。以第三者的身份作为调停人的,可以是专门从事调解事务的组织,也可以是法律授权的机关、法人。在我国现行法律体制下,专门从事调解工作的是人民调解委员会;行政机关在处理行政纠纷时,可以适用调解方式解决纠纷;司法机关在审理民事、商事案件时,根据当事人的要求可以进行诉讼中的调解。

2. 参与调解的当事人必须出于自愿。即无论纠纷当事人是双方或者多方,从其独立而清楚的意思表示中可以知道,他们对调解方式解决纠纷是自愿接受的,任何组织、机关或个人都不得强迫当事人接受和参与调解。

3. 通过说服、疏导、教育的方法消除矛盾、解决纠纷。作为调停人,只能用劝说、疏导的方法帮助当事人认清是非、分清责任,对纠纷双方提出的是一种令双方都接受妥协的办法,[2]以化解矛盾。而不能使用命令、胁迫进行压服。正是调解的这种手段更易于使当事人接受,才使得调解制度有生存和发展的空间。

4. 调解协议符合法律、政策和社会公德。当事人及调停人都必须在法律允许的范围内进行调解活动,当事人放弃、让步、妥协不得损害他人的合法权益,调解形成的协议也不得违反法律规定和社会公德。

5. 调解范围限于民事纠纷、经济纠纷和轻微的刑事案件。通过调解解决争端的手段被控制在民事、经济、轻微的刑事案件范围内,严重的刑事犯罪是国家司法部门运用控诉等手段予以追究的活动,这种矛盾和冲突不仅造成了犯罪人和被害人之间的争端,更重要的是破坏了国家法律所保障的社会秩序,因而是不可用调和、让步的方法来解决的。而民事、经济、轻微的刑事案件限于行为人只侵犯到公民个人的权利,当事人享有处分权,因此,允许运用协商的办法解决纠纷。

二、调解存在的基础与功能

调解在我国有着深厚的文化基础。源远流长的中华民族,有追求至中、和谐社会结构和社会关系的文化意识。对纠纷的处理更愿意不伤和气又解决问题,在相对的平和中将矛盾妥善化解,审判机关的判决并非是最理想的选择。调解正是顺应了这种民族的文化意识,它以说服的方式促使矛盾冲突的双方在争取或保护

---

[2] [英]科特威尔(R. Cotterrell):《法律社会学导论》,潘大松等译,华夏出版社 1989 年版,第 239 页。

自己权利方面相互妥协,达成共识。但是这种妥协不是无原则的,而是在公正、平等前提下达成的互谅互让。这种互谅互让使纠纷双方在矛盾化解的同时也恢复、重建了和谐的人际关系。中国的儒家和墨家,都把“爱人”作为自己理论的重要原则,要求做到“爱人若爱其身”,“推己及人”,“己所不欲,勿施于人”,即要互相谦让,不要争斗,在人际关系中崇尚“和为贵”。这是调解制度之所以长久流传的深厚历史积淀。

调解的顽强生命力还来源于其他特有的社会原因。由于传统文化和道德的影响,人们历来对诉讼意识淡漠,遇到权益纠纷,首先想到找人调停,很少想到法院诉讼。在古代,从统治者的“息讼”到百姓的“厌讼”,使大量的民间纠纷通过包括家族族长的定夺、亲戚朋友的化解来解决。其次,传统的“家丑不可外扬”心理,也使调解得以盛行。如果诉至法庭,对簿公堂,则被认为将家丑外扬于世,法官的介入被认为是外人介入矛盾,无论是当事人还是家庭、家族成员,往往难以接受。即便现在人们在生活中遇到矛盾,发生纠纷,也习惯于自行解决,或通过单位领导做工作,或通过人民调解员调停,协商解决,不愿诉诸法庭。

调解以最初作为“息讼”最普遍和最行之有效的方式,在我国历史上一直受到重视。在社会主义制度的今天,我国调解制度的内容发生了巨大变化,不同于以往任何历史阶段,不可忽视它在解决各种纠纷中所起的作用。

1. 解决争议。调解最初的产生就在于处理矛盾,这是它存在的最本源的功能。目前,我国在最基层的街道、乡村都设有调解组织或调解人员,人民法院也在积极探索诉讼内调解的新途径,在受理案件后的各阶段都发挥调解的巨大作用。调解是在分清是非、化解矛盾的基础上进行的,所达成的协议是双方当事人真实的意思表示,更容易为双方当事人所遵守,从而能够更彻底地解决纠纷。改革和发展中出现大量的纠纷和矛盾,通过调解这种成本低、见效快的独特解决纠纷的手段,越来越为人们所认识和接受。

2. 减轻法院的工作压力。近年来,全国各级法院受理案件量一直呈上升趋势,1990 年 231 万余件,2010 年已上升到 1170 万余件,2015 年为 1951 万余件。加之上诉案件的增多,各级人民法院审判任务日益加重,审判员的负担重、压力大,长期处于超负荷工作状态。

为解决诉讼数量急剧增加的问题,美国曾经采取了“大司法制度设计”,即增加司法人员数量。而日本则采取“小司法制度设计”,鼓励调解、抑制诉讼的方式。[3] 但是,随着"诉讼爆炸",越来越多的人主张采取非诉讼的方式解决民事争端,因此,英、美等国对替代性纠纷解决机制,即 ADR(Alternative Dispute Resolution)的认识加强,研究与实践也逐渐广泛。[4]

我国人民调解制度有着深远的影响,特别是在基层,大量的纠纷通过诉讼外的调解得以解决,并且,当事人大部分能够遵守协议,避免提起诉讼程序。它大大降低了法院和仲裁机构的受案数量,减轻了他们的负担,使法院集中精力解决疑难案件和大案要案,起到了节省大量的人力、物力和财力的作用。

3. 增强人民团结,稳定社会秩序。调解是在说服教育的基础上解决纠纷的,当事人在认清是非、分清责任的同时,逐步化解矛盾。在调解的过程中,调解组织站在法律的立场上,以第三人的身份,不偏不倚,依法和依情理调解纠纷。在协商的过程中,互相作出让步,最终达成协议。所有这些,有利于双方当事人达成谅解,从而促使双方当事人恢复和加强正常交往,有利于人际关系的稳定和发展,有利于双方当事人进一步确立民事关系,进入社会生活和工作的正常秩序。

4. 继承和发扬中华民族的优良文化传统,完善了我国司法体制。我国是一个有着几千年历史的文明国家,传统文化中的"息讼"、"和为贵"等观念在人民群众中深入人心。在我国古代社会,不仅民间自发产生乡里调解,官府也设置专门的调解人员处理民间纠纷。随着社会经济的发展,人们之间会产生越来越多的争端,但是选择什么样的解决途径取决于多种因素,诸如争端的性质、规模、花费的时间、人力、财力等,尤其还受到传统文化的影响。因此,调解制度有着深厚的群众基础,它是我国法律制度中的瑰宝,它不仅继承和发扬了我国具有悠久历史的法律文化和传统,也大大完善了我国的法律制度。

三、中国调解制度的种类

在我国运用调解方式解决纠纷十分广泛,如行政调解、法院调解、人民调解、仲裁调解、律师调解、公证调解等,它们都符合第三方主持并自愿、依法进行的特征,形成了多元矛盾纠纷解决机制一般被称为"大调解"。但是作为一套完整的调解制度体系,仅指行政调解、法院调解和人民调解,即整合人民调解、行政调解、司法调解资源,兼具人民、行政和司法多重性质进行化解矛盾纠纷调解机制,这是我国社会主义司法制度的一个显著特点。

---

[3] 朱景文:《解决争端方式的选择——一个比较法社会学的分析》,载《新华文摘》2004 年第 1 期。
[4] 范愉:《ADR 原理与实务》,厦门大学出版社 2002 年版,第 7 页。

(一)行政调解

行政调解是指由享有纠纷调解职能的行政主体主持的,对民事纠纷或轻微刑事案件的当事人进行说服教育,使其自愿达成协议,解决纠纷的一种调解制度,通常称为政府调解。行政调解的范围一般主要为民事纠纷,也包括特定的行政争议和轻微的刑事案件。行政调解分为两种形式:一是行政机关及其设置的机构,如基层人民政府在城市街道办事处和乡、镇设立司法所,由司法助理员和民政助理员对民事纠纷进行调解,公安交通部门对交通纠纷进行调解;二是其他组织根据法律规定,对特定民事纠纷、劳动纠纷进行调解,如消费者协会对消费纠纷进行的调解。

行政调解属于诉讼外调解,没有法律效力,协议由当事人自觉履行。如果当事人反悔,可以由行政机关作出裁决、由当事人申请仲裁,也可以向人民法院起诉。行政调解解决了大量的民间纠纷,促进了安定团结,减轻了人民法院诉讼工作。

(二)司法调解

司法调解又称法院调解、诉讼内调解或法庭调解。它是指在审判人员的主持下,双方当事人自愿协商达成协议,以此结束诉讼的一种调解制度。司法调解的范围包括民商事案件和轻微刑事案件。法院对民商事案件的调解贯穿于民事诉讼的始终,一审、二审和再审程序都可以适用调解制度,特别是对于婚姻案件,诉讼内调解是必经程序。

司法调解必须根据“当事人自愿”的原则进行,即双方当事人接受调解完全出于自愿,同意以调解的方式解决纠纷,终结诉讼;双方当事人协商的内容和结果完全出于自己的意志,法院调解人员不得施加任何压力和影响。

调解达成协议的,根据法律规定,应制作调解书,调解书经双方当事人签收后,立即产生法律效力。对不需要制作调解书的案件,书记员要做好调解笔录,并由当事人和其他参与调解的人员、审判员和书记员签名或盖章,调解笔录立即发生法律效力。生效的调解书与生效的判决书具有同等的法律效力,不能上诉。当事人如果对生效的调解书或调解笔录有异议,认为确实存在错误,应当提起审判监督程序。

(三)人民调解

人民调解是指人民调解委员会对民间纠纷进行调解的非诉讼活动。人民调解委员会是我国调解民间纠纷的法定组织，根据法律、法规、规章和政策进行调解。对法律、法规规定只能由专门机关管辖处理的，或者法律、法规禁止采用民间调解方式解决的，以及人民法院、公安机关或者其他行政机关已经受理或者解决的纠纷，人民调解委员会不得受理。

人民调解与传统调解侧重于道德教化不同，[5] 人民调解委员会在开展调解工作时必须遵守法定的工作原则，人民调解员应当严格依照法律和政策，为群众排忧解难，平息纷争。

行政调解、法院调解和人民调解不同之处在于：

1. 调解的主持者不同。行政调解的主持者是按照法律规定负有调解纠纷职责的行政机关；人民调解的主持者是人民调解委员会；法院调解的主持者是人民法院。

2. 调解的性质不同。法院调解是在诉讼进行过程中进行的调解，是一种法定的或必经的诉讼程序；行政调解与人民调解均是诉讼外的调解活动。

3. 调解协议的效力不同。行政调解达成的协议，一般靠当事人自觉履行，如果一方反悔的，可以申请人民法院审理。合法有效的人民调解协议具有合同的性质，双方当事人也可向人民法院申请确认协议的有效性。人民法院受理申请后，经审查，符合法律规定的，裁定调解协议有效，一方当事人拒绝履行或者未全部履行的，对方当事人可以向人民法院申请执行。法院的调解一旦生效，即形成与生效的判决同等的效力，具有法律约束力和强制力，双方当事人都必须履行协议，如果一方不履行的，另一方可以向人民法院申请强制执行。

行政调解、人民调解和法院调解在不同层次、不同领域完成调解任务，是国家行政权力、社会干预和司法活动的有机结合。人民调解、司法调解、行政调解相结合的大调解实践仍然存在适应性方面的不足，法律地位不明确，地方性特点突出等问题，需要在立法及制度完善等方面进一步探索。

第二节 人民调解制度

一、人民调解制度的产生

人民调解属于民间调解，是继承了古代和近代民间调解“排难解纷”、“止讼息

[5] 李刚：《人民调解概论》，中国检察出版社 2004 年版，第 52 页。

争”的某些合理因素，在中国共产党领导的人民革命的实践中，由人民群众创造出的崭新的调解形式。它最早形成于抗日战争时期，正式确立于中华人民共和国的成立初期。

（一）萌芽阶段

民主主义革命时期是人民调解制度的萌芽阶段。1922 年 10 月，彭湃同志领导广东农民成立了“赤山约农会”，“凡农会会员内部发生争执，由农会调解，不再出钱打官司；如农民与地主发生纠纷，农会也协助会员出面论理，争取公正的裁决”，这就是人民调解委员会的萌芽。[6] 到 1927 年，农民协会已发展到 2 万多个。毛泽东考察了湖南的农会组织后说，农会不仅开展革命斗争，还为农会会员排忧解难，甚至“连公婆吵架的小事，也要到农民协会去解决。一切事情，农会的人不到场，便不能解决”。[7]

（二）雏形阶段

抗日战争和解放战争时期是人民调解制度的雏形阶段。在抗日战争时期，革命根据地的调解制度得到了很大的发展，形成了民间调解方式、群众团体调解方式、政府调解方式和法院调解方式，并在陕甘宁边区广为推行。当时出台了有关调解工作的专门条例，如《陕甘宁边区民刑事调解条例》、《山东省调解委员会暂行组织条例》、《晋察冀边区行政村调解工作条例》、《华北人民政府关于民间纠纷的决定》、《天津市人民政府关于调解程序暂行规定》等，这些规范将人民调解的组织形式、机构设置、职权范围、调解程序等确定下来，使人民调解具有法律制度的性质。

到解放战争时期，人民调解制度走向成熟，建立了调解原则，即调解必须出自双方当事人的自愿（自愿原则）、调解必须以人民政府的法令和善良习俗为依据（合法原则）以及调解不是诉讼的必经程序（保护当事人诉讼权利原则），以上原则是除法院调解外，任何其他形式的调解都必须遵循的原则。调解工作三项基本原则的确立，是人民调解制度形成的主要标志，对当代人民调解制度产生了重大的影响。

---

〔6〕 华南农学院马列主义教研室、广东海丰县红宫纪念馆《彭湃传》编写组：《彭湃传》，北京出版社 1984 年版，第 65 页。

〔7〕 《毛泽东选集》（第 1 卷），天津人民出版社 1991 年版，第 14 页。

（三）确立阶段

新中国成立是人民调解制度的确立阶段。1950年中央人民政府政务院《关于加强人民司法工作的指示》中指出，人民司法工作必须处理人民间的纠纷，对这类民事案件亦须予以足够的重视，应尽量采取群众调解的办法以减少人民讼争。1953年起，全国城乡因此有步骤、有计划地开展建立人民调解委员会的工作。1954年中央人民政府政务院颁布了《人民调解委员会暂行组织通则》（以下简称《调解通则》），使人民调解委员会的工作有章可循，使全国建立的人民调解委员会取得了应有的法律地位。到1955年年底，全国已有70%的乡、街道建立17万多个人民调解委员会，调解人员约100万人。

自《调解通则》颁布至1957年上半年，人民调解委员会在全国范围内得到蓬勃发展，对社会风气和社会治安都起到了良好的作用。

（四）曲折阶段

1956—1966年这个阶段是党领导全国人民进行全面社会主义建设的十年。在这十年中，全国各省、市、自治区一般都颁布了具体贯彻《调解通则》的条例，在基层政府和法院的指导下，调解了数以万计的民间纠纷，涌现出了一批先进调解组织和模范人物，为人民的团结，社会的安定，革命和建设事业的不断发展作出了贡献，受到了党和国家领导人的好评。

1956年，由于撤区并乡的影响，除少数地区保留了人民调解委员会外，很多地区把人民调解委员会与民政委员会合并起来。从1957年下半年开始，不少地区在“左”的指导思想影响下，严重违背《调解通则》规定的精神，擅自把人民调解委员会改为调处委员会，后来甚至把它同基层治保组织合并，使之成为拥有广泛强制权力的机构，与调解制度的自愿原则相悖，严重地脱离了群众。到1960年前后，这类组织便呈现出自然解体的趋势。从1961年下半年起，我国人民调解工作又得到了一定的回升，重新回到《调解通则》规定的轨道上来。到1963年，获得了较大的发展，对于解决“大跃进”年代和三年困难时期的大量民间纠纷起了重要的作用。

（五）瘫痪阶段

1966—1976年的“文化大革命”时期，社会主义民主和法制受到严重践踏，作为社会主义民主与法制一个组成部分的人民调解制度被视为“阶级调和”路线的产物而被取消。

（六）恢复与发展阶段

党的十一届三中全会后，伴随着社会主义民主和法制建设的加强，人民调解制度重新得到党和政府的重视。1979 年下半年恢复司法部，指导和管理人民调解工作。1980 年全国人民代表大会批准重新公布《调解通则》，推动人民调解制度向前发展。1982 年 3 月，《中华人民共和国民事诉讼法（试行）》颁布，明确地将人民调解制度写进了法律条文。1982 年 12 月，全国人民代表大会第五次会议通过的《中华人民共和国宪法》第 111 条规定："居民委员会、村民委员会设人民调解、治安保卫、公共卫生等委员会，办理本居住地区的公共事业和公益事业，调解民间纠纷，协助维持社会治安，并且向人民政府反映群众的意见、要求和建议。"1989 年 5 月 5 日，国务院常务会议审议通过了《人民调解委员会组织条例》，进一步完善和发展了人民调解制度，对人民调解委员会的设置、任务等作了符合我国实际的、科学的规定。加强了人民调解委员会的组织建设和业务建设，把我国人民调解工作推进到新的历史阶段。

2002 年 9 月召开了全国人民调解工作会议，会后中共中央办公厅、国务院办公厅转发了《最高人民法院、司法部关于进一步加强新时期人民调解工作的意见》，最高人民法院颁发了《关于审理涉及人民调解协议的民事案件的若干规定》（以下简称《审理若干规定》），2002 年 11 月，司法部颁发了《人民调解工作若干规定》（以下简称《调解若干规定》）。2004 年 2 月 25 日，召开了全国人民调解工作座谈会，对近年来人民调解工作的经验进行总结，对今后人民调解工作在新时期发挥更大作用，指出了新的方向。

2010 年 8 月 28 日，全国人大常委会审议通过了《中华人民共和国人民调解法》（以下简称《人民调解法》），2011 年 1 月 1 日起施行。该法是一部专门、系统、完备规范人民调解工作的法律，突出了调解优先、强化保障制度等。尽管当时也有人大代表不赞成制定专门的调解法，认为应该制定一个大调解法。[8] 但是该法律在我国人民调解制度和人民调解事业发展史上的确具有里程碑意义，对于加强我国社会主义民主法制建设，充分发挥人民调解的职能作用，构建社会主义和谐社会都有着重要的作用。

---

〔8〕 朱永新：《我在人大这五年　一位民主党派成员见证的中国民主政治进程》（上），新华出版社 2014 年版，第 569 页。

人民调解等纠纷解决方式曾被认为是阻碍法治实现的落后的产物。但是事实证明,现代法治同任何事物一样,有其自身不可克服的局限性。随着社会的发展,这些局限性所带来的弊端日益显露。正因如此,人们对现代法治进行了深刻的反思,认识到人民调解作为一种非正式的社会治理机制,具备现代法治所要求的价值,是与现代法治并行不悖的,是适应社会主义市场经济体制建立与发展需要的一项制度,是有利于现代法治发展的。[9]

近年来,对该项制度的研究与探索不断深入,进行了强化内部机制的改革,使调解组织的覆盖面不断扩大,业务领域不断拓宽,民间纠纷的预防和调控能力不断强化,在社会治安综合治理中的作用不断加强,具有中国特色的人民调解制度由此得到丰富和发展。

二、人民调解制度的性质和特征

(一)人民调解制度的性质

人民调解制度是一项具有中国特色的民主与法律制度。它是在依法设立的人民调解委员会的主持下,以国家的法律、法规、规章、政策和社会公德为依据,对民间纠纷当事人进行说服教育、规劝疏导,促使纠纷当事人各方互谅互让、平等协商、自愿达成协议,消除纷争的一种群众性自治活动。人民调解的这种性质,是由人民调解委员会的性质决定的。按照《宪法》和《人民调解法》的规定,人民调解委员会是依法成立的,调解民间纠纷的群众性组织,其调解民间纠纷的调解活动是一种群众自治性活动,是人民群众自我教育、自我管理、自我服务,化解自己内部矛盾的重要法律制度。

1. 人民调解委员会是群众性的调解组织。群众性是指人民调解委员会不同于国家行政机关,没有行政决定权;也不同于国家审判机关,没有司法裁判权。调解活动不具有强制性,采取平等、自愿、合法的原则进行调解,调解委员会不能强制当事人接受调解或者调解协议,不享有对当事人的人身或者财产采取强制措施的权力。调解委员由村民会议或者村民代表会议、居民会议、职工大会、职工代表大会或者工会组织推选产生,具有广泛的群众基础。

2. 人民调解委员会是自治性的调解组织。自治性是指人民调解委员会是在党的领导和国家的指导下,由群众自己组织起来,自我管理、自我教育、自我服务的组织。人民调解委员会的调解活动,只要不违背政策法律和公共利益,就受法

---

〔9〕 李婷婷:《社会治理视域下的人民调解》,人民出版社 2014 年版,第 9 ~ 10 页。

律保护,其他任何机关都无权干涉。如果人民调解员存在不当行为,由其所在的人民调解委员会给予批评教育、责令改正,情节严重的,由推选或者聘任单位予以罢免或者解聘。《人民调解法》规定,县级以上地方人民政府的司法行政部门负责指导本行政区域人民调解工作,基层人民法院对人民调解委员会调解民间纠纷进行业务指导,因而不是隶属和领导关系。各人民调解委员会之间不分级别,无隶属关系。[10]

3. 人民调解委员会是基层的调解组织。基层性指人民调解委员会设立在我国社会基层的居民委员会、村民委员会,其他基层组织如企业事业单位根据需要也设立具有行业特点的调解委员会。它有别于一般村民委员会、居民委员会等组织,与居民委员会、村民委员会或其治安保卫委员会有很多内在的联系,也需要互相配合、互相支持。它的组成人员由居住区的居民直接选举产生,它的任务是调解属于基层社会生活中的民间纠纷。

4. 人民调解制度是一种司法辅助制度。人民调解委员会是专门从事民间纠纷调解的组织,它的职责只是单一的调解民间纠纷。同时也与司法活动密切联系,作为司法辅助制度,它可化解大量的民间纠纷,减轻人民法院的审判压力;对人民调解协议的司法确认又将二者有机联合,形成保障人民群众合法权益的有机整体。

人民调解制度是我国社会主义政治民主生活的组成部分,是人民群众自己组织起来,化解自身矛盾,参与社会事务、国家事务管理的一种重要形式,是我国多层次社会矛盾纠纷解决机制体系中重要的组成部分,是实现党的领导、人民当家做主和依法治国有机结合的社会主义民主政治的重要体现。

人民调解工作既继承了中华民族的优秀文化传统,又与社会主义法律规范相协调,符合当前多元化、多途径解决民事纠纷的世界潮流,符合先进的诉讼理念和先进文化的前进方向。

(二)人民调解的特征

人民调解是发挥人民群众自己的力量处理纠纷的机制,具有如下特征:

1. 人民性与民主性。人民调解制度与建立人民民主专政的国家同时产生,并在社会主义民主与法制的建设中确立、成长和发展起来。人民调解委员会设在基层的村民委员会和居民委员会,充分体现了人民调解委员是群众性组织而不是行

---

〔10〕《广东省实施〈中华人民共和国人民调解法〉办法》第8条。

政性组织。人民调解员来自人民的选举或聘任;人民调解的范围属人民内部矛盾,人民调解的原则、方法、达成的协议都必须尊重人民的意愿,人民调解组织由人民自治管理。人民调解制度之所以不断完善和进步,也体现了人民群众对它的接受和认可。

2. 自愿性。人民调解活动的开展完全由当事人自愿决定,不得进行强制调解。也即是否运用调解方式解决纠纷由当事人自愿提起,是否承认纠纷事实、是否愿意谅解和让步、是否达成协议及协议内容均由当事人决定。

3. 平等协商性。在人民调解活动进行中,人民调解员应当平等对待双方当事人,不得偏向一方压制另一方。在分清是非的基础上,由当事人协商解决办法。人民调解员提供解决方案的,必须尊重当事人的意见,由双方协商能否接受。当纠纷一时难以调解解决的,可与当事人协商改选其他解决途径。

4. 无偿性。《人民调解法》规定,人民调解委员会调解民间纠纷不收取费用。人民调解委员会以及调解小组、调解员对民间纠纷的调解活动,一律不得收取费用。对于违反规定收取费用或者接受吃请等情况,对人民调解员应当给予纪律处分。

三、人民调解的任务和作用

(一)人民调解的任务

根据《人民调解法》第 2 条的规定,人民调解委员会通过说服、疏导等方法,促使当事人在平等协商基础上自愿达成调解协议,解决民间纠纷。

《调解若干规定》第 3 条对人民调解委员会的任务进一步细化为三个层次:

1. 调解民间纠纷。这是人民调解委员会的首要任务。人民调解委员会只调解“民间”纠纷,主要是发生在公民之间,如夫妻、家庭成员、邻里、同事、居民、村民等社会成员间的矛盾,以及个体工商户、承包经营户、个人合伙之间的矛盾。涉及个人与单位或者公民与行政部门的矛盾,应当由相关机构予以解决。人民调解委员会调解的民间纠纷范围一般为公民日常生活中的财产权益、婚姻关系等纠纷,如婚姻、继承、抚养、赡养、债务、房屋使用、租赁等。

2. 预防民间纠纷激化。人民调解员在调解纠纷过程中,发现纠纷有可能激化的,应当采取有针对性的预防措施,宣传国家法律和政策,教育公民遵纪守法,遵守社会公德,正确引导群众理性表达诉求。对有可能引起治安案件、刑事案件的纠纷,应当及时向当地公安机关或者其他有关部门报告。

3. 宣传法律、法规、规章和政策。人民群众法制观念的强弱,道德水平的高低，关系到社会的安定和团结以及公民精神文明建设。由于人民调解委员会是最基层的组织，它深入人们的日常生活，由它来承担社会主义法制和道德风尚的宣传教育，是极其便利的。根据民间纠纷发生的规律和特点，人民调解委员会在不同的时期，应群众和社会的需要，随时进行普法宣传，不仅使公民道德水平得以提高，也使社会治安好转，起到了预防纠纷发生、预防犯罪的作用。

4. 向村民委员会、居民委员会、所在单位和基层人民政府反映民间纠纷和调解工作的情况。人民调解委员会是居民委员会、村民委员会的有机组成部分，在基层人民政府和基层人民法院指导下进行调解工作，人民调解员生活在群众中，是联系群众的纽带和桥梁。他们最了解群众的生活状况，了解他们对政府和对社会问题的看法，因此，及时向政府和所在单位反映民情和民意，有利于帮助政府改进工作。

（二）人民调解的作用

随着社会改革和发展的深化，矛盾也大量产生，尤其是人民内部矛盾。建立健全多层次的社会争端、纠纷解决机制是非常必要的。我国经过几十年的实践，已经初步形成了多层次的纠纷解决机制，包括民间纠纷解决机制和国家纠纷解决机制。民间纠纷解决机制主要有当事人和解、人民调解和仲裁等形式；国家纠纷解决机制主要有行政调解、法院调解等。在多层次的社会纠纷解决机制中，每种机制都有其特点，都在社会生活中发挥着独特的作用。多层次的纠纷解决机制之间也是相互联系、相互补充、相互支持的，构成了共同解决社会纠纷的统一体。

我国人民调解组织每年调解民间纠纷多达600万件，调解成功率达到95%，使绝大多数矛盾纠纷得到及时化解。[11] 随着人民调解制度与诉讼活动有机衔接，调解工作规范化建设不断完善，人民调解在化解矛盾纠纷、维护社会稳定中发挥的作用将进一步得到加强。

1. 人民调解有助于“三个文明”建设。在全面建设小康社会，加快社会主义物质文明、精神文明和政治文明建设的新的历史时期，创建一个和谐稳定的社会环境是非常重要的。政治稳定、经济发展、民族团结、社会进步有赖于人们的道德水平和法制观念的增强。人民调解的范围都是涉及群众切身利益的问题，依法维护纠纷当事人的合法权益，用调解的方式化解矛盾，特别是化解大量生产经营性纠纷，有助于保护人民群众的生产积极性，有助于从根本上维护群众的长远利益。

---

〔11〕 胡泽君：《在全国人民调解工作座谈会上的讲话》，2004年2月24日。

人民调解员在进行调解的过程中，通过宣传法律，提高公民的法制意识，教育公民养成尊重道德准则、遵纪守法的良好习惯。人民调解员采用多种形式，针对实际案例的调处，使当事人及周围群众懂得什么是合法的，什么是违法的；什么是符合社会主义道德的，什么是违背社会主义道德的。从而，克服狭隘自私观念，树立集体主义和整体利益观念，这是社会主义精神文明建设的重要任务之一。

人民调解也是党和政府重视、关心和维护好群众利益的体现，通过调解活动将党的坚持执政为民的精神落实到基层，把群众反映强烈的热点问题、难点问题反馈给党和政府，有助于党和政府有针对性地及时采取措施，解决好关系到群众利益的重大问题，以保证政治文明建设的顺利进行。

2. 人民调解有助于基层民主建设。截至2015年年底，全国有人民调解委员会总数为798417个。其中，村(居)调调解委员会675194个，占总数的84.6%；乡镇(街道)调解委员会42380个，占总数的5.3%；企事业单位调解委员会48036个，占总数的6.0%；社会团体和其他组织调解委员会32807个，占总数的4.1%。截至2015年年底，全国有人民调解员3911220人，村(居)调调解员3211174人，占总数的82.1%；乡镇(街道)调解员318830人，占总数的8.1%；企事业单位调解员189895人，占总数的4.9%；社会团体和其他组织调解员191321人，占总数的4.9%。[12] 人民调解拥有一个完整的组织体系和庞大的人民调解员队伍，因而能够承担处理每年约600万件纠纷的重任。

实现高度的社会主义民主，组织人民群众管理国家事务和社会事务的作用，是我国民主建设的长远目标。活跃在基层的人民调解员由所在的居住区居民或村民选举产生，并在这个区域内开展调解活动。建立健全直接民主制度，培养人民群众的民主意识、民主习惯，提高民主素质是社会主义民主的基础工作。人民调解就是培养人民的民主习惯，提高人民的民主意识，发展社会主义民主的一项很重要的基础工作。只有发展基层社会生活的群众自治和民主管理，使人民群众依照法律规定，通过各种途径和形式管理国家事务、社会事务，使每个劳动者在各自的岗位上都能享受当家做主的权利，以主人翁的姿态进行工作，把民主从政治生活领域扩展到社会生活的各个方面，社会主义民主才能高度发展完善。

3. 人民调解有助于社会安定团结。矛盾和纠纷如果不用适当的方法去妥善解决处理，不仅会影响生产建设的正常进行，还会影响人们之间的相互关系和社

---

〔12〕 司法部基层工作指导司人民调解处：《2015年度全国人民调解工作数据统计》，载《人民调解》2016年第4期。

会的安定。人民调解是在党的领导下,经历了建设和改革各个历史时期的实践,不断发展和完善起来的一项化解民间纠纷的重要法律制度。它调解的都是人民内部矛盾,则其根本利益是一致的。正是在这个一致性的基础上,人民调解员采取对当事人进行法制宣传和道德教育,运用细致、深入的思想工作方法,使当事人本着互相谅解、互相让步的原则达成协议。这样既能解决纠纷,又不伤和气,不结仇记恨,有利于消除社会矛盾,改善人际关系,增强团结,这对整个社会的安定团结,具有重要作用。

4. 人民调解承担着化解纠纷的第一道防线的重任。人民调解组织每年调解的民间纠纷达几百万件,防止了大量民间纠纷激化为刑事案件,避免了大量非正常死亡案件的发生,为有效地化解社会矛盾,形成良好的社会生产和生活秩序做出了重要贡献。刘少奇同志在1957年曾说过:"人民调解工作是政法工作的第一道防线"。〔13〕 人民调解组织工作在基层,能够及时发现纠纷,并采取积极妥善的解决办法来处理这些纠纷,防止矛盾激化,避免刑事案件及其他恶性事件的发生。总之,人民调解已经成为解决社会矛盾纠纷的重要途径和有效方法之一,在开展社会治安综合治理、维护社会稳定中起着十分重要的作用。

四、人民调解的原则

人民调解的原则是指人民调解组织在进行调解的过程中必须遵循的准则。我国人民调解工作在长期的实践中,逐步形成了一整套对开展人民调解工作具有普遍指导意义的工作原则。它反映了人民调解的本质和特征,体现了调解工作的指导思想。这些基本原则贯穿在人民调解组织开展调解工作的全过程,它保障了人民调解工作的健康发展。

《人民调解法》第3条和《调解若干规定》第4条规定,人民调解委员会调解民间纠纷,应当遵守下列原则:

(一)不违背法律、法规和国家政策调解原则

不违背法律、法规和国家政策调解,是指人民调解组织必须依照国家的法律、法规和政策进行调解活动。法律、法规和政策没有明确规定的,根据社会公德进行调解。它包括三层意思:

---

〔13〕 中共中央文献研究室刘少奇研究组:《〈刘少奇选集〉下 学习研究文集》,中共中央党校出版社1985年版,第110页。

1. 依照法律辨别、判断是非。人民调解组织进行调解活动，必须以国家法律、法规和政策作为评判是非的主要尺度。在调解纠纷的工作中，无论是教育、劝说当事人，或是分析判断纠纷的性质和是非曲直，或是向当事人提出协议的方案等，都不能单凭调解人员的主观想象，也不能盲目地根据当事人的意愿和要求，态度必须鲜明，不能模棱两可，也不能无原则地“和稀泥”。

在调解实践中，除了国家法律、法规和政策是正确调解纠纷的准则外，社会公德也是人民调解组织处理纠纷的依据。因为法律不调整所有的社会关系，对于不属于法律调整范围的，必须依靠社会道德进行调整。而不能用旧的思想、旧的习惯、旧的势力维护不良社会现象。因此，社会公德作为人民调解的依据，是社会进步的要求，是社会文明的客观需要，是依法调解的重要补充，也是推动人民调解工作发展的重要保证。

2. 调解的范围符合法律规定。人民调解委员会只能受理民间纠纷，对法律法规明确规定只能由司法机关或行政机关主管的案件不得进行调解。人民调解委员会受理的民间纠纷，主要是公民之间有关人身、财产权益和其他日常生活中发生的争议比较小的纠纷，对于争议大，案情比较复杂以及涉及治安案件、刑事犯罪引起的纠纷，调解委员会不能受理。

3. 调解的方式和达成的协议必须合法。调解委员会只能采取教育和疏导的方法，而不能用训斥、压服和其他粗暴的方法，更没有权利对当事人采取任何强制手段，进行经济或人身处罚。经调解，当事人双方达成的协议内容必须合法。也就是说，调解协议的内容要符合国家的法律、法规和政策，不得与其相抵触，不得损害他人的合法权益。

（二）在当事人自愿、平等的基础上进行调解原则

人民调解委员会应当在双方当事人自愿平等的基础上进行调解，不能采取任何强迫措施。它包含四层意思：

1. 接受调解双方自愿。双方当事人同意调解，是人民调解委员会进行调解的前提，双方或一方当事人拒绝调解时，调解委员会不能强迫调解。无论是当事人单方申请调解，还是调解委员会主动进行调解，都必须事先征得双方当事人的同意，充分尊重双方当事人的意愿。只有这样，当事人才有可能接受说服和教育，并愿意达成协议。

2. 平等对待双方当事人。在调解中要始终坚持平等对待双方当事人，使纠纷当事人在调解活动中地位平等，不仅要保障双方在解决纠纷中有充分表达异议的

权利,还应当对纠纷当事人在适用法律、政策上平等,不得厚此薄彼,不得偏袒一方,也不得以个人意志压制另一方。

3. 双方同意达成调解协议书。人民调解委员会在分清是非的基础上,运用说服教育的方法消除双方矛盾,使当事人统一认识,互相谅解和让步,自愿签订调解协议书。对于调解协议的效力,应当给当事人做解释,使其了解调解协议的利害关系和法律后果,在其完全同意后才能签字。不能欺骗当事人,甚至强迫当事人签字。

4. 调解协议要由当事人自觉履行。在人民调解委员会主持下,在双方当事人表示自愿和同意的情况下达成的调解协议,当事人应当履行。对调解协议的履行一方面要靠当事人自己内在承诺为约束力;另一方面,也靠来自群众对其信誉及舆论的外部压力。当事人能否自觉自愿地履行义务,还要看协议的内容是否切实可行,这就要求调解人员应当具备良好的调解素质和能力,避免出现协议难以履行的情况。

《民事诉讼法》第194、195条规定,双方当事人依照《人民调解法》等法律达成调解协议的,自调解协议生效之日起三十日内,共同向调解组织所在地基层人民法院提出。人民法院受理申请后,经审查,符合法律规定的,裁定调解协议有效,一方当事人拒绝履行或者未全部履行的,对方当事人可以向人民法院申请执行;不符合法律规定的,裁定驳回申请。当事人可以通过调解方式变更原调解协议或者达成新的调解协议,也可以向人民法院提起诉讼。

(三)尊重当事人的权利,不得因调解而阻止当事人依法通过仲裁、行政、司法等途径维护自己的权利的原则

尊重当事人诉讼权利的原则,是指人民调解委员会对民间纠纷的调解不是起诉的必经程序,不得因未经调解委员会调解或者调解不成而阻止当事人提出仲裁申请,或者向人民法院起诉。

人民调解只是解决民间纠纷的一种机制,我国建立了多种解决纠纷的途径,由当事人根据情况自行选择。当公民的财产和人身权益受到侵害或引起争执时,有权向人民法院起诉,请求人民法院行使审判权,依法保护其合法权益,这是法律赋予公民的一项重要诉讼权利,任何组织和个人都无权剥夺。人民调解委员会在开展调解工作时,同样应当尊重当事人的诉讼权利,不能限制当事人直接向人民法院起诉,人民法院亦不得以未经人民调解委员会调解而拒绝受理。

五、当代人民调解的组织形式

人民调解的组织形式是人民调解委员会。《宪法》、《人民调解法》规定人民调解委员会是村民委员会和居民委员会下设的调解民间纠纷的群众性组织，在基层人民政府和基层人民法院指导下工作。

（一）人民调解委员会

《人民调解法》第8条规定，村民委员会、居民委员会设立人民调解委员会。企业事业单位根据需要设立人民调解委员会。第34条规定，乡镇、街道以及社会团体或者其他组织根据需要可以参照本法有关规定设立人民调解委员会，调解民间纠纷。

村民委员会、居民委员会和企业事业单位的人民调解委员会根据需要，可以自然村、小区（楼院）、车间、一些人群相对稳定和集中的场所如农贸市场等为单位，设立调解小组，聘任调解员。目前我国也建立许多以协会、行业为单位的调解委员会，如侨民调解委员会、消费者调解委员会等，但因没有具体相关的法律规定，如对其组织、调解范围、调解效力等没有规范，此缺陷可能会影响行业调解的规范性。[14]

村民委员会、居民委员会、企事业单位的调解委员会是人民调解的主要组织形式，为了充分发挥调解委员会的作用，要在巩固它们的基础上，逐步加强三级调解网络建设，消除调解空白点。[15]

人民调解委员会由委员和其他调解员组成。委员设三至九人，主任一人，必要时，可以设副主任若干人。

委员会应当有妇女委员，多民族居住的地区应当有人数较少民族的委员。

（二）人民调解员

《人民调解法》规定人民调解员由人民调解委员会委员和人民调解委员会聘

---

〔14〕 张力：《区建筑工地行业调解委员会揭牌》，载《创业导报》2016年5月26日。陈媛媛：《全区首家保险行业调解委员会成立》，载《南宁日报》2016年5月9日。

〔15〕 即从村民、居民生活的最基本单位为第一层调解委员会，以生活区域的扩大设置第二层调解委员会、第三层调解委员会，有的地方建立了乡镇（街道）司法调解中心、村（居）调解委员会、自然屯（居民组）调解小组三级调解网络；有的地方建立了村（居）设调解委员会、村（居）民小组设调解小组、每十户设调解员的三级调解网络；有的地方在企业单位设调解委员会、分厂（车间）设调解小组，班组设调解员的三级调解网络等。

任的人员担任。即人民调解员由两部分人员构成,包括人民调解委员会委员和人民调解委员会聘任的调解人员。

1. 人民调解委员会委员

《人民调解法》规定,村民委员会、居民委员会的人民调解委员会委员由村民会议或者村民代表会议、居民会议推选产生;企业事业单位设立的人民调解委员会委员由职工大会、职工代表大会或者工会组织推选产生。人民调解委员会委员由群众民主选举产生,具有更强的群众代表性,不需要通过聘任确定,是人民调解委员会当然的组成人员。

人民调解委员会委员每届任期三年,可以连选连任。

人民调解委员会委员,必须保持崇高的职业道德,严明的组织纪律,坚定的法律观念和高度的责任感。只有这样,人民调解委员会的组织建设才能得以健康发展。人民调解委员会委员不尽职尽责、马马虎虎甚至违反法律、法规进行调解的,必然会给人民群众造成极坏的影响,破坏人民调解的积极作用。因此,如果人民调解委员会委员严重失职或者违法乱纪的,由原选举单位予以罢免。

如果遇到特殊原因致使人民调解委员会委员不能任职时,由原选举单位补选、补聘。这里所说的特殊情况主要有,调解委员死亡、无民事行为能力或提出辞职,或者因为调解委员工作单位、居住地变动、地方行政区划合并或重新区划等。有上述情况的调解委员已不能继续任职,原选举单位应及时予以补选。

根据《调解若干规定》,乡镇、街道人民调解委员会委员由下列人员担任:(1)本乡镇、街道辖区内设立的村民委员会、居民委员会、企业事业单位的人民调解委员会主任;(2)本乡镇、街道的司法助理员;(3)在本乡镇、街道辖区内居住的懂法律、有专长、热心人民调解工作的社会志愿人员。

2. 人民调解员

人民调解委员会委员可通过聘任方式产生除人民调解委员会委员之外的其他人民调解员。他们可以是专职调解员,也可以是兼职调解员,即符合《人民调解法》第14条规定的条件,具有专业知识、专业技能的人员。

实践中,各地方人民调解委员会委员也在创造性地发挥人民调解委员会化解矛盾,平息纠纷的积极作用,采取不同的方式促进社会和谐。如"十户调解员"、"班组调解员"、"纠纷信息员"等统称人民调解员。[16]

---

〔16〕 人民调解基层工作记录编委会:《人民调解:基层工作记录》,上海人民出版社2015年版,第35~36页。

3. 担任人民调解员的条件

由于人民调解员肩负着预防和调解民间纠纷的重要职责，调解工作能否健康顺利有效地开展，与人民调解员的政治素质、思想素质、业务素质有着密切的关系。根据《人民调解法》和《调解若干规定》的规定，人民调解员的条件是：

(1)公道正派。人民调解员待人处事应该主持公道，正直无私，不偏不倚，居中调解，这是调解能否顺利进行的保障。在调解的过程中，说服、开导、教育都应当不带有个人偏见。向政府部门反映情况，应实事求是，光明正大。无论对待什么身份、地位、职业、民族的当事人都不得徇私舞弊、搞邪门歪道，不为人情所累，不为金钱所惑，不为权势所屈，敢顶歪风，敢压邪气，秉公处理问题。

(2)热心人民调解工作。调解工作是一项艰苦而又繁忙的工作，无名无利且有时还有一定的危险性。因此，人民调解员应当热情耐心，认真负责，不怕苦累，不惧艰险，树立高度的事业心，保持强烈的责任感。只有热爱人民调解工作，才能做好这项工作，才能积极为群众排难解纷，及时防止民间纠纷激化。

(3)有一定政策水平、文化水平和法律知识。人民调解工作是一项法律性、政策性很强的工作。调解活动必须符合国家法律规定，这是人民调解工作的重要原则之一，也是衡量调解工作正确与否、调解协议有效与否的主要标准。人民调解员必须通过努力学习，认真掌握国家法律、法规和政策，以保证在工作实践中，严格依法办事，正确运用法律武器，自觉地维护国家法律的尊严，维护纠纷当事人的合法权益。只有具备一定的文化水平，才能正确理解法律、政策的真正意图，因此，作为乡镇、街道人民调解委员会委员的，还应当具有高中以上文化程度。

(4)联系群众。人民调解产生于人民群众之中，群众性是它赖以生存的基本保证。调解人员在工作中，应做到遇事与群众商量，虚心听取群众的意见和呼声，才能真正起到政府与人民的桥梁作用。处理民间纠纷时，坚持调查研究，掌握客观实际情况，才能真正理解群众纠纷的症结，调解的结果才能被当事人真正接受。

(5)成年公民。人民调解委员会是我国调解民间纠纷的组织，其组成人员应当是我国公民，即具有中华人民共和国国籍。因为，只有成年公民才具有完全民事行为能力，才具有全面分析和独立解决问题的能力，才能从事社会管理和服务活动。规定由成年公民担任人民调解员是人民调解组织的性质和人民调解工作的需要所决定的。

六、人民调解协议

人民调解协议，是民间纠纷的双方当事人在人民调解委员会主持下，就争执的权利、义务关系,依照法律政策达成的一致意见。它是一种在原有的权利义务关系发生争议后,重新约定权利义务的民事法律行为。经人民调解委员会调解达成调解协议的,可以制作调解协议书。当事人认为无须制作调解协议书的,可以采取口头协议方式,人民调解员应当记录协议内容。

(一)人民调解协议的合同性质

最高人民法院《审理若干规定》第1条规定,经人民调解委员会调解达成的、有民事权利义务内容,并由双方当事人签字或者盖章的调解协议,具有民事合同性质。因此,根据《民法通则》和《合同法》关于民事法律行为及合同的规定,同样适用于人民调解协议。

最高人民法院《审理若干规定》对人民调解协议确认为具有合同的性质,这项规定为人民法院审理涉及人民调解协议的民事案件提供了依据,解决了争议多年的人民调解协议的法律效力问题。人民调解协议产生法律效力必须具备法定的条件是:(1)签订协议的双方当事人具有相应的民事行为能力;(2)双方当事人意思表示真实;(3)关于权利与义务的约定不违背法律法规的规定、不损害社会公共利益或第三人利益;(4)形式符合法律规定。《调解若干规定》要求,人民调解协议必须是书面形式。凡具备上述条件的人民调解协议,对双方当事人应具有法律约束力。

《调解若干规定》第35条对调解协议应当具备的形式要件作了规定,即(1)双方当事人基本情况;(2)纠纷简要事实、争议事项及双方责任;(3)双方当事人的权利和义务;(4)履行协议的方式、地点、期限;(5)当事人签名,调解主持人签名,人民调解委员会印章。

调解协议由纠纷当事人各执一份,人民调解委员会留存一份。

(二)人民调解协议的无效情形

1. 当事人自行达成调解协议的无效情形

人民调解委员会在进行调解时,应向当事人双方讲明以下这些条件下达成的调解协议无效:第一,损害国家、集体或者第三人利益的;第二,以合法形式掩盖非法目的;第三,损害社会公共利益的;第四,违反法律、行政法规的强制性规定的。

2. 人民调解委员会促成当事人达成调解协议的无效情形

由人民调解委员会促成当事人达成调解协议的除具备上述情形而无效外,还包括以下情形:(1)越权调解,即人民调解委员对不属于调解范围的纠纷或案件进行调解，从而形成调解协议的应当无效；(2)违背自愿原则，强行调解的；(3)违背当事人真实意思表示的；(4)因重大误解订立的调解协议；(5)调解协议显失公平的。

（三）调解协议的履行

《人民调解法》规定，经人民调解委员会调解达成的调解协议，具有法律约束力，当事人应当按照约定履行。人民调解委员会应当对调解协议的履行情况进行监督，督促当事人履行约定的义务。

《调解若干规定》第36条规定人民调解委员会应当对调解协议的履行情况适时进行回访，并就履行情况做出记录。

1. 自觉履行

人民调解协议，是通过人民调解委员会的教育、规劝、疏导，在没有任何外力的胁迫和强制下，由双方当事人自愿达成的。因而当事人一般是能够自觉履行协议的。实践也证明，协议一旦达成，实际履行率约是90%，[17]是相当高的。人民调解协议之所以有较高履行率的原因就在于，中国传统的守信用、讲诚信的道德规范约束着人们的行为，使自觉履行成为可能；另外，人民调解这种解决纠纷的形式具有普遍的群众基础，这一方面源于传统"和为贵"的文化影响，另一方面源于调解的环境宽松不伤和气，协议是在平和的气氛中达成的，履行协议出于当事人自愿；再者，人民调解制度已经完善，在自愿、公平、合法的原则进行调解，不胁迫、不强制、不压服的调解方法，使当事人的意愿得到尊重，使履行更加顺利。

2. 法律保障

人民调解协议的履行，仅靠当事人的自觉是不够完备的，总有一些当事人不能自觉履行协议，因此，必须在强调自觉履行的同时，予以法律保障。只有这样，才能使人民调解制度更加完善。

《调解若干规定》第37条规定，当事人不履行调解协议或者达成协议后又反悔的，人民调解委员会应当按下列情形分别处理：(1)当事人无正当理由不履行协议的，应当做好当事人的工作，督促其履行；(2)如当事人提出协议内容不当，或者人民调解委员会发现协议内容不当的，应当在征得双方当事人同意后，经再次调解变更原协议内容；或者撤销原协议，达成新的调解协议；(3)对经督促仍不履行人民调解协议的，应当告知当事人可以请求基层人民政府处理，也可以就调解协

---

〔17〕 宋朝武：《调解立法研究》，中国政法大学出版社2008年版，第301页。

议的履行、变更、撤销向人民法院起诉。

3. 司法确认

调解协议的履行主要靠当事人的自觉。在实践中，绝大多数当事人都能很好地履行人民调解协议，但是也存在一些当事人不能自觉履行协议的情况。人民法院对人民调解协议的确认，是对调解协议采取的必要司法保障措施。

七、人民调解委员会与基层政府和基层人民法院的关系

人民调解委员会是基层群众自治组织——居民委员会、村民委员会领导下的一个常设工作委员会，在厂矿企业则是职工代表大会领导下的群众性调解组织。根据《人民法院组织法》、《人民调解法》的规定，人民调解委员会在基层人民政府和基层人民法院的指导下进行工作。这是为了保证人民调解工作不偏离国家的法律和政策，保证人民调解工作的健康发展，充分发挥人民调解委员会在建设社会主义物质文明、精神文明和政治文明建设事业中的重要作用。在新的历史时期，为了开创人民调解工作的新局面，基层人民政府和人民法院必须进一步加强对调解委员会的指导，调解委员会也必须自觉地接受其指导。

(一)人民调解委员会与基层人民政府的关系

基层人民政府一般是指区、县级以下人民政府。人民调解委员会的设置，按照法律规定，它是从方便群众、便于调解的原则出发而设置在基层行政区域内的群众性自治组织。人民调解委员会是由群众自己组织起来，进行自我教育、自我管理、自我建设、自我服务的组织。

《人民调解法》第5条规定，人民调解委员会在基层人民政府和基层人民法院指导下进行工作。基层人民政府及其派出机关指导人民调解委员会的日常工作，由司法助理员负责。《调解若干规定》第9条规定，将人民政府及其派出机构具体落实为司法行政机关及其派出机构即司法所，对人民调解工作进行指导和管理。

这就决定了人民调解委员会同基层人民政府的关系是指导与被指导的关系，而不是政府领导下的下级组织，人民政府是人民调解委员会的指导管理部门。《调解若干规定》规定，指导和管理人民调解委员会的日常工作，由乡镇、街道司法所(科)负责。司法所是司法行政系统最基层的单位，也是基层政法组织的重要组成部分，承担着基层司法行政各项业务工作，直接面向广大人民群众提供法制宣传、法律保障和法律服务。司法所的一项重要任务是指导人民调解工作，人民政府对人民调解委员会的指导和管理，主要在有关方针、政策、法律知识、调解原则

等方面的指导，通过以下几方面进行工作：

1. 把人民调解工作经费纳入财政保障体制，确保人民调解委员会的工作经费和人民调解员的培训经费、补贴经费落实到位，为人民调解工作的顺利开展创造良好的工作环境和条件。

2. 广泛宣传人民调解在化解社会矛盾纠纷、维护社会稳定中的作用；宣传法制、法律，培养民主习惯，增强社会主义的法制观念和道德观念；宣传人民调解工作中做出突出贡献的先进集体和先进个人，为人民调解工作的开展创造良好的社会环境和舆论氛围。

3. 解答、处理人民调解委员会或者纠纷当事人就人民调解工作有关问题的请示、咨询和投诉。

4. 应人民调解委员会的请求或者根据需要，协助、参与对具体纠纷的调解活动。

5. 总结交流人民调解工作经验，调查研究民间纠纷的特点和规律，指导人民调解委员会改进工作。

6. 对依法履行职务的人民调解员，受到非法干涉、打击报复时，应当依法予以保护。

7. 对人民调解委员会主持达成的调解协议予以检查，发现违背法律、法规、规章和政策的，应当予以纠正。

（二）人民调解委员会和基层人民法院的关系

人民法院是国家的审判机关，它担负着审判刑事案件、民事案件、经济案件和行政案件的任务。同时，根据《人民调解法》和《人民法院组织法》的规定，它还负有对人民调解委员会工作的指导职责。基层人民法院与人民调解委员会是支持与指导的关系，所谓支持主要是指在思想上重视人民调解机制在解决社会矛盾纠纷中所发挥的作用，以及调解工作对减轻法院工作压力和节约司法资源的贡献，并在审判实践中，公正审理涉及人民调解协议的民事案件。所谓指导主要是指人民法院对人民调解委员会的调解业务进行指导，以保证调解的质量和调解协议的效力。

基层人民法院及其派出法庭支持和指导人民调解委员会的原则是，不缺位、不错位、不越位。[18] 所谓不缺位，就是要求基层人民法院及其派出法庭运用审判

---

〔18〕 肖扬：《在全国人民调解工作座谈会上的讲话》，载《人民法院报》2004年2月25日。

手段支持人民调解工作，严格按照《民事诉讼法》、《人民法院组织法》、《审理的若干规定》等法律和司法解释的规定，在审判实践中，对人民调解委员会根据法律、法规、政策和社会主义道德等规范促成当事人自愿达成的调解协议，人民法院应当予以支持。

所谓不错位，就是指人民法院对人民调解工作的指导不错位，将指导定位于业务指导关系，不是领导与被领导关系，不能按照上下级之间来指示或命令。

所谓不越位，就是指人民法院在指导人民调解委员会工作时，不能代替或者变相代替人民调解委员会的调解工作，或者直接插手具体案件，发表对案件的看法，应当尊重人民调解委员会独立调解民间纠纷的法律地位和社会地位。

从实际情况来看，人民调解成效显著的地方，人民法院的收案就会相应减少，特别是农村或偏远地区。人民调解委员会与基层人民法院及其派出法庭相互配合，在解决当地的民间纠纷中起到不可替代的作用，保证了司法资源的合理有效利用。〔19〕

第三节　司法调解

司法调解是调解机制中非常重要的一项制度，又称诉讼调解、法院调解，是指法院在诉讼中作为第三方参与调解的活动。在现行我国立法规定中，司法调解制度在民事诉讼和刑事自诉案件、刑事附带民事诉讼、行政附带民事案件、行政赔偿案件中确立并被运用。相对于其他调解制度，司法调解因为法官居中调解和注重当事人的意愿，调解方式灵活、高效的特点，因而具有司法的特性即终局性和完整性，法律效力更强。

在多元化纠纷解决机制中，人民调解、行政调解和司法调解良性联动，共同构成了公民权利的保护和救济机制。

一、司法调解制度的历史沿革

我国古代实行司法与行政合二为一的体制，民间纠纷均告于官府。“秦汉以来，司法官多奉行调处息讼的原则，至两宋，随着民事纠纷的增多，调处呈现制度

〔19〕　邱星美、王秋兰：《调解法学》，厦门大学出版社2008年版，第174～175页。

化的趋势，明清时期，调处已臻于完善阶段。"[20]

1935年国民党政府颁布的《民事诉讼法》第409条规定了法院调解的案件范围。一种是强制调解事件，包括房屋租赁、雇佣契约、离婚等；另一种是任意调解事件，即经当事人申请，由法院认可的其他诉讼。这是第一次独立正式以法律条文规定的中国司法调解。

中华人民共和国成立前的边区高等法院、各分庭、县司法处对案件适用调解审理，并以马锡五审判方式为突出代表。

1943年6月8日，陕甘宁边区高等法院指示信——令各高等分庭及各地方法院、县司法处实行调解办法，改进司法工作作风，减少人民讼累——中说："调解的方式，或由加害人向被害人赔礼认错，或赔偿损失，或给被害人以抚慰金，或赔酒席之类，凡在民间习惯上可以平气息争之方式，只要不违反善良风俗及涉及迷信，均可采用。"[21]6月11日，陕甘宁边区政府颁布《陕甘宁边区民刑事件调解条例》（以下简称《调解条例》），将调解方式科学化和法律化。《调解条例》规定，"系属法庭之案，得由法庭以职权依据本条例之规定进行调解，或指定双方当事人之邻居、亲友或民众团体在外从事调解。"

边区的司法调解分庭内调解和庭外调解两种。庭内调解即对于法律允许调解的案件由法庭直接调解；庭外调解则是由司法干部亲自主持，依靠基层干部和群众进行思想工作，严格掌握政策，依据法律，实事求是地调解纠纷。在当时情况下，这种调解方式既满足了人民群众的愿望和要求，又弥补了基层干部由于文化低、能力差、法律知识少或与当事人有牵连而造成调解工作中的缺点和错误。[22]

在民主革命时期，革命根据地和解放区的司法机关普遍采用调解方式解决民事纠纷。提出"调解主为，审判为辅"的八字方针，随后发展为"依靠群众，调查研究，调解为主"的十二字方针。直至中华人民共和国成立初期，司法调解仍成为解决纠纷的首要方式。20世纪50年代后期提出"依靠群众，调查研究，调解为主，就地解决"的十六字方针，人民法院处理轻微的刑事案件和民事案件主要以调解方式解决。时任上海市副市长的潘汉年提出"民事以调解为主，审判为辅；刑事以审判为主，调解为辅"的方针。[23]

1982年的《民事诉讼法（试行）》确立了"着重调解"原则。它比"调解为主"

---

〔20〕 张晋藩：《中国古代民事诉讼制度通论》，载《法制与社会发展》1996年第3期。

〔21〕 艾绍润、高海深：《陕甘宁边区法律法规汇编》，陕西人民出版社2007年版，第338～340页。

〔22〕 杨永华、方克勤：《陕甘宁边区法制史稿 诉讼狱政篇》，法律出版社1987年版，第219～223页。

〔23〕 周永坤：《论强制性调解对法治和公平的冲击》，载《法律科学》2007年第3期。

的提法进步,克服了认识上的片面性,但这一提法较为笼统,含义不明确,在司法实践中不易正确操作。

1991 年颁行的《民事诉讼法》删除了“着重调解”原则,取而代之的是“自愿合法调解”。至 2004 年前这一时期,受审判中心主义和权利本位法学思潮的影响,整个法律界对法院调解持边缘化的态度,在法学理论界有学者持废除法院调解的主张。〔24〕

2004 年最高人民法院颁布了《关于人民法院民事调解工作若干问题的规定》,2007 年颁布《关于进一步发挥诉讼调解在构建社会主义和谐社会中积极作用的若干意见》,明确将“能调则调,该判则判,判调结合,案结事了”作为新时期人民法院民事审判工作的重要指导原则,强调要重新审视司法调解的功能和作用,要求各级人民法院加强司法调解强调力度。

2012 年修改的《民事诉讼法》制定了“应当根据自愿和合法的原则进行调解”原则,使法院调解原则明确科学,也正确地反映了调解原则在民事诉讼中的地位。

自 20 世纪 70 年代以来的法制重建中,司法调解走过了一条先抑后扬的道路,张卫平教授将之概括为“U 形演变”。〔25〕

当今世界许多国家都设置有司法调解制度,或者以法官亲自参与调解,或者由法院将案件移交其他机构调解。〔26〕 澳门的《民事诉讼法典》和《劳动诉讼法典》都规定了法官可以对案件在诉讼开始阶段强制试行调解,也可在诉讼过程中进行调解。但关于诉讼调解的规定近乎严苛,导致在司法实践中运用十分有限。澳门法官认为澳门现有的机制已足够,过多的司法调解只会适得其反,不但会拖慢诉讼程序,亦可能让人们误会司法机关欲逃避案件的具体审理。〔27〕 同样,在澳大利亚近几年引进的司法调解制度也鲜有被利用。〔28〕

二、当代司法调解的特征

司法调解是人民法院的一项审判活动,调解协议是法院审判职能与当事人处分行为相结合的结果,因此与当事人的自行和解、人民调解、行政调解都不同。其

〔24〕 张晋红:《法院调解的立法价值探究》,载《法学研究》1998 年第 5 期。

〔25〕 张卫平:《诉讼调解:时下势态的分析与思考》,载《法学》2007 年第 5 期。

〔26〕 最高人民法院司法改革领导小组:《域外 ADR 制度、规则、技能》,中国法制出版社 2012 年版,第 192 ~ 196 页。

〔27〕 赵琳琳:《澳门司法制度新论》,社会科学文献出版社 2015 年版,第 334 页。

〔28〕 最高人民法院司法改革领导小组:《域外 ADR 制度、规则、技能》,中国法制出版社 2012 年版,第 194 页。

特征如下：

1. 司法调解发生在诉讼过程中。《民事诉讼法》第 122 条规定，“当事人起诉到人民法院的民事纠纷，适宜调解的，先行调解，但当事人拒绝调解的除外。”《刑事诉讼法》第 101 条规定，人民法院审理附带民事诉讼案件，可以进行调解；第 206 条规定，除第 204 条第 3 项规定的案件不适用调解外，对自诉案件，人民法院可以进行调解。由此可见，司法调解发生在诉讼过程之中，与诉讼存在必然联系，人民法院的调解行为和当事人参加调解的行为都具有诉讼上的意义。尤其在民事诉讼中，司法调解既是一项基本原则，也是一项基本制度，贯穿民事诉讼程序的各个阶段。

2. 调解在法院主持下进行。司法调解的主体是法院，具体可由案件的审判员一人或者合议庭审判人员主持进行。在《民事诉讼法》和相关司法解释中规定了委托调解、邀请调解、协助调解等不同方式，其显著的特征仍然是由法院为主导一方，且形成的调解协议无论制作调解书或者不制作调解书，其内容都包含着审判权运行的结果。

3. 司法调解具有严格的法律原则和程序规范。我国《民事诉讼法》第八章专门就调解原则、组织、过程、效力等作出规定，在起诉、审理及针对特定案件也作出明确的调解规定，《民事诉讼法司法解释》在第 142 ~ 151 条对法院调解进行补充规定，对调解协议的送达方式予以特别规定。司法调解在民事诉讼中不仅要求遵循自愿和合法的原则，且在诉讼各个阶段的调解和发挥调解功能的运行中，都必须严格依照规范进行，这是诉讼外调解所不具有特点。

4. 调解协议具有强制执行效力。司法调解形成的调解协议或调解书生效后与生效的判决书具有同等的法律效力。一方不履行具有给付内容的调解书时，另一方当事人可申请强制执行。

三、司法调解的原则

司法调解的原则，是指在进行调解活动和达成调解协议的过程中，人民法院和当事人应当共同遵守的基本准则。

（一）自愿原则

自愿原则是指法院进行调解，无论是调解活动的进行还是调解协议的形成，都要建立在当事人自愿的基础上。调解是一种独特的解决当事人权益纷争的方式，带有极大的说服力，是否接受调解，完全是当事人的诉讼权利，应当尊重他们的意愿，尊重当事人的处分权。当事人若坚持不愿调解或调解不能达成协议，法院应及时判决。法院应当把调解与当事人的自愿有机结合,既不能盲目、片面追求调解结案,也不能轻视或消极对待调解。

自愿原则是调解的核心原则,违背了这一原则而进行强制调解或强制当事人接受调解协议,都是违法的,属于重大的违反程序的行为。

(二)事实清楚原则

该原则要求审判人员对案件的基本事实必须了解清楚,并对当事人之间的权利义务明确认知,在此基础上促进当事人互谅互让,达成协议。事实不清,必须导致适用法律错误,也很难促成当事人达成协议。

有人认为,调解没有必要把案情搞清楚。其实不然,是非不分的"和稀泥"式调解,都是对调解原则的违背。

(三)合法原则

指法院调解活动必须合法,从调解开始到结束,制作调解书和送达,达成协议的内容必须合法。

调解协议的达成,完全是出于当事人自愿,是当事人对自己权利的处分,法律并不禁止当事人放弃自己的权利,如当事人放弃本应属于自己的财产,法律是允许的。但如果这种处分违背了法律规定,法院则不能认同其协议,所以调解协议的要求是不违反法律规定,这体现了国家审判权对处分权的干预。

司法调解的三个原则是密不可分的。首先要坚持当事人自愿,这是前提,其次必须在事实清楚的基础上进行调解,再次调解不得违反法律。

第四节　行政调解

一、行政调解概述

根据历史文献记载,我国西周时期的官吏中设有"调人",专司调解纠纷。《周礼》记载"调人"的作用是"掌司万民之难而谐和之难",若民间出现"难相与为仇"的,则"调人至和之"。[29]

---

〔29〕《周礼注疏》(1—4册),第508页。

据《汉书·百官公卿表》记载,秦汉基层行政组织管理设置为“十里一亭,亭有长。十亭一乡,乡有三老、有秩、啬夫、游徼。三老掌教化。啬夫职听讼,收赋税”。啬夫是主持本乡内政的官吏之一,其首要职责是“听讼”,即调解民间纠纷。[30]

明初规定全国的每个里都要设申明亭和旌善亭各一座,用于“民有善恶则书之,以示劝惩”的表扬和告诫之用。[31] 同时“凡民间应有词讼,许耆老、里长准受于本亭剖理”,[32]调解不能和息的,再向官府起诉。

图9-1　申明亭

清朝直至民国时期的基层政权均实行保甲制,保正、甲头的职权是管户籍、征赋税、维持治安和调解民间纠纷。宣统元年(1909年)清政府颁布《城、镇、乡地方自治章程》,规定在基层的各个地方自治局设息讼所,作为调解民间纠纷的机构。民间纠纷和依法撤回告诉的刑事案件,由息讼所邀请两造当事人和邻里调解处理。[33]

我国古代主要的调解形式包括民间调解、官府调解和官批民调。其中官府调解和官批民调类似于今天的行政调解。因我国古代实行司法与行政合二为一的体制,大量的民间纠纷告于官府后,官府长官主持的调解应属于司法行为,故应当称之为诉讼调解更为恰当。[34]

自1929年,国民政府先后制定、修订《乡镇自治实施法》、《区自治实施法》和《地方自治实施方案》,明确规定在乡镇公所、区公所内设立调解委员会办理民事调解。乡镇公所是行政机关最基层部门,其主要任务之一是“调解纠纷,和邻睦族”,并将之列为厉行新生活的基本理想。

早在革命战争时期,革命根据地和解放区就已形成人民调解、法院调解和行政调解三种形式的调解制度。中华苏维埃共和国的区、乡两级政府,川陕省的区、

---

〔30〕 白钢:《中国政治制度通史》,人民出版社1996年版,第61页。

〔31〕 (清)顾炎武,黄汝成集释:《日知录集释》(上),上海古籍出版社2006年版,第474页。

〔32〕 《续文献通考》卷一百六十六。

〔33〕 熊先觉:《司法制度与司法改革》,中国法制出版社2003年版,第214页。

〔34〕 王小红、冯举、董伟霞:《社会矛盾化解行政机制创新研究》,郑州大学出版社2014年版,第13页。

乡级苏维埃政府都设有“裁判委员会”，负责办理民事案件，解决群众纠纷。当时的行政调解主要由区、乡、村政权机构主持。

抗日战争时期，抗日民主政府和解放区政府还颁布了有关调解的地方法规，如《山东省调解委员会暂行组织条例》、《晋察冀边区行政村调解工作条例》、《冀南区民刑事调解条例》以及华北人民政府的《关于调解民间纠纷的决定》等。政府调解一般由基层人民政府主持，通常为区长、乡长等政府官员主持，公正人士、劳动英雄参加，具有行政调解特征。

中华人民共和国成立后，行政调解对解决纠纷、减少诉讼、维护良好的社会生活秩序具有很大的贡献，它作为行政机关进行有效行政管理的必不可少的辅助手段仍然受到重视。

1950 年经政务院批准，劳动部颁布的《关于劳动争议解决程序的暂行规定》中规定，通过协商不能使争议获得解决的，得申请当地劳动行政机关调解。1981 年的《经济合同法》和 1983 年《经济合同仲裁条例》比较细致地规定了合同管理机关对经济合同纠纷的调解。1987 年《国营企业劳动争议处理暂行规定》和《中华人民共和国计量法实施细则》则分别对企业劳动争议调解委员会调解因履行合同发生的争议和计量行政部门调解计量纠纷作出了规定。逐步完善的行政调解制度对于缓和社会矛盾，维护社会安定将发生重要作用。

2004 年 9 月，党的十六届四中全会通过的《中共中央关于加强党的执政能力建设的决定》指出，“深入研究社会管理规律，完善社会管理体系和政策法规，整合社会资源，建立健全党委领导、政府负责、社会协同、公众参与的社会管理格局”。党的十七大报告提出了“社会管理体系更加健全”的建设目标。2010 年 10 月，国务院发布了《关于加强法治政府建设的意见》，明确提出要把行政调解作为地方各级人民政府和有关部门的重要职责，充分发挥行政机关在化解行政争议和民事纠纷中的作用。地方各级政府也相继出台了行政调解办法、意见等地方法规。

建立多主体的复合治理结构，为的是解决我国在现代化建设过程中出现的各社会阶层利益矛盾问题。行政调解是“大调解”格局中重要的环节，在化解社会冲突中起着十分重要的作用。

二、行政调解的概念

对于行政调解的概念，学者有诸多不同的看法。如“行政调解是国家行政机关或行政机关设置的专门机构对纠纷双方当事人通过说服教育，使其互相谅解，在协商的基础上使争议获得解决的方法及制度。不仅包括法律授权特定的国家行政机关（工商行政管理机关）对企事业单位之间发生的经济合同争议所作的调解，也还包括行政机关对其所隶属的机构或个人之间一定范围的争议进行调解。”〔35〕有的学者把行政调解定义为“行政主体主持的，以国家法律和政策为依据，以自愿为原则，通过说服、教育等方法，促使双方当事人互谅互让、达成协议，以解决民事争议或特定行政争议（行政赔偿争议）的活动”。〔36〕有的学者认为，“行政调解，指行政机关依照法律规定，在行政职权的范围内，以当事人自愿为原则，对特定的民事、经济纠纷、一般违法行为和轻微刑事案件进行居中调停，以促使争议当事人协商解决纠纷的行政行为”〔37〕等。

上述概念中存在几方面的不同认识：

第一，对主持者认识上的不同。有人认为行政调解主体为行政机关，有人认为行政调解如果仅是行政机关主持下的调解，不能涵盖法律法规授权的其他组织主持调解的情形。以我国目前存在的行政调解职权的主体定位来看，既有行政机关及其设置的一些机构，如司法行政部门设置的司法所调解民事纠纷的活动，也有有关组织依据法律法规进行特定纠纷调解活动，如消费者协会依据《消费者权益保护法》第39条规定对消费者和经营者发生消费者权益争议进行的调解。

第二，对调解范围认识不同。有人认为行政调解的纠纷范围限于民事争议或特定行政争议，有人则将范围扩大至轻微刑事案件。所谓民事争议就是平等主体之间发生的争议；所谓特定行政争议，是在日常行政管理中出现的，与行政管理或行政事务相联系的，可行使自由裁量权的争议。关于轻微的刑事案件可否调解，目前我国并没有法律明确加以规定。提出可以调解的学者，也认为应当是轻微的刑事违法行为，即未构成刑事案件。

我们认为，行政调解是指具有调解纠纷职能的行政主体，根据国家法律、政策和公序良俗，在双方当事人平等自愿的前提下，在分清责任、明辨是非的基础上，通过说服教育，促使双方达成协议从而解决纠纷的活动。

三、行政调解的特征

我国没有关于行政调解的专门法律规定，散见于《行政复议法》、《婚姻法》、

---

〔35〕柴发邦：《诉讼法大辞典》，四川人民出版社1989年版，第306～307页。

〔36〕方世荣、石佑启：《行政法与行政诉讼法》，北京大学出版社2005年版，第309页。

〔37〕董少谋：《中国民事诉讼法学》，中国政法大学出版社2007年版，第9页。

《劳动法》、《道路交通安全法》、《治安管理处罚法》等法律及《行政复议法实施条例》、《医疗事故处理条例》、《道路交通安全法实施条例》等行政法规中。从我国现行规定来看,行政调解具有以下特点:

(一)调解主体身份的特定性

行政调解是行政主体主持的调解活动,即主体是依法享有行政职权的国家行政机关和一些经法律法规授权的组织。在我国目前的法律体系中,各行政机关根据职权范围实施行政调解,而对于法律法规授权组织行使行政调解职权的规定较少。

(二)调解范围的广泛性

在现行法律制度的框架里,行政调解范围涉及广泛,基层人民政府可调解公民之间、公民与法人之间以及法人与法人之间的民事权益争议;公安机关可调解交通事故损害赔偿案件、情节轻微的打架、斗殴或者损毁他人财物等引起的民间纠纷;医疗卫生行政机关可对已确定的医疗事故的赔偿进行调解。其他诸如自然资源、环境保护、公共交通、商业、计量、邮政以及民政等行政管理机关都可根据行政法律法规授权范围对涉及专利、商标、土地、森林、渔业、草原、矿产和水产等权属纠纷进行调解。

(三)调解效力的不同性

行政调解中达成的调解协议具有以下两种不同法律效力:

一是没有直接的法律效力。大多数行政调解协议是没有法律约束力的,主要靠双方当事人的承诺、信用和社会舆论等道德力量来维护。即不具有强制执行力,当事人是否履行,完全由当事人自主决定,如果一方当事人未自觉履行义务的,另一方当事人可根据法律规定向人民法院诉讼。

二是有直接的法律效力。《最高人民法院关于建立健全诉讼与非诉讼相衔接的矛盾纠纷解决机制的若干意见》中确认了行政调解书具有合同性质。当事人就劳动争议向劳动行政部门申请仲裁,经仲裁程序达成的劳动仲裁调解书生效后,对双方当事人具有合同约束力,双方当事人可以向人民法院申请确认调解协议效力。因支付拖欠劳动报酬、工伤医疗费、经济补偿或者赔偿金事项达成调解协议,用人单位在协议约定期限内不履行的,劳动者可以持调解协议书依法向人民法院申请支付令。

案 例

王河与常江是西瓜村的村民,两家住对门。

2015 年是王河家非常不幸的一年,其父母在三个月内因病先后去世。不久,其在城里打工的儿子也在施工中受伤残疾,儿媳跟他人悄悄出走。为此,王河听信他人劝说,请了一个江湖算命的来驱邪。算命人说王河家是因为鬼神作怪,折腾全家不得安宁。如果在正门前挂一面照妖镜,鬼神就不敢进门了。于是王河就照办了。

就在王河挂上镜子的第二天,常江的儿子全身抽搐昏迷不醒,住进了医院,医药费花了不少,可是却查不出是何病。常江家人认为是因为王河家挂的镜子正好对着他家,把鬼神指引到他家,其儿子因此遭鬼神上身得了怪病。

两家为此争吵打闹不断。常江将王河告上法庭,要求赔偿儿子的医药费,要求王河拿掉大门上的镜子。法院没有受理。

两家的"战斗"不断,逐步升级,左邻右舍为此也不安宁,希望两家人尽快解决矛盾。

结合我国现行纠纷解决机制评述该案例。

复习题

一、概念

调解　调解制度　人民调解制度　人民调解委员会　人民调解员调解协议
司法调解　行政调解

二、思考

1. 行政调解、司法调解和人民调解的区别。
2. 人民调解的性质。
3. 人民调解的任务。
4. 人民调解的原则。
5. 人民调解员的条件。
6. 调解协议的有效要件。
7. 人民调解委员会与基层政府和基层人民法院的关系。

司法考试试题

人民调解制度是我国的创举，被西方国家誉为法治的“东方经验”。关于人民调解，下列哪些说法是正确的？(2016年)

A. 人民调解员不属于法治工作队伍，但仍然在法治建设中起着重要作用

B. 法院应当重视已确认效力的调解协议的执行，防止调解过的纠纷再次涌入法院

C. 人民调解制度能够缓解群众日益增长的司法需求与国家司法资源不足之间的矛盾

D. 人民调解组织化解纠纷的主要优势是不拘泥于法律规定，不依赖专业法律知识

【答案】 BC

【考点】 人民调解制度的功能。

阅读文献

1. [英]迈克尔·努尼(Michael Noone)：《法律调解之道》，杨利华、于丽英译，法律出版社2006年版。
2. 强世功：《调解、法制与现代性 中国调解制度研究》，中国法制出版社2001年版。
3. 章武生：《论我国大调解机制的构建——兼析大调解与ADR的关系》，载《法商研究》2007年第6期。
4. 曾宪义：《关于中国传统调解制度的若干问题研究》，载《中国法学》2009年第4期。
5. 王丹丹：《法律制度的功能及其异化——人民调解制度演变史》，载《政法论坛》2016年第6期。

第十章 法律援助制度

内容提示

本章从法律援助制度产生的历史背景出发，阐明其设立的重要意义；了解我国法律援助制度的基本构建和主要特征；掌握实施法律援助的对象、条件和受理法律援助案件的基本程序。

第一节 法律援助制度概述

图 10－1 中国法律援助徽标

自近代社会以来，法律已然成为社会控制的主要手段，[1] 贫困者所需要的，除更多的财富之外，还渴望得到法律上的救助。用英国著名法官丹宁勋爵（Lord Denning）的话说，“自第二次世界大战以来，法律方面最重要的革命就是法律援助”。[2] 法律援助是一项重要的法律制度，1994 年，我国司法部提出建立法律援助制度的设想；2000 年中央政府制定《国民经济和社会发展“十五”规划》，提出了“建立法律援助制度体系”的目标，由此，“法律援助”成为中国经济社会发展的一项重要指标，也为减少贫困及给予贫困者法律救助提供了制度性契机。

〔1〕 [美]罗斯柯 · 庞德：《通过法律的社会控制法律的任务》，沈宗灵、茵设忠译，商务印书馆 1984 年版，第 10 页。

〔2〕 [英]丹宁勋爵：《法律的未来》，刘庸安、张文镇译，法律出版社 1999 年版，第 1 页。

一、法律援助制度的概念

法律援助又称法律救助、法律扶助制度，是指对经济困难无力支付诉讼费和法律服务费用的当事人，以及某些特殊案件的当事人提供免费、减费法律服务，以保障他们合法权益得以实现的一项法律制度。

我国法律援助制度有广义与狭义之分。广义的法律援助制度不仅包括政府从事的法律援助活动，还包括人民法院的司法救助、律师、其他社会团体、组织及公民个人自愿承担法律援助等情形。狭义的法律援助制度仅指政府设置的专门从事法律援助事务的制度性规定。

法律援助是社会进步与文明的表现，是国家为了保证法律赋予公民的各项权利在现实生活中切实得以实现的保障措施，是现代法治国家实现司法公正的基本人权的一个不可替代的重要手段。国际上公认的作为法律援助制度基础的理念是“法治、公正、平等”这三项基本价值。

二、法律援助的特征

1. 政府援助与社会援助相结合。我国《法律援助条例》第 3 条规定：“法律援助是政府的责任，县级以上人民政府应当采取措施推动法律援助工作，为法律援助提供财政支持，保障法律援助事业与经济、社会协调发展。”法律援助制度是我国社会保障体系中的组成部分，即通过政府的力量保障公民不论贫富，在面临权益风险时能够提供安全保障，能够平等地获得法律帮助，维护其合法权益，并体现社会公平性。

同时《法律援助条例》第 8 条也规定：“国家支持和鼓励社会团体、事业单位等社会组织利用自身资源为经济困难的公民提供法律援助。”法律援助自产生之日起，就是与律师的自发行为和慈善组织的慈善活动结合在一起的，反映了律师们及慈善家的社会道义。对于律师及慈善组织的这种精神，国家采取积极支持和鼓励的态度，不仅可以使这种关注社会的热情保持下来，也为政府法律援助起到补充人力、财力的作用。这种情形是符合我国现实国情的。

2. 法律援助是法律上的援助，也是经济上的援助。法律援助是政府提供给经济困难及特殊案件当事人的一项社会福利。其根本是为了给予当事人法律服务，通过法律服务达到法律上的真正平等，从而实现司法上的公平，实现社会的公平。它是国家提供给弱势群体的一种制度“福利”。但是现代国家借此提供给当事人的绝非一般意义的“福利”，尤其是为刑事被告人提供法律援助，是一种法制社会的人权保障机制和司法利益，是高于物质利益的"福利"，其目的在于让任何当事人皆不因自身具体原因而被排斥于法律保障之外。[3] 国家保障给予每一个可能因离开法律服务而失去法律平等对待的人得到平等有效的法律援助。

法律援助达到的另一个结果是帮助当事人解决经济上的困难。各国政府都将给予穷人法律帮助，使他在必要时得到律师的帮助而维护其合法权益作为法律援助考虑的因素之一。我国《法律援助条例》、《律师法》、《民事诉讼法》、《刑事诉讼法》等法律、法规中都将援助对象的经济困难作为法律援助条件之一。人民法院的司法救助只能是减、免当事人的诉讼费，而不提供其他法律援助方式。因此，减、免当事人在法律消费中的经济投入，避免造成更大的经济困难，是法律援助制度所给予的物质层次的"福利"。[4]

3. 律师是实施法律援助的义务主体。《法律援助条例》、《律师法》、《刑事诉讼法》均规定了律师应当承担法律援助义务。由于法律援助以法律服务为重心，律师职业的特征就是专门从事法律服务，他们有娴熟的服务技能，所以，接受国家指派承担法律援助义务是完全合适的。

从目前我国法律援助的分类情况来看，专职从事法律援助的律师是取得律师执业证书的国家公职人员，他们不能承办有偿案件，完成指定刑事辩护和其他法律援助案件是其工作职责。由于我国专职从事法律援助的律师人数有限，不能完全承办每年大量需要法律援助的案件任务，所以，其他专职、兼职律师按照《律师法》的规定，接受国家指派承办法律援助案件，或者律师事务所主动尽社会责任，完成法律援助案件。[5]

鉴于我国诉讼代理、辩护制度仍然允许公民进行代理、辩护，所以，一些法律援助案件的辩护人、代理人也可以是法律允许的其他公民。但他们不是法律援助的义务主体。

4. 法律援助活动由司法行政机关统一管理。在我国，从中央政府到地方的县级政府均设置法律援助机构外，还有社会团体设立的法律援助机构，如妇联、工会等；有的是民间组织设立的，如北京大学妇女理论与法律服务研究中心、武汉大学

〔3〕 谢澍：《刑事法律援助之社会向度——从"政府主导"转向"政府扶持"》，载《环球法律评论》2016年第2期。

〔4〕 胡铭、王廷婷：《法律援助的中国模式及其改革》，载《浙江大学学报》（人文社会科学版）2017年第2期。

〔5〕 吴羽：《合同关系视域下政府购买律师法律服务研究——以政府合同外包刑事法律援助案件为中心》，载《社会科学研究》2017年第1期。

设立的弱者权利保护中心以及一些大学设立的法律诊所。由于这些组织机构的法律援助都有其特定的对象和服务宗旨、服务理念,又缺乏信息联络,造成了资源的浪费,也造成了法律援助管理上的无序。

《法律援助条例》第4条第1款规定:"国务院司法行政部门监督全国的法律援助工作。县级以上地方各级人民政府司法行政部门监督管理本行政区域的法律援助工作。"这一规定明确了司法行政机关统一监督管理所在地区不同法律援助机构的法律援助事务。司法行政机关对其他法律援助机构的监督,应当以不限制它们承办案件的对象、不干预其具体的法律服务活动为前提。统一监督能够使全国法律援助机构形成一个纵向、横向广泛联系的多元化服务体系,以便更有效地利用各自资源,使其发挥最大效益。

5.法律援助机构健全。中国法律援助机构已形成四级组织架构:在国家一级,建立了司法部法律援助中心,统一对全国的法律援助工作进行指导和协调;在省级地方,建立了省一级法律援助中心,负责对省辖区内法律援助工作的监督管理;在地(市)地方,建立了地区(市)法律援助中心,行使对本辖区内法律援助工作的监督管理;在有条件的县、区地方,建立县(区)法律中心,具体实施本地区法律援助工作。

截至2014年年底,全国法律援助管理机构数为474个,法律援助机构数为3263个,其中行政性质机构和参照公务员管理的事业单位分别为1530个和628个,这两类机构占机构总数的66.1%;全额拨款事业单位(不含参照公务员管理的事业单位)1054个,占机构总数的32.3%。全国业务经费纳入财政预算机构数为2981个,占机构总数的91.4%。有专门接待场所机构数为3203个,其中临街一层机构数为2236个,占机构总数的68.5%。

东、中、西部法律援助机构建设情况存在一定差异。全国共设立法律援助工作站68225个。其中依托司法所设立工作站40024个,在工、青、妇、老、残、信访、高校、监狱等设立工作站26510个,在看守所设立工作站1691个。

全国法律援助管理机构和法律援助机构工作人员共有14533人,编制数为13364人。其中女性工作人员为6706人,占46.1%。法律专业工作人员共有11517人,占总人数的79.2%;具有本科和研究生以上学历工作人员分别为12919人和830人,分别占总人数的88.9%和5.7%。法律援助机构中具有法律职业资格或律师资格的工作人员数为6450人,法律援助注册律师数为4771人。与2013年相比,法律专业人员、在法律援助机构注册律师数有所下降,具有法律职业资格或律师资格人员数、本科以上学历工作人员数有所上升。[6]

6. 法律援助范围广泛。我国《法律援助条例》确定了民事、行政案件可以援助的六种情况、刑事案件的三种情况可以进行法律援助的案件范围,以及应当提供法律援助的案件范围。民事、行政和一般刑事案件的当事人应当具备"经济困难"的条件才可获得法律援助。与此同时,五种刑事案件的当事人申请法律援助不受经济条件限制,即刑事案件的被告人是盲、聋、哑人或未成年人,以及可能判处死刑没有委托辩护人的,由人民法院依法指定有法律援助义务的律师担任其辩护人。

各省出台的地方性法律援助规范,以及各律师事务所并不受《法律援助条例》有关"经济困难"或各地方最低生活保障条件的限制,而是从法律赋予公民特定的权利出发保护当事人的合法权益。如对妇女被实施家庭暴力的案件,对老年人被虐待、遗弃的案件,对农民工权益被侵犯的案件等,都实施了宽于《法律援助条例》限制的法律援助工作,使我国法律援助覆盖面不断扩大到各弱势群体之中。

自 1999 年 1 月至 2006 年 9 月,全国法律援助机构共受理各类案件 122 万余件,受援人员达 220 万余人次。2007 年全国共办理法律援助案件 42 万余件,受援人数达 52 余万人次。[7] 2011 年,全国共办理法律援助案件 84 万余件,受援人总数达到 94.6 万人次;[8]2012 年,全国办理法律援助案件首次突破 100 万件,受援人总数达 114 万余人,全国法律援助机构办理案件数量和受援人总数均大幅上涨 21%。[9]

三、建立法律援助制度的意义

法律上对公民权利的规定,只是为公民平等享受这种权利提供了可能性。权利的真正价值在于它在现实中如何实现和实现的程度如何。国家为了将写在法律中的权利变成一种实际存在,必然要制定相应措施,以保证公民权利的落实。建立法律援助制度正是这些保障措施中的一种。

1. 法律援助制度是实现程序公正的保障。公民权利的司法保障是指公民在

---

[6] 司法部法律援助工作司:《2014 年全国法律援助工作统计分析》(一),载《中国司法》2015 年第 6 期。

[7] 中华人民共和国年鉴编辑部:《中华人民共和国年鉴 2008》,人民出版社 2008 年版,第 252 页。

[8] 中华人民共和国年鉴编辑部:《中华人民共和国年鉴 2012》,人民出版社 2012 年版,第 184 页。

[9] 中华人民共和国国务院新闻办公室:《2012 年中国人权事业的进展》,人民出版社 2013 年版,第 19 页。

司法活动中，有权行使实体法和程序法赋予的各项权利，国家有义务提供机会和途径保障他们各项权利在司法活动得以发挥。如果因为公民自身以外的原因而致使其无法享受到法定的权利，没有机会行使其权利，所谓法律保障就是一句空话，必然会影响法律的严肃性、权威性、公正性和社会正义。建立法律援助制度是保障人权的需要，是依法维护公民合法权益不可缺少的保障机制。

2. 法律援助制度是"法律面前人人平等"的保证。"法律面前人人平等"是我国宪法确定的社会主义法制最基本、最重要的原则。由于现阶段我国公民存在经济收入的差别，一部分人在经济上相对贫困，不能支付保障其自身合法权益所需要的法律服务费用。如果不能从制度上解决这一问题，法律赋予公民的平等权利因为公民的出身贫贱、职位高低、经济是否富有等原因而不能实现。打破这种因占有经济资源多而抢占司法资源的不平等机制，代之以一种司法救济机制成为法治国家的必然选择。法律援助制度是确保"法律面前人人平等"的一条最有效、最根本的途径。

3. 法律援助制度推进社会文明进步。建立和实施法律援助制度是司法及司法行政机关推动社会文明进步，以制度文明促进和保障精神文明的重要举措，通过开展对社会贫弱者群体的法律援助活动，对于培养公民的法律意识、提高法制观念，最终推进我国民主法制建设，完善社会保障体系，促进司法公正，人权保障，无疑起着积极作用。

四、我国现阶段法律援助主体

（一）政府：法律援助中心

世界各国都将实施法律援助作为政府的一项法定职责，尽管有的国家通过设置政府机构、由政府人员来进行，或者通过政府资助民间机构完成，但都将法律援助的责任主体定位于政府。我国已经设置了从中央政府到地方政府的四级法律援助机构。

（二）人民法院：司法救助

1984 年最高人民法院颁布的《民事诉讼收费办法》（试行）中有关于案件免交、缓交和减交的规定，这实际上是新中国最早的司法救助。1999 年最高人民法院出台的《〈人民法院诉讼收费办法〉补充规定》第 4 条第 2 款正式提出了"司法救助"的概念。2000 年最高人民法院颁发的《关于对经济确有困难的当事人提供司法救助的规定》，对我国的司法救助制度作了初步系统的规定。2014 年 1 月，中央政法委、财政部、最高人民法院、最高人民检察院、公安部、司法部出台了《关于建立完善国家司法救助制度的意见(试行)》,为司法救助的统一立法奠定了制度基础。2015 年 2 月,最高人民法院发布的《人民法院第四个五年改革纲要》明确提出“推动司法救助立法”。

司法救助的对象主要是经济确有困难的当事人,尤其是涉及妇女、老人、未成年人、残疾人、下岗职工追索赡养费、扶养费、抚育费、抚恤金、养老金等诉讼案件,人民法院依法实行缓交、减交或者免交诉讼费用等方式进行。

诉讼的内在功能是寻求社会平衡,定分止争是司法的基本功能。人民法院在审判工作中实行司法救助制度,其重要意义在于,通过为那些合法权益受到侵害,但经济确有困难交不起诉讼费的弱势群体提供司法救济,使其享有获得公平与正义的合法途径。司法救助在保护弱者、追求实质公平的同时,体现了司法的人文关怀,为保障人权、促进社会的和谐稳定发挥了积极的作用。

司法救助与法律援助从本质上讲是一致的,都是为了体现和维护法律面前人人平等的宪法原则,应当是广义上的法律援助,它使维护公民合法权益、推动司法平等的机制更加健全。

(三)律师事务所

《律师法》规定,律师应当履行法律援助义务。但这只是原则上的规定。一些律师事务所出于社会责任感,从道义出发,设立专门从事法律援助案件的经费,规定事务所每年承办的援助案件数量,使法律援助成为一项律师自觉、自愿的公益活动。

(四)社会组织与社会团体

社会组织与社会团体根据各自需要对特定对象实施法律援助。如妇联、工会、残联等机构内部,都设置了法律援助部门,或者由其工作人员承办援助案件,或者资助律师、志愿者承办案件。

(五)民间组织

民间组织不依靠政府资助,自筹经费设立法律援助机构,在本辖区法律援助中心的监督下,实行自我管理,承办符合援助条件的案件。如武汉大学弱者权益保护中心、北京大学妇女理论与法律研究中心、陕西省妇女研究会以及依托于法学院的法律诊所等。

上述国家的和非政府组织或人员进行的法律援助活动,形成了多层级和多方位的社会"安全网",它是由国家正式制度安排和非正式制度结合而成的保护体系。但是,由于法律援助供与需的矛盾,援助案件的质量问题也令人担忧,不能不引起重视。[10]

五、法律援助的产生与发展

(一)国外法律援助制度的产生与发展

法律援助制度于15世纪末起源于英格兰,19世纪末20世纪初在美国和西欧各国兴起。当今世界上已有超过150个国家都将法律援助制度确认为维护公民基本权利的一项制度。

资本主义国家法律援助的发展经历了如下阶段:

1. 法律援助制度产生初期,源于"同情弱者"、"施舍穷人"的慈善思想,无论是由私人宗教组织、民间组织、行政机关或者公共援助机构的法律援助行动,都是针对穷人开展的。这种援助来自律师的道德义务,与穷人的权利无关,是一种居高临下的道义施舍而已。

2. 法律援助作为一种政治权利在资本主义国家得到确认。随着资本主义制度在欧洲的确立和不断发展,资产阶级人权观念成为资本主义国家极力标榜的宪法原则,"人人平等"代替了"穷人"阶层的划分,法律援助作为一种政治权利,在资本主义国家得到确认,法律援助的指导思想从单纯的慈善事业向国家责任转化。

3. 将法律援助纳入福利体系。二战后,欧洲各国在政治、经济上变化很大,发达的资本主义国家以社会福利国家的思想建立了一系列保障体系。在普通诉讼中坚持对抗制,强调当事人享有取得律师帮助的权利。在英国,法律援助被认为是建立国家福利体系一个不可缺少的部分。

4. 强调人人平等,实现社会正义。随着联合国的成立和越来越多的国家间公约、条约的签订,实施法律援助作为国家的责任、作为国家保障公民合法权益得以实现的义务越来越明确。

由于资本主义国家的历史条件、社会条件和经济实力不同,法律援助的指导思想、立法规定、援助方式、援助对象和条件也不尽相同。英国、美国的法律援助

---

〔10〕黄东东:《法律援助案件质量:问题、制约及其应对——以C市的调研为基础》,载《法商研究》2015年第4期。

工作的运行主要是政府资助私人团体、律师协会来具体开展。随着国家对法律援助在财政上支持的加强，私人法律援助机构迅速发展，其法律援助的社会化程度较为发达。另一类型是以瑞典、丹麦为代表的资本主义福利国家的法律援助体制，即国家设立专门的法律援助机构，雇佣专门的人员进行法律援助工作。但是较英、美而言，其国家财政压力也很大。

二战后，苏联及东欧社会主义国家也将法律援助作为宪法原则确定下来。

(二)我国法律援助制度的建立与发展

我国法律援助最早起源于清朝，但未形成制度。光绪三十二年(1906 年)沈家本在向光绪皇帝奏呈《刑事民事诉讼法》时，曾在新法令附录中提出在中国适用律师制度的主张，并说“若遇重大案件，则国家拨予律师；贫民或由救助会派律师代伸权利，不取报酬”。[11] 宣统二年(1911 年)，清政府起草《民事诉讼律草案》，其中第二编第七章以“诉讼救助”为名，对民事诉讼中的法律援助作了规定。

民国时期法律援助制度受到关注，因而出台了相应办法，使法律援助在国内有一定发展。1912 年 9 月北京政府公布的《律师暂行章程》和 1914 年 2 月北京政府司法部公布的《核准指定辩护人办法令》中对律师担任指定辩护作了规定。1921 年，广东军政府公布实施《民事诉讼律》，其中诉讼救助内容，完全保留了清末《民事诉讼律草案》的规定。1930 年南京政府颁布的《民事诉讼法》中有关于诉讼救助的专门规定。1934 年 5 月南京政府司法部批准了《律师公会附设贫民法律扶助会暂行规则》，1941 年 1 月公布了《律师法》，要求律师公会制定贫民法律扶助实施办法。南京政府还颁布有《公设辩护人条例》、《公设辩护人服务规则》，规定了公设辩护人制度，20 世纪 20 年代上海律师自发成立了“律师援助会”，法律援助制度在民国时期逐步成形。[12]

新中国成立后，1954 年的《宪法》和《人民法院组织法》都明确规定了：“被告人有权获得辩护”。在 1956 制定的《律师收费暂行办法》中规定了律师免费或减费给予法律帮助的具体案件范围。

1957 年的反右斗争及十年“文化大革命”，中国的法制建设遭到彻底毁灭，法律援助制度根本不可能建立。1979 年陆续颁布实施的《刑事诉讼法》、《民事诉讼法》、《律师暂行条例》和《律师收费试行办法》等法律、法规中，都规定了一些关于

---

〔11〕《大清光绪新法令》(第 19 册)。

〔12〕王申：《中国近代律师制度与律师》，上海社会科学院出版社 1994 年版，第 114 页。

减、免费用的法律援助内容。

1993 年年初,广州市司法局受香港法律援助制度的影响,在其律师体制改革的文件中第一次使用了“法律援助”这一概念,并提出律师应尽社会义务,保障确有经济困难的当事人享有律师的服务,律师的法律援助要从自发性援助向制度性援助转变。

1996 年 3 月 17 日,第八届全国人民代表大会第四次会议审议并通过了《关于修改〈中华人民共和国刑事诉讼法〉的决定》。新《刑事诉讼法》第 34 条规定了我国刑事法律援助制度的基本原则和框架,这是我国立法史上首次将法律援助写入法律之中。

1996 年 5 月 15 日,第八届全国人民代表大会常务委员会第十五次会议审议通过了《中华人民共和国律师法》。《律师法》中专章规定了律师法律援助的内容,这对于我国法律援助制度建设具有十分重要的意义。

1996 年 12 月 18 日,司法部法律援助中心成立;1997 年 3 月 6 日,中国法律援助基金会成立。至 1997 年年底,全国共成立了 19 个省级地方法律援助机构,11 个副省级地方法律援助机构,63 个地(市)级地方法律援助机构,38 个县(区)级地方法律援助机构。至此,我国社会主义的法律援助制度体系已基本建成。

2003 年 7 月国务院颁布《法律援助条例》,标志着有中国特色社会主义法律援助制度进入规范化发展的历史时期。

党的十八届三中全会从依法治国的高度提出了“完善法律援助制度”的战略任务,党的十八届四中全会决定明确指出,“推进覆盖城乡居民的公共法律服务体系建设,完善法律援助制度,健全司法救助体系”,提出“扩大援助范围”、“保证人民群众在遇到法律问题或者权利受到侵害时获得及时有效法律帮助”、“对聘不起律师的申诉人,纳入法律援助范围”等几项重大举措。

自 2013 年至 2016 年,全国办理法律援助案件数超过 500 万件,提供法律咨询 2800 余万人次。

各级司法行政机关开展法律援助便民服务活动,加强法律援助服务大厅和临街一层便民服务窗口建设,中部和西部地区临街一层法律援助便民服务窗口建成率分别达到 94.9% 和 73.9% 。[13]

---

〔13〕 参见司法部官网,http://www.moj.gov.cn/flyzs/content/2017-01/22/content_6990002.htm?node=7674。

第二节　我国法律援助工作的基本原则

法律援助工作的基本原则是指法律援助工作本身所要求的工作标准,是法律援助工作者开展援助工作必须遵守的准则,它贯穿于法律援助的整个过程。

一、政府主导原则

《法律援助条例》第3条规定:“法律援助是政府的责任,县级以上人民政府应当采取积极措施推动法律援助工作,为法律援助提供财政支持,保障法律援助事业与经济、社会协调发展。”作为人民政府,以全心全意为人民服务为其最高宗旨,以满足人们日益增长的物质文化生活需要、提高人民生活水平为根本出发点。法律援助制度是现代法治社会的要求,是法治国家的文明标志,政府应当责无旁贷地履行这个职责。

贯彻政府在保护弱势群体,实施法律援助方面处于主导地位的原则,就是要求:第一,政府实施法律援助,应当把目标定位于更高层次的社会福利上,即以制定社会政策进行社会控制为宗旨,实现从资源分配到社会关系分配的社会公正的要求。第二,完善法律援助制度各项措施,包括设置援助机构、提供必要的人员、财物,并无可懈怠地对符合法律援助条件的案件进行代理、辩护;结合我国实际国情,实施稳妥的、兼顾局部和全局、统筹近期和长远的社会政策,争取以现有投入,谋求最大效果。第三,发挥政府的社会整合功能,调动非政府组织、团体支持和从事法律援助工作的积极性和创造性,形成法律保障“社会安全网”,既可以弥补政府法律援助资源的不足,又可以使各组织之间达成协调一致的发展。

二、支持和鼓励社会参与原则

《法律援助条例》第8条规定:“国家支持和鼓励社会团体、事业单位等社会组织利用自身资源为经济困难的公民提供法律援助。”从立法上肯定了参与和支持法律援助事业是全社会的共同使命。

政府对弱势群体法律援助的力量是有限的,无法满足众多人的需求。这就需要政府之外的社会力量提供支持和帮助。

从国际经验来看,在公益事业方面,非政府组织进行的法律援助行动,不仅能够动员政府无法动员的本土资源和海外资源，而且能够满足多样化的社会需求，具有不可替代的作用。目前，我国活跃着许多从事法律援助工作的社会组织、机构，基于扶助贫弱、关爱他人及人道主义等理念，自愿地、自发地为弱势群体如妇女、儿童、老年人、残疾人、农民等提供法律援助，他们的活动是非功利性和非营利性的公益活动。他们主要通过基金会、志愿者队伍，以法律咨询、免费代理、法律宣传等方式为不同人群提供法律援助。由各种非政府组织、社会团体以及志愿者组成的社会支持系统，在法律援助工作中发挥着重要作用，成为“社会安全网”中不可缺少的部分。

我国处于社会主义初级阶段，许多地方财政对法律援助缺乏充足的经费投入，为解决这一困难，政府实施全社会动员，呼唤有责任感和经验、资源的非政府组织行动起来，建立伙伴式的合作共事关系，共同扶助贫弱者，是积极可取的做法。

三、经济条件限制与特殊案件不受限制相结合的原则

《法律援助条例》第 10 条规定了可以申请法律援助的六种行政及民事案件，但都必须具备“经济困难”这一条件。而“经济困难”在全国没有统一标准，各地方基本以本地的“最低生活保障金”作为衡量“经济困难”的标准。从法律援助产生的动因来讲，对“穷人”实施法律救助是最朴素的慈善举动。现实中，我国的法律援助因为人力、物力、财力等限制，不能完全像社会福利国家那样由政府全部承担法律援助案件的费用，因此，现行的法律援助制度以“经济困难”为条件，成为民事、行政、一般刑事案件申请法律援助的基准之一。

但在现代社会，经济困难与弱势群体是两个不同的概念。弱势群体主要的特征除占有经济资源的弱势地位外，还包括缺少获得物质资源及社会地位的机会，以及缺乏应有的信任、鼓励，无法实现自我价值。对刑事案件被告人的 5 种情况，不以“经济困难”为限制性条件，也正是考虑了司法程序中相对于国家控诉机关而言的被告人，处于弱势、劣势的地位，通过法律援助得到法律上、诉讼技巧上、诉讼力量上的帮助，从客观外力方面使弱者能够抗衡强者，使劣势上升为均势，以实现公正。

四、以公民为援助对象的原则

法律援助制度主要是为了保障公民基本权利的实现。因此，《法律援助条例》规定援助的对象为公民，但并未明确指出是中国公民还是外国公民。因此，可以

认定为,申请政府援助的,无论中国公民或外国公民,均应当符合我国《法律援助条例》规定的"经济困难"和特殊案件两项要求;如果向非政府组织的法律援助机构提出申请,只需符合其机构自行规定的条件既可。

至于法人是否可以获得法律援助,学者们有不同意见,有的认为可以作为援助对象,理由是我国确实存在少数国有企业,因为经济困境亟须法律服务而又无力支付费用。将它们确定为法律援助对象,有利于帮助企业摆脱困境,化解矛盾,促进社会稳定。也有的认为,法人不能作为法律援助对象,一是国际上未形成此类惯例,二是我国现实情况复杂,不利于法律援助制度的推行。

从我国目前法律援助制度的基础设施和现有条件来看,公民符合法律援助条件的申请还远远不能满足,而法律援助是以保障人权为目标的,公民切身利益得不到保障,公平、正义都无从谈起。因此,为法人提供法律援助,目前条件还不成熟。

五、指定援助与自主援助相结合原则

"被告人有权获得辩护"是国际上通行的保护被指控人人权的做法。原则上讲,如果被告人有能力支付律师费用,他可以选择律师为其辩护。如果他无力支付这笔费用,法庭应当为其指定律师,免费为他提供法律帮助。但是并非所有的被告人都能获此待遇,各国均应考虑司法利益有无此需要,而作出适当的法律规定。

我国根据现实情况,规定部分刑事被告人享有免费获得法律援助的权利。《刑事诉讼法》规定,盲、聋、哑人、未成年人以及可能判处死刑的刑事被告人,没有委托辩护人时,人民法院应当为其指定有法律援助义务的律师为其担任辩护人。

对于上述应当获得法律援助的案件,人民法院应当指定所在地的法律援助机构统一接受,由该机构指派具体辩护律师。承担指定法律援助案件的主体只能是律师,其可以是政府法律援助中心的律师,也可以由法律援助中心指派某律师事务所承接援助案件。

根据《司法部关于开展法律援助工作的通知》的规定,律师事务所、公证处、基层法律服务机构在本地区除承办法律援助中心统一协调的援助案件外,还可以自主实施法律援助活动。人民法院的司法救助和其他组织、团体,也可以依据其宗旨和范围,自主实施法律援助活动。

第三节 法律援助案件及受理程序

一、法律援助案件的范围

法律援助的案件范围如果从是否涉及诉讼程序划分,可分为诉讼案件的援助和非诉讼案件的援助;从是否强制性角度分,可分为可以援助与应当援助;从援助案件性质分,可分为民事、行政、刑事案件的援助。《法律援助条例》对援助范围是从案件性质划分的。

民事、行政援助案件的范围包括:(1)请求国家赔偿的;(2)请求给予社会保险待遇或者最低生活保障待遇的;(3)请求发给抚恤金、救济金的;(4)请求给付赡养费、抚养费、扶养费的;(5)请求支付劳动报酬的;(6)主张因见义勇为行为产生的民事权益的。

因为,在国家《法律援助条例》出台前,一些省已经实施了法律援助规范,在受案范围上,一些地方法规的规定较之全国的规定涉及面要宽。这些规定只要与国家规定不相冲突,仍然可以适用。

刑事案件援助范围包括:(1)须符合"经济困难"条件:一是犯罪嫌疑人被侦查机关第一次讯问后或者采取强制措施之日起,因经济困难没有聘请律师的;二是公诉案件中被害人及其法定代理人或者近亲属,自案件移送审查起诉之日起,因经济困难没有委托诉讼代理人的;三是自诉案件的自诉人及其法定代理人,自案件被人民法院受理之日起,因经济困难没有委托诉讼代理人的;四是公诉人出庭支持公诉的案件,被告人因经济困难或者其他原因没有委托辩护人,人民法院为被告人指定辩护时法律援助机构应当法律援助。(2)不受"经济困难"限制的:一是被告人是盲、聋、哑人;二是被告人是未成年人;三是被告人可能被判处死刑的。

对刑事被告人进行法律援助是各个国家都十分重视的一项制度,它是各国对信守国际公约的承诺。与国外相比,我国刑事法律援助在受援主体、资格审定、受援阶段都有很大的不同。

二、援助对象

我国《法律援助条例》将援助对象确定为公民,既包括中国公民,也包括符合条件的外国公民。一些社会组织、社会团体及民间组织建立的法律援助机构，一般都有特定的援助对象，如女性、老人、残疾人、困难职工等。

三、管辖

法律援助中心对援助案件的受理，采取住所地管辖的原则。即申请民事、行政案件法律援助的，向义务人、义务机关、被请求人住所地法律援助机构提出申请；刑事案件的当事人无论是否指定法律援助，由人民法院所在地或看守所所在地的法律援助机构受理。

四、受理程序

实施法律援助的程序一般是：

1. 提出申请并提交相关材料

即经济困难的公民因自己的合法权益受到侵犯发生争议时，向法律援助机构提出请求法律帮助的行为。申请人为无民事行为能力人或限制民事行为能力人的，由其法定代理人代为申请。

申请应当以书面形式提出，以书面形式提出申请确有困难的，可以口头申请，由法律援助机构工作人员或代为转交申请的有关机构工作人员作书面记录。

公民申请法律援助的同时，还应当提交下列证件和材料：(1)身份证或者其他有效的身份证明，代理申请人还应当提交有代理权的证明；(2)经济困难的证明；(3)与所申请法律援助事项有关的案件材料。

2. 审查

法律援助机构收到申请后，应当从以下方面进行审查：(1)提交的证件、证明材料是否齐全，如果认为不齐全的，可以要求申请人补充或者说明，如果申请人不补充或者不按要求补充，又不说明情况的可视为撤销申请；(2)法律援助机构认为申请人提交的材料需要查证的，可向有关机关查证后再给予申请人答复。

3. 受理

对于申请人提出的法律援助申请，法律援助机构认为符合下列条件的，可以受理：(1)申请人与申请事项有直接的利害关系；(2)申请援助的事项明确；(3)属于法律援助案件的范围；(4)属于本法律援助机构管辖。

如果认为不符合经济困难或者不属于法律援助案件范围，不属于本机构受理的，应书面告知申请人。申请人对不受理决定有异议的，可以向确立该法律援助机构的司法行政机关提出。司法行政机关应当在收受异议起，5 个工作日内进行审查,经审查认为申请人符合法律援助条件的,以书面形式责令法律援助机构及时对申请人提供法律援助;如果认为不符合法律援助条件的,维持原决定并答复申请人。

4. 接受指定或委托

对于人民法院指定辩护人的案件,法律援助机构可以安排本机构的工作人员实施法律援助;也可以指派律师事务所安排律师承办,但都应当在人民法院开庭前3日,将确定承办人员名单回复指定的人民法院。

对符合法律援助条件的申请人,法律援助机构应当与申请人签订委托合同,明确权利义务关系,实施法律援助。

5. 终止法律援助

承办人员在实施法律援助过程中发现有下列情形的,法律援助机构经审查核实的,应当终止法律援助:(1)受援人的经济收入状况发生变化,不再符合法律援助条件的;(2)案件终止审理或者已被撤销的;(3)受援人又自行委托律师或者其他代理人的;(4)受援人要求终止法律援助的。

第四节 法律援助机构的行政管理及经费来源

一、法律援助机构的行政管理

法律援助机构由同级人民政府的司法行政部门设置,并受其监督、管理,司法行政机关对法律援助机构的管理方式是:(1)供法律援助所需的财政经费;(2)审查申请人对法律援助机构不受理决定的异议;(3)对法律援助机构及其工作人员的违纪行为给予处分;(4)对承办法律援助案件律师的违法行为给予行政处罚。

国家法律援助中心即司法部法律援助中心于1996年12月18日正式成立。其主要职责是:(1)对全国法律援助工作进行业务指导,制定全国性的法律援助规章制度、中长期发展计划和年度工作方案,协调全国法律援助工作事宜;(2)推动和指导地方和社会法律援助机构的建设,组织、培训法律援助工作者队伍;(3)组织开展法律援助工作的调查研究和理论探讨,总结交流法律援助业务经验,向有关部门提出法律援助与社会保障制度及法制建设协调发展的意见;(4)搜集、编译和整理有关法律援助工作的信息资料,为全国的法律援助机构提供信息服务;(5)开展与国外法律援助团体及人士的交流活动,促进中国法律援助机构与各国法律援助机构之间的合作等。

司法部法律援助中心内设办公室、业务处、调研处、培训处、联络处等部门,是开展管理、指导、协调全国法律援助工作的机构。

省级人民政府司法行政部门设立的法律援助中心,负责对省辖区内法律援助工作的监督管理;地(市)级地方政府司法行政机关建立的地区(市)法律援助中心,行使对本辖区内法律援助工作的监督管理。

二、法律援助机构经费来源

法律援助制度是一个国家社会保障制度的组成部分,必须有相应的资金才能保证援助工作顺利进行。目前,我国法律援助机构的资金来源主要有:

(一)政府财政拨款

根据《法律援助条例》的规定,法律援助机构的经费,应当由各级政府在每年的财政预算中列出专门项目,或者列入司法机关的财政预算中。自 2011 年至 2015 年,全国共投入法律援助经费总额达到 70.4 亿元,其中财政拨款为 68 亿元,年均增长 15.2%。中央财政也加大转移支付力度,2011 年中央补助地方法律援助办案专款 2 亿元,2013 年增至 3 亿元,并自 2011 年起从中央专项彩票公益金中安排法律援助项目资金 1 亿元。[14]

由于地方经济发展不平衡,一些较为贫困的县无法拿出相应经费投入法律援助工作,出现有机构无经费的情况。对此,中央政府应当采取区别对待的政策,对偏远、贫困县的法律援助机构,应采取由中央财政直接拨款的形式,以解决经费问题。

(二)法律援助基金会

从我国现实经济发展情况来看,法律援助经费主要依靠中央政府及各级地方政府来承担,但是不能满足法律援助需求,所以,采取政府与社会共担责任的办法,以解决法律援助所需的经费困难问题是可行的。

---

〔14〕 参见司法部官网,http://www.moj.gov.cn/flyzs/content/2015-09/17/content_6275024.htm?node=7674。

中国法律援助基金会于1997年3月6日成立，其基金来源是国内社团、企业、商社及个人的捐赠和赞助，基金存入银行的利息，购买债券、企业股票等有价证券的收益。基金会实行独立核算、民主管理，基金会基金只能用于资助符合条件和宗旨的法律援助活动和事业。

图10－2 中国法律援助基金会徽标

（三）社会各种渠道的捐赠

国内外社会各界关心中国的法律援助事业，他们可以向基金会捐赠，也可以向法律援助机构捐赠，成为法律援助经费的又一来源。

案 例

刘某等五人到成都某公司打工，从2015年年底至2016年年底，公司一直拖欠他们的工资。他们找了公司负责人很多次，都没有结果，向相关部门也反映了多次，同样没能解决。

后来，他们找到某检察院，向检察官反映了情况。他们情绪很激动，“我们打算扣留公司的设备，实在不行，我们就绑架公司领导、封堵高速路……”他们不愿意打官司，因为“花不起钱”，而且对手是一家大公司，是“不可能打得赢的”。

经过检察官的劝说，他们终于同意通过诉讼解决问题。检察官向院领导汇报了刘某等人情况后，检察院派某检察官为刘某等人免费取证，支持他们起诉。

不久，法院受理了刘某等人的劳动合同纠纷案，同一天，检察院的《支持起诉意见书》也送达法院。法院公开开庭审理，采纳了检察院的意见，刘某等人与公司达成了支付欠薪协议。

该举动引起争议，有观点认为：

1. 检察官若为个别或少部分人的利益介入民事诉讼，势必造成法律上的不平等关系，是对诉讼另一方的不公。

2. 各地司法行政部门均设立了法律援助机构，弱势群体受侵害时应向他们求助，检察机关的介入，可能影响法律援助工作。

请评述该案例。

复习题

一、概念

法律援助 法律援助制度 司法救助

二、思考

1. 如何理解法律援助是政府的职责。

2. 为什么律师是实施法律援助最主要的主体。

司法考试试题

一、单项选择题

1. 法律援助制度是世界上许多国家普遍采用的一项司法救济制度。下列关于我国法律援助制度的哪一表述是错误的?(2006 年)

A. 律师和律师事务所是法律援助的责任主体

B. 法律援助机构既包括四级政府的法律援助组织,也包括社会团体、民间组织的法律援助组织

C. 法律援助的实施形式包括法律援助咨询、刑事代理、民事代理、行政代理、仲裁代理、刑事辩护、调解和公证等方式

D. 在办理法律援助事项时,法律援助人员未经法律援助机构批准,不得终止法律援助或者委托他人代为办理法律援助事项

【答案】 A

【考点】 法律援助基本特征。

2. 我国法律援助制度因其保障人权而体现司法正义,因其救助贫困而体现社会公平。关于该制度,下列哪一表述是不正确的?(2011 年)

A. 我国法律援助是政府的一项重要职责,在性质上是一种社会保障制度

B. 实施法律援助的既有律师、法援机构,也有社会组织,形式上包括诉讼法律援助、非诉讼法律援助及公证、法律咨询

C. 对公民的法律援助申请和法院指派的法律援助案件,由法援机构统一受理、审查、指派、监督,必要时可以委托慈善机构协助受理事宜

D. 法援对象包括符合法定受援条件的经济困难者、残疾者、弱者，及符合规定的外国公民及无国籍人

【答案】 C

【考点】 法律援助基本特征。

3. 根据《法律援助条例》等规定，下列关于法律援助的哪一说法是不能成立的？（2013年）

A. 在共同犯罪案件中，其他犯罪嫌疑人、被告人已委托辩护人的，本人及其近亲属可向法律援助机构提出法律援助申请，法律援助机构无须进行经济状况审查

B. 律师事务所拒绝法律援助机构的指派，不安排本所律师办理法律援助案件的，由司法行政部门给予警告，责令改正

C. 我国的法律援助实行部分无偿服务、部分为“缓交费”或“减费”形式有偿服务的制度

D. 检察院审查批准逮捕时，认为公安机关对犯罪嫌疑人应当通知辩护而没有通知的，应当通知公安机关予以纠正，公安机关应当将纠正情况通知检察院

【答案】 C

【考点】 法律援助对象。

4. 某法律援助机构实施法律援助的下列做法，哪一项是正确的？（2014年）

A. 经审查后指派律师担任甲的代理人，并根据甲的经济情况免除其80%的律师服务费

B. 指派律师担任乙的辩护人以后，乙自行另外委托辩护人，故决定终止对乙的法律援助

C. 为未成年人丙指派熟悉未成年人身心特点但无律师执业证的本机构工作人员担任辩护人

D. 经审查后认为丁的经济状况较好，不符合法律援助的经济条件，故拒绝向其提供法律咨询

【答案】 B

【考点】 法律援助条件。

5. 某检察院对王某盗窃案提出二审抗诉，王某未委托辩护人，欲申请法律援助。对此，下列哪一说法是正确的？（2015年）

A. 王某申请法律援助只能采用书面形式

B. 法律援助机构应当严格审查王某的经济状况

C. 法律援助机构只能委派律师担任王某的辩护人

D. 法律援助机构决定不提供法律援助时，王某可以向该机构提出异议

【答案】 C

【考点】 法律援助条件。

二、多项选择题

根据《法律援助条例》和《关于刑事诉讼法律援助工作的规定》，下列哪些表述是正确的？（2016 年）

A. 区检察院提起抗诉的案件，区法院应当通知区法律援助中心为被告人甲提供法律援助

B. 家住 A 县的乙在邻县涉嫌犯罪被邻县检察院批准逮捕，其因经济困难可向 A 县法律援助中心申请法律援助

C. 县公安局没有通知县法律援助中心为可能被判处无期徒刑的丙提供法律援助，丙可向市检察院提出申诉

D. 县法院应当准许强制医疗案件中的被告丁以正当理由拒绝法律援助，并告知其可另行委托律师

【答案】 CD

【考点】 法律援助条件。

阅读文献

1. 时正新：《中国社会救助体系研究》，中国社会科学出版社 2002 年版。
2. 樊崇义、张中：《弱势群体的法律救助　法律援助服务及其质量问题研究》，中国人民公安大学出版社 2008 年版。
3. 余少祥：《弱者的权利：社会弱势群体保护的法理研究》，社会科学文献出版社 2008 年版。
4. 林莉红：《民间组织合法性问题的法律学解析——以民间法律援助组织为视角》，载《中国法学》2006 年第 1 期。
5. 陈永生：《刑事法律援助的中国问题与域外经验》，载《比较法研究》2014 年第 1 期。

第十一章 司法协助制度

内容提示

通过本章学习，掌握司法协助的特点，了解司法协助的发展趋势；掌握中国区际司法协助的特点，了解区际司法协助的内容；掌握国际民事司法协助的内容；了解国际刑事司法协助的内容。

第一节 司法协助概述

一、司法协助的概念

司法协助，是指一法院为便利其他法院司法业务之目的依法或基于互惠而在其管辖区域内实施的作为或不作为的协助行为。司法协助可以体现于三个层面上：一是各国法院之间的司法协助，即国际司法协助；二是一国内各法域间的司法协助，即区际司法协助；三是一法域内管辖不同区域的法院间的司法协助，即域内司法协助。这三个层次的司法协助体现出以下共同的特点：

1. 司法协助体现的是不同的法院之间的协作关系。提供司法协助的过程既是行使司法权的过程，也是对法院的司法管辖予以认可并提供支持的过程。因此，它往往被看作“外交关系的晴雨表”，实施时不仅要以国家间的良好政治关系为基础，以条约或互惠为前提，并且在处理具体案件时还往往涉及国家利益等政治考量，甚至需要国家最高司法或行政机关介入。

2. 司法协助的依据是国际公约、双边或多边协定以及互惠关系的存在。司法协助的依据是指司法协助发生的基础。从各国诉讼立法和实践分析，司法协助的根据有以下三种：

(1)国家之间缔结的双边协定或协议。通过签订双边协定或协议明确两国间的司法协助,是当今各国普遍采取的方式。双边协定或协议一旦生效,两国法院便负有互为对方司法协助的义务。

(2)两国共同参加的有关司法协助的多边国际条约。主权国家一旦参加条约即应遵守该国际条约本国对该条约其他参加国便负有司法协助的义务。当然,声明保留的条款除外。

(3)互惠关系。当主权国家之间既未缔结司法协助协定又未共同参加有司法协助内容的国际条约时,按理双方是不能进行司法协助的。但是建立外交关系的国家,为了双方的方便,根据国际惯例可以按互惠关系形成事实上的司法协助关系。

3. 司法协助是被请求法院在其辖区内作出的。由于司法协助是在被请求法院辖区内作出的,因此,各国立法和实践一般都规定司法协助适用被请求法院的法律,而不管请求法院的法律如何规定。因为代请求法院而为的诉讼行为是在被请求法院进行的,这时只能按照被请求法院法律规定的程序进行,请求法院的法律规定不可能延伸至被请求法院。

二、司法协助的历史发展

司法协助作为一种法律现象,最早出现于刑事领域,引渡制度是最早的司法协助制度。据史料记载,公元前1280年,古埃及的拉麦赛二世和赫梯族国王哈杜西里三世签订和平协议,其中有关于遣返逃到对方境内的罪犯的规定。这是国家间关于引渡的最早规定,而引渡即属于司法协助的内容。随着社会的发展,国家之间的经济贸易往来日趋频繁,民商事领域的司法协助制度随之产生。关于民商事司法协助的最早记录出现在古希腊。据一块出土的石碑记载,古希腊的城邦国家科斯和加林纳之间因公债偿付发生纠纷,由第三国科尼多斯的官员任仲裁员进行仲裁。在调取证据的问题上,仲裁员要求该两国给予协助并最终解决了这一纠纷。[1]

司法协助作为一种制度最初曾出现在19世纪的德国。当时德国是一个联邦制的国家,德意志各邦德司法机关通过司法协助来完成一些跨邦的诉讼行为。

司法协助这一术语也就起源于德国学者伯姆、马蒂茨和李斯特创造的“法律协助”(Rechtshilfe)。后来,为了强调这种协助的特性,英、美、法、意等国的外交书

---

〔1〕 费宗祎、唐承元:《中国司法协助的理论与实践》,人民法院出版社1992年版,第7页。

文把它改称为“司法协助”(judical assistance 或 legal assistance)。其含义是各主权国家之间为了实现各自的司法权而相互提供便利的活动。

任何一项民事法律制度产生和发展的背后都隐藏着深厚的经济背景。现代意义司法协助的发展,与资本主义在全球的发展和扩张紧密相连。资本主义生产力的发展、科学技术的日新月异,使各国和地区间民商事交往日益频繁,一国法院在审理与数个国家或地区有关联的民商事案件时,无论是诉讼过程中还是诉讼的结果,往往都依赖于其他国家或地区的司法机关的协助才能实现对国际或区际民商事交往当事人利益的保护。

从 19 世纪中期开始,西方国家尤其是欧洲国家以单方立法或条约形式规定相关的民商事司法协助法律制度发展迅速。其中,法国与巴登于 1846 年签订的关于法院判决的承认与执行、司法文书的送达以及调取证据的司法协助条约被认为是世界上第一个民商事司法协助条约。在国际公约方面,最早的一个重要的渊源是 1905 年 7 月 17 日关于民事案件中司法协助的《海牙公约》。值得注意的是,在西方国家的国内立法和国际条约中,很少出现“司法协助”这一术语。这是因为,从立法技术上讲,各国均倾向于就某一个方面的司法协助行为作出规定,如“判决的承认与执行”、“司法文书的送达”以及“国外证据的调取”等。“司法协助”这一术语更多地用于学者们的研究著述中。

最常见的司法协助通常是通过国与国之间的合作关系体现的,司法协助也被称为国际司法协助(international judicial),体现了世界各国在尊重彼此司法独立的基础上形成的一种相互依赖、相互合作与协助的特点。[2] 但是,仅仅把司法协助视为一个国际法上的概念是不符合现代国家结构的实际的,国家内部司法协助的存在大有可能。

在一国内部进行的司法协助,可以是相对独立的法律制度之下各司法机关之间的协助,如《瑞士宪法》第 16 条就规定了各地区的法院之间相互提供司法协助的义务;美国的宪法虽然没有包含要求联邦各州之间相互提供司法协助的规定,根据礼让原则,联邦各州一般都愿意给予其他州以司法协助;[3] 现阶段和将来“一国两制”时期,在中国内地与香港、澳门、台湾这几个不同法域的司法机关之间开展的司法协助。还可以用于同一主权国家内部,统一的立法和司法制度下各司法机关之间的协助。可以通过为“司法协助”一词附加不同的定语来确定它的合

---

〔2〕 黄进、黄风:《区际司法协助研究》,中国政法大学出版社 1993 年版,第 4 页。

〔3〕 李双元、谢石松:《国际民事诉讼法概论》,武汉大学出版社 2001 年版,第 407 页。

作主体关系。将司法协助划分为国际司法协助和区际司法协助(international judicial assistance 或 interregional legalassistance)。区际司法协助进一步区分为同一法域内区际司法协助(域内司法协助)和非同一法域间区际司法协助。[4]

三、司法协助的发展趋势

随着经济全球化的发展、科技的日益更新以及人员的跨境流动,跨国、跨地区的经济纠纷日益增多,以"9·11"恐怖袭击为明显标志的非传统安全威胁对国际社会造成的危害正在上升,贩毒、洗钱、非法移民、贪污腐败等跨国犯罪日益猖獗,迫切需要世界各国携手应对;网络和信息技术的广泛应用更是一把"双刃剑",在为各国之间的交往提供了高效快捷的平台和前所未有的便利的同时,也导致出现许多新类型的"无国界"犯罪或侵权案件,如何采取有效措施加强合作,趋利避害,已成为各国的普遍共识。司法协助作为诸多国际合作措施的一个重要方面,得到各国的高度重视,出现加速发展的态势。[5]

总的来看,当前国际司法协助有以下新趋势:

1. 加强了司法协助的立法工作。近年来,联合国相继制定了《制止向恐怖主义提供资助的国际公约》、《制止恐怖主义爆炸的国际公约》、《打击跨国有组织犯罪公约》、《反腐败公约》等一系列重要公约,将刑事司法协助、引渡等事宜作为核心内容之一作了全面、详尽的规定;[6]海牙国际私法会议继续推动有关民事司法协助公约的实施,并就制定一项新的民商事管辖权和判决承认与执行公约展开谈判;[7]进一步完善纽约承认与执行外国仲裁裁决有关制度以适应国际仲裁新特点的问题提上了议事日程;欧盟制定了新的刑事司法协助公约等一系列新的公约,颁布了涉及司法协助的若干规则和指令;非洲联盟制定了涉及司法协助的反恐及反腐败区域性公约;亚太地区多次举行研讨会,协调各国的司法协助制度,探讨适合本地区的"最佳做法"。此外,双边司法协助条约的数目也有较大增长。一些国家还根据对外开展合作的实际需要,制定新的国内法,进一步扩充了司法协助的范围,扩大了合作基础,丰富了合作手段。如美国 2000 年《民事没收改革法》提升了其冻结和没收外国犯罪中使用或获得的资金或其他财产的协助能力,澳大

---

〔4〕 陈晖:《中国区际刑事司法协助概念的探讨》,载《求索》2006 年第 2 期。

〔5〕 徐宏:《国际民事司法协助》,武汉大学出版社 2006 年版,第 3~5 页。

〔6〕 朱志峰:《我国刑事司法合作立法的规范、协调与完善——以正在酝酿的〈中华人民共和国刑事司法协助法〉为视阈》,载《社会科学辑刊》2014 年第 3 期。

〔7〕 马乐:《和谐语境中的国际民事司法协助考量》,载《河北法学》2009 年第 10 期。

利亚、英国、加拿大也正在考虑制定民事资产没收立法。

2. 简化司法协助程序,扩大司法协助范围。从协助的实体内容上看,大多数国家主张采取切实措施,减少妨碍合作的障碍,特别是对"公共秩序"等拒绝合作的理由作严格解释,控制其适用范围;明确将一些严重跨国犯罪排除在"政治犯罪"的概念之外;弱化"双重犯罪"、"一案不二理"等传统规则对协助的制约;简化对请求的审查及证据要求。对于"民商事"等涉及合作范围的概念,则鼓励从实践的角度尽可能作灵活的、广义的解释,以便扩大合作领域;从程序上看,设立专门的中央机关负责司法协助联系,以提高效率的做法得到全面推广,互联网、电子信息技术等现代科技手段在司法协助中的应用受到重视。

3. 司法公正成为司法协助的基础。"不得因种族、宗教、国籍、性别、政治见解或身份等原因导致不公正待遇"以及"免予酷刑"等,已是各类刑事司法协助条约中的标准条款;"死刑犯不引渡"也成为废除死刑国家谈判引渡条约时坚持的重要立场,而且有扩大适用于其他类型司法协助的趋势;在诉讼中是否遵守"正当程序"及国际人权标准,被一些国家作为决定是否承认与执行外国法院民商事判决的条件之一;对弱方当事人及证人合法权益的保护制度也在逐步细化。例如,欧盟2001年发布的《关于民商事案件管辖权与判决承认及执行的规则》强化了对消费者权益的保护,规定电子商务形式下的消费合同纠纷案件由消费者住所地法院专属管辖;欧盟理事会还作出决议,要求各成员国对向司法机关提供合作的证人及其他人士提供安全保护。

第二节 中国区际司法协助

一、区际司法协助的概念和特征

(一)区际司法协助的概念和产生

区际司法协助,是指一国内部不同法域的法院或其他主管机关之间,根据该国的法律以及彼此之间的协议,相互委托,代为履行或实施某些司法行为或与司法密切相关行为的制度。

区际司法协助产生于复合法域国家,也称多法域国家。所谓复合法域国家,就是指在一个国家内部的不同地区存在不同的法制制度,或者说存在不同的法域。当今世界上有许多这样的复合法国家，其中大部分是联邦制国家，如美国、加拿大、巴西、澳大利亚、马来西亚、印度、瑞士等。在这些复合法域国家中，施行不同法律的地区之间必然会产生大量的涉区域法律关系以及跨区域的刑事犯罪。这些跨区域的民商事案件和刑事犯罪案件如果得不到各法域有关主管机关的通力合作，其审理将难以顺利进行。区际司法协助便是由此而产生的。

从这里我们可以看出，区际司法协助的产生需具备以下几个条件：

1. 复合法域国家中存在两个或两个以上施行不同法律制度的法域。

2. 各法域的法律处于平等地位，互不从属。不过，在许多复合法域国家，尤其是联邦制国家，除了各法域有自己独特的法律制度外，各法域之上还有中央法律制度。中央法律制度优于各法域的法域制度。因此，中央法律制度在不同范围和不同程度上对各法域的法律制度具有一定的限制作用。

3. 各法域互相承认其他法域的法律制度在本法域的域外效力以及承认依其他法域的法制所产生的既得权。[8]

由于我国实行一国两制的制度，香港、澳门、台湾地区施行的法律和内地的法律属于不同的法域，我国成为世界上唯一的两种社会制度并存的特殊的单一制的多法域国家，区际法制冲突的产生使区际司法协助的开展成为不可避免的重要事项。

（二）我国区际司法协助的特征

由于我国政治、经济和社会条件的不同，与其他国家的区际司法协助相比较具有如下特点：

1. 我国区际司法协助是在单一制国家体制内不同社会制度下的司法合作。产生司法区际协助的国家大多是联邦制同一社会制度国家。而我国的区际司法协助是单一制国家体制内不同社会制度下的司法合作，虽然香港、澳门两个特别行政区和台湾地区高度自治，但这是国家根据历史与现实所赋予的一种特殊待遇，与中央人民政府之间的关系是中央与地方的关系，是社会主义制度和资本主义制度下的司法合作。从立法的技术层面来看，两个基本法只作了原则性的规定，并用了“可”的或然性判断，应认为是对我国区际司法协助总体架构的设定，将要不要开展司法协助和如何开展的问题留给当事方“通过协商”去解决。

2. 我国区际司法协助不仅包括同一法系的不同区域之间的协助，而且还包括

---

〔8〕 黄顺康：《论我国区际司法协助的若干基本问题》，载《现代法学》1995年第5期。

不同法系的不同区域之间的协助。虽然其他个别多法域国家的区际司法协助也有建立在不同法系基础之上的，但仅限于个别情况，如加拿大的魁北克省属大陆法系，而加拿大其他省则属英美法系。地区间法律差异明显，进行机制构建难度较大。[9]

从比较法的角度分析，澳门、台湾虽然与大陆的政治体制不同，但法律制度上大体都与民法法系接近，在法律概念、法制体系和司法程序上都较之香港更为吻合，司法合作技术层面上的差异也比较小。而香港特别行政区实行的是普通法体系，与内地法律制度之间的差异非常明显，致使两地的司法合作存在较大的机制性冲突。[10]

3. 我国区际司法协助中，各"区"都拥有独立的司法权和终审权。和其他多法域国家相比，其他国家各法域尽管有相对独立的立法权和司法权，但中央仍有高于各法域的立法权和司法权，而且各法域都没有终审权。我国的香港、澳门和台湾地区均有终审法院，其诉讼案件并不上诉于最高人民法院。协助主体法律地位平等，不存在上位调整。

在美国、加拿大、俄罗斯和澳大利亚，各邦之间的法律也有可能发生冲突，但是他们可以通过联邦宪法和法律来协调。我国区际司法协助的客观存在，是由不同地区间法律差异较大和解决冲突机制的排斥性无法得到上位调整所决定的。同时，参与合作的主体是单独的司法区，相互间法律地位平等，任何法域都不得通过行政命令或司法指令的方式来要求其他法域就司法事务作出或不作出某种行为，所以，也无法通过共同的上位司法权来进行协调。此外，虽然合作的具体要求往往是由某一方首先提出，但是，这种司法活动并非单方行为，不具有一方祈求和另一方恩赐的性质，而是建立在平等互利的基础之上，以权利义务均衡负担为条件，以国家利益和地区利益相一致为原则。

二、我国民事区际司法协助

区际民事司法协助，是指在民事诉讼领域不同法域之间就境外文书送达、调查取证以及他法域裁判的承认与执行等事项提供司法协助的活动及相关制度安排。[11]

---

〔9〕 宋渝玲：《我国区际司法协助问题探析》，载《西南政法大学学报》2004年第1期。

〔10〕 宋锡祥：《海峡两岸民商事司法协助的现状、面临的困境及其解决途径》，载《台湾研究集刊》2013年第6期。

〔11〕 肖建华：《中国区际民事司法协助研究》，中国人民公安大学出版社2006年版，第1页。

(一)委托送达诉讼文书

我国内地并无专门的立法解决其与港澳台之间的送达问题。目前所遇到的问题,主要参照《民事诉讼法》有关域外送达的规定以及最高人民法院的司法解释来加以解决。1999 年 3 月 29 日,最高人民法院根据与香港特别行政区协商达成的一致意见,以司法解释的形式发布了《最高人民法院关于内地与香港特别行政区法院相互委托送达民商事司法文书的安排》,并于次日开始实施。2001 年 8 月 7 日,最高人民法院发布了《关于内地与澳门特别行政区法院就民商事案件相互委托送达司法文书和调取证据的安排》,并于当年 9 月 15 日开始生效。

1. 司法文书的范围

司法文书在内地指起诉状副本、上诉状副本、授权委托书、传票、判决书、调解书、裁定书、决定书、通知书、证明书、送达回证。

司法文书在香港特别行政区包括起诉状副本、上诉状副本、传票、状词、誓章、判案书、判决书、裁决书、通知书、法庭命令、送达证明。前述委托送达的司法文书以互换司法文书样本为准。

司法文书在澳门特别行政区包括起诉状复本、答辩状复本、反诉状复本、上诉状复本、陈述书、申辩书、声明异议书、反驳书、申请书、撤诉书、认诺书、和解书、财产目录、财产分割表、和解建议书、债权人协议书、传唤书、通知书、法官批示、命令状、法庭许可令状、判决书、合议庭裁判书、送达证明书以及其他司法文书和所附相关文件。

2. 委托送达机关

内地法院和香港特别行政区法院可以相互委托送达民商事司法文书。双方委托送达司法文书,均须通过内地各高级人民法院和香港特别行政区高等法院进行。最高人民法院的司法文书可以直接委托香港特别行政区高等法院送达。

内地法院和澳门法院相互委托送达司法文书,均须通过内地各高级人民法院和澳门特别行政区终审法院进行。最高人民法院与澳门特别行政区终审法院可以直接相互委托送达和调取证据。

3. 委托送达司法文书的要求

委托方请求送达司法文书,须出具盖有其印章的委托书,并须在委托书中说明委托机关的名称、受送达人的姓名或者名称、详细地址及案件的性质。委托书应当以中文文本提出。所附司法文书没有中文文本的,应当提供中文译本。前指文件均须一式两份。受送达人为两人以上的,每人一式两份。受委托方如果认为委托书与本安排的规定不符，应当通知委托方，并说明对委托书的异议。必要时可以要求委托方补充材料。

4. 委托送达的程序要求

送达司法文书，应当依照受委托方所在地法律规定的程序进行。受委托方接到委托书后，应当及时完成送达，最迟不得超过自收到委托书之日起2个月。送达司法文书后，内地人民法院应当出具送达回证；香港特别行政区法院应当出具送达证明书。出具送达回证和证明书应当加盖法院印章。受委托方无法送达的，应当在送达回证或者证明书上注明妨碍送达的原因、拒收事由和日期，并及时退回委托书及所附全部文书。

此外，受委托方对委托方委托送达的司法文书的内容和后果不负法律责任。委托送达司法文书费用互免。但委托方在委托书请求以特定送达方式送达所产生的费用，由委托方负担。

内地和台湾地区之间相互送达诉讼文书，无论采用哪一种形式，其前提条件是该法域的法院同意和允许采用这些方式，也就是说，两岸的司法协助仅仅停留在消极的司法协助方面，即一方法域的法院允许或默认对方法域的法院在其法域内执行某些司法行为，而无须提供主动的协助。目前司法实践中主要采用邮寄送达、公告送达、个人送达和海协会、海基会的转交送达等方式。

（二）委托代为取证

内地并无专门的立法解决其与港澳台之间的取证问题。目前所遇到的问题，主要参照《民事诉讼法》的有关规定、1970年海牙《关于从国外获取民事或商事证据的公约》以及最高人民法院的司法解释来加以解决。《内地与澳门特别行政区安排》，是中国区际取证方面最重要的成果。

1. 委托取证的案件和证据范围

民商事案件，在内地包括劳动争议案件，在澳门特别行政区包括民事劳工案件。委托方法院请求调取的证据只能是用于与诉讼有关的证据。代为调取证据的范围包括代为询问当事人、证人和鉴定人，代为进行鉴定和司法勘验，调取其他与诉讼有关的证据。

2. 委托取证的法院

双方相互委托调取证据，须通过内地各高级人民法院和澳门特别行政区终审法院进行。最高人民法院与澳门特别行政区终审法院可以直接相互委托送达和调取证据。内地各高级人民法院和澳门特别行政区终审法院相互收到对方法院的委托书后,应当立即将委托书及所附司法文书和相关文件转送根据其本辖区法律规定有权完成该受托事项的法院。

3. 委托书的要求

委托书应当以中文文本提出。所附司法文书及其他相关文件没有中文文本的,应当提供中文译本。代为调取证据的委托书应当写明:(1)委托法院的名称;(2)当事人及其诉讼代理人的姓名、地址,以及其他一切有助于辨别其身份的情况;(3)委托调取证据的原因,以及委托调取证据的具体事项;(4)被调查人的姓名、地址及其他一切有助于辨别其身份的情况,以及需要向其提出的问题;(5)调取证据需采用的特殊方式;(6)有助于执行该委托的其他一切情况。

4. 委托取证的程序要求

委托方法院应当在合理的期限内提出委托请求,以保证受委托方法院收到委托书后,及时完成受托事项。调取证据最迟不得超过自收到委托书之日起 3 个月。受委托方法院完成委托调取证据的事项后,应当向委托方法院书面说明。如果未能按委托方法院的请求全部或部分完成调取证据事项,受委托方法院应当向委托方法院书面说明妨碍调取证据的原因,并及时退回委托书及所附全部文件。如果当事人、证人根据受委托方的法律规定,拒绝作证或推辞提供证言时,受委托方法院应当以书面通知委托方法院,并退回委托书及所附全部文件。

受委托方法院可以根据委托方法院的请求,并经证人、鉴定人同意,协助安排其辖区的证人、鉴定人到对方辖区出庭作证。证人、鉴定人在委托方地域内逗留期间,不得因在其离开受委托方地域之前,在委托方境内所实施的行为或针对他所作的裁决而被刑事起诉、羁押,或者为履行刑罚或者其他处罚而被剥夺财产或者扣留身份证件,或者以任何方式对其人身自由加以限制。证人、鉴定人完成所需诉讼行为,且可自由离开委托方地域后,在委托方境内逗留超过 7 天,或者已离开委托方地域又自行返回时,前款所指的豁免即行终止。证人、鉴定人到委托方法院出庭而导致的费用及补偿,由委托方法院预付。

香港属于普通法系国家,调查证据原则上采取当事人主义。因此,在司法实践中,内地法院主要通过委托内地驻港机构、香港本地群众团体或者私家侦探代为取证,或者通过司法部委托的香港公证律师代我方办理有关公证事宜、取得证据;或者在特别重大的案件中,司法人员隐瞒身份直接到香港取证。

内地与台湾地区的相互取证活动都是通过民间途径展开的,而且都有官方的授权。

（三）承认与执行法院判决

内地与香港地区民事判决的承认与执行，在内地主要是依据《民事诉讼法》以及参照中国与其他国家签订的双边司法合作协写的原则与办法；香港地区主要参照判例法。2006年2月28日最高人民法院与澳门特别行政区在澳门签署了《内地与澳门特别行政区关于相互认可和执行民商事判决的安排》，成为双方承认与执行法院判决的主要依据。内地与台湾地区主要依据1998年5月26日施行的《最高人民法院关于人民法院认可台湾地区有关法院民事判决的规定》相互承认与执行判决。

1. 内地与澳门地区承认与执行民事判决

（1）法院判决的范围。“判决”所涵盖的文书主要包括内地与澳门特别行政区民商事案件（在内地包括劳动争议案件，在澳门特别行政区包括劳动民事案件）的判决；刑事案件中有关民事损害赔偿的判决、裁定，但不适用于行政案件。“判决”，在内地包括判决、裁定、决定、调解书、支付令；在澳门特别行政区包括裁判、判决、确认和解的裁定、法官的决定或者批示。

（2）受理认可和执行申请的管辖法院、在两地同时申请执行及其协调问题：一方法院作出的具有给付内容的生效判决，当事人可以向对方有管辖权的法院申请认可和执行；没有给付内容，或者不需要执行，但需要通过司法程序予以认可的判决，当事人可以向对方法院单独申请认可，也可以直接以该判决作为证据在对方法院的诉讼程序中使用。内地有权受理认可和执行判决申请的法院为被申请人住所地、经常居住地或者财产所在地的中级人民法院。澳门特别行政区有权受理认可判决申请的法院为中级法院，有权执行的法院为初级法院。如果被申请人在内地和澳门特别行政区均有可供执行财产的，申请人可以向一地法院提出执行申请。申请人向一地法院提出执行申请的同时，可以向另一地法院申请查封、扣押或者冻结被执行人的财产。待一地法院执行完毕后，可以根据该地法院出具的执行情况证明，就不足部分向另一地法院申请采取处分财产的执行措施。两地法院执行财产的总额，不得超过依据判决和法律规定所确定的数额。

（3）请求认可和执行的申请书的内容、所附相关证明文件、所附司法文书的文本及证明问题，以及上述文书所用语文问题。请求认可和执行判决的申请书，应当载明下列事项：

第一，申请人或者被申请人为自然人的，应当载明其姓名及住所；为法人或者其他组织的，应当载明其名称及住所，以及其法定代表人或者主要负责人的姓名、职务和住所。

第二,请求认可和执行的判决的案号和判决日期。

第三,请求认可和执行判决的理由、标的,以及该判决在判决作出地法院的执行情况。申请书应附生效判决书副本,或者经作出生效判决的法院盖章的证明书,同时应当附作出生效判决的法院或者有权限机构出具的证明判决程序合法、当事人基本情况好和判决作出地法院发出的执行情况证明的相关文件。

申请书应当用中文制作。所附司法文书及其相关文件未用中文制作的,应当提供中文译本。其中法院判决书未用中文制作的,应当提供由法院出具的中文译本。

(4)认可判决的程序、拒绝认可的情形、当事人的救济途径。法院收到申请人请求认可和执行判决的申请后,应当将申请书送达被申请人,被申请人有权提出答辩。被请求方法院应当尽快审查认可和执行的请求,并作出裁定。被请求方法院经审查核实存在不予认可的情形的,裁定不予认可。

当事人对认可与否的裁定不服的,在内地可以向上一级人民法院提请复议,在澳门特别行政区可以根据其法律规定提供副本及译本,免除任何认证手续而可以在对方使用。申请人依据本安排申请认可和执行判决,应当根据被请求方法律规定,交纳诉讼费用、执行费用。申请人在生效判决作出地获准缓交、减交、免交诉讼费用的,在被请求方法院申请认可和执行判决时,应当享有同等待遇。

2. 内地与台湾地区相互认可和执行民事判决

(1)申请时间和管辖法院。当事人可以在该判决发生效力后 1 年内,向申请人住所地、经常居住地或者被执行财产所在地中级人民法院受理。申请人应提交申请书,并须附有不违反"一个中国"原则的台湾地区有关法院民事判决书正本或经证明无误的副本、证明文件。

(2)审查和不予认可的具体情形。人民法院收到申请书,经审查,符合本规定条件的,应当在 7 日内受理;不符合本规定条件的,不予受理,并在 7 日内通知申请人,同时说明不受理的理由。人民法院审查认可台湾地区有关法院民事判决的申请,由审判员组成合议庭进行。人民法院受理申请后,对于台湾地区有关法院民事判决是否生效不能确定的,应告知申请人提交作出判决的法院出具的证明文件。台湾地区有关法院的民事判决具有下列情形之一的,人民法院裁定不予认可:①申请认可的民事判决的效力未确定的;②申请认可的民事判决,是在被告缺席又未经合法传唤或者在被告无诉讼行为能力又未得到适当代理的情况下作出的;③案件系人民法院专属管辖的;④案件的双方当事人订有仲裁协议的;⑤案件系人民法院已作出判决,或者外国、境外地区法院作出判决或境外仲裁机构作出仲裁裁决已为人民法院所承认的;⑥申请认可的民事判决具有违反国家法律的基本原则,或者损害社会公共利益情形的。经人民法院审查申请后,对于台湾地区有关法院民事判决不具有上列情形的,裁定认可其效力。

(3)关于“一事不再理”原则的规定。人民法院受理认可台湾地区有关法院民事判决的申请后,对当事人就同一案件事实起诉的,不予受理。案件虽经台湾地区有关法院判决,但当事人未申请认可,而是就同一案件事实向人民法院提起诉讼的,应予受理。对人民法院不予认可的民事判决,申请人不得再提出申请,但可以就同一案件事实向人民法院提起诉讼。人民法院作出民事判决前,一方当事人申请认可台湾地区有关法院就同一案件事实作出的判决,应当中止诉讼,对申请进行审查。经审查,对符合认可条件的申请,予以认可,并终结诉讼;对不符合认可条件的,则恢复诉讼。

(四)执行仲裁裁决

所有的中国区际法律问题中,各法域相互执行仲裁裁决是目前得到较好解决的问题。在内地与台湾地区相互执行仲裁裁决,各自依照自己的相关规定,内地方面的主要法律依据是前述《最高人民法院关于人民法院认可台湾地区有关法院民事判决的规定》;内地和香港特别行政区相互执行仲裁裁决,法律依据是《内地与香港特别行政区相互执行仲裁裁决的安排》;内地与澳门特别行政区相互执行仲裁裁决,法律依据是《关于内地与澳门特别行政区相互认可和执行仲裁裁决的安排》。下面介绍内地与香港地区执行仲裁裁决的主要内容:

1. 管辖法院

有关管辖法院,在内地指被申请人住所地或其财产所在地的中级人民法院,在香港指高等法院。被申请人住所地或财产所在地被申请人的住所地或财产所在地,既在内地又在香港的,申请人不能同时分别向两地有关法院提出申请。只有一地法院执行财产不足以偿还其债务时,可就不足部分向另一地法院申请执行。两地法院先后执行的总额,不得超过裁决总数。

2. 申请文件和时限

申请人向有关法院申请执行仲裁裁决时,应提交以下文书:执行申请书、仲裁裁决书、仲裁协议。执行申请书应以中文提出,裁决书或仲裁协议没有中文文本的,申请人应提交正式证明的中文译本。

申请人申请执行内地或香港特别行政区仲裁裁决的期限依据执行地法律有

关时限的规定。有关法院接到申请人申请后,应当按照执行地法律程序处理及执行。

3. 不予执行的情形

被申请人接到法院的执行通知后,提出证据证明内地或香港仲裁裁决具有下列情形之一的,经审查核实,有关法院可裁定不予执行:

(1)仲裁协议当事人依对其适用的法律处于某种无行为能力的情形;或者该项仲裁协议依约定的准据法无效,或者未指明应适用的法律,依裁决地的法律是无效的。

(2)被申请人未接到指派仲裁员的适当通知,或者因他故未能陈述案件的。

(3)裁决所处理的争议不是交付仲裁的标的或不在仲裁协议范围之内,或者裁决载有关于交付仲裁范围以外事项的决定的。但交付仲裁事项的决定可与未交付仲裁的事项划分时,裁决中关于交付仲裁事项的决定部分应当予以执行。

(4)仲裁庭的组成或仲裁程序与当事人之间的协议不符,或者在有关当事人没有达成这种协议时与仲裁地的法律不符。

(5)裁决对当事人尚无约束力,或者业经仲裁地法院或者按仲裁地的法律撤销或停止执行的。

(6)如执行法院认定,依执行地法律,争议事项不能以仲裁方式解决的,或者执行裁决将违背法院地社会公共利益或公共政策的,则可不予执行该裁决。

与内地和香港之间的上述安排相比,内地与澳门之间的安排在标题上多了"认可"二字,但这两个安排的核心内容是相同的,差异主要在于程序性细节。

三、我国区际刑事司法协助

(一)区际刑事司法协助的概念和内容

我国刑事区际司法协助,是指一国内部不同法域的主管机关之间,根据该法域的法律或彼此之间所订立的协议,相互委托,代为履行或实施某些刑事司法行为或与刑事司法密切相关的行为。根据已有的实践,我国区际刑事司法协助的内容包括送达司法文书,调查取证的诉讼行为,提供法律、司法和犯罪情况的资料,对逃犯和嫌疑犯采取拘留、逮捕、限制出境或强制出境等强制措施,相互承认和执行刑事判决,刑事案件诉讼的转移,案犯的移交。[12]

---

〔12〕 黄风:《中国境外追逃追赃　经验与反思》,中国政法大学出版社2016年版,第186~206页。

(二)我国区际刑事司法协助的现状与发展前景

我国的区际刑事司法协助实际上在香港和澳门回归以前就已经开始。目前,香港与中国内地和中国其他地区的司法合作途径主要是跨区联络和个案性的刑事司法协商两方面。此外,因为特别行政区的身份,香港还可以单方面请求国家最高司法机关、最高检察机关协助促使内地行政区加快给予香港特别的刑事司法协助。

自从中国于1984年加入国际刑警后,中国便在北京设立中国国家中心局作为国家联络单位,向当时包括香港在内的境外执法机关提供互相协助调查及逮捕逃犯的刑事司法协助。为处理当时香港、澳门、台湾等中国地区向国际刑事警察组织寻求协助的需要,中国国家中心局亦于广东省特设联络处,以处理涉港、澳、台三地的刑事合作。

目前香港有关牵涉中国内地刑事司法协助的案件都会征询香港特别行政区律政司辖下的"司法互助组"以处理有关的法律问题,而实质刑事司法协助之工作是由中国内地与香港特区执法机关在互相尊重与互惠的大前提下直接协商进行的。一直以来中国内地与香港特区之间的刑事司法协助主要是依个案方式,由中国内地的公安机关、检察机关、司法机关与香港特区的警务处、律政司、高等法院单项展开。

现时,香港与中国内地的主要区际刑事司法协助需要已大大超出了既定的合作安排,为有效打击持续上升的跨区域有组织犯罪,很有必要以目前刑事司法协助的合作经验为基础去寻求和构建一个较系统和较固定的包括澳门特区与台湾地区的两岸四地刑事司法协助机制。除针对一般刑事犯罪的个案性区际刑事司法协助外,目前香港与中国内地就打击跨区境犯罪尚有若干具有灵活性的互相通报及定期联络机制。这一机制包括2001年香港特区与中国内地达成就两地被捕人士的犯罪、被羁留地点、案件主管详情作互相通报以便知会有关被捕人员的家属及工作单位,而此机制亦已进一步延展至通报因意外以及非自然死亡的情况。

在司法和执法机关最高首长的层面,香港警务处处长每年均会到北京与中国公安部部长举行会议,交换打击跨境有组织犯罪问题政策及合作上的意见,会议结果由香港警务处"联络事务科"跟进。[13] 但目前,内地与港澳台地区之间由于诸多原因,未达成任何有关区际刑事司法协助协议。因此,目前存在制定完善区际刑事司法协助协议的迫切性,并急需建立区域性刑事司法联络机关。

---

〔13〕 陈沛林:《论香港特别行政区区际刑事司法协助的现状与展望》,载《法学杂志》2008年第2期。

(三)我国区际刑事司法协助需遵循的原则

我国“一国两制”下的区际刑事司法协助,必须遵循以下原则:[14]

1.一国两制原则。既然中国内地、香港和澳门三个法域都是中国的地方行政区域,那么,在“一国”前提下,维护国家的统一、主权和安全就是三个法域必须共同承担的责任和义务;严格区分国际刑事司法协助和区际刑事司法协助;剔除“政治犯”与“军事犯”的概念。

2.平等协商原则。中国各法域在开展区际刑事司法协助时,其法律地位是平等的。作为中国的法域,在政治地位上大家都是中央管辖下的地方行政区域,谁都不享有主权,各法域之间不构成中央和地方的关系。无论是哪个法域,都不能将自己处理司法问题的原则和法律制度强加于另一法域之上。其实,关于中国各法域的平等地位,在香港和澳门两个基本法中也得到了充分的印证。事实上,通过平等协商后签订协议来解决中国的区际司法协助,这在民商事领域的区际司法协助中已经得到了落实,刑事领域的区际司法协助同样应该如此。

3.互惠原则。中国各法域在开展区际刑事司法协助时,应当相互尊重对方的司法管辖权,相互尊重对方的法律制度,互利互惠。比如“死刑犯不移交”的国际惯例。由于中国内地法域保留了死刑,香港、澳门法域则废除了死刑,因此,中国内地法域与香港、澳门法域进行移交逃犯的刑事司法协助,必然就会发生如何对待“死刑犯不移交”国际惯例的问题。这一国际惯例同样不能适用于中国区际刑事司法协助。否则,如果在中国区际刑事司法协助中适用这一国际惯例,客观上就意味着香港、澳门法域利用了移交逃犯的机会,强迫中国内地法域在个案上改变本法域的死刑理念和法律制度,其实质就是干涉了内地法域关于死刑的法律制度,这样做显然不符合相互尊重、互不干涉的原则。

第三节 国际民事司法协助

一、国际民事司法协助的概述

国际民事司法协助,是指不同国家的法院之间,根据其所属国缔结或参加的

---

〔14〕 赵国强:《“一国两制”下的中国区际刑事司法协助》,载《广东外语外贸大学学报》2008年第9期。

国际条约,或者根据互惠原则,互相代为一定诉讼行为的制度。狭义的民事司法协助观点认为,民事司法协助仅包括在民事案件中协助送达文书和调查取证,广义的民事司法协助观点则将外国法院判决的承认和执行也包括在内。现在一般认为。概言之,司法协助的范围包括以下五个方面:一是代为送达诉讼文书;二是代为调查证据,询问证人;三是根据委托向对方提供有关法律资料和文件;四是承认和执行外国法院生效裁判;五是承认和执行外国仲裁机构生效裁决。

二、国际民事司法协助的依据

司法协助的根据是指司法协助发生的基础。从各国诉讼立法和实践分析,司法协助的根据有以下三种:

(一)国家之间缔结的双边协定或协议

通过签订双边协定或协议明确两国间的司法协助,是当今各国普遍采取的方式。双边协定或协议一旦生效,两国法院便负有互为对方司法协助的义务。至于司法协助范围、途径、程序全由协定(协议)确定。我国自20世纪80年代起便开始同外国谈判签订司法协助条约。最早的双边条约是与法国缔结的《中华人民共和国与法兰西共和国关于民事、商事司法协助的协定》。继中波、中法、中比协定之后,中国大陆又陆续与蒙古、罗马尼亚、意大利、西班牙、俄罗斯、土耳其、古巴等国签订了有关司法协助的双边协定。目前还有一些国家正在同我国进行缔结司法协助条约的谈判。

(二)两国共同参加的有关司法协助的多边国际条约

我国于1991年3月2日加入了海牙《关于向国外送达民事或商事司法文书和司法外文书公约》、1986年12月2日加入了《承认及执行外国仲裁裁决公约》。此外,我国还承认了载有相互承认与执行对方法院判决的《关于油污损害的民事责任的国际公约》在中国的效力等。主权国家一旦参加条约即应遵守该国际条约,本国对该条约其他参加国便负有司法协助的义务。当然,声明保留的条款除外。基于国家主权和司法权统一行使的原理,地方各级法院与外国或其司法机关订立的司法协助协定是不适当的行为,已经订立的应当中止执行。

(三)互惠关系

国家的主权是神圣不可侵犯的权力。当主权国家之间既未缔结司法协助协定又未共同参加有司法协助内容的有关国际条约时,按理双方是不能进行司法协助的。但是,建立有外交关系的国家,为了双方的方便,根据国际惯例可以按互惠关系形成事实上的司法协助关系。

三、国际民事司法协助的机关

国际民事司法协助是国家间进行涉外民事诉讼时,有关国家机关(主要是国家司法机关)相互提供帮助的一项司法制度。司法协助的机关有中央机关、主管机关和外交机关。它们在司法协助中的作用是各不相同的。

(一)中央机关

司法协助中的中央机关是指一国根据本国缔结或参加的国际条约的规定而指定建立的,在司法协助中起联系、转递作用的机关。1965 年海牙《送达公约》首先创立了“中央机关”制度,即设立中央机关以取代以往的外交机关作为民事司法协助的主要途径。一方面,这一制度避免了外交途径转递请求手续的烦琐,从而便利了各国间司法协助请求的转递;另一方面,这一制度也减少了各国外交机关在司法协助方面的工作压力。目前,以“中央机关”作为国际民事司法协助的联系途径,已成为一项普遍的国际实践。各国在实践中为司法协助而指定的中央机关不尽相同。有以本国司法部为中央机关,也有以本国最高法院为中央机关的。我国指定我国司法部为中央机关和有权接收外国通过领事途径转递文书的机关。

(二)主管机关

司法协助的主管机关是指国际条约或国内法所规定的有权向外国提出司法协助请求和有权执行外国提出司法协助请求的机关。司法协助的主管机关与中央机关在司法协助中的作用是不同的。前述中央机关主要负责司法协助中缔约国之间的相互联系,而主管机关则是司法协助请求行为的提出者和具体完成者。各国通过司法协助程序完成的行为一般认为是司法行为,因而各国司法协助的主管机关也主要是司法机关。但各国对司法协助主管机关的指定又不尽一致。有些国家,司法机关以外的机关(甚至有关人员)也可能成为司法协助的主管机关。譬如,在波兰,除法院是民商事案件的主管机关外,公证处也有权处理数额不大的财产纠纷,以及有关遗嘱的有效性、遗产保护方面的纠纷;在比利时,有关送达文书的请求,一般由与律师地位相似的司法执达员(即司法助理人员)完成;在美国,律师可以在法院的控制下依一定的程序完成送达等司法行为;在我国,法院是民事司法协助方面的主管机关。

(三)外交机关

外交机关在司法协助中的作用主要如下:第一,可作为司法协助的联系途径。在无司法协助条约关系的国家之间,司法协助一般应通过外交途径解决,这是国际社会的普遍实践。第二,可作为解决司法协助条约纠纷的途径。即因执行或解释条约而产生的困难或争议一般通过外交途径解决。第三,可出具诉讼费用减免的证明。

四、一般司法协助

(一)域外送达

域外送达,是指一国法院根据国际条约或本国法律或互惠原则将司法文书和司法外文书送交给位于外国的诉讼当事人或其他诉讼参与人的行为。司法文书的域外送达一般通过两种途径进行:一种是直接送达,即由内国法院根据内国法律或国际条约的相关规定通过一定的方式直接送达,主要包括外交代表或领事送达、邮寄送达、个人送达、公告送达和以当事人协商的方式送达。另一种是间接送达,即由内国法院依据内国法律和国际条约的有关规定通过一定的途径委托外国的中央机关代为送达,亦即通过国际司法协助的途径所进行的送达。

我国关于域外送达的规定主要体现在我国《民事诉讼法》以及最高人民法院的相关司法解释中。另外,我国是1965年海牙《送达公约》的成员国,根据上述法律和公约,我国的域外送达制度主要有以下两个方面的内容:

1. 我国法院需要向国外送达司法文书的,可通过以下方式:(1)依受送达人所在国与我国缔结或参加的条约规定的方式送达;(2)通过外交途径送达;(3)委托我国驻外使、领馆对我国公民进行送达;(4)向当事人委托的有权代其接受送达的诉讼代理人送达;(5)向受送达人在我国领域内设立的代表机构或有权接受送达的分支机构、业务代办人送达;(6)在所在国法律允许的情况下,邮寄送达;(7)上述各种方式均不能采用时,公告送达。

2. 外国法院向在我国境内的当事人送达法律文书的,可以采取的途径为:(1)外国与我国有条约关系的,依照缔结或参加的国际条约规定的途径进行。值得注意的是,我国批准加入1965年《送达公约》时明确表示反对采用公约第10条所规定的方式,即邮寄送达方式在我国境内送达。(2)没有条约关系的,通过外交途径进行。(3)外国驻华使馆可以直接向在华的本国国民送达法律文书,但不得损害我国的主权、安全和社会公共利益，不得采取强制措施。(4)对拒绝转递我国法院通过外交途径委托送达法律文书的国家或有特殊限制的国家，可根据情况采取相应的对等措施。

(二)域外取证

域外取证，是指案件的受诉法院在征得有关国家同意的情况下，直接提取案件所需的证据，或通过司法协助途径，以请求书的方式，委托有关国家的主管机关所进行的取证。有关域外取证的范围通常包括询问当事人、证人和鉴定人，进行鉴定和司法勘验以及其他与调查取证有关的行为。

域外取证一般也是通过直接、间接两种途径。直接取证是不涉及取证地国家主管机关的司法行为，其方式主要有以下三种：外交或领事人员取证、特派员取证、当事人或诉讼代理人自行取证。间接取证即是以请求书方式，通过司法协助途径的域外取证。

在我国，关于域外取证的规范，是规定在国内法和有关的国际条约中。据我国《民事诉讼法》第 276 条规定，我国人民法院跟外国法院，可以依据国际条约或互惠原则，相互请求代为调查取证。但外国法院请求我国法院代为调查取证，不得有损于我国的主权、安全和社会公共利益，否则不予执行。该法第 277 条第 2 款又规定，外国驻我国使领馆可以向该国公民调查取证，但不得违反中华人民共和国法律，也不得采取强制措施。此外，我国法院和外国法院通过外交途径相互委托代为调查或取证，可参照该通知有关规定办理。

依据我国加入的 1970 年 3 月 18 日海牙国际私法会议通过的《关于从国外调取民事或商事证据的公约》(以下简称《国外取证公约》)规定，(1)我国指定中华人民共和国司法部为负责接收来自另一缔约国司法机关的请求书，并将其转交给执行请求的主管机关的中央机关。(2)我国对“公约”第二章第 16 条至第 22 条的规定提出了保留，即我国只接受请求书方式和外交或领事方式域外取证，不接受特派员取证方式，并且外交或领事代表只能向处于另一缔约国境内的本国公民取证，并不得采取强制措施。(3)针对普通法国家民事诉讼程序中存在的审判前文件调查程序的规定，我国声明，对于普通法国家旨在进行审判前文件调查的请求书，仅执行已在请求书中列明并与案件有直接密切联系的文件的调查请求。

五、特殊司法协助

(一)特殊司法协助概述

特殊司法协助主要是指外国法院判决的承认和执行以及承认和执行外国仲裁裁决。[15] 外国法院判决的承认与执行,是指一国法院对涉外民事案件作出的判决,到另一国领域内发生效力或强制执行。承认外国法院的判决,是指内国法院肯定外国法院的判决对当事人权利和义务的确认与本国法院的判决具有同等效力,因而允许本国境内之该案当事人自动履行外国法院判决所确定的事项,并可以外国法院判决为理由驳回国内某人对该案提出的异议。执行外国法院的判决,是指内国法院按照本国法律的规定,采取强制措施去实现外国法院的判决。可见,执行判决要以承认判决为前提。

根据国家主权原则,一国法院对涉外民事案件作出的判决,只能在本国领域内发生法律效力,而不能在外国领域发生效力。但是,由于国际经济技术合作的发展和民间交往的扩大,各国出于对外交往的需要,又设法通过各种方式,相互承认和执行别国法院对涉外民事案件的判决,从而就产生了外国法院判决的承认与执行问题。

(二)承认和执行外国法院判决的方式

1. 发给执行令。这种方法是执行地国法院对外国法院的判决进行审查,认为符合执行的条件,即发给执行令,按执行地国法律规定的程序执行。法国、德国等国家采用这种方法。

2. 重新作出判决。这种方法是执行地国法院不直接承认与执行外国法院的判决,而是由要求执行的当事人,以外国法院判决为根据,向执行地国法院重新起诉,该法院进行审理,认为外国法院判决与本国法律规定不相抵触,于是就作出与外国法院相同的判决,而且按执行本国法院判决的程序予以执行。从形式上看,执行的只是本国法院的判决,而不是外国法院的判决。英国、美国、荷兰、瑞典等国家采用这种方法。

3. 登记执行。这是英国的一种特殊方法。登记执行是指申请执行的当事人,将外国判决拿到英国高等法院进行登记,英国法院即按执行本国法院判决的程序执行。这种方法较为简单,但仅限于支付一定金额的判决及离婚和别居的判决,

---

〔15〕 承认和执行外国仲裁裁决参见仲裁制度中涉外仲裁的内容。

而且只适用于英联邦内部及与英国有互惠协定的国家。

(三)外国判决承认与执行的条件

由于承认与执行外国法院判决关系到本国主权及利益,所以,各国对此都很谨慎,一般以国内法做出这方面的规定。此外,各国还缔结了大量的双边条约和国际公约,对此加以统一规定。从各国立法和有关国际条约的规定来看,承认和执行外国法院判决的条件主要有:(1)作出判决的法院对该案件有管辖权;(2)判决不是以欺骗方法取得的;(3)被要求执行的当事人已得到合理的机会行使自己的辩护权;(4)按执行地国法院之规定,判决的事项属于法院的管辖范围;(5)判决已发生法律效力,或未失效;(6)对同一类案件,执行地国法院未作出判决,并未生效,或第三国法院作出的判决,未被执行地国法院承认;(7)判决不带有刑事惩罚性质;(8)判决没有违反执行地国的公共秩序;(9)具有互惠条件。

(四)我国关于外国法院判决的承认与执行的立法和实践

我国关于外国法院判决的承认与执行的制度,主要体现在2012年《民事诉讼法》和《民事诉讼法司法解释》的规定中,主要涉及以下内容:

1. 中国判决在国外的承认与执行

既可由当事人直接向有管辖权的外国法院提出,也可由中国法院依中国缔结或参加的国际条约或互惠原则向有关外国法院提出。凡中国作出的判决和裁决请求外国法院承认、执行的,须符合判决已生效、被申请人或请求执行的财产不在境内等必备条件。

对我国涉外仲裁机构作出的发生法律效力的仲裁裁决,当事人请求执行的,如果被执行人或者其财产不在我国领域内,则应当由当事人直接向有管辖权的外国法院申请承认和执行。这一途径是我国参加的《承认与执行外国仲裁裁决公约》(即《1958年纽约公约》)以及我国签订的双边司法协助条约中所确定的。对于我国涉外仲裁机构的裁决,不必再经过我国人民法院请求外国法院承认和执行。

2. 外国已发生效力的判决在中国的承认与执行

可以由当事人直接向中国有管辖权的中级人民法院申请,或由外国法院依该国与中国缔结或参加的国际条约或互惠原则向中国法院提出。

但是,国外仲裁机构的裁决,需要中国人民法院承认和执行的,应当由当事人直接向被执行人住所地或者其财产所在地的中级人民法院申请,人民法院应当依照中国缔结或者参加的国际公约，或者按照互惠原则办理。

3. 审查

中国法院在接到有关承认、执行外国法院判决、裁定的申请后，依有关国际条约或互惠原则进行审查，认为不违反中国法律的基本原则或国家主权、安全、社会公共利益的，以裁定方式承认其效力，需要执行的，发给执行令，按照我国有关法律规定执行。违反中国法律的基本原则或者国家主权、安全和社会公共利益的，不予承认和执行。

4. 处理结果

当事人向中华人民共和国有管辖权的中级人民法院申请承认和执行外国法院作出的发生法律效力的判决、裁定的，如果该法院所在国与中华人民共和国没有缔结或者共同参加国际条约，也没有互惠关系的，裁定驳回申请，但当事人向人民法院申请承认外国法院作出的发生法律效力的离婚判决的除外。

承认和执行申请被裁定驳回的，当事人可以向人民法院起诉。

5. 区分承认程序和执行程序

对外国法院作出的发生法律效力的判决、裁定或者外国仲裁判决，需要中国人民法院执行的，当事人应当先向人民法院申请承认。人民法院经审查，裁定承认后，再根据《民事诉讼法》规定予以执行。

当事人仅申请承认而未同时申请执行的，人民法院仅对应否承认进行审查并作出裁定。

第四节　国际刑事司法协助

一、国际刑事司法协助的概述

国际刑事司法协助，是世界各国或地区之间为有效制裁国际犯罪行为，依据国际条约规定或双边互惠原则，直接或在国际组织协调下进行的刑事司法互助，代为履行一定诉讼事务的司法制度。国际刑事司法协助是国家主权在行使刑事管辖权方面的具体表现。

狭义的刑事司法协助，是指各国或地区之间在询问证人、鉴定人，移交物证，检验证件，送达文书，提供情况，以及办理有关刑事诉讼手续等方面所进行的相互帮助与合作。广义的刑事司法协助，是在狭义的刑事司法协助的基础上增加引渡犯罪人的内容。最广义的刑事司法协助，除狭义的刑事司法协助外，还包括引渡、刑事诉讼的移管以及外国刑事判决的承认和执行等内容。目前，国际刑事司法协助已扩大至审判程序、增加了追回资产、提供资料以及未经请求主动予以协助的内容。

近年来，我国在国际刑事司法协助方面取得了突出的成就，主要体现在：一是开展国际合作的领域不断拓宽，中国司法部与国内相关机关协作，依据条约与相关国家的执法机关成功合作办理了一大批案件。二是国际合作的国内和国际法律基础不断充实。2012 年修订后的《刑事诉讼法》对我国与外国开展刑事司法协助进行了原则性规定；2000 年颁布的《引渡法》确立了对引渡案件的审查制度，为参与处理引渡案件确定了合理的职责分工；2007 年施行的《反洗钱法》以一章的篇幅规定了反洗钱领域的国际合作，成为我国与外国就打击洗钱犯罪开展司法协助的法律基础。三是国际合作的效果不断增强，有力地震慑了那些企图利用中外社会制度不同和法律差异逃避司法审判的跨国腐败犯罪，收到良好的社会效果。四是开展国际合作的形式和国家不断增多。

二、国际刑事司法协助的依据

国际刑事司法协助的根据主要来自一国的国内法及相应的国际法。

(一)国内法

在我国，国内法是国家进行国际刑事司法协助的最主要的法律依据。因为，国际刑事司法协助是国家行为，所以在宪法、法律、行政法规、地方性法规、民族自治地方的单行条例和自治条例等各种国内法渊源中，只有由国家最高权力机关及其常设机关制定的宪法、基本法律和法律才能成为规范国家实施国际刑事司法协助活动的国内法渊源。

(二)国际公约和条约

自 1956 年 11 月 5 日全国人大常委会第五十次会议决定批准《改善战地武装部队伤者病者境遇的日内瓦公约》起，到 2003 年 8 月 27 日第十届全国人大常委会第四次会议决定批准《联合国打击跨国有组织犯罪公约》为止，我国已经加入了二十多项涉及国际司法合作的多边国际条约。1987 年 6 月，中国与波兰签订了《关于民事和刑事司法协助的协定》，这是我国与外国签订的第一个含有刑事司法协助内容的双边司法协助条约。2006 年 4 月 29 日，十届全国人大常委会第二十一次会议通过决定，批准中国与西班牙的引渡条约。这是中国与西方国家签订的第一个引渡条约。在《联合国反腐败公约》和《联合国打击跨国有组织犯罪公约》框架下，我国现在可以分别同133个和147个国家或法域开展刑事司法合作。

截至目前，我国已与47个国家签署了66项司法协助条约和引渡条约。

（三）互惠原则

在处理尚未与我国签署协议的国家或已经签署的协议、条约中没有提及的问题时，我国坚持以互惠、对等原则为核心的国际惯例。

三、国际刑事司法协助的机关

1959年的欧洲公约详细规定了国际刑事司法协助的途径或渠道。这四种渠道是在地区性的国际公约中作出的规定，但是在目前尚未有一部统一的国际刑事司法协助法的状况下，它的许多原则对各国的司法协助实践具有普遍的指导意义，而且已经被世界许多国家所接受。

（一）外交机关

一般来说，外交途径是最常见的司法协助渠道，特别是在两国之间不存在司法协助条约的情况下，这一办法几乎成为唯一可行的途径。在有双边条约或参与国际公约的情况下，当然不限于此途径，可以采取更为宽泛的方式。在普通法系国家里这方面比较宽容，而在大陆法系国家里却常常遇到阻碍，即使像司法文书如不经过外交途径的请求而直接采用邮寄送达的方式，往往会遭到另一国以各种理由的拒绝。例如，美国并不认为送达司法文件一定是官方行为，也不认为在美国领土上进行的非官方送达行为侵犯了它的司法主权。因此，美国在这方面采取了比较宽容的态度。美国在制定国内立法时曾希望它的态度能为其他国家所接受，然而，不少国家仍旧坚持它们原来的立场。特别是一些欧洲大陆法系国家一贯认为，在一国境内送达司法文件构成一种官方行为，因此，未一经由该国当局进行或经其许可的送达行为，均被视为对送达地国司法主权的侵犯。1959年欧洲公约将两国之间的司法协助途径限定在两国外交司法当局之间进行，是符合当前的国际刑事司法协助的现状的。

（二）法院

通过法院途径进行刑事司法合作必须以条约为基础。1959年欧洲公约只规定在紧急情况下才可采用这种方式,尽管如此,各国对此也持不同意见,以美国为首的普通法系希望在没有条约的情况下也能够通过法院之间直接进行狭义方面的刑事司法协助,而大陆法系国家则不允许这样做。在司法协助中,送达文件、传递情报等行为只是整个协助中的辅助行为,除涉及司法管辖权和特别重大的刑事案件外,一般案件的诉前协助应当允许两国法院之间直接进行,特别是在两国之间有条约和协议的情况更应如此,这样可以节省办案时间,提高效率,而且可以达成默契。从长远的观点来看,法院途径应当成为进行司法协助的一种主要途径。

(三)国际刑警组织

国际刑警组织成立于1923年,是全世界唯一的国际刑警机构。国际刑警组织从事跨政府间的活动,但却超脱于任何条约、公约或类似国家间文献的约束。国际刑警组织的章程没有也无须得到任何国家的批准;而各国加入此组织也不是以国家的名义而是以国家中心局的身份参加的,而且国际刑警组织也得到了各参加国事实上的承认,1971年经社理事会正式批准了国际刑警组织享有跨政府机构的权力。

图11－1　国际刑警组织徽标

国际刑警组织这种独特法律地位决定了这个组织的性质是在尊重各国主权的前提下进行跨政府间的国际刑事司法合作的组织。同时也决定了它的宗旨是在各法律许可的范围内同国际刑事犯罪行为作斗争,促进各成员国间警务合作。特别是在两国之间没有条约或协议的情况下,这种途径往往起着非常重要的作用。

(四)国际反贪局联合会

2006年10月22日至24日,来自137个国家和地区、12个国际组织和机构的近千名代表出席国际反贪局联合会第一次年会暨会员代表大会,共商打击贪污贿赂犯罪国际合作的大计。国际反贪局联合会是由我国最高人民检察院与马来西亚、南非、英国、美国、澳大利亚等国相关职能部门共同发起成立的一个独立的、非政府的、非政治的、非营利的、司法性的国际组织,也是当今世界唯一的由各国负责侦查、起诉贪污贿赂犯罪的专门机构组成的国际组织。其成员主要包括各国负责侦查、起诉贪污贿赂犯罪的专门机关,诸如廉政公署、反贪局、反严重欺诈局等。

其宗旨是推进《联合国反腐败公约》的实施,促进国际反贪污贿赂合作。执法合作是各国执法机关之间在侦查腐败犯罪中直接进行合作的一种方式。此外,引渡、刑事诉讼的移交、被判刑人的移管、没收与资产追回、技术援助和信息合作也是国际合作的主要形式。

国际反贪局联合会的成立标志着打击贪污贿赂等腐败犯罪的国际交流与合作进入一个新阶段,为今后反贪国际合作搭建了新的平台,拓宽了交流渠道,构建了直接合作机制,对世界反贪工作的开展起到重要推动作用。

四、狭义司法协助

狭义司法协助,是指交流与社会治安、犯罪动态有关的情报信息资料,委托有关国家当局送达司法文书,委托搜查、查封、扣押财产和收集证据,委托传唤证人、鉴定人出庭作证等多种协助方式。

(一)交流刑事信息

在刑事司法协助形式中,最基本最普遍使用的合作方式是国家间相互交流关于社会治安和刑事情报的信息。要使情报工作卓有成效地开展,世界各国除了需要有系统的立法予以规范之外,还应当建立完善的国际情报机构来专门处理这方面的日常事务。目前,这些专门机构包括联合国总部专门情报机构、国际刑事警察组织、国际刑警组织的指挥中心。这些专门机构为世界范围的预防犯罪和打击犯罪提供了准确及时的信息。

(二)委托送达司法文书

委托送达司法文书是指各国司法当局,将正在开展刑事司法协助的案件的有关司法文件,按照一定的程序和方法,相互委托送交给在对方国内的当事人或者其他诉讼参与人的司法活动。

(三)委托搜查或查封财产

请求国委托被请求国实施搜查或查封财产的活动,其目的是抓获犯罪分子、取得必要证据,尽量减少被害人因犯罪所遭受的损失,并从经济上制裁犯罪,弥补国家为打击犯罪所付出的代价。委托搜查或查封财产应具备一定条件:当请求国需要委托被请求国实施某项搜查或查封活动时,必须有确凿的证据证明犯罪分子及其财产就在被请求国境内,而且按照两国的法律都属于犯罪行为,被告人有可能被引渡或受到起诉;协助搜查或者查封财产,应当在侦查机关之间进行,后者也可以由审判机关来实施。

(四)传唤证人、鉴定人出庭作证

如果案件涉及鉴定人、证人等居住国外,或者需要在外国的他案被告人及其正在服刑的已决犯到庭作证,就需要通过国际协助的方式,委托有关国家代为传唤这些国外证人按期出庭作证。法庭审判涉及证人出庭作证和鉴定人到庭陈述的问题,普通法系国家实行当事人主义,诉讼当事人提供的证人和鉴定人必须接受法院的传唤,亲自到庭作证;大陆法系国家虽然采取的是职权主义,但是也要求证人宣誓作证,接受各方的质询。

(五)委托调查和收集证据

由于国际犯罪在时间和空间上的特点,立案追诉国的司法当局要想查清全部案情事实,收集到不同国家内的证人证言材料,扣押或者提供与犯罪有关的物证,都需要有关国家发出委托,请求该国司法当局提供协助。

五、引渡

(一)引渡的概念和意义

引渡,是指不同国家相互根据请求将在本国境内发现的、在对方国家受到刑事追诉或者已被判处刑罚的人移交给请求国,以便对其提起刑事诉讼或者执行刑罚的合作。国家引渡是一项重要的刑事司法制度,属于国际刑事司法协助最为重要的形式之一。自从格劳秀斯在《战争与和平法》一书里提出了“或引渡或起诉”的原则之后,现代引渡制度得到了长足发展,立法及司法日益成熟和完善。

1994 年,中国与泰国签订了引渡条约。这是中国与他国签订的第一个引渡条约。目前,中国已与 40 个国家签订了 56 个司法协助、引渡和移管被判人条约,为共同打击犯罪分子奠定了基础。据报道,自 1984 年以来,中国共发出“红色通缉令”近 400 份;从 1993 年起,通过国际刑警组织和双边警务合作,我国警方先后从国外押解、遣返犯罪嫌疑人超过 210 名,办理刑事司法协助案件超过 300 起。有的达到了严惩犯罪分子的目的,有的还给国家挽回了巨大的经济损失。

引渡制度是国际社会的一种重要刑事协助制度,使各国追究外逃的刑事责任成为可能,填补了一国法律真空,维护了一国主权与国际社会秩序;对请求国来说,通过引渡罪犯缉捕归案,既维护了法律尊严,又便于在犯罪地(请求国)收集证据,对案件作出公正处理,有利于发挥刑罚的最佳社会效果。对被请求国来说,通过引渡,实际上是从本国境内逐出罪犯,维护社会治安,不庇护罪犯,树立了公正的国际形象,增进了与请求国之间的友好关系;通过引渡罪犯,使罪犯在请求国得到惩处,落实了国际刑法惩处国际罪犯的要求。引渡各国通力合作,有利于制止国际犯罪。

(二)引渡的原则

1. 双重归罪原则。它是指依照国际法实践,构成引渡理由的必须是引渡请求国和被请求国双方的法律都认为是犯罪的行为,而且这种罪行必须能达到缔约国规定的判处若干年有期徒刑以上的程度;反之,则不能引渡。在传统的国际法里,双重归罪原则是一条较为刚性的引渡原则。

2. 政治犯不引渡原则。政治犯不引渡原则是指请求国要求引渡的对象是政治犯时,被请求国可以拒绝引渡。此原则,一方面它保障国际刑事司法协助在充分尊重各国主权平等基础上进行,对请求国追诉要求的可接受性进行独立自主的权衡;另一方面它又保障刑事协助不因政治问题而受影响,反而有利于打击普通刑事犯罪方面的国际协助。

3. 特定性原则。它是指请求国对被引渡的人,只能就引渡请求书中所指控的犯罪进行起诉、审判或执行刑罚。因此,凡是在引渡请求书中指控的犯罪行为以外的,请求国非经被请求国同意不得对被引渡人进行追诉或处罚。

(三)外国向我国请求引渡

1. 外国向我国请求引渡的条件

外国向我国请求引渡的条件包括:(1)引渡请求所指的行为,依照中华人民共和国法律和请求国法律均构成犯罪。(2)为了提起刑事诉讼而请求引渡的,根据中华人民共和国法律和请求国法律,对于引渡请求所指的犯罪均可判处一年以上有期徒刑或者其他更重的刑罚;为了执行刑罚而请求引渡的,在提出引渡请求时,被请求引渡人尚未服完的刑期至少为六个月。

2. 应当拒绝引渡的情形

应当拒绝引渡的情形包括:(1)被请求引渡人不具有中华人民共和国国籍的;(2)在收到引渡请求时,中华人民共和国的司法机关对于引渡请求所指的犯罪已经作出生效判决,或者已经终止刑事诉讼程序的;(3)因政治犯罪而请求引渡的,或者中华人民共和国已经给予被请求引渡人受庇护权利的;(4)被请求引渡人可能因其种族、宗教、国籍、性别、政治见解或者身份等方面的原因而被提起刑事诉讼或者执行刑罚,或者被请求引渡人在司法程序中可能由于上述原因受到不公正待遇的;(5)根据中华人民共和国或者请求国法律,引渡请求所指的犯罪纯属军事犯罪的;(6)根据中华人民共和国或者请求国法律,在收到引渡请求时,由于犯罪已过追诉时效期限或者被请求引渡人已被赦免等原因,不应当追究被请求引渡人的刑事责任的;(7)被请求引渡人在请求国曾经遭受或者可能遭受酷刑或者其他残忍、不人道或者有辱人格的待遇或者处罚的;(8)请求国根据缺席判决提出引渡请求的。但请求国承诺在引渡后对被请求引渡人给予在其出庭的情况下进行重新审判机会的除外。

3. 可以拒绝引渡的情形

可以拒绝引渡的情形包括:(1)中华人民共和国对于引渡请求所指的犯罪具有刑事管辖权,并且对被请求引渡人正在进行刑事诉讼或者准备提起刑事诉讼的;(2)由于被请求引渡人的年龄、健康等原因,根据人道主义原则不宜引渡的。

(四)我国向外国请求引渡

1. 提出请求的机关

请求外国准予引渡或者引渡过境的,应当由负责办理有关案件的省、自治区或者直辖市的审判、检察、公安、国家安全或者监狱管理机关分别向最高人民法院、最高人民检察院、公安部、国家安全部、司法部提出意见书,并附有关文件和材料及其经证明无误的译文。最高人民法院、最高人民检察院、公安部、国家安全部、司法部分别会同外交部审核同意后,通过外交部向外国提出请求。

在紧急情况下,可以在向外国正式提出引渡请求前,通过外交途径或者被请求国同意的其他途径,请求外国对有关人员先行采取强制措施。

2. 引渡附加条件的承诺问题

被请求国就准予引渡附加条件的,对于不损害中华人民共和国主权、国家利益、公共利益的,可以由外交部代表中华人民共和国政府向被请求国作出承诺。对于限制追诉的承诺,由最高人民检察院决定;对于量刑的承诺,由最高人民法院决定。在对被引渡人追究刑事责任时,司法机关应当受所作出的承诺的约束。

3. 对被引渡人及财物的接收

公安机关负责接收外国准予引渡的人以及与案件有关的财物。对于其他部门提出引渡请求的,公安机关在接收被引渡人以及与案件有关的财物后,应当及时转交提出引渡请求的部门;也可以会同有关部门共同接收被引渡人以及与案件有关的财物。

六、刑事诉讼移管

刑事诉讼移管，是指一国根据另一国的请求或者根据有关的协议将由本国管辖的刑事案件移交给另一国审理，并为此向该另一国提供必要的司法协助。刑事诉讼移管是近几年来在世界上日益受到重视的国际刑事司法协助的基本形式，在许多涉及刑事司法合作的双边或多边条约中都可以看到有关的条款。我国已经加入的《联合国禁止非法贩运麻醉品和精神药物公约》、《联合国打击跨国有组织犯罪公约》和《联合国反腐败公约》中都含有关于刑事诉讼移转的条款。我国与土耳其于1992年9月签订的民刑事司法协助条约第一次写进了开展刑事诉讼移管合作的条款。[16]

刑事诉讼转移管辖权的实质条件包括：(1)转移的案件在请求国与被请求国看来，都构成了犯罪，而且需要追究刑事责任。(2)请求国是犯罪发生地国，被请求国是嫌疑人所在国。换言之，刑事追诉的移管，是指由犯罪地国请求犯罪人的居住地国，由居住地国追诉犯罪人的制度。作为被请求国的居住地国获得了追诉犯罪人并予以处罚的权限。(3)转移的案件不是特定的犯罪案件。特定犯罪包括军事犯罪，政治性质犯罪，与宗教、民族、种族有关的案件。

七、承认和执行刑事判决

外国生效刑事判决的承认与执行，是根据国际条约或互惠的原则，一国承认其他国家法院作出的刑事判决在本国具有法律效力，并根据判决国的请求执行该项判决。一国承认他国的刑事判决在本国的效力，即表明该国认可判决国审判的公正性、合法性以及定罪量刑的标准，它是国际刑事司法协助的主要形式之一。它包括外国刑事判决的承认与外国刑事判决的执行及被判刑人的移转三部分内容。

(一)外国生效刑事判决的承认与执行的条件

外国刑事判决的承认与执行条件，是指对外国生效刑事判决的承认与执行并最终移管罪犯所必须具备的事项与前提。根据《关于刑事判决国际效力的欧洲公约》第5条的规定，承认和执行外国刑事判决应当具备如下几个条件：(1)被判刑

[16]　黄风：《国际刑法学》，中国人民大学出版社2007年版，第333页。

人是被请求国的常住居民;(2)在被请求国执行判决有利于被判刑人接受改造和重返社会;(3)被判刑人已在或者将在被请求国判处剥夺自由的处罚;(4)被请求国是被判刑人的国籍国,并宣布愿意为执行该项制裁承担责任;(5)即便求助于引渡,请求国也无法执行所科处的刑罚,而被请求国却能够执行。

(二)外国生效刑事判决的承认与执行应遵循的原则

1. 双重犯罪原则。即被判刑人的行为在判刑国和被请求国都构成犯罪。

2. 有利于被判刑人原则。囚犯处境不变坏原则,不加重处罚原则,对被判刑人一罚不再罚原则。

3. 互相尊重国家主权和管辖权原则。相互尊重主权和管辖权是国际刑事司法协助活动得以展开的前提,没有此前提便会使合作各方互不信任,协助也就无法进行。

(三)外国生效刑事判决的承认与执行的程序

承认外国刑事判决带来的主要法律后果是执行这个判决所确定的刑罚,在可执行的刑罚中又以剥夺判刑人自由的刑罚为主。因此在承认和执行外国刑事判决这项司法协助形式中最有实际意义的是移交外国囚犯,由执行国按照判刑国所判决的刑罚具体交付执行。

1. 征得被判刑的外国囚犯的同意。移管外国被判刑人的目的应当是更好地维护被判刑人的权益和教育感化他,以促进刑罚人道化并实现特殊预防的目的。如果在未经外国被判刑人同意甚至在其反对的情况下进行移管,无疑是对被判刑人权利的侵犯,很可能达不到特殊预防的目的,这与进行外国被判刑人移管的初衷背道而驰。因此,在征得被判刑人的同意的前提下开展有关移管的司法协助活动是必要的。

2. 提出移管被判刑人的请求。根据有关国际条约的规定,移管被判刑人的请求既可由判刑国提出,也可由执行国提出,被判刑人虽然可以首先提出移管要求,但不能由其以个人名义直接向执行国提出请求,即只能以判刑国的名义履行请求程序。

3. 审查请求国的移管请求并作出决定。被请求国接到请求国提出的移管囚犯的请求后,应当尽快作出并给请求国以书面答复。

4. 就有关移管具体事宜进行磋商安排。磋商的具体内容包括移管的具体时间、地点、途径等,就上述事项达到一致后,便进行具体安排。

案例

1. 赖昌星是受中国司法部门指控和通缉的远华走私案重要嫌犯,1999 年,赖昌星全家逃往加拿大,后被加政府软禁在温哥华住宅中。自从逃往温哥华以来,赖昌星使用各种手法在加拿大打官司、反复上诉、以司法诉讼拖延时间,企图逃避被遣返回中国受审。2005 年 8 月,加拿大最高法院拒绝赖昌星及其家属的难民身份申请。2006 年 5 月 18 日,加拿大边境服务局宣布移民部完成对赖昌星遣返前风险评估,决定启动遣返程序。赖昌星随后向联邦法庭提出延缓遣返上诉,并要求对遣返前风险评估进行司法复核。复核期间,中国承诺对赖昌星不判处死刑。

2007 年 4 月 5 日,加拿大联邦法院对赖昌星案作出判决,宣布此前移民部对其全家发出的遣返令无效,接受赖昌星提出对遣返前风险评估进行司法复核的申请。2007 年 4 月 19 日,移民暨难民局取消对赖昌星的宵禁令。2007 年 11 月 20 日,联邦法院开庭审理移民部要求恢复赖昌星的宵禁规定一案。2007 年 11 月 28 日,联邦法庭法官哈林顿(Sean Harrington)判决继续取消对赖昌星的宵禁令。2009 年 1 月 22 日,加拿大移民部批准赖昌星的工作准证申请,允许其在加拿大工作。2009 年 1 月获加拿大移民部签发工作准证。2011 年 7 月初被加拿大边境服务局(CBSA)拘留,加拿大联邦法院驳回赖昌星关于暂缓执行遣返令的申请。2011 年 7 月 23 日,赖昌星被遣返回国,随后,中国公安机关依法向其宣布了逮捕令。2012 年 2 月,检察机关依法向审判机关提起公诉。

评析对赖昌星为何之前一直引渡不成功及后来引渡成功的原因分别是什么?

2. 顾某(中国籍)常年居住 M 国,以丰厚报酬诱使徐某(另案处理)两次回国携带毒品甲基苯丙胺进行贩卖。2014 年 3 月 15 日 15 时,徐某在 B 市某郊区交易时被公安人员当场抓获。侦查中徐某供出了顾某。我方公安机关组成工作组按照与该国司法协助协定赴该国侦查取证,由 M 国警方抓获了顾某,对其进行了讯问取证和住处搜查,并将顾某及相关证据移交中方。

检察院以走私、贩卖毒品罪对顾某提起公诉。鉴于被告人顾某不认罪并声称受到刑讯逼供,要求排除非法证据,一审法院召开了庭前会议,通过听取控辩双方的意见及调查证据材料,审判人员认定非法取证不成立。开庭审理后,一审法院认定被告人两次分别贩卖一包甲基苯丙胺和另一包重 7.6 克甲基苯丙胺判处其有期徒刑 6 年 6 个月。顾某不服提出上诉,二审法院以事实不清发回重审。原审法院重审期间,检察院对一包甲基苯丙胺重量明确为 2.3 克并作出了补充起诉,据此原审法院以被告人两次分别贩卖2.3克、7.6克毒品改判顾某有期徒刑7年6个月。被告人不服判决再次上诉到二审法院。(司法考试2016年卷四第三题)

M国警方移交的证据能否作为认定被告人有罪的证据?对控辩双方提供的境外证据,法院应当如何处理?

复习题

一、概念

司法协助　域外取证　区际司法协助　区际刑事司法协助　国际民事司法协助　国际刑事司法协助　特殊司法协助　引渡

二、思考

1. 司法协助的内容包括哪些?开展司法协助的意义是什么?

2. 我国区际刑事司法协助进展缓慢的原因是什么?

3. 民事司法协助和刑事司法协助的本质区别是什么?

司法考试试题

一、单项选择题

1. 俄罗斯公民萨沙来华与中国公民韩某签订一份设备买卖合同。后因履约纠纷韩某将萨沙诉至中国某法院。经查,萨沙在中国境内没有可供扣押的财产,亦无居所;该套设备位于中国境内。关于本案的管辖权与法律适用,依中国法律规定,下列哪一选项是正确的?(2016年)

A. 中国法院没有管辖权

B. 韩某可在该套设备所在地或合同签订地法院起诉

C. 韩某只能在其住所地法院起诉

D. 萨沙与韩某只能选择适用中国法或俄罗斯法

【答案】 B

【考点】 涉外民诉的相关规定。

2. 蒙古公民高娃因民事纠纷在蒙古某法院涉诉。因高娃在北京居住,该蒙古法院欲通过蒙古驻华使馆将传票送达高娃,并向其调查取证。依中国法律规定,下列哪一选项是正确的?

（2016年）

A. 蒙古驻华使馆可向高娃送达传票

B. 蒙古驻华使馆不得向高娃调查取证

C. 只有经中国外交部同意后，蒙古驻华使馆才能向高娃送达传票

D. 蒙古驻华使馆可向高娃调查取证并在必要时采取强制措施

【答案】 A

【考点】 国外司法协助的规定。

3. 甲国公民汤姆于2012年在本国故意杀人后潜逃至乙国，于2014年在乙国强奸一名妇女后又逃至中国。乙国于2015年向中国提出引渡请求。经查明，中国和乙国之间没有双边引渡条约。依相关国际法及中国法律规定，下列哪一选项是正确的？（2015年）

A. 乙国的引渡请求应向中国最高人民法院提出

B. 乙国应当作出互惠的承诺

C. 最高人民法院应对乙国的引渡请求进行审查，并由审判员组成合议庭进行

D. 如乙国将汤姆引渡回本国，则在任何情况下都不得再将其转引

【答案】 B

【考点】 没有双边引渡条约的情形下，引渡的具体程序。

4. 2015年3月，甲国公民杰夫欲向中国法院申请承认并执行一项在甲国境内作出的仲裁裁决。中国与甲国均为《承认与执行外国仲裁裁决公约》成员国。关于该裁决的承认和执行，下列哪一选项是正确的？（2015年）

A. 杰夫应通过甲国法院向被执行人住所地或其财产所在地的中级人民法院申请

B. 如该裁决系临时仲裁庭作出的裁决，人民法院不应承认与执行

C. 如承认和执行申请被裁定驳回，杰夫可向人民法院起诉

D. 如杰夫仅申请承认而未同时申请执行该裁决，人民法院可以对是否执行一并作出裁定

【答案】 C

【考点】 外国仲裁裁决的承认和执行的规定。

5. 英国人施密特因合同纠纷在中国法院涉诉。关于该民事诉讼，下列哪一选项是正确的？（2015年）

A. 施密特可以向人民法院提交英文书面材料，无须提供中文翻译件

B. 施密特可以委托任意一位英国出庭律师以公民代理的形式代理诉讼

C. 如施密特不在中国境内，英国驻华大使馆可以授权本馆官员为施密特聘请中国律师代理诉讼

D. 如经调解双方当事人达成协议，人民法院已制发调解书，但施密特要求发给判决书，应予拒绝

【答案】 C

【考点】 涉外民事诉讼的规定。

二、多项选择题

秦某与洪某在台北因合同纠纷涉诉，被告洪某败诉。现秦某向洪某财产所在地的大陆某中级人民法院申请认可该台湾地区的民事判决。关于该判决的认可，下列哪些选项是正确的？（2015 年）

A. 人民法院受理秦某申请后，应当在 6 个月内审结

B. 受理秦某的认可申请后，作出裁定前，秦某要求撤回申请的，人民法院应当允许

C. 如人民法院裁定不予认可该判决，秦某可以在裁定作出 1 年后再次提出申请

D. 人民法院受理申请后，如对该判决是否生效不能确定，应告知秦某提交作出判决的法院出具的证明文件

【答案】 ABD

【考点】 台湾地区判决的认可。

—— 阅读文献 ——

1. 刘力：《中国涉外民事诉讼立法研究　管辖权与司法协助》，中国政法大学出版社 2016 年版。
2. 李晓欧：《打击跨国腐败犯罪刑事司法协助制度比较研究》，对外经济贸易大学出版社 2014 年版。
3. 冯霞：《涉港澳台区际私法》，中国政法大学出版社 2012 年版。
4. 朱立恒：《腐败犯罪跨国化背景下刑事司法协助制度的跟进——以〈联合国反腐败公约〉为中心》，载《中国司法》2011 年第 12 期。
5. 陈雷：《我国区际刑事司法合作的实践与发展》，载《国家检察官学院学报》2013 年第 9 期。

图书在版编目(CIP)数据

中国司法制度 / 李军,韩红俊,薛少峰著. —北京:
法律出版社,2017
ISBN 978 - 7 - 5197 - 0988 - 4

Ⅰ. ①中… Ⅱ. ①李…②韩…③薛… Ⅲ. ①司法制度
—中国—教材 Ⅳ. ①D926

中国版本图书馆 CIP 数据核字(2017)第 136027 号

中国司法制度
ZHONGGUO SIFA ZHIDU

李 军 韩红俊 薛少峰 著

策划编辑 陈 慧
责任编辑 陈 慧
装帧设计 凌点工作室

出版 法律出版社
总发行 中国法律图书有限公司
经销 新华书店
印刷 三河市龙大印装有限公司
责任印制 沙 磊

编辑统筹 法律教育出版分社
开本 720 毫米×960 毫米 1/16
印张 25.5
字数 450 千
版本 2017 年 7 月第 1 版
印次 2017 年 7 月第 1 次印刷

法律出版社/北京市丰台区莲花池西里 7 号(100073)
网址/www.lawpress.com.cn
投稿邮箱/info@lawpress.com.cn
举报维权邮箱/jbwq@lawpress.com.cn
销售热线/010 - 63939792
咨询电话/010 - 63939796

中国法律图书有限公司/北京市丰台区莲花池西里 7 号(100073)
全国各地中法图分、子公司销售电话:
统一销售客服/400 - 660 - 6393
第一法律书店/010 - 63939781/9782
西安分公司/029 - 85330678
重庆分公司/023 - 67453036
上海分公司/021 - 62071639/1636
深圳分公司/0755 - 83072995

书号:ISBN 978 - 7 - 5197 - 0988 - 4
定价:45.00 元
(如有缺页或倒装,中国法律图书有限公司负责退换)